齐鲁文化经典品读
appreciate

马新 主编

王其俊 著

山东大学出版社

**图书在版编目(CIP)数据**

孟子品读/王其俊著.—济南:山东大学出版社,2016.5
(齐鲁文化经典品读/马新主编)
ISBN 978-7-5607-5536-6

Ⅰ.①孟… Ⅱ.①王… Ⅲ.①儒家②《孟子》—通俗读物
Ⅳ.①B222.5-49

中国版本图书馆 CIP 数据核字(2016)第 088638 号

责任编辑 王立强
封面设计 张 荔

出版发行:山东大学出版社
社 址 山东省济南市山大南路 20 号
邮 编 250100
电 话 市场部(0531)88364466
经 销:山东省新华书店经销
印 刷:山东新华印务有限责任公司
规 格:720 毫米×1000 毫米 1/16
19.5 印张 335 千字
版 次:2016 年 5 月第 1 版
印 次:2016 年 5 月第 1 次印刷
定 价:46.00 元

本书系山东省古籍整理项目“齐鲁文化经典研究”(N.02540903)、山东省文化建设委托项目“齐鲁文化资源研究”(N.56480905)、齐鲁文化名家立项课题“走进齐鲁经典文化”结项成果

# 《齐鲁文化经典品读》课题组

课题组负责人　马　新

课 题 组 成 员　（以姓氏笔画为序）

马　新　马德青　王玉喜　王其俊
王爱清　巩宝平　刘厚琴　李吉东
李学娟　校　潇　郭　浩　郭海燕

# 总序

齐与鲁是西周时代分封的两个著名的诸侯国，因都在今山东省的范围内，所以，山东又被称作“齐鲁之邦”。我们习惯上所称的“齐鲁文化”也因此有狭义与广义之分：狭义的齐鲁文化是指齐、鲁两国所创造的文化形态，广义的齐鲁文化则是指春秋战国时代兴盛于齐鲁之邦的所有文化的集合。无论哪一种意义上的齐鲁文化，都是传承与融合的结果，都是多元文化碰撞与交流的产物。

西周分封之前，山东地区西部是殷商重地，东部则是古老的东夷，被统称为“大东”[①]。周公协助周成王分封天下时，将自己的长子伯禽分封到今山东曲阜一带，建鲁国；将姜太公分封到营丘一带，建齐国；将周文王的四个儿子分封到大东地区，分别建立了曹、郜、滕、郯诸国。另外，大东地区被周王朝分封或认可的诸侯国还有东夷建立的莒、莱等国，以及相传为黄帝后裔所建的薛、邳等国；夏王朝的余绪杞、鄫、费。殷商遗国宋国的一部分也在大东地区。以上大大小小合计有六十多国。至春秋战国时代，随着列国的争战

① 西周建国初年，为监视东方各诸侯国，实行分区经营。距镐京较近的各诸侯国统称“小东”，较远的各诸侯国统称“大东”。

兼并，山东地区的主要国家演化为齐、鲁、莒、郯、邹等国。南方大国楚、越两国也先后进入山东。越王句践灭吴后，曾迁都琅邪（古邑名，为春秋齐地，在今山东青岛黄岛区琅琊台西北），长期据有山东东南沿海一带；战国后期，赵国还据有今山东的西北地区，楚国则占有了山东中南部，一度出现了齐、鲁、楚、赵并立的局面。

列国的并立与重组实际上也是多种文化的并存与交融。齐、鲁等国的统治者受封而来时，带来了周王朝的礼乐文化，随后便开始了周文化与殷商文化的交融、与东夷文化的交融。比如，鲁国有众多的商奄之民以及殷民六族，殷文化底蕴十分丰厚，鲁国之社祭便是周社与亳社并存，亳社为殷人社稷之所。孔子即是殷人后代，他临终前曾说："殷人殡于两楹之间……丘也，殷人也。予畴昔之夜，梦坐奠于两楹之间。"[①]又如，东夷之俗"好让不争"，"夷俗仁"，这一传统也被融入鲁文化中，成为儒家仁道思想的重要来源。正如王献唐先生所言："孔子本是接受东方传统的仁道思想的，又进一步发展为儒家的中心理论。"[②]齐国之开国者太公到齐地后，其为政方针是"因其俗，简其礼"[③]。齐为东夷故地，"因其俗"就是吸收、接纳东夷之俗，正因如此，才有了"通商工之业，便鱼盐之利"[④]的经济政策，也才有了"仓廪实则知礼节，衣食足则知荣辱"[⑤]的思想特色。总之，周文化、殷商文化与东夷文化构成了齐鲁文化的三大基本来源。

春秋战国时代，周王朝分崩离析，诸侯割据，群雄逐鹿，兼并与融合成为社会政治的主流，文化的交融与迸发造就了中国历史上的百家争鸣。齐鲁之邦是当时最为重要的文化中心，它在西周以来的历史蕴积之上，兼收并蓄，吸纳了宋文化，莒、郯、薛文化，楚文化，越文化以及燕赵文化，等等，成为当时最为繁盛、最具影响力的文化形态。可以说，齐鲁文化是百家争鸣最为丰硕的成果。

春秋时期是百家争鸣的先声期，鲁有孔丘，齐有管仲、晏婴与孙武，而周王室与其他诸国，除老聃外，无可述焉。孔丘创立了儒家学派，有弟子三千，是中国历史上第一位教育家，其倡行"有教无类"，打破了"学在官府"的垄断；其编修《诗》《书》《礼》《易》《春秋》，是中国文化传统的集大成者；其政治思想与社会伦理思想更是奠定了中国历史上正统思想的基础。管仲是一位

---

① 《礼记·檀弓上》。

② 王献唐：《山东古国考》，齐鲁书社 1983 年版，第 219 页。

③ 《史记·齐太公世家》。

④ 《史记·齐太公世家》。

⑤ 《管子·牧民》。

成功的政治家，也是一位卓越的思想家。他的礼法并重、注重赏罚的政治思想是后世法家学派的重要源头，他的“通工商，官山海”的经济思想则是后世经济家与改革家的重要依据，他关于仓廪与、食与荣辱与礼节关系的宏论直接影响了中国古代社会思想史的发展。其后同出于齐国的晏婴则是颇具影响力的政治家与外交家，他“和而不同”的社会政治思想，致力于俭约的治国理念以及智慧万千的外交作为，对后世都产生了重要影响。晏婴之后的齐人孙武，继承了齐国开国之君太公以来的兵学传统与兵家文化，并在战争实践中升华、光大，成为中国历史上兵家文化第一人。

战国时期是百家争鸣的鼎盛期，诸子学说纵横交织，层出不穷。此时的鲁国虽已没落，但文脉仍在，以其为中心，在邹、鲁、滕、宋、卫一带，形成了众星璀璨的思想文化圈。其中，孔子的后继者子思、孟轲等人形成的思孟学派推进着儒学的发展；出身于儒家的鲁人墨翟创立了墨家学派，提倡兼爱，倡导非攻，在认识论、逻辑学和自然科学上都有重要发现，对中国古代哲学和科学的发展做出了巨大贡献。卫国左氏（今山东定陶西）人吴起早年便到鲁国学习儒学并出仕为武将，后成为战国前期法家的重要代表人物，参与了魏文侯的变法，主持了楚国的变法，对法家思想和兵学文化都有显著影响。宋国蒙（今山东东明一带）人庄周是战国道家的代表人物，认为道为天地万物之本原，“天地与我并生，而万物与我为一”，对中国古代思想与社会影响深远。在这一时期的齐鲁文化圈中，还曾活跃着编撰《春秋左氏传》的鲁人左丘明，远道而至滕国的农家创始人许行及其追随者，工匠之祖师鲁国的公输般（即鲁班，“般”和“班”同音，古时通用，故人们常称他为鲁班），等等。

此时的齐国为战国七雄之一，其官办的稷下学宫是当时无有匹敌的思想文化中心，存续长达一百四五十年。盛时的稷下学宫有学士数百，被赐为上大夫者一度达七十六人，同时代的战国诸子几乎被其网罗殆尽。其中较为著名者，有战国法家三大学派之一的田齐法家的代表人物慎到；有道家黄老学派的代表人物田骈、彭蒙、宋钘；还有儒家孙氏之儒的代表人物荀卿，他主张礼法并用，“隆礼重法”，倡导“法后王”与社会变革，对后世的儒家和法家都产生了较大影响，他的两位高足李斯与韩非子成为战国后期法家的代表人物；名家的代表人物尹文，阴阳家的代表人物邹衍，杂家的代表人物淳于髡等也是学宫之中的佼佼者；而兵学家孙武之后孙膑，是战国时代齐国的军事谋略家，指挥了围魏救赵、马陵之战等著名战役，为兵家文化之重要代表人物；齐人扁鹊提出了望、闻、问、切四诊法，是中国古代医学文化的代表人物；齐人甘德精于天文历算，与石申合著之《甘石星经》是中国古代科学的代表性著作，等等。

总之，春秋战国时代形成并繁荣的齐鲁文化，名家荟萃，洋洋大观，留下了丰厚的文化遗产。一部齐鲁文化史就是一部精编版的中国传统文化形成史，齐鲁文化中的传世经典就是中国传统文化的元典。千百年来对这些经典的诠释汗牛充栋，直到今天，这些经典仍然有着不可替代的品读价值，值得我们站在时代的高度再加品读，以更好地感受齐鲁文化之韵，领悟中国传统文化之魂。

需要说明的是，由于时代久远，齐鲁诸子的著述或散佚，或残缺，我们只能从传世至今的完璧中，选择能够代表诸子本人思想学说者，纳入这套“齐鲁文化经典品读”，计有《论语品读》《管子品读》《晏子春秋品读》《孙子兵法品读 孙膑兵法品读》《墨子品读》《孟子品读》《荀子品读》《庄子品读》，共八种。

既是品读，就要在充分吸收以往齐鲁文化研究成果的基础上，在以往整理工作的基础上，改变传统的古籍整理模式，以当代文化的视角重新梳理齐鲁文化经典，以当代社会的文化符号系统重新解读齐鲁文化经典，突出当代文化的实际需求，拉近社会大众与经典文化的距离，使广大读者能够轻松自由地走进齐鲁文化经典。

从结构上讲，丛书中的每一种书都包括了“人物与文化研究”“原著注释与品读”两大部分内容。在“人物与文化研究”中，旨在实现两个沟通：一是读者与古人的沟通。将人物置于其存在的文化背景中，发掘其文化内涵，寻找其核心精神，找到一个真实而鲜活的历史人物，而不是拘泥于常规的历史人物小传，以便于读者对其了解与认知。二是古文化与当代文化的沟通。着力寻找历史人物与相关文化在当代文化中的价值，以发扬光大中华优秀传统文化。在原著“品读”中，我们力图改变以往古籍类著作注释加翻译的习惯，把主动权交给读者，让读者直接与古人对话，直接亲近经典，自觉接受优秀传统文化的熏陶。因而，重点在疏与解上下功夫，通过恰当的疏与解，引导与帮助读者阅读，而不是越俎代庖。总之，通过对人物与文化的研究，可以更好地了解原著；通过对原著的解读，可以更好地认识与吸纳优秀文化。

这套“齐鲁文化经典品读”丛书，是我们的新尝试，更是我们向齐鲁文化经典的致敬。错谬不足之处，尚请大方之家不吝赐正。

是为序。

马　新

2015 年 12 月于山东大学高阁书斋

孟子是战国中期著名的儒家大师，是中国传统儒学的重要奠基人之一，更是齐鲁文化的重要代表。孟子思想是上承孔子、下启荀子的先秦儒学的一个重要发展阶段，对中国传统社会的政治、经济、思想文化产生了深远的影响。后人将孟子与孔子并称“孔孟”，尊称其“亚圣”。

## 一

孟子名轲，战国中期邹（今山东邹城）人，约生于周烈王四年（前 372 年），卒于周赧王二十六年（前 289 年），终年八十四岁。

孟子是鲁国公族孟孙氏的后代。赵岐《孟子题辞》、韩婴《韩诗外传》、刘向《列女传》等书记载了“孟母三迁”“断机教子”“杀豚不欺子”等故事和传说，大体反映了孟子少年时代的家庭状况。“孟母三迁”讲的是：孟子幼年时，家邻近坟地，经常有人前来埋葬、祭奠死者。在这种环境的影响下，孟子常模仿成人做丧葬的游戏。孟母担心这种环境对孟子幼小的心灵产生不利的影响，于是将家迁往集市附近。但是，集市上终日人来人往，商人高声叫卖，孟子耳濡目染，又模仿商人兜售叫卖。孟母于是又将家迁往学宫附近，从此定居下来。学宫中聚集了很多懂礼仪、有学问的读书人。孟子在这种良好环境的熏陶下开始学习礼仪，孟母非常高兴。“断机教子”讲的是：孟子幼年读书，开始时常贪玩而不用功。有一次，孟母正在织布，恰好孟子蹦蹦跳跳地从学堂回来。孟母询问孟子近来学习怎么样，孟子回答说跟以前一样，不好也不坏。孟母听了这话，又生气又伤心，操起剪刀把布机上刚织好的布从中间剪断，并教育孟子说：“你不用心学习，荒废学业，就像我剪断机上的布一样。你用功学习，增长知识，才能学到本领。”从此以后，孟子牢记母亲的话，早起晚睡，刻苦学习。“杀豚不欺子”讲的是：当孟子一家还在集市旁居住时，有一天，孟子看到邻家杀猪，便不解地问母亲：“邻家为何杀猪？”孟母当时正忙，便随口答道：“煮肉给你吃！”孟子十分高兴，等待食肉。待孟母反应过来，深知做人要诚实，于是，为了不失信于儿子，尽管当时家中非常贫苦，她仍然到邻家买了块猪肉给儿子吃。虽然上述故事是传说，但它们大体反映了孟子幼年家贫和受到母亲良好教育的状况。

孔子所在的鲁国崇尚信义，重视礼教。孟子所居的邹国与鲁国相连。孟子幼年就受到鲁国礼教、风俗和孔子事迹的熏陶。约十五岁时，孟子怀着对孔子的仰慕之情，前往鲁国求学，私淑子思的学生。经过刻苦学习，他后来逐渐成为一名博学多才的学者和儒家大师，为其后来游说诸国打下了基础。

孟子四十岁左右时，主要在邹、鲁一带从事讲学，广招学生，宣传孔子的仁德学说，影响日渐扩大。邹穆公听到孟子的贤名，于是任他为士。不久，邹国与鲁国发生武装冲突，邹国的官吏战死三十三人，百姓眼睁睁地看着自己的长官被杀也不去救援。邹穆公十分恼火，于是抱怨百姓。孟子批评邹穆公不实行仁政，结果才遭到了百姓的报复。孟子在邹国为士时，父亲去世，便实行三鼎之礼，守丧三年。邹国是一个弱小的国家，在当时的形势下难以完成以仁政统一天下的宏图大业。孟子为了实现济世救民、治国平天下的抱负，在公元前 329 年，率领学生首次出行游说北方实力强盛的齐国。

齐国是一个依山傍海、膏壤千里、经济发达、交通便利、人口众多、实力强盛的诸侯大国。齐威王为了实现称霸诸侯、统一天下的愿望，在稷下学宫召集了大批贤士。孟子至齐后，被任命为充当顾问的稷下大夫。他曾与匡章交游，劝说齐王打开棠地粮仓救济百姓。公元前 326 年，孟母去世。孟子怀着悲痛的心情护送母亲的灵柩回鲁国安葬，实行五鼎之礼，守丧三年。公元前 323 年，孟子返回齐国。

孟子在齐国积极向齐王宣传仁政主张，希望通过齐王实现自己的理想。

但齐威王一心想振兴齐桓公的霸业，始终没有采纳孟子以德服人、获得民心的政治主张。公元前323年，孟子拒绝接受齐王所赠上等铜币一百镒，率领学生离开齐国。

孟子听说宋国将实行仁政，便风尘仆仆前往宋国。当时，宋君为幼主，左右贤臣不多。孟子曾以幼子学语为喻，告诫宋臣戴不胜应多向宋君推举贤才，仅凭少数人的力量推行仁政是不行的。有一次，宋大夫戴盈之对孟子说：遵照您的意见，我们想实行十分抽一的税法，免除关卡、市场上的捐税，但今年不能实行，暂时减轻一些，明年再完全实行。孟子以“攘邻之鸡”为喻，批评了戴盈之的错误。

孟子在宋国时，滕文公曾作为太子出使楚国，他在往返途中经过宋国，两次会见了孟子。孟子向他讲了许多关于仁政的道理。由于宋国君主对实行仁政缺乏果断措施，孟子于公元前322年接受赠金七十镒，离开宋国，途中经过薛国，返回邹国。

这一年，鲁平公即位，打算让孟子的学生乐正子主持国政。大概经过乐正子的引荐，鲁平公想会见孟子。但由于嬖人臧仓的阻挠，孟子在鲁未能与鲁平公相见，于是返回邹国。

公元前322年，滕定公死。滕太子两次派然友前往邹国向孟子请教丧葬之礼。孟子主张实行三年之丧。后来，受滕文公的聘请，孟子前往滕国。孟子在滕期间，多次与滕文公问答，较系统地阐述了重视农事、赋税有制、加强教化等仁政主张，向毕战阐述了井田制；批驳了许行否认社会分工的主张，全面地阐述了劳心者与劳力者的社会分工论和产品交换论。孟子的仁政主张虽被滕文公所采用，但滕是个处于齐、楚两大强国中间的弱小国家，面临着被大国并吞的危险。孟子对滕国是事齐还是事楚这种进退两难的境地感到无能为力。为了实现以仁政“治国、平天下”的志向，公元前320年，孟子不远千里，前往招纳贤士的魏国。

孟子在与梁惠王的多次交谈中，动之以情，晓之以理，或诱问，或譬喻，既严厉、巧妙地批评了梁惠王不行仁政、祸害百姓的错误，又阐述了君仁臣义、君民同乐、不违农时、发展生产、省刑薄敛、加强教化的仁政主张。孟子在魏国时，曾批驳景春赞扬公孙衍、张仪是大丈夫的言论，与淳于髡辩论灵活权变，与白圭论治水和二十抽一的税法，等等。孟子在魏虽受到梁惠王的礼遇，但其仁政主张始终未被采用，他曾气愤地抨击梁惠王是不仁之君。公元前319年，梁惠王去世。第二年，梁襄王继位。孟子认为梁襄王是一个无所作为之君，便于这一年离开魏国，前往齐国。

孟子至齐时，正值齐宣王初年，他对齐王实行仁政充满了信心。《孟子》

一书中对孟子与齐宣王的交谈记载最多。孟子在与齐宣王的交往中，侃侃而谈，有时借鉴历史经验教训，有时引用《诗》《书》等古籍，有时引用圣贤言论和事迹，有时设类比和譬喻，有时运用诘难和归谬，有时循循善诱阐述仁政，有时义正词严批驳谬误，较全面、系统地阐明了君仁臣义、尊贤使能、俊杰在位、诛杀暴君、民贵君轻、以民为本、以民为宝、制民之产、发展生产、忧民之忧、乐民之乐、兴办学校、加强教化、获得民心、统一天下等仁政理论。这既是孟子从事政治活动的一个重要阶段，又是其思想发展成熟的一个重要阶段。孟子的仁政主张曾使齐宣王受到一定鼓舞。但齐宣王毕竟是急功近利的新兴地主阶级的当权者，他骄奢淫逸，喜好财货、美色而不恤民苦，极力想用武力并吞别国、称霸诸侯，从而与主张仁政、王道的孟子分歧日益增大。公元前314年的齐伐燕事件，加剧了孟子与齐宣王的分歧与冲突。齐伐燕失败后，齐宣王感到很对不起孟子，便亲自前来看望他。后来又通过时子挽留孟子，准备给孟子在都城中建一所房子，并给予万钟的俸禄，让他留在齐国讲学。孟子认为自己游齐的目的是行道和济世救民，而不是贪图富贵利禄，便谢绝齐宣王的挽留，于公元前312年离齐归邹。



孟子结束了近二十年的游说生涯，晚年在邹聚徒讲学和著述，与公孙丑、万章等弟子撰述《孟子》七篇，终老于邹。

《孟子》一书主要是孟子本人所作，其中也有万章、公孙丑等人的记述。《孟子》原文七篇并无上、下卷之分，亦无章次之别。东汉赵岐为《孟子》作注时，将各篇划分为上、下卷，每卷分若干章。七篇的顺序是《梁惠王》《公孙丑》《滕文公》《离娄》《万章》《告子》《尽心》。全书总二百六十一章，三万四千余字。相传另有《孟子外书》四篇，已佚。今本《孟子外书》是明代姚士粦伪撰。对《孟子》的注释著作甚多，较优的有赵岐《孟子注》、朱熹《孟子集注》、戴震《孟子字义疏证》、焦循《孟子正义》，以及今人杨伯峻《孟子译注》等。

## 二

在人类历史发展进程中，著名历史人物及其思想都是一定历史时代的产物。孟子思想的产生，与战国中期的政治、经济、思想意识等社会状况是紧密相连的。

战国中期，各大诸侯国经过变法和改革，基本确立了新兴地主阶级的统治，封建大一统的任务逐步被提上日程。各大国统治者为扩大疆域，称霸诸侯，彼此兼并，掠夺土地、人口和财富，在客观上有利于封建统一政权的产生。但连年的战争和统治者的压迫剥削，给广大劳动人民造成严重的灾难。

一大批有远见的思想家为实现封建统一、结束兼并而奔走呼号。孟子怀着对百姓苦难的深深同情和济世救民、以仁政统一天下的政治抱负，游说诸侯，宣传仁政，抨击时弊，揭露暴政，提出结束兼并、实现统一的主张，追求政治清明、天下统一、君仁臣义、君民同乐、民风淳朴、道德高尚的美好理想社会。这样，战国中期的社会政治状况就是孟子思想产生的政治根源。

战国时代，广大劳动者摆脱了奴隶制的束缚，劳动兴趣和生产积极性有了较大提高，这使社会生产力得到较快发展，并促进了封建生产关系的确立。封建国家和地主占据了主要的生产资料土地，因而在生产中居于支配地位，占有农民的部分劳动成果。农民及其他劳动者的艰苦劳动促进了封建社会生产力的发展和经济的繁荣。孟子主张制民之产，实行分工交换，种谷植桑，饲养家畜，减轻赋税，就是以一家一户个体小生产自给自足的封建自然经济为蓝图。因而，当时的社会经济状况是孟子思想产生的经济根源。

在诸侯割据、群雄并峙的形势下，各国的政治、经济发展尚不平衡，封建国家统一的社会意识还未形成。各诸侯国在思想上鼓励论争，兼收并蓄，以便从众多的学术理论中寻觅"治国、平天下"之道，从而促进了战国士阶层的崛起和学术上的百家争鸣。

战国时代，士阶层日益活跃起来。他们有的聚徒讲学，著书立说；有的游历诸侯国，辩其谈说；有的辅佐朝政，参与政事；有的长于权变，纵横捭阖。他们往往博古通今，经世致用，具有较高的学术造诣和突出的政治、军事、外交才能。从总体上看，多数士人以知识、才能、人格、道德活跃于社会舞台，表现了士人的坚定志向、崇高气节和独立自主人格，这就给思想战线上的百家争鸣输入了较强的竞争机制。同时，各国统治者竞相招纳贤士，实行对士阶层的开放政策，为士阶层的崛起和百家争鸣提供了必要的社会条件。

在百家争鸣中，参与争鸣的诸子几乎遍布各诸侯国。他们评古论今，贯通天人，阐述哲理，经世致用，涉及个体、社会、天人等若干方面，既陈述己见，自成一说，又互相诘辩，相互吸收，促进了学术的发展和繁荣。孟子以学习孔子为志向，以捍卫儒家学说和"治国、平天下"为己任，是新兴地主阶级士阶层的突出代表。他的思想是在与墨家、法家、道家、农家等学派的辩难、论争和相互吸收过程中产生和发展起来的。

孟子继承、发展了孔子的思想，怀着"治国、平天下""当今之世，舍我其谁"的自觉的历史责任感和使命感，弘扬仁义，宣传仁政，同情民苦，抨击暴政，志在济世救民，兼善天下，表现出新兴地主阶级思想家朝气蓬勃、积极进取的精神风貌。他在抨击暴政的同时，又怀着极大的政治热情，力谏诸侯借鉴三代天下得失的经验教训，摈弃霸道，实行仁政，制民之产，发展经济，减轻刑罚，薄收赋税，尊贤使能，加强修养，改过从善，进而获得民心，统一天下。他以新兴地主阶级思想家的深邃洞察力和理性批判精神，揭露、批判了当时社会的贫富对立和各种弊端，在深度和广度上都是前人所未及的。这既在广阔的层面上揭示了当时错综复杂的各种社会矛盾，又顺应了封建统一的社会发展趋势。

孟子在长期的政治、学术活动中，崇尚仁义，坚守信念，刚直不阿，藐视权贵，强调士人无论在身居穷困之时，还是在通达显赫之时，都要坚持仁义节操和不可屈服的独立自主人格，不为富贵所淫、贫贱所移、威武所屈。他所强调的士的志向、节操、尊严，完全压倒了对富贵利禄的追求和满足，既表现了中国古代优秀知识分子对高尚人格和道德境界的孜孜追求，又表现了他们坚持理想，不苟合取容的傲岸性格和风骨。

## 三

从孟子思想的内在联系来看，孟子论述了人与自身、人与社会、人与天的关系，极力追求个体完善、社会协调和天人和谐。孟子思想是由个体论、社会论、天人论三个相互联系、相互作用的子系统构成的系统整体。

个体论是孟子思想体系的第一个组成部分。它包括个体的发展、个体的需要、个体的本性、个体的价值等方面。

在孟子那里，个体是指既有饮食、男女的自然属性，又有与“犬马”不同类的社会属性、道德观念和理性思维活动的人。他将个体的发展划分为幼年、成年、老年三个阶段，认为人的形体构造是一个包括耳、目、鼻、口等感官和心官的和谐统一的整体。个体的发展受家庭环境、社会文化环境、力行践履等多种因素的影响和制约。在个体的需要上，人具有饮食、男女的自然生理需要，人际交往的需要和追求理义的精神生活的需要。在这些需要中，要以高级需要制约低级需要，以心官制约感官，以天爵制约人爵，不断协调各种需要之间的关系，以保持自身需要及人与人之间需要的和谐。在个体的本性和价值上，孟子从“人禽之辨”立论，认为人具有善的本性，它包括四心、四端、四德三个相连的层次，深化了对人本性的认识；孟子坚持以仁义为核心的个体价值观，认为理义精神价值高于生命价值和声色臭味、富贵利禄的物质价值，既主张生命价值、物质价值、交往价值、精神价值的多样性的协调统一，又主张坚持节操、独善其身的内在价值与济世救民、兼善天下的外在价值的统一。

社会论是孟子思想体系的第二个组成部分。它包括家庭观、国与天下观、社会约制和社会变迁。

在家庭观中，孟子阐述了家庭中的父子、兄弟、夫妇关系，论述了家庭生养繁衍后代的自然生育功能、赡养父母和畜养妻室儿女的经济功能、尊亲敬长的教育功能、以血缘和婚姻情感维系家庭人际关系的情感功能，将家庭视为“治国、平天下”的前提和基础。在国与天下观上，孟子主张诸侯要实行仁政，获得民心，进而实现天下统一。他将土地、人民、政事视为国与天下的三个根本要素，强调建立君仁臣义、各尽其道的君臣关系和上行下效、君民同忧同乐的君民关系，提出了“民贵君轻”、得到百姓拥护就能成为天子和“诛一夫纣”的政治卓见。在社会约制上，孟子主张实行下服从上、任贤使能、罢免不肖、惩罚犯罪的政治约制；实行社会分工、产品交换、制民之产、薄取赋税、抚恤百姓等经济约制；实行以尧舜之道、善良习俗、道德教化等手段促进社会成员自觉居仁由义的思想意识约制。在社会变迁上，孟子考察了社会物质生活、精神生活的变化，探讨了社会变迁的原因，阐述了社会变迁的方式，提出了“天下之生久矣，一治一乱”和“五百年必有王者兴，其间必有名世者”的著名命题。

天人论是孟子思想体系的第三个组成部分。它包括天人的构成要素、天人的和谐及天人协调的哲学思想三个方面。

在天人构成要素上，孟子认为天包括自然之天、社会发展趋势之天和伦理之天。在自然之天上，孟子用自然之天表示自然万物存在的自然性及其发展变化的规律性。在社会发展趋势之天上，孟子既用天、命表示社会发展的一定必然性，又用其表示社会发展过程中某种时间上的偶然性。在伦理之天上，孟子认为天是人的善性存在的自然性及其向善发展的必然性。伦理之天，一是指人生命的寿夭长短，二是指仁义礼智对自然欲望、富贵利禄的制约。此外，孟子在引用《诗》《书》时，还保留了意志之天的含义，仍受到传统天命观的一定影响。在天人和谐上，孟子主张人与天在物质生活、社会生活、精神生活上的协调统一，强调人顺从自然规律，就能获得基本的物质生活资料，从而使五谷、鱼鳖、材木享用不尽；主张顺应社会发展的必然性，实行仁政，获得民心，就能实现国治、天下平；主张追求天人协调的道德境界和审美境界，以古代圣贤为楷模，经过深造自得、反省自身、力行践履、艰苦磨炼和正义的经常积累，培养出至大至刚、充塞于天地之间的浩然正气，达到与天地同时运转的圣、神道德理想境界。在天人协调的认识论上，孟子通过对天人范畴的考察，将天作为人认识、体察、反映的对象，区分了耳目感官与心官的不同职能，认为耳目感官接触外物能获得感性认识，心官能认识自然、社会发展规律和人的本性从而获得理性认识。在认识过程中，感官是心官的基础，心官对感官具有指导、制约作用，感官如不接受心官的制约，就会被外物所蒙蔽。孟子较全面地论述了心能知物理、社会发展的必然性及人之本性的重要作用，深化了古代人们对心的认识。在知行关系上，孟子主张由行而知，反对实行了而不知其当然，习惯了而不知其所以然，终身实行了而不明白其根本道理的倾向，认为知不是被动的，而是能指导、促进行，坚持了知与行的统一。在先秦儒学发展史上，孟子坚持了既重视感性认识，又强调理性思维的朴素唯物主义认识论。

孟子将个体论、社会论、天人论视为一个紧密相连的整体。三个组成部分相互联系，相互作用。就是说，个体和谐是社会和谐的基础，社会和谐又是天人和谐的基础；天人和谐促进、影响社会和谐，社会和谐又促进、影响个体和谐。总之，孟子思想体系是一个包括多等级、多侧面的有机整体，显示出一定的多样性、有序性和开放性。[①] 孟子从整体上探讨了个体、社会、天人的联系、发展和变化，丰富、发展了中国古代文化的整体观和系统观，在中国儒学发展史和中国古代思想史上占有重要的地位。[②]

## 四

孟子是一位著名的思想家、教育家；同时，他的散文创作在中国古代文学史上也享有极高的声誉。与早期语录体的《论语》相比，《孟子》中的若干篇章，从立论、论证到结论，显示出结构完整、层次清晰、说理透彻、论证周密和具有整体性构思的特色，是在语录体基础上由章到篇的重大发展。从《孟子》一书的文章风格来看，该书文字一体，笔势一贯，记载了孟子数十年的言论、事迹，综述了几十人的问答，文字流畅，犀利精练，气势磅礴，感情充沛，宽厚宏博，驰骋自如。其中，较著名的“齐桓晋文之事”章、“许行”章等，在先秦文学史上是由章到篇的划时代的作品。

我们可从《孟子》一书中看到孟子与众不同的性格、气质、价值取向及超人的文学才华。

《孟子》一书描述、刻画了众多的人物形象。其中，刻画得最为丰满而有立体感的是孟子本人。它多层次、多侧面地表现了孟子的性格、气质和价值取向等。大致表现为以下几个方面：

第一，崇尚仁义，坚守信念。孟子将仁义视为尧舜之道的根本，既把仁义当作调整人际关系的道德规范和齐家、“治国、平天下”的根本，又把它当

① 参见王其俊：《孟子思想体系新论》，(台湾)《孔孟学报》第68期。

② 参见王其俊：《亚圣智慧——孟子新论》，山东人民出版社1996年版。

作个体内在的主体意识和道德精神。他在长期的游历诸国和从事教育的过程中，言必称仁义，强调“志于仁”“居仁由义”，表现了对仁义的执着追求和百折不挠的意志。孟子一生历经坎坷却不畏挫折，最根本的原因就是把仁义当作自己的道德精神支柱。

第二，济世救民，兼善天下。孟子从当时的社会现实出发，为实现以仁政统一天下的政治抱负，四处周游，奔走呼号，以承担历史大任自命，立志端正人心，消灭邪说，反对偏激的行为，驳斥荒唐的言论，继承禹、周公、孔子的事业，认为“如欲平治天下，当今之世，舍我其谁也”，坚定地相信“王如用予，则岂徒齐民安，天下之民举安”。①这些描述使孟子济世救民、兼善天下的形象跃然纸上。

第三，仇视暴政，同情民苦。孟子反对暴政，强调仁政，将商、纣视为独夫民贼。他目睹当时劳动人民的苦难，抨击统治者争夺土地、杀人遍野、聚敛财富、骄奢淫逸的暴虐行径，劝告统治者实行仁政，制民之产，省刑薄敛，爱护百姓，解救民苦，表现了疾恶如仇、同情民苦的思想情感。

第四，刚直不阿，藐视权贵。孟子认为自己拥有的仁义、节操、尊严高于诸侯的富贵权势，为坚持自己的主张而不苟全取容于诸侯，强调仁义在胸，“说大人，则藐之，勿视其巍巍然”②，视诸侯的富贵权势如敝屣，尖锐地批评国君的错误，表现出刚直不阿、藐视权贵的刚强形象。

第五，不畏艰难，积极进取。孟子游历各国而辗转奔波数千里，历尽艰难和坎坷，仁政主张不为大国诸侯所采纳，受到臧仓的阻挠而不遇鲁平公，还受到淳于髡、尹士等人的诘难和误解，但他不因挫折而屈服和退缩。他曾以圣贤经历艰苦磨炼的事迹激励自己，指出“故天将降大任于是人也，必先苦其心志，劳其筋骨，饿其体肤，空乏其身，行拂乱其所为，所以动心忍性，曾益其所不能”③，认为不论别人是否了解自己，只要尊德乐义，就能不怨天尤人而悠然自得。孟子晚年退居讲学，以教育为乐，寄希望于后人，从而表现出不畏艰难、积极进取的乐观精神。

此外，《孟子》一书还描述了孟子对学生严格要求、循循善诱的良师形象，表现了他对权佞之臣的鄙视、憎恶之情等。读完《孟子》一书，孟子这位思想家坚守仁义、刚正不阿、藐视权贵、以天下为己任的形象，就会浮现在眼前。

《孟子》一书不仅描述、刻画了众多的人物形象，而且有许多结构完整、

---

① 《孟子·公孙丑下》。

② 《孟子·尽心下》。

③ 《孟子·告子下》。

语言生动、精工严整、意味隽永、感情充沛、气势奔放的论说篇章，呈现出浓厚的文学色彩。这些论说有时引经据典，旁征博引，以增强说服力；有时采用生动、形象、贴切的比喻，阐述深刻的哲理；有时运用简洁明快、优美动人、通俗亲切、哲理深隽、词锋犀利、气魄雄健的寓言，以论辩是非和阐明事理；有时善设机巧，使人入彀，驾驭全局，驰骋自如；有时循循善诱，分析利害，因势利导，使人口服心服；有时写法灵活多变，或重复，或对偶，或排比，或层递以贯珠，呈现起伏变化；等等。综合起来看，《孟子》丰富多彩的议论包括下列几个方面的特点：

其一，引经据典，增强说理。孟子博学多才，精通《诗经》《尚书》等儒家经典，具有很高的学术造诣。为了增强语言的文采和立论的说服力，他经常引用古代典籍和孔子等圣贤的言论。据统计，《孟子》一书引用《诗经》三十四次，《尚书》二十次，孔子等人的言论及其他传记近三十次。孟子在引证《诗经》《尚书》的过程中，对不少篇章进行了分析评论，提出了许多深刻独到的见解。其中，"知人论世""以意逆志""尽信《书》，则不如无《书》"等著名观点，在文学评论领域都产生了重要影响。上述引证，有时沿用其本义，有时予以引申和发挥，有时采用正反不同的引文，既增强了文章的文学色彩，又增强了立论的说服力。

其二，善用譬喻，辩论是非。孟子在论说或辩论时善于运用譬喻。其中，有明喻，有隐喻，有博喻。《孟子》一书，共运用比喻近一百六十个。譬如用"缘木求鱼"说明齐宣王扩张国土、称霸诸侯的愿望不能实现；以雨露滋润禾苗和水向下流说明实行仁政能统一天下；以"菽粟如水火"说明百姓丰衣足食；以"牛山之木尝美"说明人性本善；以"安宅""正路"说明仁义；以"挟太山以超北海"说明不可能做到的事情；以"手足"与"腹心"、"犬马"与"国人"、"土芥"与"寇仇"三对比喻说明君臣之间相待的关系；以风与草说明君子与小人的道德；等等。孟子运用人们常见的事物，巧妙、生动、贴切地说明一些意义抽象难明的问题，既使文章生动有力，又有利于说明事理和辩论是非。

《孟子》除运用比喻说明事理外，还运用了不少生动机智、富有风趣、深刻巧妙的寓言。譬如"五十步笑百步"揭穿了梁惠王暴虐百姓而又沽名钓誉的伪善嘴脸；"攘邻之鸡"尖锐地讽刺了戴盈之的横征暴敛、怙恶不悛；"揠苗助长"揭示了违背自然规律就会碰壁；"再作冯妇"抒发了孟子离开齐国的志向；"子濯孺子与庾公之斯"说明结交朋友必须慎重，否则就会遭受祸患；"弈秋诲弈"说明学习必须专心致志；"齐人有一妻一妾"尖锐地讽刺了那些昏夜乞哀而白昼骄人的利禄之徒，蕴含着作者对他们的鄙视、憎恶之情；等等。《孟子》的这些生动形象、通俗亲切的寓言，蕴含着深刻的哲理，发人深省，耐人寻味。

其三，善设机巧，诱人入彀。孟子在与人辩论是非时，由于能驾驭全局，所以提出许多诱导对方接受自己观点的诱问，这些诱问具有扣人心弦、诱人入彀、以柔克刚、扼喉抚背的修辞效果。譬如《孟子·梁惠王下》记载孟子与齐宣王的对话，孟子不是采用一本正经的说教，而是紧扣对方的爱好，接连运用两个诱问："独乐乐，与人乐乐，孰乐"，"与少乐乐，与众乐乐，孰乐"。他接着围绕音乐这一论题，阐述了与民同乐就能统一天下的民本思想，从而取得了神奇的功效。又如《孟子·滕文公下》记载孟子与陈相关于社会分工的辩论，孟子接连运用了十个诱问，采用步步逼近的手法，迫使陈相承认社会分工的必要性，从而驳倒了对方。这样，孟子的诱问迫使对方入彀而自陷困境，显示了孟子高超的论辩技巧。

其四，笔法灵活，起伏变化。《孟子》一书采用灵活的笔法，使文章充满奇妙的变化。有时将同一语句反复其词，加强语势；有时采用对偶或排比，口若悬河，不可遏止，刚劲奔腾，文势壮阔；有时文意上下相接，蝉联鱼贯，给人连珠缀玉的美感；有时前后照应，思想连贯，辞义畅达；有时正反对比，说理透辟，意味悠长；有时先疑后决，波澜起伏，引人入胜；有时夹叙夹议，叙事、说理融为一体，交相辉映；有时先分后总或先总后分，结笔有力，眉目清楚，井然有序；等等。

总之，《孟子》一书的总体特色是感情充沛，气势奔放。文章中饱含着作者的激越之情，读后令人感到一种火辣辣的味道。孟子斥责时弊，抨击暴政，既激荡着忧国忧民的思想情感，又言辞犀利，锋芒毕露，呈现凌铄一切之势。当阐述自己的志向和理想时，他豪爽直率，泼辣热烈，显示了对仁义之道的坚定信仰。当谴责见利忘义之辈和权佞之徒时，他又充满鄙视、憎恶和激愤之情。孟子的散文对后世的贾谊、韩愈等人都产生了重要影响。

## 五

孟子怀着匡正时弊、济世救民、兼善天下的宏大抱负和以天下为己任的自觉的历史责任感，百折不挠地追求美好的理想社会，坚信仁义在胸就能进退裕如。这就使他能摆脱功利、穷达的困扰而比急功近利的当权者站得高些，看得远些。孟子从历史与现实的结合上揭示了当时社会的贫富对立，批判了统治者祸害百姓的各种暴行，着眼于新兴地主阶级的长远利益，过分强调以仁政治理国家、获得民心、安定天下的有利的一面和兼并战争给人民造成严重灾难、破坏生产的一面，而忽视了战争在客观上促进封建统一的一面；当权者则专注于以战争手段获得眼前的功利，而忽视了行仁政、得民心、王天下的长远利益。因此，在维护地主阶级的根本利益这一问题上，孟子与当权者之间并没有根本的冲突，所不同的是采取仁政、得民的手段，还是采取霸道、战争的手段；是注重地主阶级的长远利益，还是局限于眼前的功利。由于阶级和时代的局限，他们都不可能认识到仁政与战争交互为用的辩证关系，难以将眼前利益与长远利益协调起来。在这里，孟子思想既具有现实性，又具有理想性。就孟子思想的现实性来看，它不仅反映了新兴地主阶级否定奴隶制和追求社会进步的要求，而且对巩固、发展新兴封建制度和实现封建统一产生了积极的推动作用。同时，它与当时广大劳动人民要求休养生息、摆脱战乱痛苦的强烈愿望也是一致的，有利于发展生产及保持社会的稳定。就孟子思想的理想性来看，孟子劝说统治者实行仁政、放弃战争和与民同乐、保民而王，这不符合统治者聚敛财富、穷奢极欲、扩充国土、称霸诸侯的现实需要，因此被诸侯视为迂阔而不被采用。

孟子生前虽不得志，但在死后的两千多年间却受到历代封建统治者和思想家的推崇，其思想对后世产生了重要的政治影响和思想影响。由于孟子思想是由多层次、多因素构成的系统整体，所以其对后世的影响不是单一的、直线式的，而是通过多种渠道和方式渗透、影响到政治、经济、思想文化等社会生活的各个方面，产生了多种作用和影响。譬如在政治影响上，战国时代《孟子》被列为子书，汉代被立为传记博士，宋代被列入“十三经”。元代时，孟子被封为“亚圣公”，尊称为“亚圣”。元明清时代，《孟子》是科举的必考科目和学者的必读之书。康熙帝曾亲撰碑文颂扬孟子“岳岳亚圣，岩岩泰山，功迈禹稷，德参孔颜”（《御制孟子庙碑》）。乾隆帝曾书写表彰孟子“道阐尼山”“尊王言必称尧舜，忧世心同切禹颜”的联额，并先后两次亲谒孟庙，对孟子塑像拈香行一跪三叩之礼，将封建帝王对孟子的尊崇推向极点。在思想影响上，从汉代的注音释义、考释名物典制和分章断句、阐释义理，到宋代的探其微言、阐发义理，再到清代训诂名物的考证和道德义理的阐述，封建时代思想家对《孟子》一书的注疏、释解、辨析、训诂、校勘等可谓汗牛充栋，不可胜数。其中，较著名的思想家如陆贾、贾谊、司马迁、赵岐、韩愈、孙奭、朱熹、张栻、程颢、程颐、陆九渊、王守仁、黄宗羲、王夫之、阎若璩、戴震、焦循等，都在注孟、评孟、解孟的过程中，继承、发挥、引申了孟子思想。在中国近现代史上，孟子思想对地主阶级改革派、太平天国领导人、资产阶级改良派、资产阶级革命派、“五四”新文化运动的倡导者、新儒家、中国共产党人及史学工作者都产生了一定影响。孟子思想还远播海外，对朝鲜、日本、新加坡、越南、泰国、法国、德国、加拿大、美国等国家也产生了一定影响。

当然，孟子思想对后世的影响具有积极的一面，也有消极的一面。譬如在政治上，孟子将心理学、伦理学上的爱人与政治上的“治国、平天下”结合起来，以伦理、心理情感将君臣、君民上下关系沟通起来，从而使人际关系罩上了温情脉脉的伦理、心理情感的纱幕，显示出原始人道主义和民主精神的温和性色彩。它适应了封建经济的发展，满足了稳定统一社会结构的需要，对维系中华民族两千多年来的融合、稳定、统一、发展都产生了重要影响。后世许多农民起义领袖和思想家都受到孟子思想的激励和鼓舞。孟子倡导的仁政，有利于安定社会和发展生产。当社会政治黑暗之时，清正廉洁之士利用仁政这面旗帜揭露统治者的残暴丑恶，迫使统治者重视民心的向背。在经济上，孟子的制民之产、发展生产、轻徭薄赋、使民以时等主张，不仅反映了地主阶级的根本利益，而且在一定程度上也反映了广大劳动人民的愿望和要求。再如在思想意识上，孟子强调的敬老慈幼、严己宽人、忠诚守信、谦恭礼让更符合封建家族制度和人际关系的需要，促使中华民族形成了由亲爱自己的父母、爱护自己的子女到亲爱别人的父母、爱护别人的子女等民族心理和习俗。他的“浩然之气”和“大丈夫”气概，激励后世无数志士仁人为维护正义、民族尊严而献身。在天人物质生活的和谐上，孟子主张人们要顺从自然万物的规律，因时而作，合理开发，这对维持生态平衡有着积极的意义。即便是在现代科学技术高度发达的今天，这一主张仍有一定的借鉴意义。但孟子有时又混淆了自然与社会及道德现象的区别，对后世自然科学的独立发展产生了一定的消极影响。

综上所述，孟子思想是中华民族优秀文化遗产的一部分。为了帮助普通读者尤其是青少年读懂《孟子》，引导他们重视古代文化元典，继承中华民族优秀传统文化，笔者在多年研究孟子思想的基础上，借鉴、吸取历代治孟大家的有关研究成果，对《孟子》全书各章逐一作了全面、通俗的品读。在撰写过程中，力图做到既注重学术性、理论性，又注重实用性、通俗性，以期融学术性、科学性、通俗性于一体。

# 目录

# 梁惠王章句[1]上

1.1 孟子见梁惠王[2]。王曰："叟！不远千里而来，亦将有以利吾国乎？"

孟子对曰："王何必曰利？亦[3]有仁义而已矣。王曰'何以利吾国'？大夫曰'何以利吾家'？士庶人曰'何以利吾身'？上下交征[4]利而国危矣。万乘之国[5]，弑[6]其君者，必千乘之家[7]；千乘之国，弑其君者，必百乘之家。万取千焉，千取百焉[8]，不为不多矣。苟为后义而先利，不夺不餍[9]。未有仁而遗其亲者也，未有义而后其君者也。王亦曰仁义而已矣，何必曰利？"

**【注释】**

[1]《梁惠王章句》是《孟子》七篇第一篇的篇名。东汉赵岐为《孟子》作注时，摘取每篇第一章开头的两三个字作为篇名。章句，是汉代经学家、训诂学家常用的字眼，用来分析古书章节句读的方式，常用作训解古书的题名。

[2]梁惠王：即战国时魏国国君魏惠王，名罃，惠是他的谥号。因被秦国战败，公元前361年，魏惠王从安邑（今山西夏县北）迁都到大梁（今河南开封西北），所以魏又称作"梁"。

[3]亦：只、仅。

[4]交征：相互追逐。

[5]万乘（shèng）之国：指拥有一万辆兵车的诸侯国。古代的兵车一辆称作"一乘"。古代常用兵车的多少来衡量、比较诸侯国的强弱。

[6]弑（shì）：古时以下杀上、以卑杀尊、以子杀父、以臣杀君称作"弑"。

[7]家：古代卿大夫的采地。

[8]万取千焉，千取百焉：指卿大夫从拥有一万辆兵车的诸侯国中获取一千辆兵车的产业和利益，从拥有一千辆兵车的诸侯国中获取一百辆兵车的产业和利益。

[9]不夺不餍（yàn）：指卿大夫不把国君的产业、权势完全夺取归己是不会满足的。

**【品读】**

本章阐明了先仁义而后利的义利观。

魏国是战国七雄（秦、齐、楚、魏、韩、赵、燕）之一。战国初年，魏国首先成为最强盛的国家。战国中期，魏国接连被齐国、秦国、楚国战败，割让了大片国土，失去了昔日强盛的局面。梁惠王为重振旗鼓，收复失地，于是用谦卑的礼节和丰厚的财物招纳天下的贤士，希望他们为魏国的强盛出谋划策。

公元前320年，孟子前往梁国并首次拜见梁惠王。梁惠王首先询问说："老先生，您不远千里地赶来，也一定会有对我国有利的良策吧？"孟子回答说："您为什么开口就讲利呢？"他向梁惠王宣传了国君治理国家要依靠仁义的主张，并从反面分析了国君、大夫、士、百姓舍弃仁义而上下互相追逐私利就会使国家陷入危险的境地。他认为，在拥有一万辆兵车的国家里，杀死国君的人必定是拥有一千辆兵车的大夫；在拥有一千辆兵车的国家里，杀死国君的人必定是拥有一百辆兵车的大夫。大夫在一万辆兵车的国家中拥有兵车一千辆，在一千辆兵车的国家中拥有兵车一百辆，他们获得的产业和利益不能不说是很多了。但如果他们先追逐利益而后取义，那么，不把国君的产业和利益完全夺归自己，他们是永远不会满足的。孟子通过上面的分析得出结论说："从没有讲求仁爱的人遗弃自己的父母的，也没有讲求义的人怠慢自己的君主的。大王只讲仁义就行了，为什么只讲利呢？"

孟子所说的仁义和利的具体含义是什么呢？在孟子那里，仁是指亲爱父母和爱人；义是指尊敬上级和长辈，上下级之间要有适宜的礼节。这样，义就是指思想行为要符合一定的道德准则和规范，处理问题要合理、适宜，恰到好处；利是指利益和功利。孟子强调仁义，反对"后义而先利"，显然，他主张先仁义而后利。这就涉及中国古代思想史上延续两千多年的"义利之辨"。

"义利之辨"，是关于道德行为与功利关系问题的争论。学术界有人认为梁惠王所问的"利"是指狭义的利益，孟子所说的"王何必曰利？亦有仁义而已矣"是只讲仁义而不讲利，把仁义与利绝对对立起来。事实上，孟子并不是不讲利，只是告诉梁惠王，纵使魏国国富兵强，不过都是小利而已；只有遵循仁义这一根本去做，把仁义当作治理国家的最高原则，才是根本上的大利。

这样理解，在《孟子》一书中我们可以找到有力的旁证。《孟子·告子上》第十六章记载孟子的话说：在天地中有最高的爵位，在社会生活中有社会爵位。仁义忠信，不知疲倦地喜好、追求善，这是最高的爵位；公卿大夫这些官职俸禄，是社会爵位。古代的人修养仁义忠信，社会爵位也随之而来。现在的人修养仁义忠信，用来追求社会爵位；已经得到了社会爵位，便放弃了仁义忠信，那真是太糊涂了，最终连社会爵位也会丧失掉。联系孟子的这段话，我们将看到：孟子赞赏的是古人的做法，反对的是今人的做法。这说明，孟子主张首先坚持仁义忠信"天爵"，公卿大夫"人爵"便会随之而来，不能修养“天爵”以追求“人爵”和有了“人爵”便放弃“天爵”。也就是说，应先“天爵”后“人爵”，用“天爵”制约“人爵”。只有这样理解，才能与孟子的先仁义而后利的主张保持一致。

由此，我们认为，孟子继承了《易·乾·文言》关于义和利是统一的，一定的道德行为必然给人带来利益的主张，并发展了孔子“君子喻于义，小人喻于利”①、“不义而富且贵，于我如浮云”②、“因民之所利而利之”③的主张，认为仁义与利是有先后、主次之分的统一体，强调用仁义制约利，利要符合仁义，主张符合仁义的富贵利禄就接受它，违背仁义的富贵利禄就抛弃它。

在这里，耐人寻味的是，孟子游说诸侯的顺序是先齐后梁。赵岐为《孟子》作注时，认为孟子崇尚尧舜的仁义之道，所以把这一章放在《孟子》七篇的开始，这是有他的深刻用意的。我们认为，孟子的先义后利、以义制利的主张，是孟子政治思想的主线，它贯串孟子思想的始终。

孟子的先义后利的义利观在中国古代思想史上产生了重要影响，引起了许多思想家的重视和争论。战国末期的荀子也主张先义后利，认为坚持先义后利的人就能得到荣耀，而坚持先利后义的人就会遭受屈辱。西汉的儒家代表人物董仲舒强调义与功利不能并存。宋代以后，“义利之辨”更为突出。程颢、程颐、朱熹等人认为道义与功利是互相排斥的。陈亮、叶适则反对程、朱的观点，认为道义与功利并不矛盾，功利体现在道义之中，离开功利就无所谓道义。清代的颜元继承并发展了孟子的思想，认为义、利不能偏废，应该使二者并重。

1.2　孟子见梁惠王。王立于沼上，顾鸿雁麋鹿，曰：“贤者亦乐此乎？”

孟子对曰：“贤者而后乐此，不贤者虽有此，不乐也。《诗》[1]云：‘经始灵台，经之营之，庶民攻之，不日成之。经始勿亟，庶民子来。王在灵囿，麀鹿攸伏，麀鹿濯濯，白鸟鹤鹤。王在灵沼，于仞鱼跃。’[2]文王[3]以民力为台为沼，而民欢乐之，谓其台曰灵台，谓其沼曰灵沼，乐其有麋鹿鱼鳖。古之人与民偕乐[4]，故能乐也。《汤誓》[5]曰：‘时日害丧，予及女偕亡。’[6]民欲与之偕亡，虽有台池鸟兽，岂能独乐哉？”

**【注释】**

[1]《诗》：指《诗经》。它是我国最早的一部诗歌总集，共三百零五篇，分为“风”“雅”

① 《论语·里仁》。
② 《论语·述而》。
③ 《论语·尧曰》。

“颂”三部分。汉代以后,《诗经》被列为儒家经典之一。

[2]引自《诗经·大雅·灵台》。意思是:“文王开始兴建灵台,测量规划营建起来。百姓齐心努力,不久将之建成。文王说不要心急,百姓工作更卖力。文王游览灵园中,母鹿驯服伏草丛。母鹿长得肥又美,白鸟洁净羽毛丰。文王游览到灵沼,满池鱼儿欢跳跃。”

[3]文王:指周文王,姓姬,名昌,商朝末年周族的首领,西周的奠基人,被儒家推崇为圣明的君主。

[4]与民偕(xié)乐:与百姓共享快乐。

[5]《汤誓》:《尚书》中的一篇,记载着商汤出师征讨夏桀时的战斗动员令。

[6]这句话的意思是:“你这个毒太阳什么时候灭亡,我们宁愿跟你一起灭亡。”

**【品读】**

本章阐述了国君要与百姓共同欢乐的仁政主张。

孟子去拜会梁惠王。梁惠王站在水池边,惬意地欣赏着飞翔、盘旋的鸿雁,低头看着吃草的麋鹿,高兴地对孟子说:“道德行为高尚的人也喜欢享受这种快乐吗?”孟子单刀直入地回答说:“只有德行高尚的人,才能享受这种快乐。没有德行的人,即使有这些快乐也无法享受。”孟子为了进一步阐明国君与民共同欢乐的主张,采取正反对比的手法,阐述了是否与百姓共同欢乐而产生的不同后果。孟子为了增强语言的文采和论述的说服力,首先引用了《诗经·大雅·灵台》描述周文王建造灵台时百姓积极工作和周文王游览灵台时欢乐情景的诗句,从正面说明只有德行高尚的人,才能享受这种快乐,并进一步引申说:古代的贤人正是因为自己肯与百姓共同快乐,所以才能得到真正的快乐。孟子接着又引用《尚书·汤誓》中百姓痛恨、咒骂夏桀的话,从反面说明夏桀的暴虐统治竟然使百姓怨恨到不愿再活下去的地步,他即使拥有高台深池、奇禽异兽,也无法独自享受快乐。

孟子认为,“与民偕乐”关系到国家的安危存亡和国君的祸福荣辱,并把周文王的“贤”与夏桀的“不贤”作了鲜明的对比,形象地描述了国君“与民偕乐”就能得到人民的拥护,国君不“与民偕乐”就会遭到百姓的反对。这种正反引证和论述的手法,既增强了语言、文章的艺术感染力,又深刻地阐明了“与民偕乐”的哲理。

孟子“与民偕乐”的主张在存有阶级剥削、压迫的封建社会中只是一种美好的理想,不可能得到真正实现,但这一主张却表现了这位新兴地主阶级思想家对美好人类社会的向往和追求,在以后的封建社会中产生了重要的影响。许多开明的封建帝王和政治家,在新的王朝建立初期,为了维持自己的统治和社会的稳定,无不崇尚孟子“与民偕乐”的主张,借鉴、吸取前一王朝灭亡的教训,不纵情放逸和游乐无度,在客观上有利于百姓的休养生息和经济的发展。相反，一些暴虐、昏庸的封建帝王，奢侈淫靡，荒淫无度，使得百姓怨声载道，揭竿而起，导致了封建王朝的覆灭。这就从反面印证了孟子所说“虽有台池鸟兽，岂能独乐哉”。

从美学上看，孟子的“与民偕乐”的思想，指出了审美活动广泛的社会性，要求审美活动应当符合人民的意愿，受到人民的欢迎。

---

1.3 梁惠王曰：“寡人[1]之于国也，尽心焉耳矣。河内[2]凶，则移其民于河东[3]，移其粟于河内。河东凶亦然。察邻国之政，无如寡人之用心者。邻国之民不加少[4]，寡人之民不加多，何也？”

孟子对曰：“王好战，请以战喻：填然鼓之，兵刃既接，弃甲曳兵而走。或百步而后止，或五十步而后止。以五十步笑百步，则何如？”[5]

曰：“不可，直不百步耳[6]，是亦走也。”

曰：“王如知此，则无望民之多于邻国也。不违农时，谷不可胜食[7]也；数罟不入洿池[8]，鱼鳖不可胜食也；斧斤以时入山林[9]，材木不可胜用也。谷与鱼鳖不可胜食，材木不可胜用，是使民养生丧死无憾[10]也。养生丧死无憾，王道[11]之始也。五亩之宅，树之以桑，五十者可以衣帛矣。鸡豚狗彘之畜，无失其时，七十者可以食肉矣。百亩之田，勿夺其时，数口之家可以无饥矣。谨庠序[12]之教，申之以孝悌之义，颁白[13]者不负戴于道路矣。七十者衣帛食肉，黎民不饥不寒，然而不王[14]者，未之有也。狗彘食人食而不知检，涂有饿莩而不知发[15]；人死，则曰：‘非我也，岁也。’是何异于刺人而杀之，曰：‘非我也，兵也。’王无罪岁[16]，斯天下之民至焉。”

**【注释】**

[1]寡人：古代诸侯、帝王对自己的谦称。

[2]河内：指魏国黄河北岸的土地，在今河南济源一带。河，指黄河。

[3]河东：指魏国黄河以东的土地，在今山西安邑一带。

[4]加少：减少。

[5]这句话的意思是：“大王喜好打仗，让我用打仗作个比喻：战鼓咚咚擂响，两军的刀剑交锋，败军的兵士抛弃盔甲拖着兵器逃走，有的逃跑了一百步就停止，有的逃跑了五十步就停止。向后逃跑五十步的士兵却耻笑向后逃跑一百步的人，那将怎么样？”

[6]直不百步耳：只不过没有逃跑一百步罢了。

[7]不违农时，谷不可胜食：不违背农民耕种、收获的季节，粮食就会吃不尽。

[8]数（shù）罟（gǔ）不入洿（wū）池：不用细密的渔网到池塘里捕捞。数罟，细密的渔网。洿池，深水池塘。

[9]斧斤以时入山林：进入山林用斧头砍伐树木要按照一定的时节。斤，一种斧头。

[10]养生丧死无憾：百姓对生养死葬都没有什么不满意的。

[11]王道：与“霸道”相对，体现了孟子的仁政主张。它的主要内容是，统治者对百姓施行一系列仁政措施，就能使百姓心悦诚服，进而实现天下统一。

[12]庠序：古代的地方学校。

[13]颁白：胡须、头发花白。

[14]王：以仁德政治统一天下。

[15]狗彘（zhì）食人食而不知检，涂有饿莩（piǎo）而不知发：富人家的猪狗吃掉了百姓的粮食，却不加以检查和制止；路上躺着饿死的人，却不知道打开粮仓救济灾民。彘，猪。检，制止。涂，道路。莩，饿死的人。发，打开粮仓赈济灾民。

[16]罪岁：怪罪年成歉收。

**【品读】**



本章阐述了养民、教民的仁政方案。孟子劝告梁惠王只有重视人民基本的物质生活需要，加强道德教化，才能得到人民的拥护。

本章共分为三部分。

第一部分，阐述了魏国屡战屡败、人口减少、国土丢失的状况。梁惠王想称霸诸侯，便施行迁移百姓、调拨粮食的小恩小惠，企图诱使邻国的百姓自动迁移到魏国，以壮大魏国的力量。这一措施没有收到令梁惠王满意的成效。因此，梁惠王请教孟子说：“我治理国家，真是竭尽了心力。河内遭受了饥荒，我就把那里的灾民迁移到河东，同时把河东的粮食调拨到河内。河东遭受了饥荒，也是采取同样的措施。我曾经考察过邻国的政治，没有一个国君像我这样为百姓费尽心力的。但邻国的百姓并没有减少，我国的百姓未见增多，这是为什么呢？”孟子并没有直接回答梁惠王的提问，而是巧妙地运用了一个“五十步笑百步”的比喻。当梁惠王听得津津有味时，孟子话锋一转，巧妙地设置诱问说：“向后逃跑五十步的士兵，却去耻笑向后逃跑一百步的人，那行不行呢？”孟子的诱问，使梁惠王不自觉地陷入彀中，他爽快地回答说：“当然不行！只不过没有逃跑到一百步罢了，但这也是逃跑呀！”孟子接着把话题转到梁惠王的询问上，说：“您如果明白了这个道理，那就不要希望您的百姓比邻国多了。”孟子的比喻和回答，实际上是告诉梁惠王，尽管他施行一些小恩小惠，但如果不体恤百姓、制止兼并战争和从根本上实行仁政，就不会得到百姓的支持和拥护。

第二部分，孟子正面论述了养民、教民的仁政方案。他指出：如果不违背农民耕种、收获的季节，不妨碍生产，粮食便会多得吃不尽。不用细密的渔网到池塘中捕捞，鱼鳖就会繁衍生长而多得吃不尽。按一定时节砍伐树木，木材也会用不尽。粮食和鱼鳖吃不尽，木材用不尽，百姓对生养死丧就没有什么不满，这就是王道的开始。

孟子为了阐明王道主张，又接着提出了实现王道的具体措施。他说：

"分给每家五亩地的宅院，让他们植桑养蚕，五十岁以上的人就可以穿上丝绸。家家户户不失时机地饲养鸡、狗、猪等家畜、家禽，七十岁以上的人就能有肉吃。分给每家一百亩耕地，不耽误农时和妨碍生产，几口人的家庭就不会挨饿。认真地兴办些学校，反复地用孝敬父母、尊敬兄长的道理教育百姓，须发花白的老人就不必亲自肩挑背负地在路上辛苦奔波了。七十岁以上的老人穿上丝绸吃上肉，一般的百姓不挨饿受冻，这样还不能使天下的人归服，那是绝对没有的事。"这样，孟子就勾画出了自给自足的封建自然经济的理想图景。

第三部分，孟子把魏国的社会状况与梁惠王施行小恩小惠的措施暗地作了一番比较，委婉地批评了梁惠王。他说："现在的情况却不是这样，富贵人家的猪狗吃掉了百姓的粮食，却不加以检查和制止；路上躺着饿死的人，却不知道打开粮仓救济灾民。百姓被饿死，却推卸说：'这不是我的责任，是荒年造成的。'这与拿着兵器杀死了人，却说'这不是我杀的，而是兵器杀死的'，又有什么区别呢？"孟子运用这个形象的比喻，目的是批评梁惠王推卸责任。最后，孟子说："您如果不归罪于荒年，努力实行仁政，天下的百姓就会来归顺您了。"

孟子最后的结论，既回答了梁惠王希望魏国增加人口的提问，又阐明了只有实行仁政，才能获得民心的仁政主张。这样，本章前后照应，突出了养民、教民的仁政主题。

本章还给予我们下列启示：

孟子强调，实行仁政必须顺从自然规律。战国中期，各国诸侯为了达到富国强兵、称霸诸侯的目的，互相征伐兼并，掠夺别国的土地和人口，恣意消耗劳动力资源，大量剥夺百姓的生产时间，结果严重破坏了社会经济的发展。孟子针对当时的社会现实，强调必须发展生产，满足百姓基本的物质生活需要。在孟子看来，只有"不违农时""数罟不入洿池""斧斤以时入山林"，才能使"谷与鱼鳖不可胜食，材木不可胜用"。这说明，顺从自然规律是发展生产的前提和基础。孟子的这一主张具有深刻的思想价值。同时，它还蕴含着合理开发和保护自然资源的合理因素。在现代经济建设中，这一主张对我们怎样保护、利用自然资源和维持生态平衡，仍有一定的借鉴和启发作用。

孟子还指出，实行仁政的另一项重要内容就是必须给予百姓一定的固定产业。孟子主张，国君给予百姓五亩的宅院和一百亩的田地，百姓从事种谷植桑、饲养家畜等农副业生产，就能获得基本的物质生活资料，五十岁以上的老人就能穿上丝绸、吃上肉，从而对生养死葬都没有什么不满。这样，人们就会产生对仁德政治的凝聚力和向心力。这说明，孟子的仁政思想并不是空谈仁义，而是建立在发展生产和关心百姓物质生活的基础上。

孟子还强调要加强道德教化，必须以一定的经济生活为基础。春秋初期，齐国的政治家管仲提出“仓廪实则知礼节，衣食足则知荣辱”①的著名主张。春秋末年，儒家的创始人孔子提出了使百姓富足和加强道德教化的德治主张。孟子继承、发展了前人的思想，强调要以仁政统一天下，就必须在“使民养生丧死无憾”“数口之家可以无饥”的基础上，兴办学校，用孝悌的道理教化百姓，使百姓服从社会管理。这说明，孟子关于加强道德教化的主张，是建立在满足人民物质生活需要的基础之上的，因而具有一定的人民性。



1.4 梁惠王曰：“寡人愿安承教[1]。”

孟子对曰：“杀人以梃[2]与刃，有以异乎？”

曰：“无以异也。”

“以刃与政[3]，有以异乎？”

曰：“庖[4]有肥肉，厩[5]有肥马，民有饥色，野有饿莩，此率兽而食人[6]也。兽相食，且人恶之；为民父母[7]，行政，不免于率兽而食人，恶在其为民父母也？仲尼[8]曰：‘始作俑者，其无后乎！’[9]为其象人而用之也。如之何其使斯民饥而死也？”

**【注释】**

[1]愿安承教：愿意安心地接受指教。

[2]梃(tǐng)：棍棒。

[3]以刃与政：用刀杀人和用政治手段杀人。

[4]庖：厨房。

[5]厩(jiù)：马圈。

[6]率兽而食人：率领着野兽吃人。

[7]为民父母：儒家把封建国君和政府官员称作“百姓的父母”。孟子主张，人们在家中要孝敬父母，在社会中要尊敬上级。这样，社会生活中的君臣关系，就是家庭生活中父子关系的扩大和延伸。

[8]仲尼：孔子。春秋末期鲁国人，儒家学派的创始人。

[9]始作俑(yǒng)者，其无后乎：第一个制造陶偶、木偶来殉葬的人必定断子绝孙吧！

**【品读】**

本章接续上一章，告诫梁惠王治理政事要以养育百姓为首，不可实行暴

---

① 《管子·牧民》。

政虐民。

孟子与梁惠王的多次交谈,使梁惠王受到了一定影响。梁惠王诚恳地对孟子说:"我愿安心地接受您的指教。"孟子这时没有采取火辣辣的直言相谏,而是从侧面发出两个明显易答的诱问。孟子说:"用棍棒打死人与用刀子杀死人,有什么区别吗?"梁惠王不假思索地回答说:"当然没有什么区别。"孟子逐步深入,话锋一转,又诱问说:"用刀杀人和实行暴政而把百姓置于死地,这两者本质上有什么区别吗?"孟子的诱问使梁惠王无法回避,他只好回答说:"也没有什么区别。"孟子的这两个诱问,一是为了引起梁惠王的好奇和关注,二是为下面的议论做好铺垫,表现出孟子绝妙的论辩手法。

接下来,孟子根据魏国的社会现实巧妙而严厉地批评了梁惠王实行暴政而将百姓置于死地的行径。他义正词严地指出:"现在您厨房里堆满鲜美膘肥的肉,马圈里饲养着剽悍健壮的马,可是百姓却饿得面黄肌瘦,野外横卧着饿死的尸体,这简直等于国君率领着野兽来吃人。野兽自相残杀,人们尚且憎恨这种现象;做百姓父母官的人施行政事,竟然干出率领野兽吃人的勾当,那怎么能做百姓的父母官呢?"为了增强立论的说服力,孟子又引用孔子的话说:"第一个制作陶偶、木偶来殉葬的人,必定断子绝孙吧!"孟子又进一步评论说:孔子之所以这样痛恨第一个制作陶偶、木偶来殉葬的人,就是因为殉葬的俑模拟人的形象。用人形的俑来殉葬尚且不可,又怎么能让百姓饥饿而死呢?孟子引用孔子的"始作俑者",实际上是隐喻梁惠王生活奢侈、不恤民苦、实行暴政、虐杀百姓的暴虐行径。孟子的诱问和隐喻,好像剥茧抽丝,步步逼近,最终是为批评梁惠王暴虐百姓而服务的。

孟子目睹魏国百姓饥寒交迫的社会现实,怀着对百姓苦难的深深同情,揭露、批判了魏国的社会弊端和梁惠王的暴虐行径。"庖有肥肉,厩有肥马,民有饥色,野有饿莩",这简短的十六个字,鲜明、生动地揭示了魏国的贫富差别和等级对立;"此率兽而食人"一句话,极其精练地揭示了富贵压迫贫贱的实质。这样,魏国的社会现实及梁惠王暴虐百姓的行为均被展现出来,从而表现了孟子观察社会的深邃洞察力。

中华民族有着批判政治黑暗、贫富差别,向往美好社会的优良传统。孟子对社会弊端的揭露和批判,丰富了中华民族优良传统的宝库,对后代的思想家产生了积极影响。东汉末年的许多思想家继承发展了孟子的社会批判思想,猛烈抨击东汉封建王朝的政治腐败和贵戚豪家的穷奢极欲。王符揭露了当时广大人民流离失所、饥寒交迫,而封建统治者却挥霍无度、奢侈腐化的社会现实;荀悦抨击豪强地主"暴酷于亡秦"的贪婪和残暴;崔寔尖锐地指出统治者的掠夺和镇压,造成了民不聊生,"老弱冻饿,痛号道路","仇满天下”的局面；仲长统深刻地揭露了当时社会的严重的贫富对立，斥责统治者花天酒地，纸醉金迷，牲畜满山遍野，牛、羊、猪的肉多得“臭而不可食”，气味纯正的美酒“败而不可饮”。① 这些思想家的社会批判思想，尽管与孟子的批判思想有着不同的社会背景，但对现实社会中贫富对立的揭露、批判，在本质上都是一致的。

孟子抨击暴政，深切同情人民疾苦的精神，影响着后代无数诗人。譬如，唐代著名诗人杜甫“朱门酒肉臭，路有冻死骨”（《自京赴奉先县咏怀五百字》）这一传颂千古的名句，显然是从孟子的“庖有肥肉，厩有肥马，民有饥色，野有饿莩”脱胎而来。另一位唐朝著名诗人白居易在诗句“与君啖肥马，可以照地光。愿易马残粟，救此苦饥肠”（《采地黄者》）中表现出来的忧虑百姓苦难的思想情感，更是与孟子一脉相承。



1.5 梁惠王曰：“晋国[1]，天下莫强焉，叟[2]之所知也。及寡人之身，东败于齐，长子死焉[3]；西丧地于秦七百里[4]；南辱于楚[5]。寡人耻之，愿比死者壹洒之[6]，如之何则可？”

孟子对曰：“地方百里[7]而可以王。王如施仁政于民，省刑罚，薄税敛，深耕易耨[8]；壮者以暇日修其孝悌忠信，入以事其父兄，出以事其长上，可使制梃以挞秦楚之坚甲利兵矣。彼夺其民时，使不得耕耨以养其父母。父母冻饿，兄弟妻子离散。彼陷溺其民，王往而征之，夫谁与王敌？故曰[9]：‘仁者无敌。’王请勿疑！”

**【注释】**

[1]晋国：战国时期，韩、赵、魏三家分晋而列为诸侯，梁惠王自称魏国为“晋国”。

[2]叟：古代对老人的尊称。

[3]东败于齐，长子死焉：公元前341年，齐国在马陵歼灭魏国军队的主力，魏大将庞涓自杀，太子申被俘虏，后来死去。

[4]西丧地于秦七百里：公元前340年以后，魏国屡次被秦国打败，被迫向秦国献出河西郡（今陕西合阳一带）之地和上郡（今陕西榆林东南）的十五个县。

[5]南辱于楚：公元前323年，楚国攻破魏国的襄陵（今河南睢县南），侵占魏国八个邑。

[6]愿比死者壹洒之：希望替魏国战死的人报仇雪恨。

[7]地方百里：土地纵横各百里。

[8]深耕易耨（nòu）：深耕细作，早锄杂草。

[9]故曰：古人说。

---

① （东汉）仲长统：《昌言·理乱》。

【品读】

本章阐明只有实行仁政，减少刑罚，减轻赋税，发展生产，加强教化，才能统一天下。

公元前453年，韩、赵、魏联合起来瓜分了晋国的土地，建立了三个封建政权，这就是历史上的“三家分晋”。战国初期，魏文侯任用李悝实行变法，魏国开始强盛起来。梁惠王继位后，进一步实行改革，国势更加强大。梁惠王在位中晚期，魏国在东方与齐国交战，主力全军覆没，梁惠王的儿子太子申被俘后死去；在西方向秦国割让大片国土；在南方与楚国交战，又割让土地，遭受屈辱。连续的失败，使魏国失去了从前强盛的局面。梁惠王不甘心失败，希望重振旗鼓，收复失地，报仇雪恨，于是请教孟子怎么办才能获得成功。

孟子针对梁惠王的想法，正面阐述了实行仁政、王道，就能统一天下的政治主张。

第一，减轻刑罚。孟子强调用仁政治国，但他并不反对必要的刑罚。孟子的“省刑罚”，是针对法家的严刑峻法主张而言的。法家是新兴地主阶级的激进派，急功近利，反对以仁义治理国家，主张施行严酷的刑法，不区分人们的亲近和疏远、高贵和卑贱，用法律统治、约束各级官吏和百姓。孟子强调实行仁政，但并不否认必要的刑罚，而是主张在用仁政治国的同时，对危害社会的犯罪者处以必要的惩罚。这样，孟子的减轻刑罚的主张，就是以仁义为本，以刑罚为辅。这既不同于法家的严刑峻法，又不同于后代有的儒家宣扬的只要仁义而不要刑罚。

第二，减轻赋税。在孟子看来，百姓向国家交纳的赋税是国家的重要经济来源。但同时他又主张，国家要减轻百姓的赋税和一些额外的负担，这样就能提高百姓“深耕易耨”的生产积极性，促进社会经济的发展，做到藏富于民，国家富足，国库充裕。否则，就会造成民穷财尽，无法满足百姓生养死葬的基本生活需要，百姓就会怨声载道，进而造成社会的动荡和混乱。

第三，“深耕易耨”，发展生产。深耕细作，早锄杂草，是孟子对战国中期取得一定进步的耕作技术的概括。深耕，能提高土壤的肥力，有利于农作物的生长；早锄杂草，一是避免浪费土壤的养分，二是使锄掉的杂草腐化成肥料，这有利于农作物的生长。孟子所说的“深耕易耨”，是为了发展生产，使百姓丰衣足食、安居乐业，为国家提供充裕的赋税，促使社会安定，从而为以仁政统一天下提供一定的经济条件。

第四，道德教化。孟子指出，对社会成员进行遵从仁、义、礼、智等道德规范的道德教育，使他们自觉遵从社会规范，既能维持家庭生活中人际关系的和谐,又能维持社会生活中上下关系的和谐,百姓就会尊重国君、亲近上级而乐意为国家效劳。这样,即使让百姓制造棍棒也可以抗击披坚执锐的秦、楚军队。

孟子为了坚定梁惠王实行仁政的信心,又从另一方面分析了几个敌对国家的国情。他说:"秦、楚那些国家加紧征兵使役,侵夺了百姓的生产季节,使百姓不能从事耕作来养活自己的父母。父母饥寒交迫,兄弟、妻子、儿女背井离乡,散落四方。秦、楚的国君使百姓陷入灾难的深渊,您率领军队去讨伐他们,谁能与您对抗呢?古人说:'仁德的人无敌于天下。'请您不要再怀疑了。"

孟子一方面从正面论述了实行仁政就能使天下人归附的显著功效;另一方面,又从反面描述了秦、楚等国实行暴政造成的恶果。这种正反对比的手法,目的是坚定梁惠王实行仁政的信心,进而推行以仁政治国的主张。

1.6 孟子见梁襄王[1],出,语人曰:"望之不似人君,就之而不见所畏焉。卒然[2]问曰:'天下恶乎定?'吾对曰:'定于一[3]。''孰能一之?'对曰:'不嗜杀人者能一之。''孰能与[4]之?'对曰:'天下莫不与也。王知夫苗乎?七八月之间旱,则苗槁矣。天油然作云,沛然下雨,则苗浡[5]然兴之矣。其如是,孰能御之?今夫天下之人牧,未有不嗜杀人者也。如有不嗜杀人者,则天下之民皆引领[6]而望之矣。诚如是也,民归之,由水之就下,沛然谁能御之?'"

**【注释】**

[1]梁襄王:梁惠王的儿子,魏国国君,名嗣,谥号襄。

[2]卒然:突然、忽然。

[3]定于一:安定于统一。

[4]与:跟随、拥护。

[5]浡(bò):兴起、旺盛。

[6]引领:伸长脖子。

**【品读】**

本章论述了不喜好杀人的国君能够统一天下的仁政主张。

《孟子·梁惠王上》记载了孟子与梁惠王的多次谈话。孟子劝告梁惠王要实行仁政,"与民偕乐",减轻刑罚、赋税,关心百姓的经济生活,使百姓有一定的固定产业;同时,加强道德教化,使百姓自觉遵从孝悌忠信道德规范和准则。这样,在国内实行仁政,获得民心,对外就能制造棍棒而抗击披坚执锐的秦、楚军队。但梁惠王朝思暮想的是用战争手段收复土地,报仇雪恨，使魏国重新强盛起来。这样，野心勃勃、急功近利的梁惠王对孟子的仁政主张怎能听得进去呢？所以，孟子在魏国虽受到礼遇，但他的仁政主张一直没有被梁惠王所采纳。

公元前319年，梁惠王去世。次年，梁襄王即位。本章记述了孟子拜见梁襄王的情景。

梁襄王继承王位后，孟子把推行仁政的希望寄托于他的身上。但是，孟子拜见梁襄王后，向别人这样讲述自己对梁襄王的印象："远远望去，毫无风度而不像个国君的样子；走近看他，又没有国君的威严。"显然，在孟子的心目中，梁襄王是个无所作为的国君。

孟子与梁襄王的问答，既鲜明地表现了梁襄王急切振兴魏国的愿望，又明确反映了孟子用仁政统一天下的政治主张。其主张包括紧密相连的三个层次：

第一，天下归于统一就会安定。梁襄王忽然急促地问："天下怎样才能安定？"孟子回答说："天下归于统一，就会安定。"我们知道，孟子极力追求一个政治清明、天下统一、君仁臣义、君民同乐、民风淳朴、道德高尚的美好理想社会。在孟子所处的战国中期，各诸侯国极力扩大疆域，互相兼并攻伐，掠夺别国的土地、人口、财富，导致战争日益激烈和频繁，战争规模越来越大。连年的战争破坏了生产的发展，给人民造成严重的灾难。孟子怀着对百姓苦难的深深同情，极力反对诸侯国之间的兼并战争，认为天下归于统一，才能形成安定的社会环境。天下安定于统一的主张，反映了孟子对人类美好社会的向往和追求。

第二，实行仁政，才能实现统一。这是讲统一天下的手段。梁襄王问："谁能统一天下呢？"孟子说："不喜好杀人的国君能够统一天下。"孟子所说"不喜好杀人的国君"，就是指对百姓实行仁政的人。

第三，实行仁政，就能得到百姓的拥护和支持。这是讲实行仁政的功效和结果。当梁襄王问"那有谁跟随呢"时，孟子运用了两个生动、形象的比喻开导梁襄王。孟子指出：七八月间，天久旱不雨，禾苗就会枯槁。如果天空乌云密布，降下大雨，禾苗得到雨水浇灌，便会蓬勃生长起来。这种自然的规律，谁能阻挡得住呢？现在各国的国君都好大喜功，杀人如麻。如果出现一位仁义国君，实行仁政，体恤百姓，不随便杀伐征战，那么，天下的百姓都会伸长脖子仰望着，期待着他的解救和领导。真是这样的话，百姓归附他就像大水向下奔流一样，这种自然趋势，哪能被人力阻挡住呢？孟子运用雨润禾苗和大水向下奔流这两个比喻，说明实行仁政的国君统一天下，就会得到百姓的拥护和支持，其势不可阻挡。这样，就使含义抽象的问题变得浅近易懂了。

这三个层次是紧密相连、互相影响、不可分割的。天下归于统一就会安定，而实现天下统一、安定，必须实行仁政；实行仁政，必然得到百姓的拥护和支持；得到百姓的拥护、支持，又有利于促进天下的统一和安定。

孟子"定于一"的思想，对后世产生了积极的影响。战国末年的荀子主张天下统一；战国末年的政治家、思想家吕不韦强调统一就会安定，分裂就会混乱；西汉公羊春秋学提出了"大一统"的命题，颂扬儒家思想和法度的统一；等等。两千多年来，中华民族坚持统一、反对分裂，要求安定、反对混乱的优良传统和思想情感，大都受到孟子"定于一"思想的浸润和熏陶。尽管其间中国经历多次由统一到分裂再到更高度统一的艰难历程，但中华民族的历史发展进程并没有中断，中华民族统一的时间占了一千三百多年。在这里，"天下定于一"的思想是中华民族的一种凝聚力。它激励着无数志士仁人和英雄儿女为维护中华民族的统一、安定，对外英勇抗击敌人，写下了可歌可泣的壮丽诗篇。即使是在今天，孟子的这一思想对我们维护中华民族的统一仍有着一定的启示。



1.7 齐宣王[1]问曰："齐桓、晋文[2]之事可得闻乎？"

孟子对曰："仲尼之徒无道桓、文之事者，是以后世无传焉，臣未之闻也。无以[3]，则王乎？"

曰："德何如则可以王矣？"

曰："保民而王，莫之能御也。"

曰："若寡人者，可以保民乎哉？"

曰："可。"

曰："何由知吾可也？"

曰："臣闻之胡龁[4]曰：王坐于堂上，有牵牛而过堂下者，王见之，曰：'牛何之？'对曰：'将以衅钟[5]。'王曰：'舍之！吾不忍其觳觫[6]，若无罪而就死地。'对曰：'然则废衅钟与？'曰：'何可废也？以羊易之！'不识有诸[7]？"

曰："有之。"

曰："是心足以王矣。百姓皆以王为爱也，臣固知王之不忍也。"

王曰："然。诚有百姓者。齐国虽褊小[8]，吾何爱一牛？即不忍其觳觫，若无罪而就死地，故以羊易之也。"

曰："王无异于百姓之以王为爱也。以小易大，彼恶知之？王若隐[9]其无罪而就死地，则牛羊何择[10]焉？"

王笑曰："是诚何心哉？我非爱其财而易之以羊也。宜乎百姓之谓我爱也[11]。"

曰："无伤[12]也，是乃仁术也，见牛未见羊也。君子之于禽兽也，见其生，不忍见其死；闻其声，不忍食其肉。是以君子远庖厨也。"

王说曰："《诗》云：'他人有心，予忖度之。'[13]夫子之谓也[14]。夫我乃行之，反而求之，不得吾心。夫子言之，于我心有戚戚[15]焉。此心之所以合于王者，何也？"

曰："有复于王者曰：'吾力足以举百钧，而不足以举一羽；明足以察秋毫之末，而不见舆薪。'[16]则王许之乎？"

曰："否。"

"今恩足以及禽兽，而功不至于百姓者，独何与？然则一羽之不举，为不用力焉；舆薪之不见，为不用明焉；百姓之不见保，为不用恩焉。故王之不王，不为也，非不能也。"

曰："不为者与不能者之形何以异？"

曰："挟太山以超北海[17]，语人曰'我不能'，是诚不能也。为长者折枝，语人曰'我不能'，是不为也，非不能也。故王之不王，非挟太山以超北海之类也；王之不王，是折枝之类也。老吾老，以及人之老；幼吾幼，以及人之幼[18]。天下可运于掌。《诗》云：'刑于寡妻，至于兄弟，以御于家邦。'[19]言举斯心加诸彼而已。故推恩足以保四海，不推恩无以保妻子。古之人所以大过人者，无他焉，善推其所为而已矣。今恩足以及禽兽，而功不至于百姓者，独何与？权，然后知轻重；度，然后知长短。物皆然，心为甚。王请度之！抑王兴甲兵，危士臣，构怨于诸侯，然后快于心与？"

王曰："否！吾何快于是？将以求吾所大欲也。"

曰："王之所大欲可得闻与？"王笑而不言。

曰："为肥甘不足于口与？轻暖不足于体与？抑为采色不足视于目与？声音不足听于耳与？便嬖[20]不足使令于前与？王之诸臣皆足以供之，而王岂为是哉？"

曰："否！吾不为是也。"

曰："然则王之所大欲可知已。欲辟土地，朝秦楚[21]，莅中国而抚四夷也。以若所为求若所欲，犹缘木而求鱼也。"

王曰："若是其甚与？"

曰："殆有甚焉。缘木求鱼，虽不得鱼，无后灾。以若所为求若所欲，尽心力而为之，后必有灾。"

曰："可得闻与？"

曰："邹[22]人与楚人战，则王以为孰胜？"

曰："楚人胜。"

曰："然则小固不可以敌大，寡固不可以敌众，弱固不可以敌强。海内之地方千里者九，齐集有其一[23]。以一服八，何以异于邹敌楚哉？盍[24]亦反其本矣。今王发政施仁，使天下仕者皆欲立于王之朝，耕者皆欲耕于王之野，商贾皆欲藏于王之市，行旅皆欲出于王之涂，天下之欲疾其君者皆欲赴愬[25]于王。其若是，孰能御之？"

王曰："吾惛[26]，不能进于是矣。愿夫子辅吾志，明以教我。我虽不敏，请尝试之。"

曰："无恒产而有恒心者[27]，惟士为能。若民，则无恒产，因无恒心。苟无恒心，放辟邪侈[28]，无不为已。及陷于罪，然后从而刑之，是罔[29]民也。焉有仁人在位罔民而可为也？是故明君制民之产，必使仰足以事父母，俯足以畜妻子，乐岁终身饱，凶年免于死亡。然后驱而之善，故民之从之也轻。今也制民之产，仰不足以事父母，俯不足以畜妻子；乐岁终身苦，凶年不免于死亡。此惟救死而恐不赡[30]，奚暇治礼义哉？王欲行之，则盍反其本矣。五亩之宅，树之以桑，五十者可以衣帛矣。鸡豚狗彘之畜，无失其时，七十者可以食肉矣。百亩之田，勿夺其时，八口之家可以无饥矣。谨庠序之教，申之以孝悌之义，颁白者不负戴于道路矣。老者衣帛食肉，黎民不饥不寒，然而不王者，未之有也。"

**【注释】**

[1]齐宣王：齐威王的儿子，姓田，名辟疆，齐国国君。

[2]齐桓、晋文：指齐桓公、晋文公。春秋时期，两人先后在诸侯中称霸。

[3]无以：不得已。

[4]胡龁（hé）：齐宣王亲近的大臣。

[5]衅（xìn）钟：古代的一种祭祀仪式，将被宰杀的牲畜的血涂在新造的钟上。

[6]觳（hú）觫（sù）：恐惧、颤抖的样子。

[7]不识有诸：不知道有这回事吗？

[8]褊（biǎn）小：土地狭小。

[9]隐：哀痛、怜惜。

[10]何择：有什么区别。

[11]宜乎百姓之谓我爱也：百姓说我吝啬是应该的呀。

[12]无伤：没有妨碍。

[13]这两句诗引自《诗经·小雅·巧言》。意思是："别人有什么心思，我能揣测到。"

[14]夫子之谓也：这就是说您啊！

[15]戚戚：心受感动的样子。

[16]这句话的意思是："我的力气足够举起三千斤的重量，却不足以举起一根羽毛；我的目力足够看清楚秋天鸟儿细毛的尖端，却看不见装满一车的柴草。"

[17]挟太山以超北海：腋下夹着泰山跳过渤海。

[18]老吾老，以及人之老；幼吾幼，以及人之幼：尊敬自己的长辈，进一步推广到尊敬别人的长辈；爱护自己的儿女，进一步推广到爱护别人的儿女。

[19]这几句诗引自《诗经·大雅·思齐》。意思是："周文王先给妻子做榜样，再推广到兄弟，进而推广到封邑和邦国。"

[20]便(pián)嬖(bì)：国君左右被亲近宠爱的人。

[21]朝秦楚：使秦国、楚国来朝见齐王。

[22]邹：当时的诸侯小国，在今山东邹城东南。

[23]齐集有其一：齐国土地合起来占中国总面积的九分之一。

[24]盍：为什么不。

[25]赴愬：前来诉苦。

[26]惛(hūn)：思想昏乱，不明白道理。

[27]无恒产而有恒心者：没有固定的产业收入却有一定的道德观念。

[28]放辟邪侈：指不守法度、越轨的行为。

[29]罔：网罗陷害。

[30]不赡(shàn)：不充足。

**【品读】**

公元前329年，孟子在齐威王的时候第一次游齐。后来，孟子又出游宋国、滕国和魏国。公元前318年，孟子离开魏国后第二次来到齐国。孟子向齐宣王系统地阐述了爱护、安定百姓就能统一天下的仁政理论，分析了宣王以羊易牛的仁慈之心是实行仁政的心理基础，委婉批评他不肯实行仁政的错误，论述了用武力称霸必败、实行仁政必胜的观点，阐述了实行仁政的基本措施。

战国中期，齐国是一个南面有泰山、东面有琅琊山、西面有清河、北面有渤海的四面险隘的国家。它依山傍海，沃土千里，经济发达，交通便利，实力强盛。齐宣王的祖父田桓公曾经在齐国国都临淄城西稷门外设立一座稷下学官，招徕一大批有谋略的知识分子来这里研究学术、议论政治，为齐国统治者出谋划策。到齐宣王时，齐国达到了鼎盛时期。稷下学官更加兴旺。孟子到了齐国，对齐宣王实行仁政充满信心。《孟子》一书中记载了孟子与齐宣王的谈话约计十六章。当时的齐宣王野心勃勃，一心想称霸中原，征服秦、楚等大国，用武力统一天下。孟子通过一番调查研究，认为齐宣王的称霸思想是推行仁政理论的思想障碍，便开始循循善诱地启发他接受和采纳自己的仁政主张。本章记述的孟子与齐宣王的谈话，就是在这种情况下发生的。

本章内容大致包括五个部分。

第一，爱护、安定百姓，就能统一天下。齐宣王对孟子说："齐桓公、晋文公在春秋称霸的事迹，您能讲给我听吗？”孟子立意要谈用仁政统一天下的王道，于是回答说：“孔子的学生没有讲齐桓公、晋文公称霸的事，所以后代没有流传下来，我也没有听说过。”孟子紧接着用“不得已，我就给您讲述以德服天下的王道吧”引出了自己的议题。这就使齐宣王本来想谈的霸道的话题转移了方向。于是齐宣王不由得问：“要有怎样的德行才能统一天下呢？”这就步入了孟子设置的机关。孟子干脆地回答：“爱护、安定百姓，就能统一天下，这是任何人都阻挡不住的。”这就鲜明地提出了“保民而王”的论点。

第二，以羊换牛的仁慈之心是实行仁政的心理基础。当孟子提出“爱护、安定百姓就能统一天下”的仁政论点后，齐宣王疑惑地问：“像我这样的人，可以安定百姓吗？”孟子洞察了齐宣王的心理，肯定地说：“可以！”齐宣王听了孟子的肯定回答，感到很高兴，便反问孟子说：“您凭什么知道我可以呢？”在这之前，胡龁曾告诉孟子齐宣王用羊换牛祭钟一事。说的是齐宣王看见手下的人牵着牛从堂下经过，准备宰杀了它去祭钟，他不忍心看牛那哆嗦害怕的样子，便指示用羊代替牛。孟子列举了这件事例后，向齐宣王分析了用羊换牛的仁慈之心是实行仁政的心理基础。他说：“您凭这种仁慈的心理，就可以统一天下。百姓都认为您是吝啬，我早就知道您是于心不忍。”齐宣王听了孟子的话，十分高兴。在这里，孟子采用了善设机巧、诱人入彀的辩论技巧。齐宣王接着说：“是这样，的确有百姓认为我吝啬！齐国土地虽然狭小，我怎能连一头牛都舍不得呢？实在是不忍心看到它恐惧颤抖的样子，毫无罪过而被宰杀，因此才用羊代替它。”这时孟子变换了手法，把引导变成逼问。他说：“百姓误认为您吝啬，您也不必奇怪。他们只看见您用一只小羊去换一头大牛，怎能了解您的用心呢？您如果可怜它毫无罪过就被宰杀，那么，杀牛和杀羊又有什么不同呢？”齐王感到词穷，陷入了窘境，只好解嘲似地笑着说：“这样，百姓说我吝啬也就理所当然了。”孟子接着用幽默、轻松的口吻把话锋一转，替齐宣王作了辩解。孟子说：“百姓误解您，并没有什么关系。您的这种不忍正是仁慈心理的表现。您只看到那头牛恐惧发抖的样子，却没有看见羊。有德行的人对于禽兽，只愿意看见它们活生生的样子，却不忍心看它们被杀的惨状；听到它们被宰杀时的惨叫，就不忍心吃它们的肉。所以，君子总是设法远离厨房。这和您用羊换牛的心理是完全一样的。”齐王听了孟子的话，感到十分高兴，认为孟子猜透了自己的心理，表达出了自己内心的想法。他喜笑颜开地对孟子说：“经您这样一分析，我的心豁然明亮了。”孟子经过一擒一纵，深深地吸引住了齐宣王的心。孟子的分析，是紧紧围绕着第二部分开始提出的“凭这种仁慈的心理，就可以统一天下”而展开的。这样，孟子阐明了齐宣王用羊换牛的仁慈之心是实行仁政的心理基础，从而为下面的论辩做了铺垫。

第三，委婉批评齐宣王不肯实行仁政，而不是不能实行仁政。齐宣王听了孟子的分析，心里乐滋滋的，便迫切地提问说：“我的这种仁慈心理符合王道，这是什么原因呢？”这样，论辩便自然地过渡到第三部分。

孟子接着以“力气足够举起三千斤的重量却举不起一根羽毛”和“眼睛能看清秋鸟细毛的尖端却看不见装满一车的柴草”来诱问齐王说：“您肯相信这种话吗？”这就诱使齐王入彀，并作了否定的回答。孟子紧紧抓住齐宣王的弱点，反问说：“现在您把用羊换牛的恩惠施给禽兽，却不把功德施给百姓，这是为什么呢？拿不起一根羽毛，是不肯用力气的缘故；看不见满车的柴草，是不肯用目力的缘故；百姓得不到安定的生活，是不肯施恩的缘故。所以，您不实行仁德政治，是不肯干，而不是不能干。”这样，孟子说明了齐宣王是不肯实行仁政，而不是不能实行仁政。也就是说，齐王只对禽兽施行恩惠，而不对百姓施行功德。齐宣王又疑惑地问：“不肯做与不能做两种情况，究竟有什么区别呢？”孟子回答说：“把泰山挟在腋下跳过渤海，这是真正不能做；为年长的人折取一根树枝而认为做不到，这是不肯做，而不是不能做。”为了进一步说服齐宣王，不待齐宣王插嘴，孟子便又进一步引《诗》据典，从正反、古今等方面，明之以理，晓以利害，阐明了是否用仁德统一天下的不同结果。他认为：把恩惠从近到远地推广、扩大到其他方面，就能安定天下；不这样做，就连自己的妻子儿女也无法保全。古代的圣贤之所以远远地超过一般的人，就在于他们由近及远地推行他们的功德。经过以上分析后，孟子再次反问齐王说：“现在您把用羊换牛的恩惠施给禽兽，却不把功德施给百姓，这是为什么呢？”在这一部分，孟子批评齐宣王不肯实行仁政的错误，就是紧密围绕这个反问而展开的。这个反问既紧扣实行仁政的主题，又具有承上启下的作用。在第二次提出这一反问的基础上，孟子对齐王说：“物体的轻重、长短，只有称量才能知道。人的内心也需要反省、省察才能认识自己。请您仔细考虑吧！”

第四，实行霸道必败，实行仁政必胜。在孟子看来，齐宣王孜孜追求的是用武力征服天下的霸道。不讲清霸道的危害和王道的易成，就难以劝说齐王实行仁政。这样，孟子在清楚地了解到齐宣王有称霸天下的野心后，便有的放矢，痛下针砭，设诱问诱导齐宣王讲出自己内心最大的欲望。孟子说：“难道动员全国军队，使将士冒生命危险，与列国诸侯结下怨仇，这样您心里才感到痛快吗？”齐宣王作了否定的回答。当孟子请求齐王讲出自己的最大愿望时，“王笑而不言”。这简短的几个字，相当传神地勾画出了齐宣王的眼神和笑貌。齐王不回答而故作神秘。实际上,孟子对齐王的“大欲”了如指掌。他以退为进地运用排比设问说:“是为了肥美的食品不能满足口腹的享受吗?轻暖的衣裘不能满足身体的舒适吗?还是为了绚丽的颜色不能满足眼睛的观赏?美妙的音乐不能满足耳朵的听闻?左右伺候的人不够使用?您的臣下都充分满足您的需要,难道真是为了这些吗?”孟子的排比设问,如飞流直下,一泻千里,铺张扬厉,咄咄逼人。等齐宣王否定了对这些声、色、臭、味的需求后,孟子有的放矢,一针见血地指出:“您的最大欲望就是扩张国土,使秦、楚都来朝贡,统治中原,安抚四边落后的部族。”孟子话锋一转,指出:用您这样的做法,去追求这样的欲望,就好像爬到树上去捉鱼一样,永远达不到目的。孟子用“缘木求鱼”比喻齐王方法、方向不对,白费力气,达不到目的。孟子接着又告诫齐王,如果用占中国九分之一力量的齐国去征服占中国九分之八力量的列国诸侯,一定失败。这样,孟子雄阔的辩说就堵塞了齐宣王妄想称霸诸侯的道路,把齐宣王引导到改革政治、实行仁政的路口。在这里,孟子指出齐王如果不改弦更张,实行仁政,就一定会遭受祸害。孟子进一步指出:如果齐王实行仁政而放弃武力,各行各业的人们就会主动归顺齐王。如果这样,又有谁能阻挡得住呢!齐宣王被孟子的论辩所折服,诚恳地对孟子说:“我头脑昏乱,不能做到您说的那样。请您辅佐我的志向,明白地指导我。我虽然不聪敏,请让我按您的话去试着实行。”

第五,实行仁政的根本措施。当齐宣王虚心地向孟子请教后,孟子滔滔不绝地从正面阐述了实行仁政的两项根本措施:

其一,实行使百姓有固定产业的土地制度。孟子主张,国君要规定百姓的固定产业,分给每家五亩宅院和一百亩土地,使百姓从事种谷植桑、饲养家畜等农副业生产,获得基本的物质生活资料,上足以赡养父母,下足以育养妻子儿女;好年成能安居乐业,坏年成也不致饿死。

其二,在具备一定经济条件的基础上,加强道德教化。孟子认为,士人精研学问,知道义理,虽然没有固定的产业,但能具备一定的道德观念。至于一般的百姓,如果没有一定的产业,就不能具有一定的道德观念。所以,在规定百姓固定产业的基础上,兴办学校,加强尊亲敬长等道德观念的教育,才能使百姓自觉服从社会管理。不这样的话,百姓全力挽救自身都来不及,哪有空闲时间学习礼义呢?

总之,在孟子看来,实行了仁政还不能统一天下,那是绝无可能的事情。这就与孟子在本章开始所强调的“保民而王,莫之能御”的观点前后照应,突出了实行仁政就能统一天下的主题。

从文学上看,这是一篇波澜壮阔的政论文。它既有单纯的论说文字,又有生动、具体的形象描绘。文章论述的是实行仁政、反对霸道的极严肃的政治问题，但孟子并不是一开始就长篇大论。它记载的孟子与齐宣王的对话极其轻松自如，细致地表现了两人的心理特征。文章中的“君子远庖厨”“察秋毫之末而不见舆薪”“挟太山以超北海”“是不为也，非不能也”“老吾老，以及人之老；幼吾幼，以及人之幼”“缘木求鱼”“邹人与楚人战”“乐岁终身苦，凶年不免于死亡”等，都是后代经常引用的名言名句。它们不仅是学术思想上的名言，而且是文学上的名言。这篇极具个性的对话体论辩文章，写得一波三折，妙趣横生，开阖自如，笔走龙蛇。它不仅是《孟子》书中一篇结构完整、语言生动、气势奔放的优秀文章，而且在战国时代以至中国古代文学史上都是不多见的，对我国散文的发展产生了重要的影响。

# 梁惠王章句下

2.1　庄暴[1]见孟子，曰："暴见于王，王语暴以好乐，暴未有以对也。"曰："好乐何如？"

孟子曰："王之好乐甚，则齐国其庶几[2]乎！"

他日，见于王曰："王尝语庄子以好乐，有诸？"

王变乎色，曰："寡人非能好先王之乐也，直好世俗之乐耳。"

曰："王之好乐甚，则齐其庶几乎！今之乐由古之乐也。"

曰："可得闻与？"

曰："独乐乐，与人乐乐，孰乐？"

曰："不若与人。"

曰："与少乐乐，与众乐乐，孰乐？"

曰："不若与众。"

"臣请为王言乐。今王鼓乐于此，百姓闻王钟鼓之声，管籥[3]之音，举疾首蹙頞[4]而相告曰：'吾王之好鼓乐，夫何使我至于此极也？父子不相见，兄弟妻子离散。'今王田猎[5]于此，百姓闻王车马之音，见羽旄[6]之美，举疾首蹙頞而相告曰：'吾王之好田猎，夫何使我至于此极也？父子不相见，兄弟妻子离散。'此无他，不与民同乐也。今王鼓乐于此，百姓闻王钟鼓之声，管籥之音，举欣欣然有喜色而相告曰：'吾王庶几无疾病与，何以能鼓乐也？'今王田猎于此，百姓闻王车马之音，见羽旄之美，举欣欣然有喜色而相告曰：'吾王庶几无疾病与，何以能田猎也？'此无他，与民同乐也。今王与百姓同乐，则王矣。"

**【注释】**

[1]庄暴：齐国大臣。

[2]庶几：将近、差不多。

[3]管籥(yuè)：古代吹奏的乐器。

[4]疾首蹙(cù)頞(è)：形容厌恶、痛恨的样子。疾首，头痛。蹙頞，皱眉。

[5]田猎：打猎。

[6]羽旄(máo)：用鸟的羽毛和旄牛尾装饰的旌旗。

**【品读】**

本章阐述了孟子向齐宣王宣传国君要“与民同乐”的仁政思想。

有一天，齐国大臣庄暴来拜见孟子，向孟子谈起了他朝见齐宣王时发生的一件事情：齐王说自己喜好音乐，而庄暴当时不知怎样回答。庄暴认为，国君爱好音乐是件非同小可的事情，便请教孟子说：“爱好音乐究竟好不好呢？”孟子同孔子一样，都把音乐当作对社会成员进行教化的一个重要手段。于是，孟子回答说：齐王如果非常爱好音乐，并把对音乐的爱好推广到百姓身上，那么齐国就差不多治理好了。

我们知道，孟子游齐的目的，就是希望齐宣王采纳和推行自己的仁政主张。所以，他利用一切机会诱导齐宣王实行仁政。过了几天，孟子去拜见齐宣王，问起齐宣王告诉庄暴他爱好音乐的事情。齐宣王听了后，脸上露出尴尬的神色，不好意思地说：“我并不是爱好古代典雅的音乐，只不过喜欢现在流行的音乐罢了。”孟子接着把话题转到用音乐教化百姓的仁政主张上，说：“您非常喜欢音乐，那么，齐国就差不多能治理好了。现在流行的音乐与古代典雅的音乐本质上是相同的。”孟子的话，抹去了齐宣王刚才心理上的一层阴影。齐宣王便请求孟子阐明这个道理。孟子为了进一步把齐宣王爱好音乐的心引导到与百姓共同爱好音乐的仁政主张上，紧扣齐宣王的爱好，步步诱问，既引起齐宣王的兴趣，又阐明了自己的观点。孟子诱问说：“一个人单独欣赏音乐更快乐，还是与别人共同欣赏音乐更快乐呢？”“与少数人欣赏音乐更快乐，还是与多数人共同欣赏音乐更快乐呢？”待齐王回答与别人和众多的人共同欣赏音乐更快乐后，孟子便从正、反两方面，围绕着音乐这一论题，生动地阐述了“独乐”的危害和“与民同乐”的功效，进一步得出结论说：“如果现在您同百姓共同娱乐，便可以统一天下了。”孟子的诱问，像磁石般吸引住对方，避免了齐王对枯燥无味的说教的反感，有利于阐述“与百姓同乐，则王矣”的思想。

在“与民同乐”的仁政思想中，孟子认识到了音乐的教化功能。孟子继承、发展了孔子用音乐移风易俗的思想。孟子说：仁德的言辞比不上仁德的音乐更能打动人心，良好的行政管理比不上良好的教育更能获得民心。他还引用孔子的学生子贡的话说：听到一个国家的音乐，就能知道它的德政怎样。当齐宣王说“我并不是爱好古代典雅的音乐，只是爱好现在流行的音乐罢了”时，孟子回答说：“现在流行的音乐，在本质上与古代的音乐是一样的。”这说明，在音乐观上，孟子并不像孔子那样守旧，排斥一切新的、流行的音乐。在孟子看来，仁德的音乐能打动人心，陶冶人的心灵，满足人们精神生活的需要。这样，音乐的潜移默化的教化功能，对实行仁政、争取人心、统一天下有着重要的作用。

孟子之所以告诫齐宣王要"与民同乐",在于他认识到了社会心理在社会约制中的调节作用。我们说的社会心理,就是指人们在社会生活中自发产生和相互影响的心理活动。孟子在描述国君不与百姓共同娱乐的情景时指出,假如国君独自欣赏音乐,百姓听到鸣钟击鼓、吹箫奏笛的声音,都会深恶痛绝地议论说:我们的国君这样爱好音乐,为什么使我们沦落到父子分离、兄弟妻儿离散四方的穷困境地?假如国君到野外打猎,百姓听到那车轮滚滚、萧萧马鸣的声音,看到那色彩艳丽、迎风飘舞的旌旗,都会深恶痛绝地议论说:我们的国君这样喜好打猎,为什么使我们沦落到父子分离、兄弟妻儿离散四方的穷困境地?孟子接着又从正面描述了国君与百姓共同娱乐而受到百姓欢迎的热烈场面。他指出,假如国君与百姓共同娱乐,百姓听到鸣钟击鼓、吹箫奏笛和国君打猎时车轮滚滚、萧萧马鸣的声音,看到那色彩艳丽、迎风飘舞的旌旗,就会眉开眼笑,互相议论说:我们的国君大概很健康吧,不然怎么能兴高采烈地欣赏音乐和外出打猎呢!

孟子正、反两方面的阐述,已经接触到社会心理的二重性,也就是顺向心理和逆向心理。在孟子看来,国君与百姓共同娱乐,百姓就会表现出喜好的心理,从而自觉服从社会的管理。这是顺从、有利于社会约制的心理方向,表现出百姓对仁政德教的追求和向往。国君不与民同乐,百姓就会产生怨恨、反感的逆向心理而不遵从社会规范和准则。这是抵触、不利于社会约制的心理方向,表现出百姓对暴政、霸道的不满和抗争。孟子突出强调了顺向心理的重要作用,把逆向心理产生的原因归于统治者不与百姓共同娱乐的暴虐统治,从而表现出深刻的人民性。

2.2 齐宣王问曰:"文王之囿[1]方七十里,有诸?"

孟子对曰:"于传有之。"

曰:"若是其大乎?"

曰:"民犹以为小也。"

曰:"寡人之囿方四十里,民犹以为大,何也?"

曰:"文王之囿方七十里,刍荛者[2]往焉,雉兔者[3]往焉,与民同之。民以为小,不亦宜乎?臣始至于境,问国之大禁,然后敢入。臣闻郊关之内有囿方四十里,杀其麋鹿者如杀人之罪,则是方四十里为阱[4]于国中。民以为大,不亦宜乎?"

**【注释】**

[1]囿(yòu):古代畜养草木禽兽的园林。

[2]刍(chú)荛(ráo)者:割草砍柴的人。

[3]雉(zhì)兔者:捕鸟打兔的人。

[4]阱(jǐng):诱捕野兽的陷阱。

**【品读】**

本章阐明了国君与百姓共同享用园林的民本思想。

孟子第二次游齐时,积极宣传儒家的仁政主张。有一次,孟子从齐宣王询问周文王方圆七十里的园林谈起,阐述了国君与百姓共同享用园林的民本思想。齐宣王问:周文王的园林方圆七十里,不是太大了吗?孟子说:百姓还认为太小呢!齐宣王问:我的园林不过方圆四十里,与文王的园林比较起来,范围小多了,可是百姓还认为太大,这是什么原因呢?孟子接过齐宣王的话题,运用正反对比的手法,分析了百姓把大认为小、把小认为大的原因,指出:文王的园林虽然方圆七十里,但割草砍柴的人都能到那里去,百姓还能到那里捕鸟打兔,文王和百姓共同享用园林,所以百姓认为它小,这不是很合情合理吗?我刚到齐国边境,首先问清楚了齐国的最大禁令,然后才敢入境。我听说齐国都城的郊外有一处方圆四十里的园林。谁杀死了里面的麋鹿,就等于犯了杀人罪。像这样的园林,岂不是等于在国内设置了一个陷害百姓的陷阱吗?百姓认为它太大,不是理所当然的吗?

孟子采用正反对比的手法,深刻地揭示出以大为小和以小为大的哲理。在孟子看来,国君与百姓共同享用园林,园林虽大,但百姓却认为它小;相反,园林虽小,但百姓却认为它大。这说明,园林的大小固然有一定的客观标准,但对它的主观认识,却以民心的向背为转移。在孟子看来,国君的享乐要顺乎民情,合乎民心。如果违背百姓的意愿,陷百姓于死地,就会遭到百姓的反对。

另外,本章有一句名言:“问国之大禁。”约成书于秦汉之际的《礼记·曲礼上》把它发展为“入境而问禁,入国而问俗,入门而问讳”。意思是说,进入一个国家的国境,要了解这个国家的禁令和风俗习惯;到了别人家里,要问清他们的讳名。后代人们常说的“入国问禁,入乡随俗”,就是从孟子所说的“问国之大禁”演变而来。

……………………………………

2.3 齐宣王问曰:“交邻国有道乎?”

孟子对曰:“有。惟仁者为能以大事小,是故汤事葛[1],文王事昆夷[2];惟智者为能以小事大,故太王事獯鬻[3],勾践事吴[4]。以大事小者,乐天者也;以小事大者,畏天者也。乐天者保天下,畏天者保其国。《诗》云:‘畏天之威,于时保之。’[5]”

王曰："大哉言矣！寡人有疾，寡人好勇。"

对曰："王请无好小勇。夫抚剑疾视曰：'彼恶敢当我哉！'此匹夫之勇，敌一人者也。王请大之！《诗》云：'王赫斯怒，爰整其旅，以遏徂莒，以笃周祜，以对于天下。'[6]此文王之勇也。文王一怒而安天下之民。《书》曰：'天降下民，作之君，作之师，惟曰其助上帝宠之。四方有罪无罪惟我在，天下曷敢有越厥志？'[7]一人衡行于天下，武王耻之。此武王之勇也。而武王亦一怒而安天下之民。今王亦一怒而安天下之民，民惟恐王之不好勇也。"

**【注释】**

[1]葛：古代的国名，在今河南宁陵境内。

[2]昆夷：周朝初年的西戎国名。

[3]獯(xūn)鬻(yù)：古代北方的少数民族。

[4]勾践事吴：春秋时期，越国被吴国打败，越王勾践向吴国屈辱求和，服侍吴王夫差。后来，勾践卧薪尝胆，报仇雪耻，灭了吴国。

[5]这句诗引自《诗经・周颂・我将》。意思是："敬畏上天的威严，所以保持住国家的安定。"

[6]这几句诗引自《诗经・大雅・皇矣》。意思是："周文王义愤填膺，整顿军队，誓师出征，阻止侵犯莒国的敌兵，增强周国的威福，答谢天下百姓的期望。"

[7]这几句引自《尚书・周书・太誓》。意思是："上天降生了百姓，也替他们造就了国君和师傅。国君和师傅的责任是协助上天爱抚人民。天下的人无论有罪没罪，都由我来考查处置，天下的人谁敢不守本分，胡作非为？"

**【品读】**

本章阐述了结交邻国的原则，认为应当以仁智与邻国和睦相处，培养大勇，解救民苦，安定天下。

本章内容划分为两个部分。

第一，结交邻国的原则。战国中期，诸侯国之间存在着大与小、强与弱的差别，这就不可避免地存在着大并吞小、强欺凌弱的兼并战争。为了保持住各自的疆域或强盛地位，各诸侯国家都极为重视外交斗争。孟子向齐宣王提出了"以大事小"和"以小事大"两项外交原则。

"以大事小"的外交原则是指只有仁爱的人才能以大国的身份服侍小国。仁爱的人，虽然自己的疆域广大，国力强盛，但仍旧愿意服侍疆域小、国力弱的小国。像夏朝末年，商汤以亳为都城，地广民众，国力强盛。夏朝的另一个诸侯国葛国，国力比不上商。但汤在外交上，仍然尊重、顺服葛国，并不因为自己的权势大而去欺凌力量弱小的葛国，表现出了仁爱者的风范和胸襟。

"以小事大"的外交原则是指只有聪明的人才能以小国的身份服侍大

国。商朝末年，周国诸侯古公亶父励精图治，对势力强大、常常侵犯边境的獯鬻采取了忍让的态度，避免发生战争而影响国内的建设。春秋时期，越王勾践被吴王夫差打败，只好对吴国俯首称臣，服侍夫差。后来，勾践回国后，卧薪尝胆，励精图治，终于雪耻复国。他们的“以小事大”是明智之举。

孟子在向齐宣王阐述了这两项外交原则后，又进一步指出：以大国身份服侍小国的，是乐于顺从社会发展趋势的人；以小国身份服侍大国的，是畏惧而遵循社会发展趋势的人。乐天的人，遵循社会发展趋势，不以强欺弱和以大欺小，结果天下的人归服，就可以保有天下；畏天的人，怀着敬畏的心理遵从社会发展趋势，服侍强大国家，就能保守住自己的国家。孟子进一步引用《诗经》“敬畏上天的威严，所以保持住国家的安定”的话，来论证聪明者的外交政策，就是用敬畏、谨慎的心理，顺应社会趋势，把握时机，从而保持住自己的生存。

第二，培养大勇，安定天下。齐宣王野心勃勃，一心想称霸中国，用武力统一天下。他对孟子所讲的深刻哲理有些听不进去，于是插话说：“您的话真是伟大高明呀！可是我有个缺点，喜好勇武不屈，恐怕不能服侍别的国家。”齐宣王的插话，使孟子论述外交方针的话题转移了方向。但孟子这位巧于论辩的思想家十分高明，他采用了巧接话题、寓批评于鼓励之中的方法，在从正面进行鼓励的同时，又间接巧妙地批评了齐宣王。孟子引导齐宣王摈弃小勇，培养大勇，安定天下。他说：请您不要喜好小勇。如果按着宝剑怒目而视地说“他怎么敢抵挡我呢”，这只是匹夫之勇，只不过抵挡一个人罢了。请您把它扩大为除暴安民的大勇，像《诗经》上描写的文王具有的大勇那样。孟子接着引述《诗经·大雅·皇矣》歌颂周文王大勇的诗句说：当文王得知密国无故侵犯莒国，便怒不可遏，义愤填膺，率领军队阻止了密国的进攻，逼敌退兵，使它不敢再轻易侵犯。这既巩固了周国的国防，又答谢了天下百姓的期望。这就是文王的大勇。文王一震怒，使天下的百姓得到安定。

孟子称赞了文王的大勇后，接着又引证了《尚书》赞扬周武王的话。武王对于天下的百姓，不论是善良的还是邪恶的，都负起管理和教化的责任。孟子接着评论说：当商纣在天下横行霸道时，武王认为这是奇耻大辱。武王震怒，安抚百姓，灭掉商纣，使天下百姓得到安定，这是武王的大勇。孟子引述这个事例后，劝告齐宣王说：“现在您如果培养大勇，铲除暴虐，使天下百姓得到安定，那么，天下百姓只怕您不喜好勇武呢！”这样，孟子巧妙批评了齐宣王喜好匹夫之勇的缺点，循循善诱地劝告他提高喜好勇武的境界，将小勇推广、扩大到除暴救民、安定天下的大勇。这就从一个侧面表现出孟子解救民苦、安定天下的宏大志向。

本章孟子所说的“乐天”“畏天”，反映了他的天命观。这里的“天”，并不是有意志的上帝。明末清初的唯物主义思想家王夫之在阐释孟子所说的“乐天”“畏天”时指出，“天”是社会发展的某种客观必然性。① 所以，在孟子看来，用大国身份服侍小国是乐于顺从社会发展趋势的人；用小国身份服侍大国是畏惧而顺从社会发展趋势的人。只有这样理解，才能与孟子强调的发挥人的主观能动性，实行仁政，统一天下的主张保持一致。

2.4 齐宣王见孟子于雪宫[1]。王曰：“贤者亦有此乐乎？”

孟子对曰：“有。人不得，则非其上矣。不得而非其上者，非也；为民上而不与民同乐者，亦非也。乐民之乐者，民亦乐其乐；忧民之忧者，民亦忧其忧。乐以天下，忧以天下，然而不王者，未之有也。昔者，齐景公[2]问于晏子[3]曰：‘吾欲观于转附、朝儛[4]，遵海而南，放于琅邪[5]，吾何修而可以比于先王观也？’晏子对曰：‘善哉问也！天子适诸侯曰巡狩。巡狩者，巡所守也。诸侯朝于天子曰述职。述职者，述所职也。无非事者。春省耕而补不足，秋省敛而助不给。夏谚曰：‘吾王不游，吾何以休？吾王不豫[6]，吾何以助？一游一豫，为诸侯度。’今也不然：师行而粮食，饥者弗食，劳者弗息。睊睊胥谗，民乃作慝[7]。方命[8]虐民，饮食若流；流连荒亡，为诸侯忧。从流下而忘反谓之流，从流上而忘反谓之连，从兽无厌谓之荒，乐酒无厌谓之亡。先王无流连之乐，荒亡之行。惟君所行也。’景公悦，大戒[9]于国，出舍于郊。于是始兴发补不足。召大师[10]曰：‘为我作君臣相说之乐！’盖《徵招》《角招》[11]是也。其诗曰：‘畜君何尤[12]？’畜君者，好君也。”

**【注释】**

[1]雪宫：齐宣王的离宫。

[2]齐景公：春秋时期齐国的国君。

[3]晏子：即晏婴，齐景公的宰相，著名的政治家。

[4]转附、朝儛：山名。转附，就是芝罘山。朝儛，就是今山东荣成召石山。

[5]琅邪：山名，在今山东诸城东南。

[6]豫：巡游。

[7]睊(juàn)睊胥(xū)谗(chán)，民乃作慝(tè)：人们怒目侧视，毁谤四起，有些百姓因生活所迫而为非作歹。

[8]方命：违反上帝意旨。

① 参见王其俊：《亚圣智慧——孟子新论》，第307页。

[9]大戒：准备。

[10]大（tài）师：古代乐官的首领。

[11]《徵招》《角招》：古代乐曲名。

[12]尤：过错。

【品读】

本章阐述了国君与百姓同忧、同乐的仁政思想。

有一天，齐宣王在雪宫接见孟子。两人相见，行了宾主问答的礼节后，齐宣王观看着翩翩起舞的乐队，环顾四周，洋洋自得地对孟子说："有道德的人也有这种快乐吗？"孟子略一沉思，回答说："有的。如果他们得不到这种快乐，就会责怪国君了。得不到这种快乐就埋怨国君，当然是不对的。"正当齐宣王听得津津有味时，孟子话锋一转，接着说："作为国君而不能与百姓共同快乐，也是不对的。国君把百姓的欢乐当作自己的欢乐，百姓也会把国君的欢乐当作自己的欢乐；国君把百姓的忧愁当作自己的忧愁，百姓也会把国君的忧愁当作自己的忧愁。"孟子采用这种对偶句式，是为了说明国君与百姓两个方面的对应关系，国君只要与百姓共同忧愁和欢乐，百姓也会以国君的忧愁、欢乐为转移。孟子进而得出结论说："与天下的人共同忧愁和欢乐，这样还不能统一天下，是从来没有的事情。"这就明确地阐明了国君与百姓同忧同乐，是统一天下的前提和基础。为了论证这个结论，孟子娓娓讲述了春秋时期齐景公与晏子的一段历史故事。

有一天，风和日丽，齐景公对晏子说："我想到转附、朝儛两座名山去游览，然后沿海边南行，直到秀丽的琅邪山。我怎么做才能比得上过去圣王的巡游呢？"晏子回答说："这个问题问得太好了！"他接着从正面颂扬了中国古代天子的"巡狩"和诸侯的"述职"制度，并评论说："天子和诸侯的一来一往，都是政治上的大事。天子在春天巡视百姓的耕种情况，补助穷困的农民；在秋天考察百姓的收获情况，补助歉收的农民。夏朝的谚语说：'我的君王不出游，我的休息向谁求？我的君王不巡游，我的补助哪会有？'他们的出游和视察，都为诸侯树立了榜样。"然后，晏子又从反面阐述了当时诸侯的巡游给人民造成的灾难，指出："国王一出游，兴师动众，筹措粮食，害得饥饿的人得不到吃食，疲劳的人得不到休息。人们怒目侧视，怨声载道，百姓被迫为非作歹。这样的巡游，违背天意，虐待百姓，吃喝挥霍，花费如同流水。流连忘返，荒亡无行，诸侯们都为此而忧愁。……以前的圣贤君主都没有这种流连荒亡的行为。古今的两种不同做法，就凭您自己去选择了。"孟子引述完晏子的话，又说："景公听了晏子的话，非常高兴。于是发出告示，告知百姓，准备实行救济百姓的措施，然后出城住在郊外，表示体恤百姓的困苦。实行仁政，打开粮仓，救济百姓。景公又召见乐官，叫他创作君臣共同欢乐的歌曲。这就是《徵招》《角招》。歌词说：'阻止君主的私欲，有什么过错？'阻止国君做错事，正是爱护国君呀。"在这里，孟子采用以古喻今的手法，举出这段生动的历史故事，实际是借晏子之口，劝导齐宣王要与百姓共同忧愁和欢乐。这是为国君要与百姓同忧同乐的主题服务的，起到了烘云托月的作用。孟子强调的国君要与百姓共同忧愁、共同欢乐的思想，表现出他反对暴政、深切同情人民疾苦的精神。

"乐民之乐者，民亦乐其乐；忧民之忧者，民亦忧其忧"这一千古名言，深深地扎根在中华民族心理之中，成为后代许多思想家和有志之士批判暴政的有力武器。宋代政治家范仲淹在《岳阳楼记》中曾写下"先天下之忧而忧，后天下之乐而乐"的名句，显然受到了孟子思想的启迪和影响。



2.5 齐宣王问曰："人皆谓我毁明堂[1]，毁诸？已乎？"孟子对曰："夫明堂者，王者之堂也。王欲行王政，则勿毁之矣。"王曰："王政可得闻与？"对曰："昔者文王之治岐[2]也，耕者九一[3]，仕者世禄，关市讥[4]而不征，泽梁[5]无禁，罪人不孥。老而无妻曰鳏，老而无夫曰寡，老而无子曰独，幼而无父曰孤。此四者，天下之穷民而无告者。文王发政施仁，必先斯四者。《诗》云：'哿矣富人，哀此茕独！'[6]王曰："善哉言乎！"曰："王如善之，则何为不行？"王曰："寡人有疾，寡人好货。"对曰："昔者公刘[7]好货。《诗》云：'乃积乃仓，乃裹糇粮，于橐于囊，思戢用光。弓矢斯张，干戈戚扬，爰方启行。'[8]故居者有积仓，行者有裹囊也，然后可以爰方启行。王如好货，与百姓同之，于王何有？"

王曰："寡人有疾，寡人好色。"

对曰："昔者太王好色，爱厥妃。《诗》云：'古公亶父，来朝走马，率西水浒，至于岐下；爰及姜女，聿来胥宇。'[9]当是时也，内无怨女，外无旷夫[10]。王如好色，与百姓同之，于王何有？"

**【注释】**

[1]明堂：周天子接见诸侯的殿堂。

[2]岐：地名，在今陕西岐山。

[3]耕者九一：孟子理想的井田制度。每井九百亩，八家各有一百亩，称作"私田"；中间一百亩称作"公田"，由八家共同耕种，这就是九分抽一的税率。

[4]讥：检查。

[5]泽梁：古代在沼泽、河流中拦水捕鱼的器具。

[6]引自《诗经・小雅・正月》。意思是："富人享福欢乐，穷人悲哀孤独。"

[7]公刘：周代创业的始祖。

[8]引自《诗经·大雅·公刘》。意思是："粮食装满囤仓，用橐囊包装满熟食干粮。百姓和睦团结，为周国增光。张弓带箭，干、戈、戚、扬都扛肩上，浩浩荡荡迁徙远方。"

[9]引自《诗经·大雅·绵》。意思是："古公亶父，清晨策马。沿着邠西水滨，匆忙到达岐山之下。携带妻子姜女，察看地形筹建房屋。"

[10]内无怨女，外无旷夫：在家没有嫁不出的老姑娘，在外没有不娶妻的单身汉。

**【品读】**

本章阐述了国君把"好货""好色"之心推广开来，与百姓共同享有而统一天下的仁政主张。

本章内容大致分为三个层次。

第一，实行仁政，不要拆除明堂。在齐国境内，耸立着一座雄伟的殿堂。这是从前周朝天子接待朝见的诸侯而建立的明堂。虽然历经沧桑，明堂仍象征着周天子的尊严。战国中期，虽然各大诸侯国都力图称霸中国，不再提出尊奉周天子的口号，但还不敢明目张胆地提出灭亡周朝的口号。孟子第二次居齐时，正处于周慎靓王年间(前320～前315年)。当时的齐宣王一心想称霸中国，征服天下，存有取代周天子的野心。有一天，他借别人建议他拆毁明堂来试探孟子说：是拆了好，还是不拆好呢？孟子便将明堂与实行仁政、统一天下联系起来，回答说："明堂是统一天下的圣王的殿堂。您如果要实行统一天下的仁政，就不要拆毁它。"孟子将齐宣王是否拆明堂的问话，转到实行仁政、统一天下的主张上，表明孟子劝导齐宣王实行仁政的良苦用心。

第二，周文王治理岐周的仁政措施。孟子把齐宣王是否拆除明堂的话题转到统一天下的仁政上，目的是引起齐宣王的兴趣。当齐宣王询问仁政时，孟子列举了古代周文王治理岐周的仁政措施。这些措施主要是：对农民收取九分之一的田税；对做官的人给以世代承袭的俸禄；在关口和市场上，只检查而不收税；对在河流、湖泊里捕鱼不予禁止；惩罚犯罪的人，不株连他的妻子儿女；优先照顾鳏、寡、孤、独四种穷苦无依靠的人。孟子列举的文王的仁政措施，涉及土地制度、官职、市场、交换、副业生产、司法、社会福利等方面，博得了齐宣王的赞扬。

第三，劝导齐宣王像公刘、古公亶父那样，把"好货""好色"之心推广开来，与百姓共同享有。孟子说："您既然认为我讲得有道理，为什么不去实行呢?"齐宣王推托说自己有喜好财货、女色的缺点。孟子并不否认宣王的"好货""好色"，而是采用巧接话题、紧迫盯人的论辩手法，因势利导，用从前公刘喜好财货、古公亶父喜好女色的事例，指出"好货""好色"并不是缺点，只要像先王那样，用推己及人的方法把这种心理推广到与百姓共同享用的境界，就能用仁政统一天下。

西周王朝是我国奴隶社会发展的鼎盛时期，社会政治、经济、文化等都取得了很大的进步。公刘、古公亶父、文王在周王朝的建立、发展过程中，都做出了积极的贡献。孟子阐述他们的事迹，尽管有理想化的倾向，但目的是以古喻今，诱导齐宣王效法圣贤，实行自己的仁政主张。

**2.6 孟子谓齐宣王曰："王之臣有托其妻子于其友而之楚游者，比其反[1]也，则冻馁其妻子，则如之何？"王曰："弃之。"曰："士师[2]不能治士，则如之何？"王曰："已之。"曰："四境之内不治，则如之何？"王顾左右而言他。**

**【注释】**

[1]比其反：到他返回的时候。

[2]士师：古代的司法官。

**【品读】**

本章阐明了君臣只有各自忠于职守，才能有所作为。

在与齐宣王的交谈中，孟子为了把话题转到君臣各自担负的责任问题上，首先从身边的小事问起。他说："您的一位臣子把妻儿托付给朋友照顾，然后到楚国游历。等他回来的时候，看到自己的妻儿正挨饿受冻，对这种朋友应当怎么办？"齐宣王不假思索地回答说："与他绝交。"孟子又问："如果司法官不能管理好自己的下级，那该怎么办？"齐宣王立即回答说："罢免他！"孟子又运用一个诱问说："如果一个国家没有治理好，那又该怎么办呢？"这时的齐宣王无话对答，脸上显出尴尬的神情，便避开孟子的问话，左右张望，把话题扯到别处去了。实际上，孟子在这里用讽喻的手法批评齐宣王不实行仁政，没有治理好齐国和担负起国君的责任，目的仍是诱导他实行仁政。

本章还表现了孟子善设诱问、引人入彀的论辩技巧。实际上，孟子对"四境之内不治"的问题已有答案，却不先说出。在对话中，孟子接连运用了三个诱问，先问对不讲信义的朋友怎么办，再问对不能管理好下级的司法官怎么办，最后问对不能治理好国家的国君怎么办。这三个诱问由小到大，由远及近，由此及彼，步步进逼，像一个个"诱饵"，既清楚地表达了国君要治理好百姓的主题，又使齐宣王不知不觉地一步步进入彀中，陷入窘境，只好"顾左右而言他"。这种论辩方法，表面上看并不像滔滔不绝的雄辩，但它却能"诱敌深入"。"王顾左右而言他"，生动形象地勾画出齐宣王理屈词穷、自陷困境的窘相。本章言辞犀利，咄咄逼人，譬喻由远而近，文章充满奇妙变化。

2.7　孟子见齐宣王，曰："所谓故国者，非谓有乔木之谓也，有世臣之谓也。王无亲臣矣，昔者所进，今日不知其亡[1]也。"王曰："吾何以识其不才而舍之？"曰："国君进贤，如不得已，将使卑逾尊，疏逾戚[2]，可不慎与？左右皆曰贤，未可也；诸大夫皆曰贤，未可也；国人[3]皆曰贤，然后察之。见贤焉，然后用之。左右皆曰不可，勿听；诸大夫皆曰不可，勿听；国人皆曰不可，然后察之。见不可焉，然后去之。左右皆曰可杀，勿听；诸大夫皆曰可杀，勿听；国人皆曰可杀，然后察之。见可杀焉，然后杀之。故曰，国人杀之也。如此，然后可以为民父母。"

**【注释】**

[1]亡：离开职位或国家。

[2]卑逾(yú)尊，疏逾戚：把卑贱的人提拔到尊贵的人之上，把疏远的人提拔到亲近的人之上。

[3]国人：国都的居民。

**【品读】**

本章孟子向齐宣王阐明了国君任免官吏、惩罚犯罪都要顺应民心。

孟子居齐期间，利用一切机会向齐宣王宣传仁政主张。他认为，齐宣王不能实行仁政，一个重要的原因就是缺乏贤能之士的辅佐。孟子对齐宣王说："人们常说的历史悠久的国家，并不是说它存有参天的古树，而是指它拥有功勋累代的元老功臣。现在您没有亲信的臣子，过去选用的，现在都罢免了。"齐宣王听了孟子的批评，心里很不自在，便敷衍说："我怎样才能识别那些没有才干的人而不任用他们呢？"孟子于是阐述了任免官吏和惩罚犯罪要顺应民心的主张。他认为，国君选用贤才，如果不得已要把地位低的人提拔到尊贵的人之上，把疏远的人提拔到亲近的人之上，一定要谨慎办理。左右亲近的人和各位大夫都说某一个人贤能或没有才干，这时不能轻信。国都中的居民都说某一个人贤能或没有才干，然后国君去调查了解，考察他是否真有才干，再决定任用或罢免。左右亲近的人和各位大夫都说某一个人该杀，也不要听信。国都中的居民都认为他罪不可赦，然后亲自考察，确认他是死罪，再处以极刑。所以说，他这是被国都中的居民杀死的。只有顺乎民心和民意，才能做百姓的父母。

有的学者在阐释本章时，认为孟子反对"卑逾尊，疏逾戚"。① 这种认识

① 参见杨伯峻：《孟子导读》，巴蜀书社1987年版，第80页。

是缺乏根据的。

事实上，孟子主张“尊贤使能，俊杰在位”①，强调能否任贤使能关系到国家的安危治乱、祸福荣辱，劝告国君效法商汤，坚持中正之道，选拔贤才不拘泥于一定的常规②。再从本章来看，孟子说：“如果迫不得已，将卑贱的人提拔到尊贵的人之上，将疏远的人提拔到亲近的人之上，能够不谨慎吗？”这种反问，恰恰是强调任贤使能的严肃性和重要性。正是由于这一反问，才引出孟子的下一段论述。在孟子看来，齐宣王左右的人和诸位大夫显然是亲近的人和尊贵的人，要把卑贱的人和疏远的人提拔到这些人之上，无疑要受到他们的反对和排斥。所以，对他们赞成或反对的人不可轻信，而要进一步征求国人的意见。国人的赞成或反对，反映了民心的向背和社会舆论的力量。但为了防止被世俗所蒙蔽，还要作进一步的考察，确认其人是否贤能，再决定对他的任免。孔子曾说：大家都讨厌的人，不一定坏，一定要进一步考察他；大家都喜爱的人，不一定好，一定要进一步考察他。孟子关于要听取国人意见，然后再去考察的主张，显然是吸取了孔子的思想。

孟子的任免官吏要重视民心向背的思想，体现了古代的民主精神，对后世产生了积极影响。



**2.8 齐宣王问曰：“汤放桀[1]，武王伐纣[2]，有诸？”孟子对曰：“于传有之。”曰：“臣弑其君，可乎？”曰：“贼仁者谓之‘贼’，贼义者谓之‘残’。残贼之人谓之‘一夫’[3]。闻诛一夫纣矣，未闻弑君也。”**

**【注释】**

[1]汤放桀：商汤兴兵讨伐桀，把他流放到南巢(今安徽巢湖)。桀，夏朝的最后一位暴君。

[2]武王伐纣：周武王兴兵讨伐纣，纣失败，自焚而死。纣，商朝的最后一位暴君。

[3]一夫：众叛亲离的独夫。

**【品读】**

本章在先秦时代破天荒地提出并阐述了“诛一夫纣”的进步主张。

有一天，齐宣王问：“商汤放逐夏桀，武王讨伐殷纣，有这回事吗？”孟子回答说：“古书上有这样的记载。”齐宣王问：“桀、纣是国君，汤、武是臣子，做臣子的犯上杀死国君，这是可以的吗？”从齐宣王的问话来看，他反对以下犯上。孟子严肃回答说：“破坏仁的人叫作‘贼’，破坏义的人叫作‘残’。残贼

---

① 《孟子·公孙丑上》。

② 参见《孟子·离娄下》。

之人叫作'众叛亲离的独夫'。我只听说过武王诛杀独夫商纣,没有听说过这是以臣弑君。"孟子义正词严的回答,既表现出他对暴君的蔑视和憎恨,又表现出他凛然不可侵犯的大丈夫气概。孟子的这一精辟论断,表现出一种不可阻挡的高屋建瓴之势。

在孟子看来,实行仁政、天下归顺的人,才能够成为国君;暴虐百姓、天下诅咒的人,即使身居国君的职位,也只能称为"独夫"。孟子用合乎正义的"诛"字,代替了以下犯上杀死国君的"弑"字,在先秦时代是一种破天荒的惊人之举。这就充分肯定了诛杀暴君和独夫民贼的正义性和合理性,在中国古代思想史上产生了振聋发聩的作用。后世许多进步思想家以孟子"诛一夫纣"的思想作为批判封建暴君的思想武器。战国末年的荀子赞扬汤、武诛杀桀、纣,就像诛杀众叛亲离的独夫一样。北宋思想家李觏认为,国君暴虐,失去民心,人们可推翻其统治。南宋学者胡宏大胆地提出,国君不贤,就不能辅佐他,应该废除昏庸的君主,改立英明的君主。明末清初的思想家孙奇逢强调重视民众的力量,反对残暴的君主,认为"残贼之人,谓之一夫。一夫之案,在此二字。以诛字易弑字,是《春秋》之笔"①。另一位思想家黄宗羲猛烈抨击了封建君主专制的各种弊端,认为暴君残害百姓,人们视其为寇仇,将其称作"独夫"。明末清初著名的进步思想家唐甄认为,从秦代以来的帝王都是民贼,国君权力至高无上,就会胡作非为,失去群臣,失去民心,"无民则为独夫"②。总之,孟子关于诛杀独夫商纣的思想,丰富了中华民族反抗暴君、向往光明的优良传统,具有积极意义。

2.9 孟子见齐宣王,曰:"为巨室,则必使工师求大木。工师得大木,则王喜,以为能胜其任也。匠人斫[1]而小之,则王怒,以为不胜其任矣。夫人幼而学之,壮而欲行之,王曰'姑舍女所学而从我',则何如?今有璞玉[2]于此,虽万镒[3],必使玉人雕琢之。至于治国家,则曰'姑舍女所学而从我',则何以异于教玉人雕琢玉哉?"

**【注释】**

[1]斫(zhuó):砍削。

[2]璞(pú)玉:含玉的石头。

[3]镒:古代重量单位,二十两为一镒。

---

① (明)孙奇逢:《四书近指》卷十四。

② (清)唐甄:《潜书·任相》。

【品读】

本章阐明了国君治理国家要任贤使能,使贤能各尽其才,不能屈人之是,从己之非。

孟子在齐国任卿相职务,他反复劝说齐宣王实行仁政。但齐宣王一心想称霸中国,不仅不打算实行孟子的主张,而且要求孟子放弃仁政主张而顺从自己称霸天下的野心。齐王的行为遭到孟子的拒绝和批评。

有一天,孟子拜见齐宣王,运用比喻对齐宣王说:“建筑一座宫室,必定派遣主管建筑的官员去寻找大的木料。得到大的木料后,您就会异常高兴,认为他能圆满地完成任务。如果工匠把木料砍削小了,您就会大发脾气,认为工匠不能胜任。”这个比喻,“大木”和“小之”相对,“王喜”和“王怒”相对,既说明了专门技术的重要,又说明了齐王对能胜任本职工作和不能胜任本职工作的人完全相反的态度。孟子又继续说:“人从小开始学习治国、平天下的知识,长大成人后便想运用学得的知识治理国家,但您却说‘暂时放弃你学习的治国知识,而听从我的意见’,这能行得通吗?假若现在您有一块未经雕琢的玉石,即使它价值连城,也一定要请玉匠来雕琢。可是一谈到治理国家,您却对政治家说‘放弃你的主张,而听从我的意见’,这跟您要求玉匠按您的办法去雕琢玉石,又有什么区别呢?”孟子运用这两个隐喻,目的是说明贤人学习的是治国大道,齐宣王却要他们放弃自己的主张而顺从他急功近利的行为。这如同要玉匠放弃雕琢玉石的正确方法,而去听从国君这个不懂得雕琢玉石的外行的意见。国君的意见违背了贤人的治国大道,显然是行不通的。

2.10 齐人伐燕,胜之。宣王问曰:“或谓寡人勿取,或谓寡人取之。以万乘之国伐万乘之国,五旬而举之,人力不至于此。不取,必有天殃[1]。取之,何如?”

孟子对曰:“取之而燕民悦,则取之。古之人有行之者,武王是也。取之而燕民不悦,则勿取。古之人有行之者,文王是也。以万乘之国伐万乘之国,箪食壶浆以迎王师,岂有他哉?避水火也。如水益深,如火益热,亦运[2]而已矣。”

【注释】

[1]天殃:上天降下的灾祸。

[2]运:转向别人。

【品读】

本章阐述了国君征伐残暴的国家,要以民心向背为转移。

燕王哙五年(前316年),燕国国君把君位让给相国子之,子之主持燕国政事。第二年,燕国国内大乱,内战持续数月,几万人死去。燕国百姓痛恨这场内战,人心涣散。齐宣王六年(前314年),齐宣王乘燕国内乱,命令匡章率领五座城邑的军队讨伐燕国。燕国兵士厌恶作战,不关闭城门,燕王被杀死,齐国大获全胜。

齐宣王听到捷报,心里洋洋自得,但对是否乘机吞并燕国又举棋不定,于是请教孟子说:“有人劝我不要吞并燕国,也有人劝我吞并它。我觉得拥有一万辆兵车的齐国,去攻打具有同样军事力量的燕国,五十天就攻克取胜,仅凭人力实在不能如此迅速,一定是上天帮助吧!如果不吞并燕国,上天必定降下灾祸。吞并了它,怎么样?”齐宣王的真正意图是乘燕国内乱而吞并燕国,扩大疆域,称霸诸侯。他说不吞并燕国就会遭受上天降下的灾祸,这不过是假借上天掩盖自己的觊觎之心。孟子对齐宣王的意图了如指掌,但他身为客卿,不便揭穿齐宣王,便把话题转向征伐要顺乎民心的主张上。孟子说:“如果吞并了燕国,会受到燕国百姓的欢迎,那就吞并它,古代的周武王讨伐商纣就是这样做的;如果吞并了燕国,会受到燕国百姓的反对,那就不要吞并它,古代的周文王暂时不讨伐商纣就是这样做的。用拥有一万辆兵车的齐国去攻打具有同等军事力量的燕国,燕国百姓箪食壶浆迎接齐军,难道有别的意图吗?只不过想躲避水深火热的苦难罢了。如果您吞并了燕国,使百姓陷入苦难的深渊,那百姓就会盼望别人来拯救自己了。”

孟子运用了“燕民悦”“燕民不悦”两个假设,指出吞并燕国的两种不同后果,并以古代圣王的事实为证,突出强调了征伐要顺乎民心,表现了孟子以民为本的仁政思想。

2.11　齐人伐燕,取之。诸侯将谋救燕。宣王曰:“诸侯多谋伐寡人者,何以待之?”

孟子对曰:“臣闻七十里为政于天下者,汤是也。未闻以千里畏人者也。《书》曰:‘汤一征,自葛始。’[1]天下信之,东面而征,西夷怨;南面而征,北狄怨,曰:‘奚为后我?’民望之,若大旱之望云霓也。归市者不止,耕者不变,诛其君而吊[2]其民,若时雨降。民大悦。《书》曰:‘徯我后,后来其苏。’[3]今燕虐其民,王往而征之,民以为将拯己于水火之中也,箪食壶浆以迎王师。若杀其父兄,系累[4]其子弟,毁其宗庙,迁其重器[5],如之何其可也?天下固畏齐之强也,今又倍地而不行仁政,是动天下之兵也。王速出令,反其旄倪[6],止其重器,谋于燕众,置君而后去之,则犹可及止也。”

【注释】

[1]这句话的意思是："商汤征伐，从葛国开始。"

[2]吊：安慰、抚恤。

[3]这句话的意思是："等商汤王到达，我们就获救了。"

[4]系累：束缚、捆绑。

[5]重器：贵重的宝器。

[6]旄(máo)倪(ní)：老人和儿童。

【品读】

本章劝导齐宣王要行仁撤兵，指出这样才能消止其他诸侯国的干涉。

上一章记述了孟子劝告齐宣王是否并吞燕国，要以燕国民心向背为转移。但齐宣王拒不采纳孟子的主张，继续出兵，并吞了燕国，并大肆掠夺，激起燕民的反抗。秦、赵、魏等国担心齐国扩大自己的疆域和势力，于是策划救助燕国。齐宣王十分震惊，担心与这些国家为敌会使齐国遭受损失，于是请教孟子怎样对待这种情况。

孟子采用正反对比的手法，阐述了是否实行仁政所导致的不同结果。他首先从正面列举了历史上商汤实行仁政，以方圆七十里的国土统一天下的事例，指出商汤从征伐葛国开始，诛杀暴君，安抚百姓，而百姓像久遇干旱急切盼望云雨一样希望得到商汤的解救。孟子还两次引用《尚书》的话赞扬商汤的功绩，从而增强了立论的说服力。孟子接着批评了齐军的暴行。他对齐宣王说："燕国百姓正处于水深火热之中，盼望能得到齐军的解救。然而齐军却杀害他们的父兄，掳掠他们的子弟，摧毁他们的宗庙，抢夺他们的珍贵宝器，像这样怎么能行呢？天下的诸侯国家本来就担心齐国的强大，现在齐国的疆域拓展了一倍，而且还暴虐无道，这自然会招致各国兴兵动武。您只有赶快下达命令，把俘虏的燕国老少遣送回国，停止抢夺财物、宝器，与燕国百姓商议，择立一位国君，然后撤兵回国，才能来得及使各国停止兴兵攻打齐国。"

2.12　邹与鲁閧[1]。穆公[2]问曰："吾有司[3]死者三十三人，而民莫之死也。诛之，则不可胜诛；不诛，则疾视其长上之死而不救，如之何则可也？"

孟子对曰："凶年饥岁，君之民老弱转乎沟壑，壮者散而之四方者，几[4]千人矣；而君之仓廪实，府库充，有司莫以告，是上慢而残下也。曾子[5]曰：'戒之戒之！出乎尔者，反乎尔者也。'夫民今而后得反之也，君无尤[6]焉。君行仁政，斯民亲其上，死其长矣。"

【注释】

[1]閧(hòng):冲突、交战。

[2]穆公:邹国的国君。

[3]有司:古代的官吏。

[4]几:接近。

[5]曾子:孔子的学生。

[6]尤:责备、怪罪。

【品读】

本章阐明国君只有实行仁政,百姓才会效忠于国家。

孟子在青年时代勤奋好学,精心研究儒家的学术思想,逐渐成为一名在邹鲁一带颇有影响的学者。约四十岁时,他被邹穆公任用为士。不久,邹国与鲁国发生冲突。邹穆公问孟子:"在这次冲突中,我的官吏战死了三十三人,但没有一位百姓为国家而战死。如果杀死他们,又不能杀尽;如果不杀他们,他们却眼睁睁地看着长官战死而不营救。怎么办才好呢?"孟子沉思一会,分析了产生这种情况的原因,严厉地批评了邹穆公不实行仁政的错误。他对邹穆公说:"灾荒年月,您的百姓中老弱病残抛尸在山沟荒野之中,背井离乡、四处逃荒的青壮年将近一千人;然而您却谷物满仓,钱财盈库,下级官吏不如实向上级报告灾情,这是在上位的人对百姓的怠慢和残害。"接着,孟子引用曾子的一段话说:"当心啊当心!你怎样对待别人,别人就会用同样的方式对待你。"孟子进一步议论说:"现在您的百姓得到报复的机会了。请您不要怪罪百姓!"孟子引用曾子的话,既增强了立论的说服力,又是本章的画龙点睛之笔。最后,孟子得出结论说:"您如果实行仁政,百姓就会亲近君上,心甘情愿为长官而牺牲。"这一结论,既为邹穆公指出了一条根本出路,又是对本章的概括和总结。

在这里,孟子引用的曾子的这段话,从哲学上看,表明了一种因果关系。俗话说:"恶有恶报,善有善报;不是不报,时候未到;时候一到,一切都报";"以牙还牙,以眼还眼"。在封建社会中,统治者残暴压迫人民,把人民当作群氓。统治者的剥削、压榨,必然激起人民的反抗。孟子引用这段话,赞扬了广大人民不甘压迫、剥削的顽强反抗精神。事实证明,历史上的一切残暴统治者,总是从害人利己开始,以身败名裂告终。

2.13　滕文公[1]问曰:"滕,小国也,间于齐、楚。事齐乎?事楚乎?"

孟子对曰:"是谋非吾所能及也。无已,则有一焉:凿斯池也,筑斯城也,与民守之,效死而民弗去,则是可为也。"

【注释】

[1]滕文公:滕国的国君,文是他的谥号。滕国,故城旧址在今山东滕州西南滕城。

【品读】

本章阐明了弱小国家只有实行仁政,自立自强,才能免除灾难。

滕国是战国中期的一个弱小诸侯国。南面比邻强大的楚国,东北面比邻强盛的齐国,时刻面临被大国并吞的危险。公元前322年,滕定公去世,滕文公即位。受滕文公的聘请,孟子到了滕国。孟子在滕国待了两年多的时间,多次向滕文公宣传用仁政治国的主张。本章是孟子初到滕国时与滕文公的问答。

滕文公询问孟子说:"滕国是个弱小的国家,处在齐、楚两个大国之间。是服侍齐国,还是服侍楚国呢?"孟子对滕文公所处的左右为难的境地深表同情。孟子虽然对滕国的现实处境无能为力,但仍鼓励滕文公自强自立。他说:"如您一定要我谈谈看法,那只有一个主意:把护城河挖深,把城墙筑坚固,跟百姓同心协力保卫国家,百姓为国捐躯而不离去,那就有办法了。"

在当时的形势下,孟子清醒地认识到:弱小的国家不能与强大的国家为敌。孟子初到滕国,对滕文公实行仁政的决心和信心尚不清楚。孟子的这种机智的回答,一是试探滕文公是否具有与百姓一道誓死保卫国家的决心,二是为滕文公指出了弱小国家自强自立的道路。就行文来看,本章属于散文单笔形式。其中,"事齐乎?事楚乎"和"凿斯池也,筑斯城也"两句话,略有对偶的形式。孟子正面勉励滕文公自强自立,因而本章没有采用论辩的形式,语言质朴。

孟子强调的自强自立的主张,至今仍有一定的现实意义。不论是国家还是个人,要取得成功,必须把重点放在自强自立上。怨天怨地,或者希望得到别人的同情和恩赐,都无济于事。只有发挥自己的主观努力,自强不息,才能改变自己的命运。孟子提出的宁可亡国,也不能丧失国格、人格和通过自己的艰苦奋斗而改变所处的弱小地位的主张,对激励人们奋发向上有着积极的意义。

2.14 滕文公问曰:"齐人将筑薛[1],吾甚恐,如之何则可?"

孟子对曰:"昔者大王居邠[2],狄人侵之,去之岐山之下居焉。非择而取之,不得已也。苟为善,后世子孙必有王者矣。君子创业垂统,为可继也。若夫成功,则天也。君如彼何哉?强[3]为善而已矣。"

【注释】

[1]薛:地名,在今山东滕州东南。

[2]邠：地名，在今陕西旬邑西。

[3]强：努力。

【品读】

本章勉励滕文公要顺从社会发展趋势，努力实行仁政。

齐国准备加强薛地的城池修筑。滕国与薛城相邻。滕文公十分惶恐，担心齐国以薛城为基地进攻滕国，就请教孟子怎样对付这种情况。孟子列举周朝古公亶父在邠地遭受狄人的侵犯而迁移到岐山定居的事例说："这不是太王主动选择而采取的措施，而是被形势逼迫，不得已才这样做。"他勉励滕文公说："如果一位国君能实行仁政，即使本人没有获得成功，他的子孙后代也一定会有统一天下而称王的人。君子创立功业，正是为了让子孙将之继承、发展下去。至于能否成功，就要看能否顺应社会发展趋势了。对付齐国的最好办法，就是努力实行仁政。"

本章所说的"天"，并不是有意志的人格神，而是指社会发展的一种必然趋势。孟子认为：政治清明，社会崇尚德才，德才低的人被德才高的人所役使；政治黑暗，弱肉强食，弱小的国家被强大的国家所役使，这是不以人的意志为转移的客观必然趋势。古公亶父迁移岐山定居，是迫不得已，人力无法改变的。孟子又认为，战国中期是政治黑暗的时代，弱小的国家被强大的国家所役使，这种社会发展趋势是不可抗拒的，但人们只要发挥主观努力，实行仁政，即使自己不能实现功业，后代的子孙也一定能获得成功。这就表现出孟子关于顺从社会发展趋势与发挥人的主观能动性相统一的思想。

---

2.15 滕文公问曰："滕，小国也；竭力以事大国，则不得免焉，如之何则可？"

孟子对曰："昔者大王居邠，狄人侵之。事之以皮币[1]，不得免焉；事之以犬马，不得免焉；事之以珠玉，不得免焉。乃属其耆老[2]而告之曰：'狄人之所欲者，吾土地也。吾闻之也：君子不以其所以养人者害人。二三子何患乎无君？我将去之。'去邠，逾梁山，邑[3]于岐山之下居焉。邠人曰：'仁人也，不可失也。'从之者如归市。或曰：'世守也，非身之所能为也。效死勿去。'君请择于斯二者。"

【注释】

[1]皮币：皮裘和丝绸。

[2]耆(qí)老：年老的人。

[3]邑：建筑城邑。

**【品读】**

本章记述的孟子与滕文公的谈话，与前面两章大致相同，重复记述了同一个问题。

滕文公对滕国处于齐、楚两个大国中间的艰难处境感到惶惶不安。他对孟子说："弱小的滕国，尽心竭力地服侍大国，仍然难免遭受祸害。到底怎么办才好呢？"孟子列举了太王迁往岐山的事例，指出：太王在邠时，不断遭受狄人的侵犯。为了保护自己的国土和百姓，太王不断向狄人奉献皮裘、丝绸、名犬、名马和珠玉，但仍然摆脱不了受侵犯的境地。太王不得已，移迁到岐山。邠地百姓认为太王是位有仁德的人，便追随太王到岐山建筑城邑。孟子又说：还有一种出路，就是保卫世代传下来的基业，宁死不屈，保卫国土。最后，孟子对滕文公说：以上两条出路，您可以选择其中的一条。

孟子指出的这两条出路，迁国以图存，是灵活的权变方法；坚守国土而战死，是坚持正义。当坚持道义与灵活权变不能并存时，孟子劝滕文公从中选择一项。事实上，在以强凌弱、以大并小的战国中期，孟子对弱小国家的命运也无能为力，他无法改变当时的社会现实。尽管如此，孟子仍劝告滕文公自强自立，这就表现了孟子不畏艰难、奋发进取的精神。

2.16　鲁平公[1]将出，嬖人[2]臧仓者请曰："他日君出，则必命有司所之。今乘舆已驾矣，有司未知所之，敢请。"

公曰："将见孟子。"

曰："何哉，君所为轻身以先于匹夫者？以为贤乎？礼义由贤者出，而孟子之后丧逾前丧[3]。君无见焉！"

公曰："诺。"

乐正子[4]入见，曰："君奚为不见孟轲也？"

曰："或告寡人曰：'孟子之后丧逾前丧。'是以不往见也。"

曰："何哉，君所谓逾者？前以士，后以大夫；前以三鼎，而后以五鼎[5]与？"

曰："否，谓棺椁衣衾之美也。"

曰："非所谓逾也，贫富不同也。"

乐正子见孟子，曰："克告于君，君为来见也。嬖人有臧仓者沮[6]君，君是以不果来也。"

曰："行，或使之；止，或尼[7]之。行止，非人所能也。吾之不遇鲁侯，天也。臧氏之子焉能使予不遇哉？"

【注释】

[1]鲁平公:鲁国国君,名叔,谥号平。

[2]嬖(bì)人:被宠爱的人。

[3]后丧逾前丧:指孟子办理母亲丧事的礼仪超过了办理父亲丧事的礼仪。

[4]乐正子:又称乐正克,孟子的学生。

[5]三鼎、五鼎:三鼎,士的祭礼;五鼎,卿大夫的祭礼。鼎,古代盛食品的器皿。

[6]沮(jǔ):阻止。

[7]尼:制止。

【品读】

本章记述了孟子会见鲁平公而被阻止的经过,阐明了孟子不怨天尤人的处世原则。

公元前322年,鲁平公即位。他将要任用孟子的学生乐正克治理国家政事。孟子听到这一消息后,高兴得夜不能寐。经过乐正克的引荐,鲁平公想会见孟子。车马已经备好的时候,鲁平公宠幸的小臣臧仓狡猾地阻止说:"您为什么轻视自己的身份先去拜访一个地位比您低的匹夫呢?您认为孟子是一位贤德的人吗?贤德的人做事要合乎礼义,然而孟子办理母亲丧事的礼仪大大超过了办理父亲丧事的礼仪。您不要去会见他。"这样,鲁平公便取消了会见孟子的安排。乐正克向鲁平公问明其不会见孟子的原因,并对臧仓列举的理由作了申辩,回来后向孟子说明了原因。孟子慨叹说:"一个人做一件事情,是有一种力量在驱使他;做不成一件事情,是有一种力量在阻止他。做与不做,不是单凭人力所能做到的。我不能会见鲁君,是由于天罢了。臧仓这个小人怎能阻止我和鲁君遇合呢?"

本章所谈的"天",表现了孟子的天命观。本书前面分析孟子的天命观时曾指出:孟子用天命表示社会发展的一定客观趋势或必然性。同时,他又用"天"表示社会发展过程中的一定偶然性。在孟子看来,一个人的行止不是单凭人力所能做到的。其中既有一定的必然性,又有一定的偶然性。孟子认为:我与鲁平公不能相见,只不过是时机未到罢了,臧仓怎能阻止得了呢?这表明,孟子主张人们做事要顺应社会的发展趋势和时机。时机未到,事情往往不能获得成功。这时不能因事情未成功而怨天尤人。

在《孟子·梁惠王》上、下中记载了孟子与梁惠王、齐宣王、滕文公等国君的交谈。孟子的仁政主张并未被当时的统治者所采纳。但这种坎坷和挫折,并没有使孟子有丝毫退缩。本章阐述的不怨天尤人的处世原则,贯穿于孟子政治活动的始终。清代焦循在阐述本章时指出:"治平之要,归之于权;

出处之命，归之于天。此《梁惠王》一篇之大旨。”[①]在孟子看来，“治国、平天下”的关键在于既要灵活权变，又要顺从事物的客观发展趋势和时机。焦循的评论是有道理的。这样，孟子不怨天尤人的处世原则，既是对《梁惠王》一篇主旨的概括，又反映出孟子积极进取的精神风貌。



① (清)焦循撰：《孟子正义》卷五。

# 公孙丑章句上

3.1 公孙丑[1]问曰："夫子当路于齐[2]，管仲、晏子之功，可复许乎？"

孟子曰："子诚齐人也，知管仲、晏子而已矣。或问乎曾西[3]曰：'吾子与子路[4]孰贤？'曾西蹴然[5]曰：'吾先子[6]之所畏也。'曰：'然则吾子与管仲孰贤？'曾西艴然[7]不悦，曰：'尔何曾比予于管仲？管仲得君如彼其专也，行乎国政如彼其久也，功烈如彼其卑也；尔何曾比予于是？'"曰："管仲，曾西之所不为也，而子为我愿之乎？"

曰："管仲以其君霸，晏子以其君显。管仲、晏子犹不足为与？"

曰："以齐王，由反手也。"

曰："若是，则弟子之惑滋甚。且以文王之德，百年而后崩，犹未洽于天下；武王、周公继之，然后大行。今言王若易然，则文王不足法与？"

曰："文王何可当也？由汤至于武丁，贤圣之君六七作，天下归殷久矣，久则难变也。武丁朝诸侯，有天下，犹运之掌也。纣之去武丁未久也，其故家遗俗，流风善政，犹有存者；又有微子、微仲、王子比干、箕子、胶鬲[8]——皆贤人也，相与辅相之，故久而后失之也。尺地莫非其有也，一民莫非其臣也，然而文王犹方百里起，是以难也。齐人有言曰：'虽有智慧，不如乘势；虽有镃基[9]，不如待时。'今时则易然也：夏后、殷、周之盛，地未有过千里者也，而齐有其地矣；鸡鸣狗吠相闻，而达乎四境，而齐有其民矣。地不改辟矣，民不改聚矣，行仁政而王，莫之能御也。且王者之不作，未有疏于此时者也；民之憔悴于虐政，未有甚于此时者也。饥者易为食，渴者易为饮。孔子曰：'德之流行，速于置邮而传命[10]。'当今之时，万乘之国行仁政，民之悦之，犹解倒悬也。故事半古之人，功必倍之，惟此时为然。"

**【注释】**

[1]公孙丑：孟子的学生。

[2]当路于齐：在齐国当权。

[3]曾西：曾参的儿子。

[4]子路：孔子的学生。

[5]蹴(cù)然:不安的样子。

[6]先子:古代人们称已经去世的长辈,这里是指曾参。

[7]艴(fú)然:不高兴的样子。

[8]微子、微仲、王子比干、箕子、胶鬲:微子,名启,商纣的哥哥;微仲,微子的弟弟;王子比干,商纣的叔父,因屡次劝谏商纣,被商纣杀害;箕子,商纣的叔父;胶鬲,商纣的大臣。

[9]镃(zī)基:锄头。

[10]置邮而传命:古代利用驿站传递政令,驿站轮换人马,日夜兼行。

**【品读】**

本章记述了孟子批评管仲、晏子辅佐国君称霸的行为,阐明了周文王实行仁政的艰难,分析了齐国实行仁政、统一天下的有利条件。本章的思想核心是实行仁政,统一天下。

齐宣王的父亲齐威王为了称霸诸侯,统一天下,用各种优厚的条件招纳天下各派学者聚集在稷下学宫。公元前329年,孟子约四十四岁时第一次出游齐国,被齐威王任命为充当顾问的稷下大夫。孟子希望通过齐威王实现自己的理想和仁政主张,因而对以仁政统一天下充满了必胜的信念。

本章内容分为三个部分。

第一,孟子指责管仲、晏子辅佐国君称霸诸侯的行为。春秋初期,管仲辅佐齐桓公称霸天下,晏子辅佐齐景公而名扬诸侯。孟子的学生公孙丑对管仲、晏子的功业充满了羡慕之情。有一天,他问孟子说:"您如果在齐国当权,能够重新建立管仲、晏子那样显赫的功业吗?"孟子听后,十分反感地说:"你真是一个见识短浅的齐国人,只知道推崇他们二人。"接着,孟子引述了曾西与一个人的对话,指出:"连曾西都不愿做管仲那种人,你以为我愿意学习他那一套吗?"孟子的回答表明,他鄙视管仲、晏子的行为。公孙丑并没有领会孟子的用意,仍坚持认为管仲、晏子的显赫功业值得效法。孟子直截了当地说:"凭现在齐国的实力来统一天下,易如反掌。他们二人有什么值得效法的!"这一回答起到了承上启下的作用,既是对上文批评管仲、晏子行为的总结,又开启了下文对周文王实行仁政的艰难的阐述。

第二,周文王实行仁政的艰难。公孙丑迷惑不解地问:"像文王那样道德高尚的人,而且活了百年之久,尚且不能使教化普遍地润泽天下;武王、周公继承了他的事业,才实现了天下的统一。现在您把实行仁政、统一天下说得这样容易,那么,文王也不值得效法吗?"孟子接着阐述了周初文王创建功业的艰难,指出:商朝从商汤到武丁出现了六七位圣贤的君主,天下归顺商朝年代长久。武丁统一天下,使诸侯前来朝贡。商纣在位,上距武丁的年代并不久远,商朝的元老功臣、传统习俗、流行的风尚、仁慈的政治传统都还存在着，又有微子等贤臣的辅佐，所以延续了很长时间才亡国。当时没有一尺土地和一个臣民不属纣王所有。然而，周文王却凭着方圆百里的土地实行仁政而兴盛起来，可见创业的艰难。

第三，齐国实行仁政、统一天下的有利条件。孟子引用齐国谚语说："虽然有智慧，不如把握当前的好时机；虽然有农具，不如等待好时节。"孟子引用齐谚的目的，是说明齐国具备了用仁政统一天下的有利条件和时机。他从三个方面分析了齐国具备的有利条件：一是齐国国土广阔，超过了夏、商、周三代的鼎盛时期；二是人烟稠密，从国都到边境，邻邑相望，鸡鸣狗叫的声音处处相闻；三是在政事上，用仁政统一天下的圣贤国君长期没有产生，天下百姓长期受暴政的压迫。陷入苦难的百姓急切盼望得到拯救的心情，就像饥渴的人不苛择食物和饮料一样。孔子说："仁政的流行，比驿站传达政令还要快。"在现在的情况下，假如拥有一万辆兵车的大国实行仁政，百姓的喜悦就好像解救他们倒悬的痛苦一样。

孟子通过对古今实行仁政的比较和分析，最后得出结论说："现在齐国实行仁政，统一天下，必定能获得事半功倍的功效。"

本章综合运用了对比、反复、比喻、排比、引证等多种写作方法，既显示了文章的丰富文采，又凸显了实行仁政、统一天下的主题。譬如对比，孟子引述了曾西不愿与管仲相比的话，反衬出他对管仲的鄙视；孟子阐述了周文王实行仁政的艰难，突出了齐国实行仁政的容易。又如反复，"夏后、殷、周之盛，地未有过千里者也，而齐有其地矣；鸡鸣狗吠相闻，而达乎四境，而齐有其民矣……且王者之不作，未有疏于此时者也；民之憔悴于虐政，未有甚于此时者也"一段话中，"而齐有其……矣""未有……于此时者也"各出现两次，是为了加强语势，强调当今实行仁政的有利条件。再如排比，"尺地莫非其有也，一民莫非其臣也"，"虽有智慧，不如乘势；虽有镃基，不如待时"。前一组排比说明周文王在商纣统治下实行仁政的艰难，后一组排比则说明齐国实行仁政具有好的形势和时机。上述排比音节整齐，强化了文章的气势。再如比喻，"以齐王，由反手也"，用易如反掌比喻实行仁政的容易；"饥者易为食，渴者易为饮"，用饥渴者不苛择饮食比喻百姓急切盼望脱离苦难；"民之悦之，犹解倒悬也"，用百姓被解除倒悬比喻他们盼望仁政的喜悦。又如引证，孟子引用了曾西的话、齐国谚语和孔子的话，既增强了自己立论的说服力，又阐述了一定的哲理，从而使文章显得语言生动，气势畅达。此外，本章运用的"反手之易""鸡鸣狗吠""犹解倒悬""事半功倍"等言简意赅的成语，仍为今人所沿用。

3.2 公孙丑问曰："夫子加[1]齐之卿相，得行道焉，虽由此霸王，不异矣。如此，则动心否乎？"

孟子曰："否。我四十不动心。"

曰："若是，则夫子过孟贲[2]远矣。"

曰："是不难，告子[3]先我不动心。"

曰："不动心有道乎？"

曰："有。北宫黝[4]之养勇也，不肤桡，不目逃[5]，思以一豪挫于人，若挞之于市朝[6]。不受于褐宽博[7]，亦不受于万乘之君。视刺万乘之君，若刺褐夫。无严[8]诸侯，恶声至，必反之。孟施舍[9]之所养勇也，曰：'视不胜犹胜也。量敌而后进，虑胜而后会，是畏三军者也。舍岂能为必胜哉？能无惧而已矣。'孟施舍似曾子，北宫黝似子夏[10]。夫二子之勇，未知其孰贤，然而孟施舍守约也。昔者曾子谓子襄[11]曰：'子好勇乎？吾尝闻大勇于夫子矣：自反而不缩[12]，虽褐宽博，吾不惴[13]焉；自反而缩，虽千万人，吾往矣。'孟施舍之守气，又不如曾子之守约也。"

曰："敢问夫子之不动心与告子之不动心，可得闻与？"

"告子曰：'不得于言，勿求于心；不得于心，勿求于气。'[14]不得于心，勿求于气，可；不得于言，勿求于心，不可。夫志，气之帅也；气，体之充也。夫志至焉，气次焉[15]，故曰：'持其志，无暴其气。'[16]"

"既曰'志至焉，气次焉'，又曰'持其志，无暴其气'者，何也？"

曰："志壹则动气，气壹则动志也，今夫蹶者趋者，是气也，而反动其心。"

"敢问夫子恶乎长？"

曰："我知言，我善养吾浩然之气[17]。"

"敢问何谓浩然之气？"

曰："难言也。其为气也，至大至刚，以直养而无害，则塞于天地之间。其为气也，配义与道；无是，馁也。是集义所生者，非义袭而取之[18]也。行有不慊[19]于心，则馁矣。我故曰，告子未尝知义，以其外之也。必有事焉，而勿正[20]，心勿忘，勿助长也。无若宋人然：宋人有闵其苗之不长而揠之者，芒芒然归，谓其人曰：'今日病矣！子助苗长矣！'其子趋而往视之，苗则槁矣。天下之不助苗长者寡矣。以为无益而舍之者，不耘苗者也；助之长者，揠苗者也。非徒无益，而又害之。"

"何谓知言？"

曰："诐辞知其所蔽，淫辞知其所陷，邪辞知其所离，遁辞知其所穷[21]。生于其心，害于其政；发于其政，害于其事。圣人复起，必从吾言矣。"

“宰我、子贡善为说辞，冉牛、闵子、颜渊[22]善言德行。孔子兼之，曰：‘我于辞命，则不能也。’然则夫子既圣矣乎？”

曰：“恶！是何言也？昔者子贡问于孔子曰：‘夫子圣矣乎？’孔子曰：‘圣则吾不能，我学不厌而教不倦也。’子贡曰：‘学不厌，智也；教不倦，仁也。仁且智，夫子既圣矣。’夫圣，孔子不居。是何言也？”

“昔者窃闻之：子夏、子游、子张[23]皆有圣人之一体，冉牛、闵子、颜渊则具体而微。敢问所安。”

曰：“姑舍是。”

曰：“伯夷、伊尹[24]何如？”

曰：“不同道。非其君不事，非其民不使；治则进，乱则退，伯夷也。何事非君，何使非民；治亦进，乱亦进，伊尹也。可以仕则仕，可以止[25]则止，可以久则久，可以速[26]则速，孔子也。皆古圣人也，吾未能有行焉；乃所愿，则学孔子也。”

“伯夷、伊尹于孔子，若是班乎？”

曰：“否。自有生民以来，未有孔子也。”

曰：“然则有同与？”

曰：“有。得百里之地而君之，皆能以朝诸侯，有天下；行一不义，杀一不辜，而得天下，皆不为也。是则同。”

曰：“敢问其所以异。”

曰：“宰我、子贡、有若，智足以知圣人，汙不至阿其所好。宰我曰：‘以予观于夫子，贤于尧、舜远矣。’子贡曰：‘见其礼而知其政，闻其乐而知其德，由百世之后，等百世之王，莫之能违也。自生民以来，未有夫子也。’有若曰：‘岂惟民哉？麒麟之于走兽，凤凰之于飞鸟，太山之于丘垤[27]，河海之于行潦，类也。圣人之于民，亦类也。出于其类，拔乎其萃，自生民以来，未有盛于孔子也。’”

**【注释】**

[1]加：担当。

[2]孟贲（bēn）：古代的勇士。

[3]告子：战国中期的思想家，主张饮食、男女的自然欲望是人的本性，人的本性没有善良和不善良之分。

[4]北宫黝（yǒu）：人名，齐国人。

[5]不肤桡（nào），不目逃：肌肤被刺毫不退缩，眼睛被戳毫不逃避。

[6]市朝：大庭广众。

[7]褐宽博：地位卑贱的人。

[8]严：畏惧。

[9]孟施舍：人名。

[10]子夏：孔子的学生。

[11]子襄：曾参的学生。

[12]自反而不缩：自我反省认为自己无理。

[13]惴(zhuì)：恐吓。

[14]这句话的意思是："如果不能在言语上取得胜利，就不必求助于思想；如果不能在思想上取得成功，就不必求助于感情意气。"

[15]夫志至焉，气次焉：思想意志到了哪里，意气感情也就在哪里表现出来。

[16]这句话的意思是："要坚定自己的思想意志，不要滥用自己的意气感情。"

[17]浩然之气：指一种处于高尚道德境界所具有的精神状态。

[18]非义袭而取之：不是突然做一件符合义的事便可取得的。

[19]慊(qiàn)：快。

[20]正：目标、目的。

[21]这句话的意思是：偏颇的言辞能明白它的片面性，过分的言辞能知道它的失足之处，不合正道的言辞能认识它与正道间的差别，躲闪的言辞能认清它理屈的地方。

[22]宰我、子贡、冉牛、闵子、颜渊：均为孔子的学生。

[23]子游、子张：均为孔子的学生。

[24]伯夷、伊尹：伯夷，商末孤竹国君的儿子。孤竹君死后，伯夷兄弟二人互让君位。他是儒家推崇的贤人。伊尹，商汤的大臣，曾辅佐商汤灭夏，竭尽忠诚，是儒家推崇的圣人。

[25]止：不做官。

[26]速：迅速离开。

[27]丘垤(dié)：小山包。

**【品读】**

本章评述了各家培养勇气而不动摇心意的方法，论述了培养"浩然之气"和"知言"，评论了孔子及其学生的贡献，明确提出了以学习孔子为志向。

第一，评述各家培养刚勇之气而不动摇心意的方法。有一天，公孙丑问孟子说："如果您担任了齐国的卿相而推行自己的主张，即使成就了霸业或王业，也毫不奇怪。假如这样，您是否会因个人的利害得失而心意动摇呢？"孟子肯定地回答说："不会！我四十岁以来，心意就不会动摇了。"公孙丑称赞孟子超过了古代勇士孟贲。孟子回答说：做到这样并不困难，告子虽不了解仁义大道，但他不动摇心意比我还早呢！孟子接着评述了古代各家培养刚勇之气而不动摇心意的方法。

孟子认为，北宫黝培养刚勇之气时，肌肤被刺，毫不颤动；眼睛被戳，毫不躲避；受到别人的丝毫侮辱，就像在大庭广众下受到鞭打一样。他既不忍受卑贱者的侮辱，也不忍受大国君主的侮辱；刺杀大国的君主，就像刺杀平民一样；从不畏惧诸侯，受到别人的辱骂，一定要进行反击。孟施舍培养刚勇之气又与此不同，他说：对待不可战胜的敌人要像对待能够战胜的敌人一样。如果先估量敌人的力量再前进，先考虑胜败的可能才交锋，这种人是畏惧敌人三军的人。我哪能稳操胜券呢？我只能做到无所畏惧罢了。这就是说：北宫黝属于刺客，把必定胜过对方当作刚勇；孟施舍是战斗勇士，把无所畏惧当作刚勇。孟子又把这两人培养刚勇之气的方法与曾子、子夏作了比较，认为孟施舍与曾子相似，北宫黝与子夏相似。孟施舍与北宫黝相比，孟施舍的方法简易可行。孟子又引述曾子的话说："孔子曾教导我培养刚勇之气的方法：反躬自问，如果自己理亏，即使对方是卑贱的人，我也不去恐吓威胁他；反躬自问，如果自己是正义的，即使对方拥有千军万马，我也要勇往直前。"在孟子看来，北宫黝把必定胜过对方当作刚勇，如果不能胜过对方，就会气屈，所以不如孟施舍把无所畏惧当作刚勇。孟施舍即使不能胜过对方，也不会失去刚勇而屈服。但他只是保持一股无所畏惧的盛气，而不问这种刚勇是否合乎义。曾子的刚勇则是以是否符合义为标准。所以，孟施舍的刚勇又不如曾子坚守正义的刚勇。也就是说，北宫黝坚持的是匹夫之勇，孟施舍坚持的是志气之勇，而曾子坚持的是具有坚定道德信念的义理之勇。换一句话说，就是曾子的境界高于孟施舍，孟施舍又高于北宫黝。孟子赞扬曾子坚守正义的刚勇，这就突出强调了人内在的符合正义的无所畏惧的精神力量的作用。孟子游历各诸侯国，虽然历经坎坷，但仍能坚持仁义，藐视权贵，无所畏惧，这种精神力量就是来源于曾子。

在孟子评论了各家不动摇心意的方法后，公孙丑又问道："您与告子的不动摇心意又有什么区别呢？"孟子阐述了告子不动摇心意的得失。公孙丑又说："请问老师，您擅长于哪一方面？"孟子说："我能分辨别人的言语，也善于培养自己的浩然之气。"这样，本章很自然地过渡到第二部分。

第二，论述了培养"浩然之气"和"知言"的方法。在这一部分中，孟子阐述了"浩然之气"的含义、功能、培养方法，并且生动、形象地运用了揠苗助长的寓言说明培养"浩然之气"要时刻存养和顺从自然规律，不能操之过急。孟子还阐述了怎样分辨别人言语的"知言"。因为后面还要具体分析孟子的"浩然之气"和"知言"的理论意义，为避免重复，在此从略。

第三，评价了孔子及其学生的贡献，分析了伯夷、伊尹与孔子的异同，明确提出以学习孔子为志向。公孙丑听了孟子阐述"浩然之气"和"知言"的话，便问："宰我、子贡擅长言语，冉牛、闵子、颜渊擅长德行。孔子兼备这两个特长，但他却说自己不擅长辞令。您既善于分析别人的言辞，又善于培养浩然之气，兼有言语、道德两项特长，您已经是位圣人了吗？"孟子不赞成公孙丑的问话,并引用孔子与子贡的对话反问公孙丑:连孔子都不敢以圣人自居,你怎能称赞我是圣人呢?公孙丑又说:“从前我听别人说过:子夏、子游、子张都具有孔子的一部分长处;冉牛、闵子、颜渊大体接近孔子,但又不如孔子那样博大精深。请问您属于他们当中的哪一类?”孟子不愿与孔子的学生相比较,所以作了否定的回答。公孙丑又问:“伯夷、伊尹与孔子有什么区别?”孟子认为,伯夷是圣人之中清高的人,不是他理想的君主或百姓,他就不去服侍或管理。天下政治清明,就出来做官;天下政治黑暗,就退而隐居。伊尹是圣人中最负责任的人,对于任何君主或百姓,都可以服侍或管理。不论政治是否清明,都担任一定的官职。孔子是圣人之中识时务的人,应该做官就做官,应该辞职就辞职,应该继续任职就任职,应该马上离职就离职。三人当中,孔子是最伟大的人。所以,孟子表白心愿说:“我最希望的是学习孔子。”公孙丑问:“伯夷、伊尹与孔子能相提并论吗?”孟子回答说:“自从有人类以来,没有任何人能比得上孔子。”公孙丑又问:这三位圣人相同和不同的地方是什么呢?孟子阐述了三位圣人的异同,并引用宰我、子贡、有若赞扬孔子是圣人的话,为自己以孔子为榜样的志向服务。

孟子在本章中评论了各家怎样培养刚勇之气,实际上是阐述了自己不动摇心意的根源在于曾子,论述了培养“浩然之气”和“知言”的方法,进而阐明了以学习孔子为坚定志向。这样,本章三部分之间结构紧凑,论述严密,是一篇有整体构思的长文。

本章阐述的志气关系和“浩然之气”,反映了孟子的道德修养方法和对个体人格美的认识。

在志气关系方面,孟子指出,思想意志是意气感情的根本和统帅,而意气感情是充满体内的感性力量。思想意志到了哪里,意气感情就在哪里表现出来。所以说,人们要坚定自己的思想意志,不要随便表现自己的意气感情。孟子又指出,思想意志与意气感情是互相影响的。思想意志如果专注于某一方面,意气感情也会随着运动和转移;意气感情如果专注于某一方面,也会影响人的思想意志。譬如人跌倒或跑动时,只是体气专注于某一方面的震动,它反过来又可以影响思想意志,造成心的浮动。这就是说,志与气之间是主宰与被主宰的关系,志是气的主宰,但志与气又是互相影响的。告子只孤守其心,并不能真正做到不动摇心意。

怎样处理好志与气的关系,使自己不因个人的利害得失而动摇心意呢?孟子强调要培养“浩然之气”。所说“浩然之气”,是一种处于高尚道德境界所具有的无所畏惧的精神状态。孟子进一步论述了“浩然之气”的形式、内容、作用和培养方法。就表现形式来看,它难以言喻,最宏大而充满于天地四方，无所不在，最刚强而不可屈挠。就内容来看，这种“气”与仁义相配合，是人们道德行为的根本。就作用来看，人们拥有了它，就会勇往直前，无所畏惧；缺少了它，就会无所作为。就培养方法来看，它是经过长期的道德修养、力行仁义而形成的，而不是偶然的正义行为所能形成的。同时，培养“浩然之气”要顺从自然规律，不能有沽名钓誉的特定目的，也不能急于求成。经过正义的经常积累，水到渠成，就能达到富贵不能淫我心、贫贱不能移我志、威武不能屈我节的境界，成为把贫贱、祸福、生死、荣辱置之度外的顶天立地的大丈夫。

孟子的“浩然之气”本来讲的是道德修养问题，但却又深刻地触及了人格美。孟子对“浩然之气”的形式、内容、作用和培养方法的论述，显示了个体的巍然屹立的人格的伟大和坚强。它至大至刚，充满天地四方，明显地具有审美的性质。“浩然之气”是个体人格精神美的表现，它是人内在的情操与外在的形体的统一。就是说，人内在的道德精神通过外在的形体动作表现出来，人具有了“浩然之气”，形体上就能把生死祸福置之度外而不动摇心意。这样，孟子的浩然正气就把握了个体人格美的特征。

在中国思想史上，许多思想家继承、发挥了孟子的“浩然之气”。北宋思想家程颢、程颐兄弟极力崇尚孟子“浩然之气”的精神境界，赞扬孟子“泰山岩岩之气象”。明末清初的思想家王夫之赞扬孟子的“浩然之气”是百倍刚强伟大而塞于天地之间。中国近代的思想家魏源称赞孟子的“浩然之气”如江汉浩荡，上配大禹，在邹鲁百代不休。我国历史上的无数志士仁人把孟子的“浩然之气”当作反抗外侮、捍卫民族尊严的重要精神武器。他们在面临艰难危险时，赴汤蹈火，视死如归，谱写出一曲曲惊天动地、可歌可泣的正气歌。南宋文天祥在《正气歌》中写道：“天地有正气，杂然赋流形。下则为河岳，上则为日星。于人曰浩然，沛乎塞苍冥。皇路当清夷，含和吐明庭。时穷节乃见，一一垂丹青。”他还说：“人生自古谁无死，留取丹心照汗青。”文天祥的高尚民族气节与孟子“浩然之气”的影响、熏陶是密不可分的。

孟子的“养气”说对后世文学艺术理论的发展也产生了重要的影响。如曹丕提出“文以气为主”的主张。刘勰认为，作品是才、气、学、习的综合，言语由思想产生，志气是文章的内因，文辞来自志气，写文章首先需要养气。韩愈主张心中充满浩然正气，落笔便会有排山倒海之势。宋代苏辙最重视养气，赞扬孟子文章宽厚宏博，是培养“浩然之气”的结果。清代桐城派主张文气说。如此等等，不胜枚举。这表明，曹丕讲才气，刘勰言志气，韩愈谈气势，苏辙说养气，无不受到孟子培养“浩然之气”思想的影响。

与“养气”紧密联系、结合的是孟子的“知言”说。孟子指出：不全面的言辞我知道它的片面性，过分的言辞我认识它的失足之处，不合正道的言辞我清楚它与正道的分歧，躲闪的言辞我明白它理屈的地方。孟子又分析了这四种言辞的危害，认为它们从思想中产生出来，必然会在政治上产生危害；如果把它们体现在国家的行政纲领中，就会干扰、破坏各项具体的工作。在孟子那里，“知言”与“养气”有着密切的联系。也就是说，只有加强自己道德的修养，培养一种正义感，使自己达到“至大至刚”的精神境界，才能判断出别人言论的错误所在，抓住要害，给予批驳。《孟子》书中的许多散文，就是孟子运用“知言”说与别人论辩而写成的。孟子的“知言”说对后世的修辞学产生了重要影响。



3.3 孟子曰：“以力假仁者霸，霸必有大国；以德行仁者王，王不待大。汤以七十里，文王以百里。以力服人者，非心服也，力不赡也；以德服人者，中心悦而诚服也，如七十子之服孔子也。《诗》云：‘自西自东，自南自北，无思不服。’[1]此之谓也。”

**【注释】**

[1]引自《诗经·大雅·文王有声》。意思是：“从西从东，从南从北，人们都心悦诚服。”

**【品读】**

本章阐述了王道与霸道的不同，强调只有实行王道，才能使天下人归服。

孟子把用仁义统一天下称作“王道”，把依靠武力征服天下称作“霸道”。他认为，霸道与王道有着不同的基础：霸道倚仗实力然后假借仁义的名声而称霸诸侯，这种称霸必须以国力强盛为基础；王道依靠道德教化和实行仁政而统一天下，这样统一天下不必以国力强盛为基础。商汤、文王实行仁政，分别凭借方圆七十里和方圆一百里的土地使天下的人归服。孟子又指出，霸道与王道有着不同的功效：霸道用武力征服别人，别人不会心服口服，只是由于自己力量的不足，不得不暂时屈服；王道依靠道德教化使人心悦诚服，就像孔子的七十多位学生归服孔子一样。孟子还引用《诗经》的话说：“从西从东，从南从北，人们都心悦诚服。”这就用《诗经》的话，印证了以道德服人的显著功效。

孟子采用正反对比的手法，从王、霸的基础、功效两个层次，深刻地指出霸道的作用是暂时的、表面的，而王道的作用则是长久的、内在的。可谓辞茂气盛，条理清晰。

孟子的“王霸之辨”对后世产生了重要影响，对这个问题的争论延续了一千多年。荀子认为王、霸只有程度的不同，而没有根本的对立。汉代统治者把王、霸当作巩固统治的两手策略。宋代的儒学家把王、霸纳入理学体系。朱熹在为本章作注时，曾经引用邹氏的话说：“从古以来论王霸者多矣，未有若此章之深切而著明者也。”①这一评说，反映出孟子的“王霸之辨”在中国古代思想史上的重要地位。

3.4 孟子曰：“仁则荣，不仁则辱；今恶辱而居不仁，是犹恶湿而居下也。如恶之，莫如贵德而尊士，贤者在位，能者在职；国家闲暇[1]，及是时，明其政刑。虽大国，必畏之矣。《诗》云：‘迨天之未阴雨，彻彼桑土，绸缪牖户。今此下民，或敢侮予？’[2]孔子曰：‘为此诗者，其知道乎！能治其国家，谁敢侮之？’今国家闲暇，及是时，般乐怠敖[3]，是自求祸也。祸福无不自己求之者。《诗》云：‘永言配命，自求多福。’[4]《太甲》曰：‘天作孽，犹可违；自作孽，不可活。’[5]此之谓也。”

**【注释】**

[1]闲暇：指没有内忧外患的时候。

[2]引自《诗经·豳风·鸱鸮》。意思是：“趁着上天没下雨，剥啄桑根把巢筑，密密缠绕修窗户。现今这些树下人，谁还敢把我欺侮？”

[3]般(pán)乐怠敖：追求享乐，怠惰游玩。

[4]引自《诗经·大雅·文王》。意思是：“我们永远与天命相配，自己去寻求更多的幸福。”

[5]引自《尚书·太甲》。意思是：“天降的灾祸还可以躲避，自作的罪孽无法逃脱。”

**【品读】**

本章劝勉国君任贤使能，实行仁政，就能防患于未然而获得荣耀。

孟子首先把仁政与荣耀联系起来。他指出：国君如果实行仁政，就会得到荣耀；如果不实行仁政，就会遭受屈辱。人们都有好荣恶辱的心理，但仅有这样的心理是不够的，必须进一步采取有力的措施，才能达到目的。孟子认为，当今的国君虽然厌恶屈辱，但却不实行仁义，这就像厌恶潮湿而仍然处在低洼的地方一样。要改变这种状况，就应该在厌恶屈辱的心理基础上，崇尚仁义道德，尊重士人，让有德行的人担任官职，让有才能的人具有相应的职务。这样，有德行的人担任官职，就能匡正国君而形成良好的社会风俗；有才能的人具有相应的职务，就能治理好国家政事。国家没有内忧外

① (宋)朱熹撰：《孟子集注》卷三。

患，正是大有作为的好时机，趁机修明政治法典，努力使国家强盛，即使强大的邻国也会畏惧它。

孟子在正面阐述的基础上，又对照当时的社会现实批评现在的国君虽没有内忧外患，但怠惰求乐，纵欲偷安，无异于自寻祸害。通过对比，孟子得出结论说："祸福无不是自己寻求而来的。"

本章篇幅虽短，但层次分明，寓意深刻。孟子分析了国君好荣恶辱的心理，提出了任贤使能的主张，强调把握治国的时机，阐明了实行仁政的结果，指出祸福皆是自己寻求而来。孟子引用了《诗经》《尚书》和孔子的话，征引贴切，使人读后感到亲切、自然。

本章强调了两个重点。一是"贤者在位，能者在职"的用人主张，这是孟子社会政治约制的一项重要措施，它关系到国君的祸福荣辱和国家的兴衰存亡。孟子多次论述了任贤使能的重要性，这一观点被后代的许多政治家、思想家所继承。二是"祸福无不自己求之者"的主张，该主张强调发挥人的主观能动作用，告诫人们只有积极努力，奋发向上，才能趋福避祸。这对激励人们积极进取、防患于未然具有深刻的启示意义。

3.5　孟子曰："尊贤使能，俊杰在位，则天下之士皆悦，而愿立于其朝矣；市，廛而不征，法而不廛[1]，则天下之商皆悦，而愿藏于其市矣；关，讥而不征，则天下之旅皆悦，而愿出于其路矣；耕者，助而不税，则天下之农皆悦，而愿耕于其野矣；廛，无夫里之布[2]，则天下之民皆悦，而愿为之氓矣。信能行此五者，则邻国之民仰之若父母矣。率其子弟，攻其父母，自有生民以来未有能济者也。如此，则无敌于天下。无敌于天下者，天吏[3]也。然而不王者，未之有也。"

**【注释】**

[1]市，廛(chán)而不征，法而不廛：在市场中给予储存货物的地方而不征税；货物滞销就依法征购。前一"廛"字，指市场中储藏、堆积货物的地方；后一"廛"字，指货物滞销。

[2]廛，无夫里之布：百姓的宅院，不征收人口税、住宅税。

[3]天吏：指顺应社会发展趋势和民心，实行仁政，无往而不胜的人。

**【品读】**

本章阐述了五项仁政措施，强调实行仁政就能天下无敌。

孟子阐述的五项仁政措施，包括尊贤使能的用人政策，有利于商业发展的商业政策，只稽查不征税的关卡政策，农民帮助耕种公田而不再征税的农业政策，不征收人口税、住宅税的民居政策。孟子认为，如果实行了这五项措施，天下的士人都会高兴，希望到那里为君王服务；天下的商人都会高兴，愿意到那里的市场上去做买卖；天下的旅客都会高兴，愿意到那里去旅游；天下的农民都会高兴，愿意到那里去种田；天下的百姓都会高兴，愿意到那里去定居。这样，邻国百姓就会像敬仰父母一样敬仰他。如果邻国君主率领这些百姓来攻打他，就等于带领儿女来攻打他们的父母，这是自有人类以来从没有成功过的事。像这样，就能天下无敌。天下无敌的人叫作“天吏”。这样还不能统一天下，是从来没有的事。

孟子提出的这五项仁政措施，可大致划分为两类：一是政治上的任贤使能，它能为国君统一天下提供一定的组织保证；二是促进经济发展的各项赋税政策，这也是孟子减轻赋税主张的具体表现。实施这些措施，有利于维护社会经济生活的正常秩序，促进社会经济的发展，进而为以仁政统一天下提供经济条件。

本章采用了先分后总的方法，使文章呈现错综复杂的变化。文章开始，孟子对五项仁政措施的实施功效分别作了介绍。文章最后，孟子又总述说：“如果实行了这五项措施，就会使民心归服，成为天下无敌的天吏。如此而不能统一天下，是从来没有的事。”这样，孟子的先分后总，既阐述了五项仁政措施，又突出了仁政的功效。文章就像百川汇入大海，呈现波澜壮阔之势，表现出孟子对实行仁政、统一天下的坚定信念。

还应看到，孟子在阐述五项仁政措施时，五次运用了“……则天下之……皆悦，而愿……”的字眼，一是强调在“天下”的范围内，二是强调百姓喜悦的心情和归附仁德的社会心理，从而表现出仁政的重大感召力。这种写作技巧，集字成势，使文章气势呈现出贯珠之妙。

3.6　孟子曰：“人皆有不忍人之心。先王有不忍人之心，斯有不忍人之政矣。以不忍人之心，行不忍人之政，治天下可运之掌上。所以谓人皆有不忍人之心者，今人乍见孺子将入于井，皆有怵惕恻隐[1]之心。非所以内交[2]于孺子之父母也，非所以要誉[3]于乡党朋友也，非恶其声而然也。由是观之，无恻隐之心，非人也；无羞恶之心，非人也；无辞让之心，非人也；无是非之心，非人也。恻隐之心，仁之端[4]也；羞恶之心，义之端也；辞让之心，礼之端也；是非之心，智之端也。人之有是四端也，犹其有四体也。有是四端而自谓不能者，自贼者也；谓其君不能者，贼其君者也。凡有四端于我者，知皆扩而充之矣，若火之始然，泉之始达。苟能充之，足以保四海；苟不充之，不足以事父母。”

**【注释】**

[1]怵(chù)惕(tì)恻隐：恐惧哀痛。

[2]内交：结交。

[3]要（yāo）誉：追求好的名声。

[4]端：萌芽。

**【品读】**

本章是孟子性善论的理论精髓，论述了人性善的三个层次，指出国君把同情心扩充、推广到政事上，就能安定天下。

本章内容可划分为两部分。

第一，人人都有同情心。孟子认为，一般人虽然具有同情心，但由于物欲的蒙蔽，不能把这种同情心推广开来。只有古代的圣人能把同情心推广到政事上，从而使治理天下像在手掌上玩东西一样容易。

第二，论述了人性善的三个层次。孟子认为，人人都有“恻隐之心”“羞恶之心”“辞让之心”“是非之心”，没有这四种心理情感，人与禽兽就没有区别。这四种心理情感分别是仁、义、礼、智的萌芽。人具有这四种萌芽，就好像具有手足四肢一样。如果把这四种萌芽扩充发展起来，便会像刚刚燃烧的大火越烧越旺，熊熊不可扑灭；像刚开始喷涌的泉水，终必汇成江河。如果把四端扩充成仁、义、礼、智四德，就能正确处理各种人际关系而安定天下；反之，连赡养父母都难以做到。

怎样理解孟子的性善论呢？

我们知道，孟子所说的人性，就是指人之所以为人的本质特性。他所说的人性善，是相对于禽兽相互残杀的兽性恶而言。在他看来，人是区别于禽兽的类存在，人具有用心官进行理性思维的能力，具有君臣、父子、兄弟、夫妇等人际关系和仁、义、礼、智、信等道德观念，这是人与禽兽相区别的根本标准。孟子的人性善包括相互联系的三个层次：

四心是人性善的第一个层次。孟子用心善讲性善，认为人的善性通过善心表现出来。他有时又把善心称为“良心”“仁义之心”“仁心”“本心”“不忍人之心”等。这种善心具体表现为恻隐、羞恶、恭敬、是非四心。孟子在本章中阐述了四心的产生。他从日常的生活经验、事实出发，认为现在有人忽然看到儿童将要跌入井中，便会产生惊骇同情的心理情感。这种心理情感的产生，不是为了结交儿童的父母而使他们感激不尽，不是为了在乡里朋友中博取名誉，也不是因为厌恶儿童的哭声，而是人具有一定的道德观念而同情别人的必然表现。

孟子从人都具有同情心而推导出人都具有羞恶心、恭敬心、是非心，这是有一定内在理论根据的。清代焦循在阐释本章时指出，孟子“仁义礼智”的萌芽是连贯的。所以，只举出同情心，羞恶心、恭敬心、是非心就具备了。

仁是孟子道德规范体系的根本和核心，义、礼、智是仁在其他方面的具体运用和体现。具有了仁，也就具有了义、礼、智。正是在这一意义上，孟子指出人具有了同情心，也就具有了羞恶心、恭敬心、是非心。

四端是人性善的第二个层次。孟子认为，就四种心理情感的表现过程来看，同情心、羞恶心、辞让心、是非心分别是仁、义、礼、智道德观念的端绪和萌芽，人具有这四种萌芽，就好像有手足四肢一样，是自然而然的。前面说过，孟子认为人的本性为善，人善的本性又通过四种心理情感表现出来。这四种心理情感只能为人为善提供一种可能的倾向，人后天的善与不善，关键在于后天的培养和扩充。

四德是人性善的第三个层次。孟子说："具有这四种萌芽还认为自己不能做善事的人，便是自暴自弃的人；认为他的君主不能培育发展这四种萌芽的人，便是贼害君主的人。具有了这四种萌芽，如能知道将其扩充和发展起来，就会像刚刚燃烧的火焰越烧越旺；像初流出的泉水终必汇成江河。如果能够将其扩充起来，便能够安定天下；反之，连赡养父母都做不到。"孟子所讲的培养和扩充，就是使四端上升为仁、义、礼、智四德的过程。在孟子那里，仁、义、礼、智四德是调整君臣、父子、兄弟等人际关系的道德规范和衡量善恶是非的标准。用仁、义、礼、智处理好社会中的各种人际关系，就能安定天下和赡养父母。

根据上面的分析，我们可以看到，孟子的人性善是一个包括四心、四端、四德的系统整体，三者之间表现出从低级向高级发展的过程。就是说，四心是人内心的情绪体验和心理情感，四端是仁、义、礼、智的端绪和萌芽，四德是协调人际关系的规范和准则。四心、四端是四德的前提和基础，四德是四心、四端发展的必然结果。

在写作方法上，本章把"不忍人之心"反复运用了四次。孟子反复运用"不忍人"，目的是强调同情心的重要作用。从小处看，突然看见一个儿童将要掉入井中，就会产生同情心而去救助他；从大处看，把这种同情心推广、应用于政事，就能仁爱百姓和"治国、平天下"。这就突出强调了同情心是仁爱百姓、治理国家、安定天下的心理基础。这样，孟子反复运用的"不忍人"的字眼，不仅加强了文章的气势，而且能给读者留下深刻的印象。

本章还运用了句式反复的写作技巧，加强了语句的气势，给人一种强烈的感受。譬如孟子说："无恻隐之心，非人也；无羞恶之心，非人也；无辞让之心，非人也；无是非之心，非人也。恻隐之心，仁之端也；羞恶之心，义之端也；辞让之心，礼之端也；是非之心，智之端也。人之有是四端也，犹其有四体也。"在这里，孟子反复强调没有"恻隐之心""羞恶之心""辞让之心""是非之心”这四种心理情感就不是人，重在说明人之所以为人，就在于具有这四种心理情感，而这四种心理情感又是仁、义、礼、智的端绪和萌芽。这就为使四心、四端上升为仁、义、礼、智四德奠定了基础，从而为人们运用仁、义、礼、智四德治理政事和协调人际关系提供了一定的前提条件。

3.7 孟子曰：“矢人[1]岂不仁于函人[2]哉？矢人唯恐不伤人，函人唯恐伤人。巫匠[3]亦然。故术不可不慎也。孔子曰：‘里仁为美[4]。择不处仁，焉得智？’夫仁，天之尊爵也，人之安宅也。莫之御而不仁，是不智也。不仁、不智，无礼、无义，人役也。人役而耻为役，由[5]弓人而耻为弓，矢人而耻为矢也。如耻之，莫如为仁。仁者如射，射者正己而后发；发而不中，不怨胜己者，反求诸己而已矣。”

**【注释】**

[1]矢人：造箭的人。

[2]函人：制造铠甲的人。

[3]巫匠：为人祈祷的人和木匠。

[4]里仁为美：与具有仁德的人为邻是美好的。

[5]由：好比、好像。

**【品读】**

本章强调选择职业要谨慎，要时刻反省自己是否具备仁的道德观念。

孟子在文章开头说：“造箭的人难道不如制造铠甲的人仁爱吗？造箭的人唯恐他的箭不伤人，而制造铠甲的人唯恐他的铠甲不能保护人。巫师和木匠也是这样。巫师总想为人治好病，木匠总希望别人死后请他做棺材。由此可见，选择职业必须谨慎。”孟子的这番话，旨在说明人们要选择仁爱别人的职业。他接着引用孔子的话说：“与具有仁德的人为邻是美好的。选择住处，不居住在有仁厚风气的地方，怎能说是聪明呢？”这就强调人们要择仁而居。孟子又从正面论述说：“仁是自然界最尊贵的爵位，也是人们最安全的住所。没有别人的阻挡却不选择仁，这是愚蠢的行为。不具备仁爱、聪明、礼仪、道义的人，只能被别人所役使。本来做仆役的人，却自认为可耻，这好比造弓的人以造弓为耻，造箭的人以造箭为耻一样。如果真认为是耻辱，不如认真地去实行仁。实行仁的人，像比赛射箭一样，先端正自己的姿势然后再射箭；如果没有射中目标，不责怪那些胜过自己的人，而是反过来寻找本身的不足罢了。”在这里，孟子用射箭比喻人实行仁，指出如果达不到目的，不要责怪别人，而要反省自己。这样，孟子就突出强调了“反求诸己”的道德修养方法。这是从个体自身寻求不足的自我反省的方法，它能加深对自我的认识。反躬自省的过程，就是不断认识自我和完善自我的过程。孟子强调选择职业必须慎重，这是与当时的社会背景紧密相连的。当时，有的人学习合纵连横的权术，有的人追求战争攻伐。这就助长了诸侯国之间的明争暗斗，结果给人民造成了严重的灾难。孟子主张选择职业要谨慎，不要损人利己，要坚持仁爱，时时刻刻以实行仁为最终目的。

本章运用了先疑后决和省略的写作方法。孟子在文章开头就提出设问："造箭的人难道不如制造铠甲的人仁爱吗？"他接着又围绕这一设问而议论，最后得出结论说："仁爱的人要时时处处反躬自省，才能保持住仁这个最尊贵的爵位。"这种先疑后决的写作技巧，使设问、议论、结论三个层次之间结构紧凑、布局合理，避免了文章的平铺直叙，使文章呈现曲折波澜，读来引人入胜。

就省略的方法来看，孟子在讲完"矢人唯恐不伤人，函人唯恐伤人"后，接着说："巫师亦然。"这简短的四个字，由于紧接上文，其意不说自明，从而省略了"巫师总想为别人治好病，木匠总希望别人死后请他做棺材"的字句。这种省略的技巧，使文章更加简练，语气遒劲而不繁冗。

……………………………………

3.8 孟子曰："子路，人告之以有过，则喜。禹[1]闻善言，则拜。大舜[2]有大焉，善与人同，舍己从人，乐取于人以为善。自耕稼、陶、渔以至为帝，无非取于人者。取诸人以为善，是与人为善[3]者也。故君子莫大乎与人为善。"

**【注释】**

[1]禹：我国古史传说中原始社会末期炎黄部落联盟的首领，建立了夏朝。

[2]舜：古史传说中炎黄部落联盟的首领，尧的继承人。

[3]与人为善：偕同别人共同行善。

**【品读】**

本章中，孟子阐述了子路、禹、舜在道德修养过程中的高尚品质。当别人指出子路的缺点时，子路便兴高采烈，表现出勇于改过、不讳疾忌医的高尚品质。禹不待自己有过错，听到别人正确的意见，就感激得向别人敬礼。舜比子路、禹更伟大，他兼备了他们二人的长处，把善看作大家共有的品质，勇于抛弃自己的缺点，乐于吸取别人的长处。孟子又认为，吸取别人的长处来做善事，就是偕同别人共同做善事。最后，他得出结论说："君子最高的美德就是偕同别人共同做善事。"

本章列举的古代贤人闻过则喜，勇于改过，舍己从人，虚心学习别人的长处，与别人共同行善而不断达到完美境界的优良品质，既是孟子对中华民族优良传统的概括和总结，又反映了他对高尚道德境界的追求。在中华民族历史上，凡是为人类做出杰出贡献的思想家和有志之士，在道德修养上无不勇于改过、严己宽人和舍己从人。

本章采用了夹叙夹议的手法，首先叙述了古人的事迹，然后根据前面的事实进一步展开议论，最后得出“君子的最高美德就是偕同别人共同做善事”的结论。这样，事实与议论相互交错，既使说理有事实根据，又使叙事提高到理论层次，从而避免了凭空立说、空发议论的弊端，使文章有较强的说服力。



3.9　孟子曰：“伯夷，非其君不事，非其友不友；不立于恶人之朝，不与恶人言。立于恶人之朝，与恶人言，如以朝衣朝冠坐于涂炭。推恶恶之心，思与乡人立，其冠不正，望望然[1]去之，若将浼[2]焉。是故诸侯虽有善其辞命而至者，不受也。不受也者，是亦不屑就已。柳下惠[3]不羞污君，不卑小官；进不隐贤，必以其道；遗佚[4]而不怨，阨穷而不悯[5]。故曰：‘尔为尔，我为我，虽袒裼裸裎[6]于我侧，尔焉能浼我哉？’故由由然[7]与之偕而不自失焉，援而止之而止。援而止之而止者，是亦不屑去已。”

孟子曰：“伯夷隘，柳下惠不恭。隘与不恭，君子不由也。”

**【注释】**

[1]望望然：不高兴的样子。

[2]浼(měi)：玷污。

[3]柳下惠：鲁国的大夫展禽。惠是他的谥号。

[4]遗佚：不被任用。

[5]阨穷而不悯：身遭穷困也不忧愁。

[6]袒裼(xī)裸裎(chéng)：赤身露体。

[7]由由然：高兴的样子。

**【品读】**

本章中，孟子首先列举了伯夷胸襟狭隘的表现：“不是他理想的君主不去服侍，不是他认可的朋友不去结交；不在坏人的朝廷里做官，不与品德不好的人交谈。如果在坏人的朝廷中做官和与坏人交谈，就像穿戴着礼帽、礼服坐在泥土、炭灰中一样。将这种憎恶丑恶的心理推广开去，他如果跟衣冠不整的乡里人站在一起，便会不高兴地离开，仿佛不离开就会受到玷污一样。所以，虽然有很多诸侯花言巧语地聘请他做官，他却不肯接受。原因就在于他不屑于接近当时的诸侯。”接着，孟子又列举了柳下惠与此完全相反的表现。他说：“柳下惠不以服侍坏的君主为羞耻，不以官职小而感到卑贱；

入朝做官，毫不隐匿自己的才能，一切以正道为准则；不被任用也不怨天尤人，身处困境也不忧愁。所以他常说：‘你是你，我是我，即使你在我身边赤身露体，哪能玷污我呢？’所以他不论跟谁在一起都悠然自得，不失常态。不让他走他不走，这是因为他认为离不离开都无所谓。”柳下惠的过分随和孟子亦不赞同。

在这里，孟子运用了先叙后议的手法，先叙述了伯夷、柳下惠的不同表现，接着转入议论说：“伯夷胸襟狭隘，柳下惠过分随和。这两个极端都不符合仁义之道，有道德的人是不会这样做的。”这种先叙后议的手法，既使议论有事实根据，又把事实提高到理论的层次上进行分析，使事实与理论相互交错，从而使文章显示出较强的说服力。

孟子继承、发展了孔子“过犹不及”的思想，强调立身处世要以仁义为标准。《论语·先进》记载，孔子评论自己的学生“子张做事过了头，子夏做事达不到”，又说“做事过了头和达不到同样不好”。这种“过犹不及”的思想是孔子的方法论之一。他认为做任何事情都有一定的标准（或界限），超过或不及这个标准（或界限）都是错误的。孟子通过先叙后议的手法，评论了伯夷、柳下惠的两种相反的行为，阐发了孔子“过犹不及”的思想，强调立身处世要坚持中正之道，反对偏向两个极端，表现出一定的朴素辩证法思想。

# 公孙丑章句下

4.1 孟子曰:“天时不如地利,地利不如人和。三里之城,七里之郭[1],环而攻之而不胜。夫环而攻之,必有得天时者也;然而不胜者,是天时不如地利也。城非不高也,池非不深也,兵革非不坚利也,米粟非不多也,委而去之,是地利不如人和也。故曰:域民[2]不以封疆之界,固国不以山谿之险,威天下不以兵革之利。得道者多助,失道者寡助。寡助之至,亲戚畔[3]之;多助之至,天下顺之。以天下之所顺,攻亲戚之所畔,故君子有不战,战必胜矣。”



【注释】

[1]郭:外城。

[2]域民:管理、限制人民。

[3]畔:背叛。

【品读】

本章通过对天时、地利、人和三个条件的比较,说明战争胜败的关键在于民心向背。为政者只有实行仁政,才能获得民心,战无不胜。

孟子开门见山地提出了“天时不如地利,地利不如人和”的鲜明观点。这里的“天时”是指阴晴寒暑等自然条件,“地利”是指高城深池、山川险阻等地理条件,“人和”是指人心所向的内部团结。孟子明确地指出有利的自然条件不如有利的地理条件,有利的地理条件不如人心所向。

为什么“天时不如地利,地利不如人和”呢?孟子论证说:“譬如一座小城,它的内城只有三里,外城只有七里,敌人四面进攻,旷日持久,然而始终无法攻克。四面围攻它,肯定选择了有利的天时,结果却不能取胜,原因就在于有利的天时不如地利。”孟子接着又论证了地利不如人和:“城墙构筑得不是不高,护城河挖得不是不深,兵器盔甲不是不锐利坚固,储存的粮食不是不充足,但由于统治者不得民心,当遭到敌人进攻时,百姓便弃城逃走。这说明人心不和,即使城池固若金汤也守不住。所以地利不如人和。”孟子进一步指出:“所以说:限制、管理人民不全依靠国家的疆界,保护国家不全依靠山川的险阻，威行天下不全依靠兵器的锐利。实行仁政、符合道义的人，就有众多的人拥戴他；不实行仁政、违背道义的人，就很少有人帮助他。帮助他的人少到极点时，就会众叛亲离，成为孤家寡人；拥戴他的人多到极点时，普天下的人都会归顺他。”这说明，实行仁政，就能获得民心，众志成城，所向无敌；不实行仁政，就会失去民心，众叛亲离，招致失败。最后，孟子得出结论说：“用普天下顺从的力量去攻打众叛亲离的人，那么，圣明的君主要么不发动战争，若发动战争，必定会取得胜利。”

本章谈的是战争胜负，也从一个侧面反映了孟子的认识论。在战争胜负问题上，孟子通过对交战双方天时、地利、人和条件的比较，认为天时不如地利，地利不如人和。这只是在天时、地利、人和三者相比较的意义上而说的，并不是否定天时、地利等条件。孟子认为，决定战争胜负的因素不仅在于天时、地利这种自然条件和地理条件，更重要的在于人心所向的内部坚强团结。孟子提出了“得道者多助，失道者寡助”的至理名言，初步认识到人民的力量关系到战争胜负，在中国古代战略观上占有重要的地位。孟子既重视客观物质条件又强调“人和”的主观能动性的观点，闪烁着朴素唯物主义的光芒。

本章前一部分论证说理，后一部分阐发引申，论点、论证、结论之间相互照应，结构严整。同时，本章又运用了层递、对比、排比等句式。譬如文章开头提出“天时不如地利，地利不如人和”的论点，这两句话既是形式上的排比，又是内容上的层递和对比。天时、地利、人和之间，一级高似一级，而以人和最重要，所以表现出层递的关系。同时，三者之间通过对比，又表现出高低的不同。在这一组排比中，句子形式上首尾相接，蝉联鱼贯，好像修辞格中的“顶针续麻”。它不仅造成一种连环之势，表现出句与句之间的逻辑关系，而且还给人以联珠缀玉的美感。

本章运用了三组排比。“域民不以封疆之界，固国不以山谿之险，威天下不以兵革之利”这组排比破除了地利之说。“得道者多助，失道者寡助”“寡助之至，亲戚畔之；多助之至，天下顺之”这两组排比则突出强调了人和的重要性。孟子的排比，强化了语气，增加了文势，从而使文章错综多变，气势磅礴。

4.2　孟子将朝王，王使人来曰：“寡人如[1]就见者也，有寒疾，不可以风。朝，将视朝[2]，不识可使寡人得见乎？”

对曰：“不幸而有疾，不能造朝。”明日，出吊于东郭氏。

公孙丑曰：“昔者辞以病，今日吊，或者不可乎？”

曰："昔者疾，今日愈，如之何不吊？"

王使人问疾，医来。孟仲子[3]对曰："昔者有王命，有采薪之忧[4]，不能造朝。今病小愈，趋造于朝，我不识能至否乎？"使数人要于路[5]，曰："请必无归，而造于朝！"

不得已而之景丑氏宿焉。景子曰："内则父子，外则君臣，人之大伦也。父子主恩，君臣主敬。丑见王之敬子也，未见所以敬王也。"

曰："恶！是何言也！齐人无以仁义与王言者，岂以仁义为不美也？其心曰'足何足与言仁义也'云尔，则不敬莫大乎是。我非尧舜之道，不敢以陈于王前，故齐人莫如我敬王也。"

景子曰："否，非此之谓也。礼曰：'父召，无诺；君命召，不俟驾。'[6]固将朝也，闻王命而遂不果，宜与夫礼若不相似然。"

曰："岂谓是与？曾子曰：'晋、楚之富，不可及也。彼以其富，我以吾仁；彼以其爵，我以吾义，吾何慊[7]乎哉？'夫岂不义而曾子言之？是或一道也。天下有达尊三：爵一，齿一，德一。朝廷莫如爵，乡党莫如齿，辅世长民莫如德。恶得有其一以慢其二哉！故将大有为之君，必有所不召之臣。欲有谋焉则就之。其尊德乐道，不如是，不足与有为也。故汤之于伊尹，学焉而后臣之，故不劳而王；桓公之于管仲，学焉而后臣之，故不劳而霸。今天下地醜德齐[8]，莫能相尚。无他，好臣其所教，而不好臣其所受教。汤之于伊尹，桓公之于管仲，则不敢召。管仲且犹不可召，而况不为管仲者乎？"



**【注释】**

[1]如：应当。

[2]朝，将视朝：如果您来朝廷，我将临朝听政。

[3]孟仲子：孟子的堂弟。

[4]采薪之忧：生病。

[5]要（yāo）于路：在路上拦截。

[6]这句话的意思是："父亲召唤，'唯'一声就起身，不说'诺'；君主召唤，不等待马车驾好就先走。"

[7]慊（qiàn）：怨恨不平。

[8]地醜德齐：国土的面积大小相同，国君的德行高低一样。

**【品读】**

本章叙述了孟子拜见齐宣王的曲折过程，阐明了国君不以崇高富贵为重而以贵德尊士为贤，君子不以趋走承顺为恭而以责难陈善为敬的君臣关系。

孟子在齐国时，反复向齐宣王宣传仁政主张。齐宣王一心想征服天下，对孟子的仁政主张逐渐失去往日的兴趣，对孟子也表现出冷淡之情。

本章内容划分为两部分。

第一，孟子拜会齐宣王的曲折过程。有一次，孟子准备去拜见齐宣王，恰巧齐宣王派人来传话："我本来应该来看望你，但因生病不能如愿。如果你肯来朝廷，我将临朝会见你。"孟子对齐宣王这种不礼贤下士的行为十分反感。他认为，大有作为的君主一定有他不能召唤的臣子。如果有什么事需要商量，就亲自到臣子那里去。孟子愤而称病，索性取消了拜见齐宣王的计划。第二天，孟子无所顾忌地到东郭氏家吊丧。公孙丑不理解地问："昨天您托辞称病谢绝齐王的召见，今天又去吊丧，大概不可以吧？"孟子说："昨天生病，今天痊愈了，为什么不能去吊丧呢？"这时，齐宣王派人来探视孟子的病情，医生也来了。孟仲子十分着急，担心孟子不答应召见会引起齐宣王的震怒，便处处为孟子周旋，谎称孟子已前往朝廷，不知是否已经到达。接着又派人在孟子回家的路上拦截孟子，让孟子千万不要回家，并赶快到朝廷去。孟子吊丧返回，无可奈何，只好躲到齐国大夫景丑的家中歇宿。

这一段的叙述和描写，用孟仲子的言行烘托出孟子倔强不屈的性格，表现了孟子为坚守正义而不奉承国君的精神风貌。

第二，阐明了国君不要以位高富贵为重，而要礼贤下士；君子不要把奉承顺从当作恭，而要把对君主讲说仁义当作敬。孟子歇宿在景丑家中。景丑批评孟子不尊重齐宣王："家庭中的父子，社会上的君臣，是人与人之间最重要的伦理关系。父子之间以慈爱为主，君臣之间以恭敬为主。我看到齐王很尊重你，你却不尊重齐王。"孟子于是从正面向景丑阐述了什么行为才称得上真正的恭敬。他说："齐国没有一个人向国君讲说仁义，不是认为仁义不好，而是认为不值得与国君谈论仁义，这是对国君最大的不敬。我向齐王陈述尧舜的仁义之道，所以没有一个齐国人比我更敬重齐王。"孟子的回答说明，恭敬国君的根本内容就是向他陈说仁义；不然，就不能称作"恭敬"。这就抓住了君臣关系的根本。

孟子的回答使景丑无言以对。景丑便转移话题说："我指的是君臣之间的礼仪。《礼经》中说：'父亲召唤，不能慢吞吞地说"好吧"，而应该答应"是"并立即起身；国君召见，不等待马车驾好就赶快赴朝。'你本来要去朝见齐王，听到国君的召见后反而不去了，这与《礼经》的规定大概不相符吧？"孟子引用曾子的话说："晋国、楚国的财富，是无法比拟的。但它们拥有的是财富，我拥有的是仁义；它们倚仗的是高高的爵位，我依靠的是道义。那样，我有什么怨恨不平的呢？"孟子继而评论说："如果曾子的话不符合道义，难道他会讲吗？这些话大概是有道理的。现在天下公认的尊贵的东西是爵位、年龄和道德。在朝廷中最尊贵的是爵位，在乡里最受尊重的是年长，辅佐君主、管理百姓最尊贵的是道德。齐王怎能只凭爵位而轻视我的年龄和道德呢？所以大有作为的君主，必定有不可随意召唤的臣子，如果有事商议，就得亲自去访问。君主如果不是这样尊尚道德，爱好道义，就不值得与他一起有所作为。”孟子为了增强立论的说服力，又列举历史上商汤向伊尹学习、齐桓公向管仲学习的事例，指出国君应该先拜贤臣为师，然后才能与贤臣共同有所作为。孟子又说：“现在的国君却倚仗自己的富贵权势，喜欢那些奉承顺从的人，而不喜欢那些批评自己过失的人。商汤对于伊尹，桓公对于管仲，都不随意召唤。管仲这样的人尚且不可随意召唤，何况我这个不屑于做管仲的人呢？”

本章表现了孟子的君臣观。孟子主张君仁臣义，各尽其道。臣尊重君是以君用仁待臣为前提条件的。孟子突出强调了臣恭敬君主的实际内容。他说：“臣用仁政来要求君主叫作恭；向君主讲说仁义，堵塞异端，叫作敬；认为君主不能实行仁义，这便叫作贼”；“正直的君子应该去纠正君主的错误思想”。孟子的主张抓住了君臣关系的根本，与法家关于臣要绝对服从君的主张是根本对立的，给儒家的君臣关系注入了新鲜的血液，无疑有着积极的意义。

那么，如何理解景丑所引用的《礼经》的规定呢？《礼经》规定：“国君召见，臣不等马车备好就赶快赴朝。”这是针对接受国君采邑俸禄的臣子而说的。而孟子第二次游齐时，被齐宣王任为客卿，这仅是挂卿相之衔，接受粟帛馈养，不同于接受采邑俸禄的卿相。另外，孟子强调国君不能倚恃自己的富贵权势轻视贤人，而应尊尚道德，乐行仁政，礼贤下士；君子不要把奉承顺从国君当作恭，而要把对国君陈说仁义和敦促国君摈弃错误思想当作敬。因此，君子拥有的仁义节操高于诸侯的富贵权势。为了追求正义和真理，君子应该坚守正义，刚直不阿。

4.3　陈臻[1]问曰：“前日于齐，王馈兼金[2]一百，而不受；于宋，馈七十镒而受；于薛，馈五十镒而受。前日之不受是，则今日之受非也；今日之受是，则前日之不受非也。夫子必居一于此矣。”

孟子曰：“皆是也。当在宋也，予将有远行，行者必以赆[3]，辞曰‘馈赆’，予何为不受？当在薛也，子有戒心，辞曰‘闻戒，故为兵馈[4]之’，予何为不受？若于齐，则未有处也。无处而馈之，是货[5]之也。焉有君子而可以货取乎？”

**【注释】**

[1]陈臻：孟子的学生。

[2]兼金：质量上乘的铜币。

[3]赆(jìn):赠送的路费或礼物。

[4]为兵馈:为购买兵器而赠送的金钱。

[5]货:贿赂。

**【品读】**

本章阐明了接受礼物应当以义为标准。

公元前329年,孟子第一次游齐。由于自己的仁政主张不被齐威王所采纳,孟子便在公元前323年拒绝齐王所赠兼金一百镒,率领学生离开齐国而前往宋国。公元前322年,孟子接受宋王赠金,离开宋国,返回邹国;途中经过薛,又接受赠金。陈臻对孟子对待赠金的不同做法提出质疑。他说:"从前在齐国的时候,您拒不接受齐王赠送的上等铜币一百镒;在宋国,您接受了宋王赠送的上等铜币七十镒;在薛,您又接受了薛君赠送的上等铜币五十镒。如果在齐国的拒绝接受是正确的,那么后来的接受则是错误的。如果后来的接受是正确的,那么在齐国的拒绝接受则是错误的。先生这两种选择,必有一种是错误的。"孟子认为上述不同的做法都是正确的,并且阐明了理由。他说:"当初在宋国的时候,我准备远行。宋君赠送给远行人的路费,我怎能不接受呢?在薛的时候,听说途中有坏人要谋害我,薛君赠送给我买兵器的钱,我怎能不接受呢?至于在齐国,就没有正当理由。没有正当理由却赠给我钱财,这等于用金钱贿赂我。哪有君子可以被金钱收买的呢?"

孟子认为,是否接受馈赠,要看馈赠是否具备正当理由,是否符合义。这说明孟子接受馈赠是以符合义为标准,同时又灵活权变。这就从一个侧面表现了孟子以义为标准的待人接物原则。

4.4 孟子之平陆[1],谓其大夫曰:"子之持戟之士,一日而三失伍,则去之否乎?"

曰:"不待三。"

"然则子之失伍也亦多矣。凶年饥岁,子之民,老羸转于沟壑,壮者散而之四方者,几千人矣。"

曰:"此非距心之所得为也。"

曰:"今有受人之牛羊而为之牧之者,则必为之求牧与刍[2]矣。求牧与刍而不得,则反诸其人乎?抑亦立而视其死与?"

曰:"此则距心之罪也。"

他日,见于王曰:"王之为都[3]者,臣知五人焉。知其罪者,惟孔距心。"为王诵之。

王曰:"此则寡人之罪也。"

【注释】

[1]平陆:齐国边境的县邑,在今山东汶上北。

[2]求牧与刍(chú):寻找牧场和草料。

[3]为都:治理县邑。

【品读】

本章赞扬了孔距心有过则改的精神,阐明了臣子应精心管理政事,不能尸位素餐。

本章内容可划分为两部分。

第一,批评孔距心的失职行为。孟子在齐国时,不仅向齐宣王宣传仁政主张,而且通过深入考察,结识了齐宣王的五位县官。有一天,孟子到了齐国边境的平陆,会见了平陆大夫孔距心。孟子设问说:“如果你的士兵一天之内三次失职,你会开除他吗?”孔距心说:“不必等待三次,我就会开除他。”在这里,孟子的设问先从“远处”谈起,目的是引出下文,批评孔距心的失职行为。孟子说:“这样看来,你自己失职的地方已经很多了。灾荒年月,你管理的百姓,年老体弱抛尸在山沟之中的,年轻力壮逃亡四方的,将近一千人了。”孔距心一边推卸责任,一边为自己辩解说:“这是由于国君不开仓救济百姓,不是我这个地方官所能做得到的。”孟子又设问说:“如果现在有一个人接受了别人的牛羊并且替他放牧,那一定要寻找好的牧场和充足的草料。如果找不到牧场和草料,是把牛羊还给主人呢,还是站在一旁眼睁睁地看着牛羊饿死呢?”这时,孔距心脸色羞愧,承认了自己的失职行为。

第二,使齐宣王意识到自己的过错。孔距心承认自己失职之后,本章的记述似乎已经结束,然而文章之妙在于又展现佳境。孟子不再从正面议论,而是改从侧面启发。过了几天,孟子拜见齐宣王说:“我认识了您的五位地方长官。能够察知自己错误的,只有孔距心一人。”孟子把自己与孔距心交谈的过程向齐宣王复述了一遍。齐宣王说:“这也是我的罪过啊!”

孟子在本章既批评了孔距心失职的错误,又迫使齐宣王承认了治国不当的过失。齐宣王答语的句型与孔距心答语的句型相同,这就使本章前一部分呈现出犀利之势,后一部分呈现出含蓄之美。在孟子看来,孔距心和齐宣王的错误都是不实行仁政造成的。

4.5 孟子谓蚳鼃[1]曰:“子之辞灵丘[2]而请士师,似也,为其可以言也。今既数月矣,未可以言与?”

蚳鼃谏于王而不用,致为臣而去。

齐人曰:“所以为蚳鼃则善矣;所以自为,则吾不知也。”

公都子[3]以告。

曰:“吾闻之也:有官守者,不得其职则去;有言责者,不得其言则去。我无官守,我无言责也,则吾进退,岂不绰绰然有余裕哉?”

**【注释】**

[1]蚳(chí)鼃:齐国的大夫。

[2]灵丘:齐国边境的地名,在今山东聊城。

[3]公都子:孟子的学生。

**【品读】**

本章阐述了孟子居官守职的原则和方法。

孟子对齐国大夫蚳鼃说:“你辞去灵丘地方长官的职务,而请求担任治狱官,这似乎有一定道理,因为这样能够向国君进谏。现在你担任治狱官已几个月了,还没有进言的机会吗?”蚳鼃听了孟子的话,感到羞愧,便利用上朝的机会向齐王进谏,但遭到拒绝,于是辞去了官职。这件事发生后,齐国官吏议论纷纷。有一个人冷嘲热讽地说:“孟子替蚳鼃出的主意倒不错,但他怎样为自己考虑,我就不知道了。”公都子把这些话转告给了孟子。孟子说:“我听说过这样的道理:有固定官职的人,如果没有办法尽到自己的职责,就可以辞职离去;有进言责任的人,如果不能尽到自己进言的责任,就可以辞职离去。我现在既没有齐王任命的固定官职,又没有进言的责任,那么我的进退难道不是宽绰有余吗?”

从本章的记述看来,虽然孟子的仁政主张没有被齐宣王采纳,但他对齐宣王仍抱有一线希望,便从侧面劝蚳鼃向齐王进谏,结果蚳鼃遭受冷遇而辞去官职。孟子认为蚳鼃无法尽到进言的责任,辞去官职是理所当然的。由于孟子是客卿,身居宾师的位置,与齐王任命的正式官职有所不同,所以他说自己没有固定的官职和进言的职责,因而进退有回旋的余地。孟子的回答,一是表现出对齐宣王的不满,二是希望齐宣王采纳自己的主张,这从一个侧面表明了孟子对仁政的执着追求。

4.6 孟子为卿于齐,出吊于滕,王使盖大夫王驩[1]为辅行[2]。王驩朝暮见,反齐滕之路,未尝与之言行事也。

公孙丑曰:“齐卿之位,不为小矣;齐滕之路,不为近矣,反之而未尝与言行事,何也?”

曰:“夫既或治之,予何言哉?”

【注释】

[1]王驩(huān):齐国大夫,齐宣王宠信的人。

[2]辅行:副使。

【品读】

本章表现了孟子鄙视权佞之臣的性格特征。

公元前 323 年,滕文公作为太子出使楚国,往返途中经过宋国时,两次会见孟子。次年,孟子应滕文公的聘请来到滕国。在滕国期间,孟子与滕文公交往密切,反复向滕文公宣传仁政主张。

公元前 316 年,滕文公去世。当时,孟子在齐国为客卿,奉命前往滕国吊丧。齐宣王还派自己宠信的盖邑大夫王驩作为副使。孟子虽与王驩朝夕相对,往返于齐、滕之间,却从不同王驩商谈公事。公孙丑非常疑惑,询问孟子为什么这样做。孟子回答说:"他既然独断专行,我还说什么呢?"从这里可以看出,王驩虽然担任副使,但却独断专行。孟子不与王驩商谈公事,说明孟子不齿于王驩的为人,其藐视权贵而不苟全取容的傲岸性格清晰可见。



4.7 孟子自齐葬于鲁,反于齐,止于嬴[1]。

充虞[2]请曰:"前日不知虞之不肖,使虞敦匠事。严[3],虞不敢请。今愿窃有请也,木若以美然。"

曰:"古者棺椁无度,中古棺七寸,椁称之。自天子达于庶人,非直为观美也,然后尽于人心。不得,不可以为悦;无财,不可以为悦。得之为有财,古之人皆用之,吾何为独不然?且比化者[4]无使土亲肤,于人心独无恔[5]乎?吾闻之也,君子不以天下俭其亲。"

【注释】

[1]嬴:地名,位于今山东莱芜西北。

[2]充虞:孟子的学生。

[3]严:紧急。

[4]化者:死者。

[5]恔(xiào):心满意足。

【品读】

公元前 329 年,孟子第一次出游齐国,被齐威王任命为稷下大夫。为了照顾年迈的母亲,使她颐养天年,孟子就将她接到齐国。公元前 327 年,孟子的母亲染病不起,溘然长逝。孟子抑制住悲恸的心情料理母亲的丧事。由于孟子是鲁国公族孟孙氏的后代,祖先的坟墓在鲁国,孟子便亲自护送母亲的灵柩到鲁国安葬。孟子用五鼎的祭礼和很好的棺木厚葬母亲，为母亲守丧三年。

有人质疑孟子埋葬母亲用的棺木质量太好。孟子说："从天子到百姓，都讲究棺椁的尺寸，并不只是为了美观气派，而是认为只有这样做，才能满足人们对父母的孝心。如果受法制限制，不能使用上等棺木，当然不称心；能使用上等棺木，但财力达不到，还是不能称心。既合乎法制规定，又有足够的财力，古代的人都采用这种棺椁，我为什么不能这样做呢？况且，把棺木做得厚一些，为的是使泥土不靠近死者的肌肤，这难道不使孝子感到快慰吗？我曾经听说过：君子不应该因为爱惜天下的财物而俭约父母的丧事。"

本章中，孟子强调了子女对父母竭尽孝心的心理情感。孟子办理母亲的丧事没有超越当时礼制、法度的规定。尽管当时有人非议孟子，但孟子感到问心无愧。应当看到，孟子的上述做法，表现了儒家的丧葬观。墨家强调丧葬的出发点要符合现实的功利。孟子突出强调亲子血缘心理情感和孝的道德观念，认为办理丧事合乎法制和"尽心"是满足子女报答父母养育恩情的心理情感的需要。



4.8 沈同[1]以其私问曰："燕可伐与？"

孟子曰："可。子哙[2]不得与人燕，子之[3]不得受燕于子哙。有仕于此，而子悦之，不告于王而私与之吾子之禄爵；夫士也，亦无王命而私受之于子，则可乎？何以异于是？"齐人伐燕。

或问曰："劝齐代燕，有诸？"

曰："未也。沈同问'燕可伐与'，吾应之曰'可'，彼然而伐之也。彼如曰'孰可以伐之'，则将应之曰'为天吏，则可以伐之'。今有杀人者，或问之曰'人可杀与'，则将应之曰'可'。彼如曰'孰可以杀之'，则将应之曰'为士师，则可以杀之'。今以燕伐燕，何为劝之哉？"

**【注释】**

[1]沈同：齐国的大臣。

[2]子哙(kuài)：燕国君主。

[3]子之：燕国的卿相。

**【品读】**

本章记述了孟子关于"劝齐伐燕"的申辩，阐明了实行仁政、天下无敌的人才能讨伐暴虐的国家。

《孟子·梁惠王下》第十、十一章记述了齐国乘燕国内乱讨伐燕国的事情。本章记述的事情发生在齐伐燕之前。这说明《孟子》一书并不是按事情发生的先后顺序来记载的。

在齐国讨伐燕国之前，齐国大臣沈同以个人身份征求孟子的意见。在孟子看来，一个国家的国君不实行仁义，暴虐百姓，另一个实行仁义的国家就可以讨伐它。所以，孟子回答说："可以讨伐。燕国的土地和人民是天子授予的，也是从前代国君那里传授下来的。燕国君主子哙把王位传给卿相子之，子之接受了燕国的王位，这都是错误的。"接着，孟子运用了一个比喻说："譬如你很喜欢一个人，不请示国君就擅自把官职俸禄让给他；那个人没有国君的任命便接受了官职俸禄，这怎么能行呢？这与子哙、子之私自授受的事又有什么区别呢？"过了不久，齐国果然去攻打燕国。有人便问孟子："你曾经劝说齐国去攻打燕国吗？"孟子把沈同征求自己意见的事讲述了一遍，申辩说："只有实行仁政、获得民心而无敌于天下的人，才能去讨伐不义的国家。现在用像燕国一样暴虐的齐国去讨伐燕国，我为什么要劝它攻伐呢？"

从本章的记述来看，孟子认为燕国内乱给百姓带来了极大的灾难。齐国如果能诛杀燕国的暴君，安抚燕国百姓，就应当去讨伐燕国。但齐国军队对燕国百姓施以暴行，杀害他们的父兄，捆绑他们的子弟，抢夺他们的财宝。这种残暴的行为，是把燕国百姓重新推入水深火热之中。

孟子的申辩说明孟子与齐宣王在讨伐燕国问题上存在着根本的分歧，这一分歧也就是用仁义讨伐暴虐还是用暴虐代替暴虐。孟子坚持了儒家的仁政、王道，而齐宣王坚持了武力征服他国的霸道。孟子的辩说，一方面是澄清别人对自己的误解，另一方面也是对齐国霸道的批评。

4.9 燕人畔。王曰："吾甚惭于孟子。"

陈贾[1]曰："王无患焉。王自以为与周公孰仁且智？"

王曰："恶！是何言也？"

曰："周公使管叔监殷，管叔以殷畔[2]。知而使之，是不仁也；不知而使之，是不智也。仁智，周公未之尽也，而况于王乎？贾请见而解之。"

见孟子，问曰："周公何人也？"

曰："古圣人也。"

曰："使管叔监殷，管叔以殷畔也，有诸？"

曰："然。"

曰："周公知其将畔而使之与？"

曰："不知也。"

“然则圣人且有过与?”

曰:“周公,弟也;管叔,兄也。周公之过,不亦宜乎?且古之君子,过则改之;今之君子,过则顺之。古之君子,其过也,如日月之食[3],民皆见之;及其更也,民皆仰之。今之君子,岂徒顺之,又从为之辞。”

**【注释】**

[1]陈贾:齐国大夫。

[2]周公使管叔监殷,管叔以殷畔:周武王灭商后,封商纣的儿子武庚做殷君,并派管叔监督殷国。武王死后,成王继位,由周公摄政。管叔不服,联合武庚反叛周朝。周公平定叛乱,杀死管叔。管叔,周武王的弟弟,周公的哥哥。

[3]日月之食:日食和月食。

**【品读】**

本章赞扬了古代圣贤有过则改的高尚品质,批评陈贾掩盖君主错误的可耻行为。

齐国讨伐燕国后,秦、赵、魏等国想出兵援助燕国,攻打齐国。公元前314年,赵国从韩国召回燕公子职,派乐池护送回燕国,立为燕昭王。燕昭王礼贤下士,安定了国内形势,并率领百姓反抗齐国。齐宣王后悔没听孟子的忠告,感到非常惭愧。齐国大夫陈贾用圣人都有过失的言辞为齐王的错误辩护,并向孟子解释。陈贾会见孟子后,连续运用三个诱问,目的是迫使孟子承认周公也有过错。但孟子毕竟是一位机敏的雄辩家,他不仅没有让陈贾抓住把柄,反而痛斥陈贾为齐王的错误辩解的可耻行为。孟子义正辞严地指出:“周公是弟弟,管叔是哥哥,做弟弟的对哥哥总是保持敬爱之心,怎能怀疑哥哥会谋反呢?周公的这种错误,不是人之常情吗?况且,古代的圣贤,有了错误就立即改正;现在的所谓君子,有了错误竟然将错就错,不思悔改。古代的圣贤,他的过错,就像日食、月食一样,百姓都看得一清二楚;当他改正的时候,百姓都仰望着他。现在的所谓君子,不仅将错就错,而且还编造五花八门的理由为错误辩解。”孟子的尖锐批评,使陈贾羞愧得无地自容,便唯唯诺诺地告辞退出。

从本章的记述来看,齐宣王因未听从孟子的忠告而感到十分惭愧,这是具有羞耻之心的表现。做臣子的如果能帮助和敦促齐王改正错误,孟子的仁政主张还有可能被齐王采纳。但陈贾之流极尽奉承拍马之能事,反而为齐王文过饰非,这就助长了齐王错误的滋长。本章记述的孟子对陈贾谄媚取宠的可耻行径的痛斥,表现了孟子为坚持自己的志向、节操而不向权贵屈服的大丈夫气概。同时,这也给予人们深刻的启示:任何人都难以避免犯错误,错误的大小决定了危害的程度。但关键在于人们对待错误的态度。有错则改，就有可能挽回错误所造成的损失；坚持不改，文过饰非，就会在错误的道路上愈滑愈远，最终陷入泥潭而不可自拔。

本章运用了文字重复和对比的写作技巧。譬如“古之君子”和“今之君子”各运用了两次，集句成势，使文章呈现贯珠之妙，使读者对古代的圣贤和现在的所谓君子的不同做法产生了深刻的印象。又如对比，本章在重复中又蕴含了两层对比：第一层对比阐明了古今君子对待错误的不同做法；第二层对比则阐明了古今君子不同的做法所造成的影响。就是说，古代的圣贤周公派管叔监督武庚，因兄弟情义而没有预见到管叔叛乱。但周公发现管叔叛乱后便大义灭亲，诛杀管叔，改正了错误。周公的错误，像日食、月食那样，天下的人都能看到；恢复光明的时候，天下的人都抬头仰望，从而得到天下百姓的敬仰。然而现在的所谓君子，不仅将错就错，而且文过饰非，从而失去民心。孟子的正反对比，既突显了古代圣贤有过则改的高尚品质，又使献媚取宠之徒将错就错、文过饰非的丑恶嘴脸暴露无遗，从而为读者展现了两种截然相反的形象。



4.10 孟子致为臣[1]而归。王就见孟子，曰：“前日愿见而不可得，得侍同朝，甚喜；今又弃寡人而归，不识可以继此而得见乎？”

对曰：“不敢请耳，固所愿也。”

他日，王谓时子[2]曰：“我欲中国[3]而授孟子室，养弟子以万钟[4]，使诸大夫国人皆有所矜式[5]。子盍为我言之？”

时子因陈子[6]而以告孟子，陈子以时子之言告孟子。

孟子曰：“然。夫时子恶知其不可也？如使予欲富，辞十万而受万，是为欲富乎？季孙曰：‘异哉子叔疑[7]！使己为政，不用，则亦已矣，又使其子弟为卿。人亦孰不欲富贵？而独于富贵之中有私龙断[8]焉。’古之为市也，以其所有易其所无者，有司者治之耳。有贱丈夫焉，必求龙断而登之，以左右望而罔市利[9]。人皆以为贱，故从而征之。征商自此贱丈夫始矣。”

**【注释】**

[1]致为臣：辞去官职。

[2]时子：齐国大夫。

[3]中国：齐国国都。

[4]钟：古代计量单位，一钟为六石四斗。

[5]矜（jīn）式：崇敬和效法。

[6]陈子：孟子的学生，又叫陈臻。

[7]季孙、子叔疑：人名，二人生平事迹不详。

[8]龙断：即垄断，指把持和独占。

[9]罔(wǎng)市利：把市场的利益网罗在自己手中。

**【品读】**

本章阐明了君子的去留应当以仁义为标准，而不能被富贵利禄所引诱。

齐宣王始终没有采纳孟子“治国、平天下”的仁政主张，对孟子的态度日渐冷淡。孟子无法实现自己的政治抱负，便在公元前312年辞去客卿的职务，准备返回邹国。齐宣王到孟子的住所会见孟子说：“从前我想与您见面却无法做到，后来您到齐国我们才得以共商国是，我非常高兴。现在您将要离开我而归乡，不知道我们以后还能相见吗？”孟子说：“这件事我只是不好冒昧地向您请求，我本来也很乐意与您相会。”从两人的问答来看，孟子对齐国颇有些恋恋不舍。但齐宣王急功近利，一心想用武力征服天下，这就与孟子以仁政统一天下的主张产生了严重的分歧。齐宣王想用富贵利禄引诱孟子继续留齐。过了几天，齐王对时子说：“我想在都城中给孟子一幢宽敞的房屋，并送万钟之粟供孟子培养学生，使我国的官员和百姓都有学习、效法的榜样。你为什么不帮我把这些话转告给孟子呢？”时子便托陈子把齐王的话转告给了孟子。孟子听到后对陈子说：“时子哪能知道这件事做不得呢？假如我是个贪图富贵利禄的人，怎么会辞去十万钟的俸禄而接受一万钟的赐予呢？这难道是贪图富贵利禄吗？”孟子接着引用了季孙批评子叔疑的话说：“子叔疑这人真奇怪！自己一心想做官，别人不任用也就罢了，他却千方百计让儿子和弟弟做卿大夫。谁不想追求富贵呢？但他却想让自己的家族垄断富贵。”孟子引用季孙的话，目的是说明自己因主张不被采用而离开齐国，这时再接受齐王的赐予，就与子叔疑的垄断行为没什么区别。孟子又进一步阐释说：“什么叫作垄断呢？古代做买卖的人，用自己所有的换取自己所没有的，市场上的官吏只是管理他们罢了。但市场中有一个卑鄙的人，却要找一个高地登上去，不断地左右张望，恨不得把市场上的所有利益都据为己有。人们都认为这种行为卑鄙可耻，所以就向他征税。向商人征税，就是从这个卑鄙的人开始的。”孟子的这番话，既批评了子叔疑不择手段追求富贵的可耻行为，又进一步表明了自己的鲜明态度：如果自己不以改变志向为耻而接受齐王的赐予，就与这个卑鄙的人没有什么区别。

应该看到，齐宣王虽然提出在齐国都城中给孟子以宽敞的房屋和万钟俸禄，但他并不是真心尊崇孟子。所谓让国内官吏和百姓都效法孟子，不过是一块招牌而已。实际上，齐王用富贵利禄引诱孟子，一是希望孟子改变志向为自己服务，二是为自己招揽士人增加光彩。孟子拒绝而不接受，表现出不为富贵所淫的大丈夫气概。

4.11　孟子去齐，宿于昼[1]。有欲为王留行者，坐而言。不应，隐几而卧。

客不悦曰："弟子齐宿[2]而后敢言，夫子卧而不听，请勿复敢见矣。"

曰："坐！我明语子。昔者鲁缪公[3]无人乎子思[4]之侧，则不能安子思，泄柳、申详[5]无人乎缪公之侧，则不能安其身。子为长者虑，而不及子思，子绝长者乎，长者绝子乎？"

**【注释】**

[1]昼：齐国都城西南的邑名。

[2]齐（zhāi）宿：指前一天斋戒而整洁身心。齐，通"斋"。

[3]鲁缪公：鲁国的国君。

[4]子思：孔伋，孔子的孙子。

[5]泄柳、申详：泄柳，当时的贤人；申详，孔子学生子张的儿子。

**【品读】**

本章阐明了君子的行动要以义为标准。

孟子离开齐国都城，歇宿在昼邑。有一个想替齐王挽留孟子的人，端坐着同孟子说话。孟子不予理会，伏在案几上打瞌睡。那人不高兴地说：我整洁好身心后才敢来见您，您却装睡不搭理我，以后再也不敢来见您了。孟子抬起头来，列举了鲁缪公对待贤人的做法，指出：从前鲁缪公尊敬子思，假如不经常派人去侍候子思，转达对他的诚意，就不能把他挽留下来；又如鲁国的泄柳、申详，二人的贤能比不上子思，假如没有人时刻在缪公身边称赞他们的贤能，也不能使他们安心留在鲁国。你为我的去留考虑，然而却不去想想鲁缪公如何对待子思，不劝说齐王改变态度，只凭几句空话挽留我，这样，是你拒绝我呢，还是我拒绝你呢？你想想这个道理吧！

孟子委婉批评那位替齐王挽留自己的人不要以空言挽留贤人，而应劝说齐王改弦更张，任贤使能。这说明，孟子既坚持自己的理想和志向，又坚持以义为标准的待人处世原则。

4.12　孟子去齐。尹士[1]语人曰："不识王之不可以为汤武，则是不明也；识其不可，然且至，则是干泽[2]也。千里而见王，不遇故去，三宿而后出昼，是何濡滞[3]也？士则兹不悦。"

高子[4]以告。

曰："夫尹士恶知予哉？千里而见王，是予所欲也。不遇故去，岂予所欲

哉？予不得已也。予三宿而出昼，于予心犹以为速，王庶几改之！王如改诸，则必反予。夫出昼而王不予追也，予然后浩然有归志。予虽然，岂舍王哉？王由足用为善。王如用予，则岂徒齐民安，天下之民举安。王庶几改之，予日望之！子岂若是小丈夫然哉？谏于其君而不受，则怒，悻悻然[5]见于其面，去则穷日之力而后宿哉？”

尹士闻之，曰：“士诚小人也。”

**【注释】**

[1]尹士：齐国人。

[2]干泽：追求富贵。

[3]濡(rú)滞(zhì)：行动迟缓。

[4]高子：孟子的学生。

[5]悻(xìng)悻然：器量狭小的样子。

**【品读】**

本章通过记述孟子澄清尹士对自己的误解，表现了孟子深切爱民和以“治国、平天下”为己任的情怀。

第一，游齐的宏大志向。孟子认为，自己不远千里地来会见齐王，目的是让齐王采纳自己的仁政主张，实现用仁政“治国、平天下”的政治抱负。现在，自己因主张不被采纳而离开齐国，这是迫不得已，并不是本来希望如此。

第二，盼望齐王改变主意而召回自己。孟子认为齐王或许能改变态度而召回自己，所以在昼邑等待了三天。但直到离开了昼邑，齐王仍没有派人追回自己，于是才下定了返回邹国的决心。纵使这样，他仍然不忍心抛弃齐王，天天盼望着齐王会改变态度。孟子的内心表白，既反映了他对齐王实行仁政仍抱有希望，又表现了他以安定天下百姓为己任的情怀。

第三，为了实现远大志向，不能意气用事。孟子针对尹士的诘问反问说：“我难道是那种器量狭小的小人吗？国君不采纳我的劝谏，就暴跳如雷，愤愤不平，满脸怒容，离开的时候，不停地奔跑，直到筋疲力尽的时候才停下来吗？”这一反问，表现了孟子为了实现自己的理想、抱负而不意气用事的宽广胸怀。

本章的记述表明，孟子的去就和行动迟速都有一定的标准，这就是使天下安定，百姓安居乐业。孟子的这种拳拳之心，表现了他关心百姓疾苦的情感和以“治国、平天下”为己任的历史责任感。

本章还运用了使字眼重复出现的写作技巧，真实地揭示出孟子游齐、离齐曲折的内在心理活动过程。孟子说的这段话不足一百五十字，其中“予”字重复出现十三次，它即阐明了孟子初来齐国的宏大志向，又表明了他念念不忘在齐国实行仁政的思想情感，还表明了他对齐王改变态度的真切期望。所以，“予”字的重复使用，能集字成势，使文章气势呈现贯珠之妙，突出地表现了孟子用笔的回环往复。读了这段文字，令人可以想见孟子当时的处境和他心情的沉重，从而给读者留下了深刻的印象。

4.13 孟子去齐，充虞路问曰：“夫子若有不豫[1]色然。前日虞闻诸夫子曰：‘君子不怨天，不尤人。’”

曰：“彼一时，此一时也。五百年必有王者兴，其间必有名世者[2]。由周而来，七百有余岁矣。以其数，则过矣；以其时考之，则可矣。夫天未欲平治天下也，如欲平治天下，当今之世，舍我其谁也？吾何为不豫哉？”

【注释】

[1]不豫(yù)：不高兴的样子。

[2]名世者：道德功业闻名于世，辅佐圣明国君的德高望重的人。

【品读】

本章阐述了“五百年必有王者兴，其间必有名世者”的社会变迁方式，抒发了孟子济世救民的思想情感。

公元前312年，六十一岁的孟子离开齐国返回邹国，从此结束了将近二十年的游说生涯。孟子在本章抒发的感慨，正是从一个侧面对自己游说生涯的概括和总结。

在离开齐国的途中，充虞发现孟子显露出不愉快的神色，内心感到十分不安，便问道：“您好像有些不高兴。从前您曾教导我们说：‘君子遭受穷困和挫折，要做到既不怨恨天，也不责怪人。’”这时，孟子感慨道：“那是一个时候，现在又是一个时候。自古以来，大约每隔五百年必定有一位圣王兴起，这期间必定还会产生德高望重、辅佐圣王的贤才。从周朝建立到现在已有七百多年。按照五百年的周期计算，已经超过了很多；按照现在的时势来看，也该有圣君贤臣出现了。可是到现在还没有产生这样的人，大概是天不想使天下太平吧。如果想使天下太平，在当今的时代，除了我，还有谁呢？我为什么不高兴呢？”

孟子所说的“五百年必有王者兴，其间必有名世者”，表现了他所认为的社会变迁方式。学术界有人把孟子的这一命题斥为“英雄史观”，这种认识是有失偏颇的。我们知道，孟子在阐述社会变迁时，认为社会的发展是在“一治一乱”的交替过程中向前发展的。他曾说：从尧舜到商汤，经历了五百多年；从商汤到周文王，经历了五百多年；从周文王到孔子，经历了五百多年。孟子的推算，并不是他的主观臆想，而是依据一定的历史事实①。孟子说每经历五百年必定有圣君贤相产生，这种说法尽管不甚精确，存有一定的形而上学倾向，但关键是孟子以此说明圣君贤臣出现的必然性。在孟子看来，圣君贤臣是否出现，往往与社会的治乱紧密相连。就是说，圣君贤臣出现，社会就安定；否则，社会就会混乱。在这里，尽管孟子存有夸大圣贤作用的倾向，但他却说出了社会发展的一个基本事实，即任何社会的安定都离不开顺应民心和社会发展趋势的英雄豪杰，而社会的混乱又往往是由于圣贤不出和暴君肆虐造成的。孟子曾充分肯定圣贤满足百姓物质生活需要、顺应社会发展趋势、为民除害、征诛暴君和用高尚道德化民成俗等推动社会发展的重要功绩。当然，孟子并没有否认人民群众的作用，没有把圣贤当作主宰社会历史和改变历史发展方向的神灵。相反，圣贤顺民之情、得民之心，是人民利益的维护者和代表者。他们与百姓之间只有劳心和劳力的社会分工的不同，而没有根本的利害冲突。在孟子那里，圣贤是推动社会变迁的一个重要因素，但并不是唯一的因素。因此，孟子对圣贤作用的认识，与把圣贤当作主宰社会历史进程的英雄的英雄史观是有重要区别的。孟子所说“治国、平天下”“当今之世，舍我其谁也”倒是清楚地说明，即使遭受挫折，孟子仍雄心勃勃，坚守信念，不怨恨天，不责怪人，胸怀以天下为己任的自觉的历史责任感、使命感，从而表现出这位新兴地主阶级思想家实现自己主张的坚定信念和顽强不屈的精神。



4.14　孟子去齐，居休[1]。公孙丑问曰：“仕而不受禄，古之道乎？”

曰：“非也。于崇[2]，吾得见王，退而有去志，不欲变，故不受也。继而有师命[3]，不可以请。久于齐，非我志也。”

**【注释】**

[1]休：地名，在今山东滕州。

[2]崇：地名。

[3]师命：作战的命令。

**【品读】**

本章阐明了君子的行动要以义为标准，不能无功受禄。

孟子离开了齐国，在休地歇息。公孙丑对孟子在齐国不接受俸禄的做法感到疑惑，便询问说：“您在齐国做官，却不接受俸禄，这是古代传下来的

---

① 参见本书14.38章“品读”。

原则吗?”孟子作了否定的回答,并讲述了自己在齐国前后的心理变化过程。孟子说:我在崇地见到齐王后,通过与他的交谈,觉察到他不能采纳善言,返回住所后就萌发了离开齐国的念头。后来虽然做了客卿,仍不想改变原来的念头,所以我不接受俸禄。后来,齐国有了军事行动,我无法申请辞职。长久地留在齐国,并不是我的心愿。孟子的回答说明,孟子虽然积极在齐国宣传“治国、平天下”的仁政主张,但他已预见到自己的仁政主张不会被齐王所采纳。所以,他认为做官而接受俸禄,是符合礼的规定;而自己的主张难以被采纳,所以自己做了客卿后只接受齐王的馈赠而不接受俸禄,正是坚持了义的原则,君子不能做无功受禄的事情。这就突出表现了孟子关于君子的行动要以义为标准的立身处世原则。

# 滕文公章句上

5.1 滕文公为世子[1]，将之楚，过宋而见孟子。孟子道性善，言必称尧舜。

世子自楚反，复见孟子。孟子曰："世子疑吾言乎？夫道一而已矣。成覸[2]谓齐景公曰：'彼，丈夫也；我，丈夫也，吾何畏彼哉？'颜渊曰：'舜，何人也？予，何人也？有为者亦若是。'公明仪[3]曰：'文王，我师也；周公岂欺我哉？'今滕，绝长补短，将五十里也，犹可以为善国。《书》曰：'若药不瞑眩，厥疾不瘳。'[4]"

**【注释】**

[1]世子：太子。

[2]成覸(jiàn)：齐国的勇士。

[3]公明仪：曾子的学生。

[4]引自《尚书》。意思是："如果吃了药不能使人头昏目眩，那种疾病就不会痊愈。"

**【品读】**

本章阐明了孟子的人性本善的观点。孟子认为只要努力行善，就可成为尧舜。公元前323年，孟子出游宋国。这时，滕文公作为太子出使楚国，往返途中经过宋国国都，两次会见了孟子。孟子引证尧舜的言行向滕太子阐明了人性善的主张，认为古今的道理只有一个，即人们不论贤愚，本性都是一样的。为了坚定滕太子效法圣贤的决心，孟子接连引用了成覸、颜渊、公明仪关于只要努力行善就可以成为尧舜的话，勉励滕太子推行善政，振兴滕国。

在这里，孟子把人性善与实行善政、治理国家联系起来，说明孟子的性善论是其仁政主张的理论基础。关于人性善的具体论述，将在《告子》中展开。

5.2 滕定公[1]薨，世子谓然友[2]曰："昔者孟子尝与我言于宋，于心终不忘。今也不幸至于大故[3]，吾欲使子问于孟子，然后行事。"

然友之邹问于孟子。

孟子曰："不亦善乎！亲丧，固所自尽也。曾子曰：'生，事之以礼；死，葬之以礼，祭之以礼，可谓孝矣。'诸侯之礼，吾未之学也。虽然，吾尝闻之矣。三年之丧，齐疏之服[4]，饘粥之食[5]，自天子达于庶人，三代共之。"

然友反命，定为三年之丧。父兄百官皆不欲，曰："吾宗国鲁先君莫之行，吾先君亦莫之行也，至于子之身而反之，不可。且《志》[6]曰：'丧祭从先祖。'曰：'吾有所受之也。'

谓然友曰："吾他日未尝学问，好驰马试剑。今也父兄百官不我足也，恐其不能尽于大事，子为我问孟子！"

然友复之邹问孟子。

孟子曰："然，不可以他求者也。孔子曰：'君薨，听于冢宰[7]歠粥[8]，面深墨，即位而哭，百官有司莫敢不哀，先之也。'上有好者，下必有甚焉者矣。'君子之德，风也；小人之德，草也。草尚之风，必偃[9]。'是在世子。"然友反命。

世子曰："然，是诚在我。"

五月居庐[10]，未有命戒。百官族人可，谓曰知。及至葬，四方来观之，颜色之戚，哭泣之哀，吊者大悦。

【注释】

[1]滕定公：滕国国君，滕文公的父亲。

[2]然友：滕文公的师傅。

[3]大故：重大的丧事。

[4]齐(zī)疏之服：用粗布制作的孝服。

[5]饘(zhān)粥之食：稀粥。

[6]《志》：书名。

[7]冢(zhǒng)宰：古代的官名，相当于后世的宰相。

[8]歠(chuò)粥：喝粥。

[9]草尚之风，必偃：风吹到草上，草就随风倒伏。

[10]五月居庐：诸侯死后下葬前的五个月内，孝子居住在用土砖砌成，无柱、无横梁的简易房屋中。

【品读】

本章记述了滕太子采纳孟子三年之丧的主张为父守丧的经过，强调了上行下效的重要作用。

孟子在宋国时，滕太子曾两次会见孟子，获益良多。公元前322年，孟子从宋国返回邹国。也就是在这一年，滕定公去世，滕太子先后两次派然友到邹国，向孟子请教办理父丧事宜。孟子引用曾子的话说，"父母在世的时候，要遵循礼节去侍奉;父母去世,要按照礼的规定去安葬和祭祀,这样才能说是尽孝”,指出孝子应该竭尽自己的孝心。孟子认为,父母死后,实行三年的丧礼,穿粗布孝服,喝稀粥,从天子到百姓,夏、商、周三代都是这样做的。滕太子按照孟子的意见,决定实行三年之丧,但遭到宗族长辈和朝廷中官吏的反对。滕太子第二次派然友到邹国请教孟子。孟子说:“这种事情是不能求助于别人的。”孟子接着引用孔子的话说:“国君去世,太子把政务交给宰相管理,竭尽哀思,每顿饭仅喝一点稀粥,面色深黑,在灵位前放声痛哭,朝中的官吏没有人敢不哀痛,这是因为太子的悲哀和孝心感动了他们。在上位的人喜好什么,在下位的人就一定会喜好得更厉害。君子的德行好像风,小人的德行好像草。风从哪边吹到草上,草就会随风倒伏。”孟子又说:“丧事怎样办理,关键靠太子去决定。”滕太子采纳了孟子的主张,便在丧庐里守丧五个月,没有颁布任何命令。朝廷百官和宗族的人都夸赞太子懂礼。安葬那天,四面八方的人都前来观礼。太子神色悲戚,哭泣哀伤,使前来吊丧的人非常满意。

本章的记述告诉我们,孟子之所以劝告滕太子实行三年之丧,强调上行下效,就是因为孟子把丧葬习俗当作思想意识约制的一项重要内容。他主张,父母去世后,要实行三年之丧,按时祭祀。这就突出强调了亲子之间的血缘心理情感和孝的道德观念。孟子认为,实行三年之丧是满足子女报答父母养育之恩的心理情感的需要。这种世代相传的丧葬习俗,有利于协调家庭中的人际关系。把它推广到社会生活中,也有利于维持安定的社会秩序。同时,孟子又强调了社会习俗的传播、扩散与居上位者的引导有重要关系。孟子引用孔子的话,就是为了强调上行下效、为民表率的作用。历史事实证明,社会习俗的优劣,往往与在上位的人的倡导有着紧密的联系。孟子关于上行下效和国君为民表率的主张,对后世产生了重要的影响。一方面,许多开明的帝王和政治家继承、发展了孟子的上述主张,强调自身的修养而为在下的人作出榜样,这对形成良好的社会风气和维护社会的和谐产生了一定的作用;另一方面,许多有志之士借助孟子的主张要求统治者严于律己,为民表率,抨击统治者的各种不仁不义行为,这对维护社会的和谐秩序也起到了积极的作用。

……………………………………

## 5.3 滕文公问为国。

孟子曰:“民事不可缓也。《诗》云:‘昼尔于茅,宵尔索绹;亟其乘屋,其始播百谷。’[1]民之为道也,有恒产者有恒心,无恒产者无恒心。苟无恒心,放辟邪侈,无不为已。及陷乎罪,然后从而刑之,是罔民也。焉有仁人在位

罔民而可为也？是故贤君必恭俭礼下，取于民有制。阳虎[2]曰：‘为富不仁矣，为仁不富矣。’

“夏后氏五十而贡，殷人七十而助，周人百亩而彻，其实皆什一也。彻者，彻也；助者，藉也。龙子[3]曰：‘治地莫善于助，莫不善于贡。’贡者，挍[4]数岁之中以为常。乐岁，粒米狼戾[5]，多取之而不为虐，则寡取之；凶年，粪其田而不足，则必取盈焉。为民父母，使民盻盻然，将终岁勤动，不得以养其父母，又称贷而益之，使老稚转乎沟壑，恶在其为民父母也？夫世禄，滕固行之矣。《诗》云：‘雨我公田，遂及我私。’[6]惟助为有公田。由此观之，虽周亦助也。

“设为庠序学校以教之。庠者，养也；校者，教也；序者，射也。夏曰校，殷曰序，周曰庠；学则三代共之，皆所以明人伦也。人伦明于上，小民亲于下。有王者起，必来取法，是为王者师也。

“《诗》云：‘周虽旧邦，其命惟新。’[7]文王之谓也。子力行之，亦以新子之国！”

使毕战[8]问井地。

孟子曰：“子之君将行仁政，选择而使子，子必勉之！夫仁政，必自经界始。经界不正，井地不钧，谷禄不平，是故暴君污吏必慢其经界。经界既正，分田制禄可坐而定也。

“夫滕，壤地褊小，将为君子焉，将为野人焉。无君子，莫治野人；无野人，莫养君子。请野九一而助，国中什一使自赋。卿以下必有圭田[9]，圭田五十亩，余夫二十五亩。死徙无出乡，乡田同井，出入相友，守望相助，疾病相扶持，则百姓亲睦。方里而井，井九百亩，其中为公田。八家皆私百亩，同养公田；公事毕，然后敢治私事，所以别野人也。此其大略也，若夫润泽之，则在君与子矣。”

**【注释】**

[1]引自《诗经·豳风·七月》。意思是：“白天割取茅草，晚上搓成绳索；赶快修理房屋，按时播种五谷。”

[2]阳虎：鲁国季孙氏的总管。

[3]龙子：古代的贤人。

[4]挍：同“校”，比较。

[5]粒米狼戾（lì）：粮食狼藉。

[6]引自《诗经·大雅·文王》。意思是：“雨先降到公田里，然后落到私田中。”

[7]引自《诗经·大雅·文王》。意思是：“岐周虽然是一个古老的国家，国运却充满着新气象。”

[8]毕战：滕国的大臣。

[9]圭田：祭祀用的田地。

【品读】

公元前322年,滕文公办理完父丧后就向孟子发出了邀请。孟子于是从邹国到了滕国,向滕文公宣传自己的仁政主张。

本章中,孟子的仁政主张大致分为三部分。

第一,关心农事,合理征税。孟子首先阐明了国君要把关心农事当作当务之急,并且引用《诗经》中的诗句说"白天割取茅草,晚上搓成绳索;赶快修理房屋,按时播种五谷",强调农业生产季节的重要性,并以此劝告滕文公要实行仁政,不要违背农民的生产季节。其次,在孟子看来,为了促进生产的发展,必须制定合理的税收制度。孟子通过比较夏、商、周三代的贡法、助法和彻法,并引用古代圣贤龙子称赞助法的话,认为征收田税的最好方法是助法而不是贡法,指出贡法不顾生产的实际情况,迫使农民交纳固定数量的粮食,使百姓在灾荒年月陷于穷困、饥饿和遭受高利贷剥削的困境,结果就会危害社会生产的发展。孟子指出,文王治理岐的时候,实行了两项仁政根本措施:一是使做官的人有世代相传的固定的田租收入,二是实行十分抽一的税法。滕国已经实行了前一条,然而没有实行第二条。所以,孟子劝告滕文公征收赋税要有一定的制度。

第二,兴办学校,加强教化。孟子指出:没有一定的道德观念和行为准则,就会放纵情欲而胡作非为。如果等到百姓犯了罪再加以惩罚,这就等于陷害他们。在保证人民生存温饱的基础上,要兴办学校教育人民。孟子阐述了夏、商、周三代学校名称的不同,指出它们的教育目的都是使人民学习人与人之间的各种必然关系和道德准则。在上位的人明白、遵守这些伦理关系和行为准则,在下位的百姓就会和睦相处,亲密团结。

第三,实行井田,使人民安居乐业。孟子又向滕国大臣毕战阐述了井田制度,指出:"实行仁政,一定要从划分整齐田界开始。田界划分得不整齐,井田的大小就不均匀,作为俸禄的田租收入也就不会公平合理。所以,残暴的君主和贪官污吏总是兼并土地,故意乱划田界。田界划分正确,就能把土地分配给百姓,正确地制定官吏的俸禄。"孟子又认为,把土地分配给百姓和正确制定官吏俸禄这两项措施不能偏废。他说:滕国虽然国土狭小,但也得有管理政事的君子和从事耕种的百姓。没有官吏,便没有人管理百姓;没有百姓,也就没有人养活官吏。为了保证官吏和百姓的生活需要,郊野采用九分抽一的助法征税,城里采用十分之一的贡法征税。公卿以下的官吏每家分给供作祭祀用的圭田五十亩。一家中如果还有剩余的劳动力,再分给每人二十五亩。这样,就能厚待各级官吏。方圆一里的土地为一井田,每一井田九百亩土地,中间的一百亩是公田,以外八百亩分给八家作为私田,每家一百亩。他们共同耕种一百亩公田。先把公田耕种完毕，再各自管理自己的私田。这样，就能厚待从事耕种的百姓。实行了这样的措施，就能区别官吏和百姓。百姓安居乐业，不论死丧或搬家，都不离开本乡本土。同一井田的各户百姓，平时出入友好相处；共同防御盗贼，互相帮助；如果有人生病，就互相照顾。这样，百姓之间就亲爱和睦。

在这里，孟子所描绘的百姓"死徙无出乡，乡田同井，出入相友，守望相助，疾病相扶持，则百姓亲睦"的景象，实际上勾画出了一幅自给自足的封建自然经济的理想画图。它是封建制度的经济基础。孟子描述的百姓安居乐业的小自耕农式的田园经济，反映了孟子对人类理想社会的追求。但我们也应该看到，在封建制取代奴隶制的过程中，小自耕农式的田园经济必然在两极分化中发展为大土地私有制，成为土地兼并的牺牲品。孟子期望的百姓安居乐业的景况，又存有一定的理想化色彩。



5.4　有为神农[1]之言者许行[2]，自楚之滕，踵门而告文公曰："远方之人闻君行仁政，愿受一廛而为氓[3]。"文公与之处。其徒数十人，皆衣褐，捆屦，织席以为食。陈良[4]之徒陈相，与其弟辛负耒耜[5]而自宋之滕，曰："闻君行圣人之政，是亦圣人也，愿为圣人氓。"

陈相见许行而大悦，尽弃其学而学焉。陈相见孟子，道许行之言曰："滕君则诚贤君也，虽然，未闻道也。贤者与民并耕而食，饔飧[6]而治。今也，滕有仓廪府库，则是厉民而以自养也，恶得贤？"

孟子曰："许子必种粟而后食乎？"

曰："然。"

"许子必织布而后衣乎？"

曰："否，许子衣褐。"

"许子冠乎？"

曰："冠。"

曰："奚冠？"

曰："冠素。"

曰："自织之与？"

曰："否，以粟易之。"

曰："许子奚为不自织？"

曰："害于耕。"

曰："许子以釜甑爨[7]，以铁耕乎？"

曰："然。"

"自为之与?"

曰:"否,以粟易之。"

"以粟易械器者,不为厉陶冶;陶冶亦以其械器易粟者,岂为厉农夫哉?且许子何不为陶冶,舍皆取诸其宫中而用之?何为纷纷然与百工交易?何许子之不惮烦?"

曰:"百工之事固不可耕且为也。"

"然则治天下独可耕且为与?有大人之事,有小人之事。且一人之身,而百工之所为备,如必自为而后用之,是率天下而路[8]也。故曰:或劳心,或劳力。劳心者治人,劳力者治于人;治于人者食人,治人者食于人,天下之通义也。

"当尧之时,天下犹未平,洪水横流,氾滥于天下,草木畅茂,禽兽繁殖,五谷不登,禽兽逼人,兽蹄鸟迹之道交于中国。尧独忧之,举舜而敷治焉。舜使益[9]掌火,益烈山泽而焚之,禽兽逃匿。禹疏九河,瀹济漯[10]而注诸海,决汝汉,排淮泗而注之江,然后中国可得而食也。当是时也,禹八年于外,三过其门而不入,虽欲耕,得乎?

"后稷[11]教民稼穑,树艺五谷,五谷熟而民人育。人之有道也,饱食、煖衣、逸居而无教,则近于禽兽。圣人有忧之,使契[12]为司徒,教以人伦:父子有亲,君臣有义,夫妇有别,长幼有叙,朋友有信。放勋[13]曰:'劳之来之,匡之直之,辅之翼之,使自得之,又从而振德之。'圣人之忧民如此,而暇耕乎?

"尧以不得舜为己忧,舜以不得禹、皋陶[14]为己忧。夫以百亩之不易[15]为己忧者,农夫也。分人以财谓之惠,教人以善谓之忠,为天下得人者谓之仁。是故以天下与人易,为天下得人难。孔子曰:'大哉尧之为君!惟天为大,惟尧则之,荡荡乎,民无能名焉!君哉舜也,巍巍乎,有天下而不与焉!'尧舜之治天下,岂无所用其心哉?亦不用于耕耳。

"吾闻用夏变夷者,未闻变于夷者也。陈良,楚产也,悦周公、仲尼之道,北学于中国。北方之学者,未能或之先也,彼所谓豪杰之士也。子之兄弟事之数十年,师死而遂倍之。昔者,孔子没,三年之外,门人治任将归,入揖于子贡,相向而哭,皆失声,然后归。子贡反,筑室于场,独居三年,然后归。他日,子夏、子张、子游以有若似圣人,欲以所事孔子事之,强曾子。曾子曰:'不可。江汉以濯之,秋阳[16]以暴之,皜皜乎[17]不可尚已!'今也南蛮鴃舌[18]之人,非先王之道,子倍子之师而学之,亦异于曾子矣。吾闻出于幽谷迁于乔木者,未闻下乔木而入于幽谷者。《鲁颂》曰:'戎狄是膺,荆舒是惩。'[19]周公方且膺之,子是之学,亦为不善变矣。"

"从许子之道,则市贾[20]不贰,国中无伪;虽使五尺之童适市,莫之或欺。

布帛长短同，则贾相若；麻缕丝絮轻重同，则贾相若；五谷多寡同，则贾相若；屦大小同，则贾相若。”

曰：“夫物之不齐，物之情也；或相倍蓰[21]，或相什百，或相千万。子比而同之，是乱天下也。巨屦小屦[22]同贾，人岂为之哉？从许子之道，相率而为伪者也，恶能治国家？”

【注释】

[1]神农：传说中远古时代羌族的酋长炎帝，他是第一个教人类耕种的人，故称“神农”。

[2]许行：战国中期农家学派的代表。

[3]氓：从外地迁移来的百姓。

[4]陈良：楚国的儒者。

[5]耒(lěi)耜(sì)：古代的农具。

[6]饔(yōng)飧(sūn)：自己烧火做饭。

[7]以釜(fǔ)甑(zèng)爨(cuàn)：用釜、甑烧火煮饭。

[8]路：疲劳、败坏。

[9]益：舜的大臣，掌管火政。

[10]瀹(yuè)济漯(tà)：疏通济水和漯水。

[11]后稷：周朝的始祖，尧时为农师。

[12]契：商朝的始祖。

[13]放勋：尧的号。

[14]皋(gāo)陶(yáo)：舜时的司法官。

[15]易：治理、管理。

[16]秋阳：夏天的太阳。

[17]皜皜乎：非常洁白的样子。

[18]南蛮鴃(jué)舌：意思是说楚国人许行的话像伯劳鸟的叫声那样，说得又多又快。

[19]引自《诗经·鲁颂·閟宫》。意思是：“攻击戎狄，惩罚荆舒。”

[20]贾：物价。

[21]蓰(xǐ)：五倍。

[22]巨屦(jù)小屦：粗糙的草鞋和精制的草鞋。

【品读】

本章批评了农家许行否定社会分工的主张，阐述了实行社会分工、用夏变夷、产品等价交换的仁政主张。

孟子在滕国期间，极力劝告滕文公实行仁政。孟子的一些仁政主张得到滕文公的采纳，在诸侯国中产生了一定的影响。楚国的农家代表人物许行仰慕滕文公的仁政，便率领十几名学生来到滕国。楚国儒生陈良的学生陈相和弟弟陈辛也携带着农具从宋国来到滕国。这两派人都主张自食其力，身体力行。陈相结识许行后，抛弃了从前向陈良学习的儒家学说，转而信奉农家许行的思想。许行、陈相刚开始时仰慕滕文公的仁政，但后来对此逐渐产生了怀疑和不满。许行批评滕文公说："滕文公的确是一位贤明的国君。尽管如此，但他并没有掌握治理国家的真理。真正贤明的国君，应该与百姓共同耕种来供给生活，自己烧火做饭，同时又治理国家。如今，滕国有储粮的粮仓、积存财物的府库，这是损害百姓来奉养自己，怎能称得上贤明呢？"陈相把许行的话转告给孟子，实际上是批评孟子在上一章阐述的"没有官吏，就无法管理百姓；没有百姓，就无法养活官吏"的社会分工主张。这样，孟子便不得不接受农家的挑战而予以回击。他系统地阐述了社会分工论、用夏变夷论和产品等价交换论。

本章内容可分为三部分。

第一部分，关于劳心者与劳力者的社会分工论。孟子反对许行、陈相否定社会分工的主张，但他不用长篇大论去反驳农家的论点，而是采用了轻松简短的对话形式，运用社会生活中的客观事实，层层诱问，步步逼近，善设机巧，引人入彀。孟子在与陈相的对话中，接连发出了十个诱问，丝丝入扣，词锋锐利。孟子问："许行一定自己耕种才吃饭吗？"答："是。"问："许行是自己织布才穿衣吗？"答："不是。他只穿粗布麻衣。"问："许行戴帽子吗？"答："戴。"问："戴什么帽子？"答："戴白绸帽子。"问："自己织的吗？"答："不是，是用粮食换来的。"问："许行为什么不自己纺织呢？"答："因为妨碍种田。"问："许行用锅甑做饭，用铁器耕田吗？"答："是的。"问："都是自己制造的吗？"答："不，是用粮食换来的。"孟子的上述八个诱问，迫使陈相承认白绸、釜甑等生活资料主要来自交换，而不是自己生产，如果自己生产就会妨碍耕种田地。这时，孟子在辩论中已经占了上风。但孟子仍假装不知，又接连发出了四个反问。他说："农民种粮食换取锅甑和农具，不能说是损害了陶工、铁匠的利益；陶工、铁匠用锅甑和农具换取粮食，难道就是损害农民的利益吗？而且为什么许行不自己制陶、炼铁制造炊具、农具，使各种东西齐备而随取随用呢？为什么许行忙忙碌碌地与各种工匠相交换？为什么许行这样不怕麻烦？"孟子的四句反问，何等痛快淋漓！孟子的诱问，已经使陈相陷入彀中，迫使陈相回答说："各种工匠的工作，当然是不可能一边从事耕种一边兼着干的。"这时，陈相也许还不明白自己已经授人以柄。由于孟子思维敏锐，对社会分工有着深刻的总体认识，因而他善于掌握矛盾的变化，从容驾驭辩论过程。他接着反问说："那么，难道管理国家政事的人就可以一边耕田种地一边管理好政事吗？"孟子的反问把陈相逼得张口结舌。

孟子在运用诱问和质疑的基础上，阐述了治理国家必须实行社会分工的论点。他说："有官吏的工作，有百姓的工作。一个人的生活所需，必须有各种工匠制成的物品才能齐备。如果一定要自己制造了才能使用，就会让天下的人都疲于奔命。所以，古人说：'有的人劳心，有的人劳力。'劳心的人从事管理，劳力的人被人管理；被人管理的人供养别人，管理人的人受别人供养。这是通行天下的原则。"迫使陈相承认了社会分工和产品交换，从而自己否定了许行取消社会分工的主张。

为了论证实行社会分工的论点，批驳许行的国君"与民并耕而食"的主张，孟子又采用了多层次反复证明的方法，一连用了三段文字，铺叙描述了尧、舜、禹等圣贤的功德。

第一段，孟子用丰富的感情和形象的语言绘声绘色地描述了尧时的自然社会状况和圣贤消除自然灾害的功绩。他说："尧的时候，天下还没有平定，洪水泛滥成灾，草木茂盛，禽兽繁殖。五谷不能生产，禽兽威胁人类。鸟兽的足迹在中国土地上纵横交错。尧为此独自忧虑，举用舜去治理灾害。舜派大臣益去掌管火政，焚烧草木，驱逐野兽。又派大禹治理水灾，疏通了九条河道，治理济水、漯水，引水入海；挖掘汝水、汉水，疏通淮水、泗水，使其流入长江。这样，中国的土地上才可以播种五谷，人民才能安定地生活。当时，大禹在外奔波劳苦，三过其门而不入。他虽然想与百姓共同耕作，怎么可能呢？"孟子的这段描绘，展现了远古时代洪水泛滥、草木茂盛、禽兽横行、人烟稀少的荒凉景象，并以此衬托出尧、舜、禹治理天下的艰难。其中，连续运用了"疏""瀹""决""排"四个动词，说明了大禹用疏导的方法治水所产生的排山倒海的威力。所说"疏九河，瀹济漯而注诸海；决汝汉，排淮泗而注之江，然后中国可得而食也"，既说明了大禹治理河水之众多和彻底，又显示出了治水的功效。"禹八年于外，三过其门而不入"，形象地揭示出大禹治水时间之长久、工作之繁忙以及其公而忘私的精神。最后，"虽欲耕，得乎"的反问，具有不可辩驳的威力。

第二段，阐述了圣贤忧虑百姓、发展生产、安定社会、加强教化的功绩。孟子说："平定了水患后，舜派后稷教导百姓种植庄稼，栽培五谷。五谷成熟，便可以养育百姓。人之所以为人的原则是：吃饱穿暖，住得安逸，然而没有教化和礼义，就会与禽兽的行为相近。尧、舜又为此而忧虑，便派遣契做司徒官，用人际关系的根本道理和准则教化人们，使他们懂得父子要有骨肉之亲，君臣要有礼义之道，夫妻要亲爱而有内外分别，长幼要有尊卑秩序，朋友要有诚信的友谊。尧说：'督促他们，纠正他们，辅导及协助他们，使他们走上正路而各得其所，再提高他们的道德。'圣人为百姓这样的忧虑烦苦、费尽心力,哪有空闲亲自去耕种呢?”

第三段,阐述尧、舜为选拔贤才而竭尽思虑的功德。孟子说:“尧把得不到舜这样的贤才作为自己的忧虑,舜把得不到大禹、皋陶这样的贤才作为自己的忧虑。至于把一百亩田地耕种得不好作为忧虑的,只是平常的农夫而已。把钱财分给别人叫作‘惠’,用善的道理教导别人叫作‘忠’,替天下的人选拔出杰出的人才叫作‘仁’。所以,我认为把天下让给别人容易,替天下选拔杰出的人才却非常难。孔子说:‘尧这样的君主多么伟大啊!只有天最伟大,也只有尧能够效法天。他的恩德多么广大无边啊,百姓找不到恰当的言辞去赞美他!舜也是一位了不起的君主啊!他的品德是那样的崇高完美!虽然拥有天下,却不谋取私利!’尧、舜治理天下,难道不竭尽心力吗?他们竭尽心力考虑天下的大事,只是不把心思用在耕种上罢了。”

孟子的这三段论证,用充沛的感情和形象、生动的语言,从人类社会发展的高度歌颂了尧、舜、禹等圣贤消除灾害、大公无私、忧虑百姓、发展生产、安定社会、加强教化、竭尽心力选拔贤才的功德,涉及自然、经济、道德、用人等若干方面。这种列举事实、阐明道理、充分论证的方法,既强调了社会分工的必要性和必然性,又营造了浓郁的抒情气氛,富有强烈的感染力,显示出深厚宏博、若决江河的显著特色。而这三段末尾的反诘,从“虽欲耕,得乎”到“圣人之忧民如此,而暇耕乎”,再到“尧舜之治天下,岂无所用其心哉?亦不用于耕耳”,又相互联系,层层深入,环环相扣,不断出新。第一句反诘,说明大禹专心治理水患,从主观上看,即使想自己耕田,也没有可能性;第二句反诘,说明圣人竭尽心思治理社会而没有空闲时间从事农耕的客观性;第三句反诘,说明圣贤竭尽心思掌管选拔贤才的大事而不必从事农耕的必然性。这样,孟子在多层次反复证明基础上的反诘,强调了实行分工的必然性。这既与前面实行分工是通行于天下的原则的论点相照应,又将论证推向高潮,击中了许行否定社会分工的要害,从而驳倒了对方。

第二部分,阐述了用夏变夷论。许行、陈相要国君“与民并耕而食”,否定社会分工,这不仅在当时是行不通的,而且在任何性质的社会中都是行不通的。孟子关于社会分工的主张,符合人类社会的历史事实和发展趋势。孟子在第一部分批驳了许行、陈相否定社会分工的主张,但他并没有停留于列举事实予以驳斥的层面上,而是又从先进文化与落后文化相比较的层次上,剖析了许行、陈相否定社会分工的主张,提出了“用夏变夷”而不能“变于夷者”的思想,这就提高了辩论的理论深度。

孟子站在人类文明发展的高度指出:“我只听说过用中国先进文化改变落后国家落后文化的,没有听说过用落后文化改变先进文化的。”孟子接着从两个方面作了对比：

其一，把陈良与陈相相比。孟子指出，陈良本是楚国人，但他仰慕、崇敬周公、孔子的学说，北上学习中国的先进文化。即使是北方研究周公、孔子学说的人，也没有人比他学得好。他真是一位摆脱流俗的才德出众的人。然而，陈相兄弟跟随陈良学习十几年，老师死后却背叛了他的学说，反而接受、学习许行的落后主张。孟子的这番话说明，陈良学习中国先进的文化并用它改变落后的文化，陈相兄弟却抛弃了向老师学习的先进文化而被许行的落后文化所改变。

其二，把曾子崇拜孔子与陈相背叛陈良相比。孟子指出，孔子死后，学生们怀念孔子并为他守丧三年。子贡深深缅怀孔子，又为他守丧三年。曾子赞扬孔子说："夫子的完美道德，好像用江、汉的水洗濯过，又好像用夏天的烈日曝晒过，那种光辉洁白无以复加，没有任何人能比得上。"许行这个巧舌如簧的南蛮子诽谤我们的圣贤之道。而陈相竟背叛老师的学说，向许行学习。这种行为恰恰与曾子相反。譬如鸟儿筑巢，我只听说过它从幽深阴暗的山谷中飞出迁往高大的树木，没有听说过它从明亮敞豁的高大树木上飞回到阴暗的山谷中去。陈相学习、赞成南蛮的邪说，这就被落后的文化改变了。

孟子的这两层对比，借陈良学习先进文化的远见卓识，显示出陈相背弃先进文化的鄙陋；用曾子崇拜孔子的忠厚，显示出陈相背叛老师的薄情。这段文字旗帜鲜明，语言流畅，尖锐凌厉，把文字风格的尖锐性与内容的深刻性相结合，既表现出孟子捍卫中国先进文化和用它改变落后文化的鲜明主张，又挖掘了许行、陈相恪守落后文化的思想根源。这就把对许行、陈相否定社会分工主张的批驳推向了一个新的理论高度。

第三部分，批驳了许行不区分产品的精粗优劣而使价格一致的主张，阐明了产品等价交换的原则。孟子在前两部分以人类社会发展的历史事实和先进文化与落后文化的区别批驳了许行、陈相的错误主张。孟子的论辩是非分明，使陈相陷入理屈词穷的境地。但陈相又分辩说："如果照许行的理论去做，市场上货物的价格就会一致，国内就没有欺诈的行为，即使是年幼无知的儿童到市场上购买东西，也不会受到别人的哄骗。布匹丝绸的长短相同，价格就相同；麻线丝绵的轻重相同，价格也会一样；五谷的轻重相同，价格也没有差别；草鞋的大小相同，价格也一致。"

针对这种观点，孟子驳斥说："各种产品的品种、质量不完全一致，它们具有精粗、优劣的差别，这是自然的道理；它们的价格有的相差一倍、五倍，有的相差十倍、百倍，有的相差千倍、万倍。你不考察它们之间精粗、优劣的差别，只用长短、轻重、大小把它们等同起来，这简直是扰乱天下。粗糙的草鞋与精制的草鞋价格相等，谁还肯做精制的鞋呢？如果采纳许行的理论，天下的人就会竞相粗制滥造和弄虚作假，这样怎能治理好国家？”许行、陈相只看到产品数量上的差别，无视它们质的不同，就必然陷入片面性。孟子不仅看到产品量的差别，而且看到它们质的差异，这就坚持了产品质量与价格的统一。陈相认为采纳了许行的理论，国内就没有欺诈。孟子针锋相对地指出：“采纳许行的理论，只能使人们走向欺诈和虚伪，哪能治理好国家？”这一反诘，既批驳了许行、陈相关于产品数量相同价格就要一致的观点，又揭示了许行否认社会分工而扰乱社会的实质。这样，孟子的论辩把实行社会分工的观点建立在坚实的理论和事实的基础上，从而将许行、陈相批驳得体无完肤。

本章阐述了四个方面的理论问题。

第一，社会分工论。社会分工是孟子关于社会经济约制思想的一个重要方面。新中国成立以来的很长时间内，学术界不少人把孟子的社会分工论斥为鼓吹剥削合理论。我们认为这是一种误解。事实上，孟子之前的一些古籍对社会分工就有过记载。譬如《左传·襄公九年》说：“君子劳心，小人劳力，先王之制也。”《国语·鲁语》说：“君子劳心，小人劳力，先王之训也。”孟子继承、发展了前人对社会分工的认识，是先秦时代第一位全面、系统论述社会分工的思想家。

孟子所说的“劳心者”“君子”“大人”，是指从事国家政事管理和精神产品生产的脑力劳动者。本章列举的尧、舜、禹等“劳心者”，他们不是骑在人民头上作威作福的精神贵族，而是忧虑百姓、大公无私、兴利除弊、发展生产、安定社会、施行教化、造福人民、任贤使能的圣贤。所说的“劳力者”“野人”“小人”，是指从事物质资料生产的体力劳动者。二者之间相互联系、相互依存，是管理与被管理、供养与被供养的互助合作的关系。

孟子所说的社会分工，主要是指劳心者与劳力者之间的分工，同时还指劳心者、劳力者内部的分工。孟子认为，在劳心者内部，有的管理治水，有的管理农事，还有的管理教育或司法等；在劳力者内部，有的制作陶器、铁器，有的制作木器，有的从事农耕等。劳心者与劳力者之间的分工，促进了社会的发展和经济的繁荣。它们之间不是有此无彼的根本对立的关系，而是相辅相成的互助合作的关系，同时又存在着一种产品交换关系，就是精神产品与物质产品的交换。劳心者从事管理与教育，可以满足劳力者精神生活的需要；劳力者从事生产，可以满足劳心者物质生活的需要。孟子的社会分工论，既是促进社会进步和经济发展的需要，又是治理社会的需要。它符合人类社会发展的事实和趋势，无疑有着积极的意义。

第二，用夏变夷论。它是指用中国“先王之道”，即先进的礼义文化习俗去改变蛮夷地区的落后的文化习俗。孟子认为，夏高于夷，只能用夏改变夷，而不能把夏变为夷。这既表现出中国先进文化习俗居高临下的气势，又表现了孟子用先进文化统一天下的主张。这种用夏变夷论，高扬了华夏的民族意识，对推动华夏民族文化的发展具有一定的积极意义。但另一方面，中华民族文化的产生和发展是各民族共同促成的。任何民族文化都有精华、糟粕的二重性。孟子只看到华夏文化先进的一面而忽略了其落后的一面，只看到蛮夷文化落后的一面而忽略了其积极的一面，这是不全面的。

孟子的用夏变夷论在我国秦汉以后逐渐变成了“华夏之辨”的命题，被许多政治家、思想家所继承、发扬，产生了不同的历史作用。一方面，在民族危亡关头，许多民族英雄和有志之士把它当作思想武器和精神支柱，挺身而出，舍生忘死，伸张民族正义，维护中华民族的尊严。另一方面，也总有一部分人以此为借口，实行民族歧视政策，欺压少数民族，鼓吹大汉族主义，妨碍了国内各民族的团结和融合；同时，对外闭关锁国，僵化保守，陷入狭隘的民族主义，妨碍了中外各民族的交流。

第三，产品交换论。孟子认为，实行社会分工必然要进行不同行业之间的产品交换。而产品的交换又必须以合理的价格为基础。产品的品种、质量各不相同，如果不区分产品的精粗、优劣而使它们的价格一致，就会造成天下混乱，危害社会的发展。尽管孟子不可能认识到产品的价格是其价值的货币表现，但他关于要区分产品的精粗、优劣而进行等价交换的思想，却是异常深刻的。

第四，孟子与农家的相悖与相通之处。本章所阐述的社会分工、用夏变夷、产品等价交换理论，表现了孟子与农家许行的对立和冲突。许行只看到国家以谷米、财物奉养劳心者的一面，而没有看到劳心者从事国家政事管理重要性的一面。他的国君“与民并耕而食”的主张，尽管代表了农民阶级反对剥削的愿望和要求，但没有意识到社会分工的重要性和必要性。孟子从治理国家、天下的高度，强调了社会分工、产品等价交换的必要性、合理性，这不仅符合当时的社会现实，而且符合人类社会发展的历史趋势。在阶级社会中，尽管伴随着社会分工而出现阶级剥削和压迫，但社会分工是社会生产力发展的必然结果，对促进社会进步和经济发展有着不可忽视的意义。当然，孟子在宣传仁政学说的过程中，也激烈抨击了统治者追求财货、喜好女色、奢侈淫靡、暴虐百姓等不义行径，这与许行反对剥削的主张又具有相通的一面。

从文字上看，本章是一篇与农家论战的辩论文。孟子娴熟地运用了诱问、诘难、铺叙、对比、比喻、引证、训诂等辩论方法，使本章显示出结构完整、论说透彻、语言生动、气势奔放的特征。从更深一层的意义上看，孟子立足事实，全面分析，高屋建瓴，以理服人，步步逼近，击中要害。这既是孟子善于分析别人言辞片面性的具体表现，又是孟子辩论取胜的一个重要原因。

5.5　墨者夷之[1]因徐辟[2]而求见孟子。孟子曰："吾固愿见，今吾尚病，病愈，我且往见，夷子不来！"

他日，又求见孟子。孟子曰："吾今则可以见矣。不直，则道不见；我且直之。吾闻夷子墨者。墨之治丧也，以薄为其道也。夷子思以易天下，岂以为非是而不贵也？然而夷子葬其亲厚，则是以所贱事亲也。"

徐子以告夷子。

夷子曰："儒者之道，古之人若保赤子[3]，此言何谓也？之则以为爱无差等，施由亲始。"

徐子以告孟子。

孟子曰："夫夷子信以为人之亲其兄之子为若亲其邻之赤子乎？彼有取尔也。赤子匍匐将入井，非赤子之罪也。且天之生物也，使之一本，而夷子二本故也。盖上世尝有不葬其亲者，其亲死，则举而委之于壑。他日过之，狐狸食之，蝇蚋姑嘬之。其颡有泚[4]，睨[5]而不视。夫泚也，非为人泚，中心达于面目，盖归反虆梩[6]而掩之。掩之诚是也，则孝子仁人之掩其亲，亦必有道矣。"

徐子以告夷子。夷子怃然为间[7]曰："命之矣。"

【注释】

[1]夷之：一位信奉墨子学说的人。

[2]徐辟：孟子的学生。

[3]赤子：婴儿。

[4]其颡(sǎng)有泚(cǐ)：额头流出悔恨的汗水。

[5]睨(nì)：斜看。

[6]虆(léi)梩(lí)：装土的笼子和铲土的工具。

[7]怃(wǔ)然为间：怅惘若失地想了一会儿。

【品读】

本章记述了夷之会见孟子的经过，批驳了墨家"爱无差等"的兼爱主张，阐明了儒家爱有差等的思想。

信奉墨家学说的夷之通过孟子的学生徐辟求见孟子。孟子称病谢绝。

夷之第二次求见时，孟子对徐辟说："如果不纠正夷之的错误思想，儒家的学说就不能显扬。今天让我匡正他的偏见。夷之是信奉墨学的人。墨子主张办理丧事要以薄葬节俭为原则。夷之力图用这一主张去改变天下的风俗，强调实行薄葬。然而他在料理父母的丧事时，却操办得异常丰厚和隆重。这难道不是用他所轻视的原则去对待他的父母吗？"徐辟把孟子的话转告给了夷之。夷之辩解说："儒家的典籍《书经》上说，古代的君王爱护百姓就像保护婴儿一样。怎样理解这句话的含义呢？我认为它说的是爱护别人并没有亲疏的等级差别，只是实行起来首先从自己的父母开始罢了。因此，我厚葬父母，也就是理所当然的了。"徐辟把夷之的话转告给孟子。孟子回答说："夷之真以为人们爱护自己的侄儿像爱护邻居的婴儿一样吗？他只是抓住了这一点罢了。譬如一个无知的婴儿将要跌落井中，这并不是婴儿的过失。大家都想救他，好像是爱无差等。自然界中的万物只有一个本原。就人来说，父母是人的唯一本原，人们对父母的爱当然不同于对别人的爱。夷之却认为爱护别人没有等级的差别，就像爱自己的父母一样。他的心中实在没有父母，于是产生了两个根本，这就是他的错误所在。"孟子停顿了片刻，接着阐述了古代丧葬之礼的起源，说明古代的孝子掩埋父母的尸体是因为父母与子女之间的深厚血缘情感，而不是把薄葬父母当作高贵的事。徐辟把孟子的这些话转告给了夷之。夷之恍然大悟地说："我明白孟子所讲的道理了。"

孟子在本章批驳了墨家"爱无差等"的爱人观，阐明了儒家爱有差等的主张。怎样看待儒家与墨家在这个问题上的理论是非呢？

墨家主张爱人没有亲疏等级的差别，爱别人就像爱自己一样，爱别人的父母就像爱自己的父母一样，极力追求一个没有矛盾、差别的社会。这反映了当时劳动人民对平等、美好社会的向往和追求，从而有一定的进步性；但在存有阶级差别和等级差别的社会里，这只能是一种美好的幻想。孟子主张的爱人是一个以亲爱自己的父母、子女为根本，推及爱别人的父母、子女的由近及远、推己及人的过程。其中，包括了亲爱、父母、仁爱百姓、爱护万物的不同等级和层次。孟子所说的父子、兄弟之间的孝悌观念是爱的表现，但又不能简单地归结为爱，它是立足于父子、兄弟之间比爱更为亲切深厚的骨肉、手足天然血缘情感。这种血缘宗法观念是联结父子、兄弟之间关系的感情纽带。孟子批评墨家的"爱无差等"否定了人皆本于父母之"一本"和父子、兄弟之间的天然血缘情感。这说明，墨家的"爱无差等"是一种没有主次之分、先后之别的人类平等的博爱观；而孟子的爱人是一种有主次之分、先后之别的等差爱人观。墨家的主张虽然具有反对宗法等级观念的进步性，但由于忽视了社会差别和矛盾，因而缺乏理论思辨性。孟子的爱人虽然具有维护封建宗法等级制度和观念的一定的保守性，但由于承认差别、对立和矛盾，因而具有较强的理论思辨性。孟子的主张符合中华民族首先亲爱自己的父母，然后再亲爱别人的父母的民族心理和习俗，在封建社会中产生了重要的影响。

# 滕文公章句下

6.1 陈代[1]曰："不见诸侯，宜若小然；今一见之，大则以王，小则以霸。且《志》曰：'枉尺而直寻。'宜若可为也。"

孟子曰："昔齐景公田，招虞人以旌，不至，将杀之。志士不忘在沟壑，勇士不忘丧其元。孔子奚取焉？取非其招不往也。如不待其招而往，何哉？且夫枉尺而直寻者，以利言也。如以利，则枉寻直尺而利，亦可为与？昔者赵简子[2]使王良[3]与嬖奚[4]乘，终日而不获一禽。嬖奚反命曰：'天下之贱工也。'或以告王良。良曰：'请复之。'强而后可，一朝而获十禽。嬖奚反命曰：'天下之良工也。'简子曰：'我使掌与女乘。'谓王良。良不可，曰：'吾为之范我驰驱，终日不获一；为之诡遇[5]，一朝而获十。《诗》云："不失其驰，舍矢如破。"[6]我不贯与小人乘，请辞。'御者且羞与射者比[7]，比而得禽兽，虽若丘陵，弗为也。如枉道而从彼，何也？且子过矣：枉己者，未有能直人者也。"

**【注释】**

[1]陈代：孟子的学生。

[2]赵简子：晋国的卿相。

[3]王良：春秋时善于驾驭车马的人。

[4]嬖(bì)奚：赵简子宠臣。

[5]诡遇：不按照规范驾驭车马。

[6]引自《诗经·小雅·车攻》。意思是："驾驭车子合法度，箭无虚发好技艺。"

[7]比：与小人勾结。

**【品读】**

本章强调君子应当坚持志向和节操，不能枉曲自己而顺从别人。

孟子游历各诸侯国，是为了宣传、实现以仁政"治国、平天下"的抱负。他有时主动地拜见诸侯，有时诸侯召见而不前往。孟子奉行的一个根本原则就是要保持自己的志向、节操，反对枉曲自己而顺从别人。陈代对孟子的行为感到不理解，于是发生了以下的问答。

陈代说："您不肯轻易拜见诸侯，似乎是拘守小节。如果现在去拜见他们，得到实施自己主张的机会，大则可以成就王业，统一天下；小则可以成就霸业，称霸中国。《志》书上曾说：'委曲一尺，就能伸长八尺。'似乎可以按照这样的原则去做。"陈代的用意是劝说孟子小处委曲，以求得大的利益。孟子引述历史事例，阐述了君子要坚持志向、节操而不能枉己从人的主张。他说："从前齐景公打猎时，用召唤大夫的旌旗去召唤管理园林的官吏。这位官吏不听从召唤，齐景公十分恼怒，便下令诛杀他。孔子听到这件事，便称赞这位官吏说："有志之士坚守节操，不怕死无葬身之地而弃尸山沟；勇敢的人见义而为，不怕丧失生命。"孟子评论说：孔子之所以称赞他，就在于这位官吏拒不接受不合乎礼仪的召唤。如果不等待诸侯的礼聘就贸然前往，那就是不自重而失去节操。孟子进一步分析了"枉尺直寻"的实质，指出："所说枉尺直寻，纯粹是从追逐私利的角度而谈的。如果只讲求利益，枉曲了八尺而伸直一尺也可以得到利益，难道就去做吗？"孟子的反诘，告诫陈代不能因追逐私利而丧失人的节操。为了深入地向陈代阐明这个道理，孟子又列举了王良为赵简子的宠幸小臣奚驾车打猎的故事。故事的大意是说：王良是位善于驾车的能手，而奚则是一个不懂礼的拙劣的射手。当王良按照驾车的准则去做时，奚忙碌一天没有射中一只鸟，向赵简子批评王良是个拙劣的车手；当王良不按照驾车的准则去做时，奚却一个早上就射中十只鸟，向赵简子称赞王良是位高明的车手。当赵简子派王良专门为奚驾车时，王良拒不接受，并引《诗经》的话说："驾驭车马合法度，箭无虚发好技艺。"他指出奚反其道而行之，因此，他不愿意为这种不学习礼的小人驾车。孟子向陈代讲述完这则故事后，进一步评论和引申说："驾车的人尚且把放弃准则而讨好拙劣的射手当作耻辱，如果放弃礼仪准则而迎合射手，猎获的禽兽纵使堆积如山，也是不能做的。如果我屈辱自己的志向而去顺从诸侯，这究竟是为了什么呢？"孟子直言不讳地批评陈代枉曲自己而顺从别人的错误，最后得出结论说："自身不正直的人，是从来不能使别人正直的。"

本章表现了孟子追求高尚独立自主人格的思想。

孟子继承、发展了孔子关于不能首先端正自己，就不能端正别人的思想，强调保持士人的坚定志向、崇高气节和独立自主人格。他认为，君子拜见诸侯，是为了实现自己的主张和抱负，而不是追求富贵利禄。有志之士拥有的仁义节操和人格尊严，高于统治者拥有的富贵权势。君子只有保持坚定的志向和节操，才能不屈辱自己而顺从诸侯。孟子的主张，高扬了人的高尚气节和人格尊严。在中华民族历史上，许多有志之士为了保持高尚独立人格，不畏权势，刚直不阿，深受孟子思想的熏陶和影响。

6.2 景春[1]曰："公孙衍、张仪[2]岂不诚大丈夫哉？一怒而诸侯惧，安居而天下熄。"

孟子曰："是焉得为大丈夫乎？子未学礼乎？丈夫之冠也，父命之。女子之嫁也，母命之，往送之门，戒之曰：'往之女家，必敬必戒，无违夫子！'以顺为正者，妾妇之道也。居天下之广居，立天下之正位，行天下之大道。得志，与民由之；不得志，独行其道。富贵不能淫，贫贱不能移，威武不能屈，此之谓大丈夫。"

【注释】

[1]景春：战国中期的纵横家。

[2]公孙衍、张仪：二人都是魏国人。公孙衍是著名的说客，曾任秦国大良造。张仪曾经游说六国连横，瓦解了苏秦的合纵策略。

【品读】

本章批评了为追求富贵利禄而不择手段的纵横家，阐明了实现高尚人格价值的大丈夫精神。

战国中期，各大诸侯国为扩大实力，称霸诸侯，纷纷拉拢别的国家，重视对外策略。这样，在外交和军事上产生了合纵、连横运动。所谓合纵，就是许多弱国联合起来抵抗一个强国，以防止强国的兼并；所谓连横，就是由强国拉拢一些弱国来进攻另外一些弱国。各国诸侯竞相任用一些随机应变、能言善辩、纵横捭阖的智能、倾危之士，在外交、军事上展开了激烈的明争暗斗。这些纵横之士极力揣摩国君的心理，投其所好，唯命是从，提出奇策异谋，有时左右了政坛风云，使诸侯国转危为安，运亡为存。当时，公孙衍主张合纵，张仪主张连横。他们鼓吹依靠纵横策略，大则可以称霸诸侯，小则可以安定国家。纵横家的计谋、策略虽产生了重要作用，但并非国家强盛的关键。

学习纵横之术的景春，十分崇尚公孙衍、张仪的煊赫功业。有一天，他对孟子说："公孙衍、张仪难道不是真正的大丈夫吗？他们发怒时，劝说诸侯相互攻伐而使诸侯恐惧；安静下来，天下便会太平无事。"孟子反诘说："这种人怎能被称作大丈夫呢？"孟子的诘问，充满了对公孙衍、张仪的鄙视之情。接着，孟子又引述《礼》的规定，揭露了纵横家的实质。他指出："你没有学习过《礼》吗？男子到了成年的时候，要举行加冠的礼仪。父亲训诫他：'要做一个好丈夫。'女子出嫁时，母亲告诫她：'要做一个好媳妇。'并送行到门口，特别告诫说：'到了你丈夫家，必当孝敬公婆，顺从丈夫，小心谨慎，不能违背丈夫。'"孟子进一步评论说:"把顺从当作原则,这是做媳妇的道理。"他认为,公孙衍、张仪之流,阿谀苟容,窃取权势,唯诸侯之命是从,遵循妾妇顺从的原则,怎能是大丈夫的作为呢?孟子接着说:"居心仁爱,是住在天下最宽敞的住宅;循规守礼,是站在天下最正确的位置;笃行守义,是走在天下最光明的道路上。得志的时候,就与百姓共同遵循大道前进;不得志的时候,就独自坚持、实行自己的原则、理想。富贵不能扰乱我的心意,贫贱不能改变我的节操,威武不能挫折我的志向,这种坚持仁义之道、保持独立自主人格的人,才叫作大丈夫。"

孟子对公孙衍、张仪的蔑视和批评,反映了孟子不齿于纵横家的为人。在孟子看来,纵横家之流摇唇鼓舌,不择手段,屈从权贵,迎合诸侯,以追求富贵利禄为目的,缺乏对高尚人格价值的追求,因而不可能真正实现自身的人格价值。

孟子阐述的"大丈夫"精神,表现了他对个体精神价值的认识。它包括以下三个方面:

第一,个体内在的精神价值高于一切。所谓个体价值,就是指个体在发展过程中,外部事物满足人多种需要的肯定、积极作用。在这里,价值是一个关系范畴,它存在于人与外部事物的关系之中。离开了二者的关系,就无所谓价值。在孟子那里,人在成长、发展过程中具有物质生活需要、人际交往需要和精神生活需要三个方面。外部事物在满足人的多种需要过程中,对个体来说就具有物质价值、人际交往价值和精神价值。所说精神价值,就是指人对精神生活需要的满足。

孟子说:"居心仁爱,是住在天下最宽敞的住宅;循规守礼,是站在天下最正确的位置;笃行守义,是走在天下最光明的道路上。"我们在前面已经指出,孟子的仁、义、礼、智等道德规范,既是调节父子、君臣、宾主之间关系的道德规范和准则,又是人内在的主体意识的能动性。在这里,孟子所说的居于仁、立于礼、行于义,就是坚守人内在的主体意识。它们是人内在的高尚道德节操和人格尊严,而不能被别人给予或夺取。有志之士要时刻保持住自己的道德节操和人格尊严,绝不能屈从权贵或迎合诸侯。

第二,实现个体精神价值的方式。在孟子看来,要保持、实现高尚的精神价值,就必须排除外界富贵利禄、穷困贫贱的困扰。孟子所言"人得志的时候,就与百姓共同遵循大道前进;不得志的时候,就独自坚持、实行自己的原则、理想",阐明了实现自己的精神价值的不同方式。就是说,通达得志的时候,自己的主张被治国者所采纳,就施行恩泽于天下,拯救百姓出于水火,从而实现自己的政治抱负和主张。这样,当个体满足他人和社会的需要时,个体保持的仁义节操的内在价值就转化成有利于百姓和社会的外在价值或社会价值。这种“与民由之”的过程,也就是追求对他人、社会有利的外在社会价值的过程。这样,孟子所说的“得志,与民由之”,就表现了个体内在精神价值与外在社会价值的统一。那么,当人处在穷困贫贱的不得志的环境中时,怎样实现内在的精神价值呢?孟子说:“不得志,独行其道。”就是说,当自己的主张不被统治者采用时,要坚持自己的志向和节操,绝不能为追求富贵利禄而屈从诸侯。不然,为了获得地位和权势而放弃了自己的志向和节操,就会成为一个丧失独立自主人格的人,从而失去了个体内在的精神价值。这样的人,就会被诸侯所轻贱,暂时获得的富贵权势也会被别人所剥夺。由此看来,个体的精神价值是内在的、长久的,而富贵利禄则是外在的、短暂的。

总之,不论人得志的时候,还是不得志的时候,尽管保持、实现个体内在精神价值的方式有所不同,但保持自己节操、人格的信念是不能动摇的。

第三,个体精神价值的功效。孟子认为,保持了个体内在的精神价值,就能摆脱外界名利贵贱、荣辱贫富、生死福祸的困扰,做到富贵不能扰乱我的心意,贫贱不能改变我的节操,威武不能“挫折”我的志向,成为一个顶天立地的大丈夫。

在这里,孟子赞扬的大丈夫精神,显示了一种藐视权贵的浩然正气和凛然不可侵犯的独立自主人格。这既是孟子坚守仁义、节操的自我写照,又是对中华民族不畏强暴、坚守正义、刚直不阿、英勇奋斗等优良传统的一定概括和总结。孟子高扬的大丈夫气概,成为鼓舞人们为正义而英勇奋斗的精神力量,对后世许多刚直不阿、忠贞不渝的志士仁人产生了积极的影响。即使在今天,其对于鞭笞见利忘义、以权谋私、贪污腐化、出卖人格、丧失国格等腐败的社会现象,仍不失有深刻的启示意义。

在写作上,本章采用了排比句式。如:“居天下之广居,立天下之正位,行天下之大道。得志,与民由之;不得志,独行其道。富贵不能淫,贫贱不能移,威武不能屈,此之谓大丈夫。”这种排比句式,显示了孟子以雄辩著称于世的风格。他口若悬河,滔滔汩汩,不可遏止。运用这三组排比,一来突出强调了个体精神价值高于一切,二来阐明了保持个体精神价值的方式,三来突出了个体精神价值的功效。这三组排比,内容统一,都是阐明大丈夫精神;文字整齐,字句长短大体相同,串联出整齐的音节,显示出文章磅礴的气势。这种排比句式,既显示了大丈夫精神的阳刚之美,又表现了孟子追求高尚独立自主人格的情怀,展现了孟子文与道的和谐统一。

6.3 周霄[1]问曰："古之君子仕乎？"

孟子曰："仕。《传》曰：'孔子三月无君，则皇皇如也，出疆必载质[2]。'公明仪曰：'古之人三月无君，则吊。'"

"三月无君则吊，不以急乎？"

曰："士之失位也，犹诸侯之失国家也。《礼》曰：'诸侯耕助，以供粢盛；夫人蚕缫，以为衣服。牺牲不成，粢盛不洁，衣服不备，不敢以祭。惟士无田，则亦不祭。'牲杀、器皿、衣服不备，不敢以祭，则不敢以宴，亦不足吊乎？"

"出疆必载质，何也？"

曰："士之仕也，犹农夫之耕也；农夫岂为出疆舍其耒耜哉？"

曰："晋国亦仕国也，未尝闻仕如此其急。仕如此其急也，君子之难仕，何也？"

曰："丈夫生而愿为之有室，女子生而愿为之有家；父母之心，人皆有之。不待父母之命、媒妁之言，钻穴隙相窥，逾墙相从，则父母国人皆贱之。古之人未尝不欲仕也，又恶不由其道。不由其道而往者，与钻穴隙之类也。"

**【注释】**

[1]周霄：魏国人。

[2]出疆必载质：离开国境必定携带与别国君主相见要赠送的礼物。

**【品读】**

本章阐明了孟子积极出仕行道、参与政治的主张，强调君子出仕要以礼义为原则。

公元前320年，孟子出游魏国。在与梁惠王的多次谈话中，孟子阐述了先义后利的义利观，国君与民同乐的君民关系，关心百姓经济生活、顺从农时、加强教化等仁政主张，表现了自己积极出仕、参与政治的强烈愿望。同时，孟子主张要保持士人的志向、节操，不可枉曲自己而顺从诸侯。正因为如此，孟子在魏国期间，虽受到梁惠王的礼遇，但始终未被授予一定的官职。本章记述的周霄与孟子的问答，就是在这种背景下发生的。

本章的内容可划分为两部分。

第一，士人积极出仕、参与政治的强烈愿望。魏人周霄问孟子说："古代的君子做官吗？"孟子肯定地回答说："做官。"孟子接着引用了《传》的记载和公明仪的话，说明了士人出仕的强烈愿望，认为孔子三个月没得到国君的任用，就会心急如焚。他离开一国的疆域，一定携带着与别国诸侯见面的礼物。古代的人三个月得不到国君的任用，就要去安慰他。周霄又问："三个月没得到国君的任用就心急如焚而需要别人去安慰他，这未免太急了吧？”孟子回答说：“士人失去了官职，就像诸侯失去了国家一样。《礼》记载说：‘诸侯亲自参加耕种，就是为了供给祭品；夫人亲自养蚕缫丝，是为了制作祭服。牛羊不肥壮，谷物不洁净，祭服不具备，不敢进行祭祀。如果士失去官职而没有祭田，那也不能祭祀。’祭祀用的牛羊、祭器、祭服不具备，就不敢进行祭祀，也不能举行招待宾客的宴会，难道不应该去安慰这样的士人吗？”周霄又问：“离开国境一定携带会见诸侯的礼物，这是什么道理呢？”孟子说：“士人参与政治而做官，如同农夫耕田一样，农夫难道因为离开国境，就抛弃他的工具吗？”这一回答，说明了士人做官的急切心情，就像农民不能离开耕种田地一样。

第二，士人出仕要以礼义为原则。周霄又问：“我们晋国是一个士人可以做官的国家，我不曾听说如此急不可待地寻求官职。既然谋求官职这样急切，士人却不肯轻易担任官职，这又是为什么呢？”孟子运用了一个比喻指出：男女结婚成家立业，必须经过父母的允许和媒人的介绍。没有这样做，便钻墙洞、扒门缝互相偷看，甚至翻墙而过去私会，就会受到父母和社会上的人的轻视。古代的士人未尝不想做官，但又厌恶不遵循礼义原则去谋求官职。不遵循正确原则去谋求官职，就像男女违背礼义而私会一样。

孟子在本章表达的士人参与政治的强烈愿望和遵循的礼义原则，与当时士阶层的崛起是紧密相连的。从春秋末期到战国时代，随着封建制取代奴隶制的社会变革，旧的思想文化观念不断动摇和崩溃，新的思潮不断萌芽和产生，学在官府的局面被打破，聚徒讲学、著书立说蔚然成风，一大批具备各种知识、才能的人被培养出来，促使士从奴隶主贵族等级序列中游离出来，逐渐转化成社会上的一个独立阶层。士人日益活跃，有的聚徒讲学，著书立说；有的辅佐朝政，参与变法；有的游说诸侯，宣传自己的政治主张，日益在政治、军事、外交活动中显示出自己的才能。在战国士阶层中，虽不乏贪图权势、追求利禄的人，以及凭一技之长寄食于国君的鸡鸣狗盗之徒，但从总体上看，士阶层摆脱了奴隶宗法制度的羁绊，以才能、知识、人格、道德活跃于社会舞台。他们以不惜牺牲个人生命而捍卫独立人格的献身精神，对正义、人格尊严的执着追求，打破了奴隶制度下唯命是从、依附和屈服于权贵的旧的思维模式，给战国时代思想战线上的百家争鸣输入了较强的竞争机制。[①]

在战国时代士阶层崛起的形势下，孟子主张士人积极出仕，参与政治。

① 参见刘泽华：《战国时期的“士”》，《历史研究》1987年第4期。

在他看来，士人担任一定的官职，才能更好地实行自己的政治主张，把自己追求的精神价值与造福于天下百姓的社会价值统一起来，从而"与民由之""兼善天下""泽加于民"；如果士人失去官职，就像诸侯失去国家一样。正如孟子所表露的那样，"治国、平天下"，在现在的时代，离开了我还有谁呢？孟子关于士人积极出仕、参与政治的强烈愿望，表现了他以"治国、平天下"为己任的自觉的历史责任感和使命感。

孟子又认为，士人出仕，必须遵循礼义原则。就是说，士人做官是为了实现治国、救民的宏大抱负，而不是追求富贵利禄。士人不能见利忘义，更不能放弃自己的志向、节操而屈从于诸侯。在他看来，有志之士拥有的仁义、节操，高于诸侯的富贵权势。这样，孟子强调的士的志向、节操和人格尊严，完全压倒了对富贵利禄欲望的追求和满足，表现了他对高尚独立自主人格的孜孜追求。



……………………………………

6.4　彭更[1]问曰："后车数十乘，从者数百人，以传食于诸侯，不以泰[2]乎？"

孟子曰："非其道，则一箪食不可受于人；如其道，则舜受尧之天下，不以为泰。子以为泰乎？"

曰："否。士无事而食，不可也。"

曰："子不通功易事[3]，以羡补不足，则农有余粟，女有余布；子如通之，则梓匠轮舆皆得食于子。于此有人焉，入则孝，出则悌，守先王之道，以待后之学者，而不得食于子。子何尊梓匠轮舆而轻为仁义者哉？"

曰："梓匠轮舆，其志[4]将以求食也；君子之为道也，其志亦将以求食与？"

曰："子何以其志为哉？其有功于子，可食而食之矣。且子食志乎？食功乎？"

曰："食志。"

曰："有人于此，毁瓦画墁[5]，其志将以求食也，则子食之乎？"

曰："否。"

曰："然则子非食志也，食功也。"

**【注释】**

[1]彭更：孟子的学生。

[2]泰：奢侈。

[3]通功易事：互通成果，交换产品。

[4]志：心愿、动机。

[5]毁瓦画墁（màn）：毁坏屋瓦，乱画墙壁。比喻无功而有害。

【品读】

本章阐明了劳心者与劳力者的社会分工和产品交换，强调了劳心者修仁尚义的社会功效。

孟子为了实现济世救民的宏大抱负，率领学生游说诸侯。有一次，彭更迷惑不解地问："您身后跟随几十辆车，随从的学生几百人，辗转于诸侯各国而接受他们周到的供养，这未免太过分了吧？"彭更只看到劳心者不从事物质生产活动而获得物质生活资料的表面现象，看不到劳心者所从事的精神产品生产在社会生活中的重要作用。为了纠正彭更的错误认识，孟子从以下几个方面作了论证。

第一，获得物质生活资料的供养必须符合仁义原则。孟子认为，不符合仁义原则，即使是一筐干粮也不能接受；符合仁义原则，即使像舜那样接受了尧的天下，也不能认为过分。这表明对富贵利禄的取舍要以仁义为标准。符合仁义的物质生活资料的供养就接受；相反，违背了仁义原则，就不能接受。也就是说，利要符合义，而不能违背义。

第二，实行社会分工和产品交换。为了纠正彭更的错误认识，孟子首先列举了劳力者内部的社会分工和产品交换。他说："你如果否认社会分工和产品交换，用多余的来弥补不足的，那么农民就会有剩余的粮食，纺织的女工就会有多余的布。假如你承认互通有无，交换成果，那么，木工、车工就能从你这里获得粮食吃。"在孟子看来，只有实行不同的分工和产品交换，才能维持社会正常的生活秩序，满足劳动者对不同物质生活资料的需求。在这个基础上，孟子又阐述了劳心者与劳力者的分工和产品交换，指出："有这样一种人，在家孝敬父母，出外尊敬兄长，守护先王的仁义之道，并用它教化后代的学者，然而却不能从你这里获得衣食等生活资料。你为什么尊敬木工、车工，却轻视信守仁义的人呢？"孟子所说的坚守先王仁义之道和从事道德教化的人，就是指从事精神产品生产的劳心者。他们从事先王之道的传播和教化，传播古代文化，用仁义道德教化人们，使社会成员遵循仁义忠孝等道德观念和准则，这是社会生活必不可少的。实际上，孟子在这里阐述了精神产品和物质生活产品的交换。也就是说，劳心者的精神产品的生产，可以满足劳力者精神生活的需要；劳力者的生产，则能满足劳心者物质生活的需要。彭更看不到劳心者在社会生活中的重要作用，必然导致尊重木工、车工而轻视实行仁义的劳心者。

第三，劳心者修仁尚义的社会功效。孟子用社会分工和产品交换的理论，批评了彭更重视劳力者而轻视劳心者的错误。但彭更又辩解说："木工、车工做工是为了找饭吃，君子行仁尚义也是为了找饭吃吗？"在孟子看来，一个人能否获得基本的物质生活资料，不能只观察他的主观动机，而是要看他对社会所做的贡献，就是说要看一个人所做事情的实际功效。因此，他反问彭更说："你为什么要谈论他们的动机呢？只要他们对你有功效，就应该给他们吃的。"接着，孟子运用了一个诱问说："你供养这些人，是根据他们的动机，还是根据他们所产生的功效呢？"彭更不假思索地回答说："是根据他们的动机。"孟子抓住彭更的破绽，举了一个劳而无功的事例，反问说："这里有一位工匠，打破屋瓦，乱画墙壁，他的动机是找饭吃，你会给他吃的吗？"彭更回答说："不给。"孟子驳斥说："那么你供养别人，不是以动机为标准，而是以功效为标准。"孟子的反驳，抓住了彭更不周延的地方，从而使他陷入自相矛盾的境地。

孟子对彭更的批驳，不仅表现了孟子机智的辩论方法，而且表现了孟子全面看问题的态度。他抓住彭更只看到劳力者的作用，而看不到劳心者的作用；只强调动机，而不看效果的片面性，从"治国、平天下"和促进社会发展的高度，充分肯定了劳心者传播古代文化和加强道德教化对社会发展的重要作用，这是符合社会发展实际的。

6.5 万章[1]问曰："宋，小国也。今将行王政，齐、楚恶而伐之，则如之何？"

孟子曰："汤居亳[2]，与葛为邻，葛伯放而不祀。汤使人问之曰：'何为不祀？'曰：'无以供牺牲也。'汤使遗之牛羊。葛伯食之，又不以祀。汤又使人问之曰：'何为不祀？'曰：'无以供粢盛也。'汤使亳众往为之耕，老弱馈食。葛伯率其民，要其有酒食黍稻者夺之，不授者杀之。有童子以黍肉饷，杀而夺之。《书》曰：'葛伯仇饷。'[3]此之谓也。为其杀是童子而征之，四海之内皆曰：'非富天下也，为匹夫匹妇复雠也。''汤始征，自葛载[4]。'十一征而无敌于天下。东面而征西夷怨，南面而征北狄怨。曰：'奚为后我？'民之望之，若大旱之望雨也。归市者弗止，芸者不变，诛其君，吊其民，如时雨降，民大悦。《书》曰：'徯我后，后来其无罚！''有攸不惟臣，东征，绥厥士女；篚厥玄黄，绍我周王见休，惟臣附于大邑周。'[5]其君子实玄黄于篚以迎其君子，其小人箪食壶浆以迎其小人。救民于水火之中，取其残而已矣。《太誓》曰：'我武惟扬，侵于之疆，则取于残，杀伐用张，于汤有光。'[6]不行王政云尔；苟行王政，四海之内皆举首而望之，欲以为君。齐楚虽大，何畏焉？"

**【注释】**

[1]万章：孟子的学生。

[2]亳(bó)：商汤的国都，在今河南商丘。

[3]引自《尚书》。意思是："葛伯仇视送饭的人。"

[4]载：开始。

[5]引自《尚书》。意思是："盼望我们的好君王，君王到来免受灾殃。""攸国不臣服，周王于是东行讨伐，安抚受苦难的百姓。百姓用竹筐装满黑色、黄色的绸帛欢迎，请求介绍与周王相见，以便蒙受光荣，希望做周朝的百姓。"

[6]引自《尚书·太誓》。意思是："我们的威武要发扬，攻打到邗国的疆土上，杀掉残暴的君王，铲除那些残暴之徒，比起商汤伐夏更辉煌。"

**【品读】**

公元前323年，孟子的仁政主张不被齐威王所采纳，孟子便离开齐国来到了宋国。这时是宋王偃称王的第六年。宋国国君尚未成年，打算实行仁政，但处在齐、楚两个强国的夹击之下，国势堪危。万章对宋国面临的严峻形势感到束手无策，便向孟子请教良策。孟子列举了古代商汤、周武王的事例，鼓励宋国效法圣贤，实行仁政。他指出：商汤居于亳都的时候，与葛国相邻。葛国君主放纵无道，不祭祀祖先。商汤多次派人去询问为什么不祭祀，葛国君主回答说没有供给祭祀的牛羊和谷米。商汤便派人送去牛羊，并派亳都的百姓为葛国百姓耕种土地。但葛国君主贪得无厌，暴虐无道，不仅把商汤送来祭祀用的牛羊吃掉，而且率领人半路抢劫、杀害那些为耕田者送饭的人。有一次，葛国君主竟十分残忍地杀害了一名送饭的儿童。商汤对葛国君主的暴虐行为忍无可忍，为了伸张正义，报仇雪恨，便兴兵讨伐葛国，攻打了十一个残暴的诸侯国而天下无敌。天下百姓都急切盼望商汤早日去解救他们，就像久旱而盼望降雨一样。商汤的征伐诛杀暴君，安慰百姓，商人照常在市场上叫卖，农民照常耕田播种，百姓热烈地欢迎商汤的到来。《尚书》记载百姓赞扬商汤的话说："盼望我们的好君王，君王到来免受灾殃。"

孟子采用论证的手法，又引用了《尚书》记载周武王征伐的事迹，指出：有个暴虐的攸国不愿归服，周武王便开始东征，安抚遭受苦难的百姓。那里的官吏用竹筐盛满黑色、黄色的绸帛欢迎武王的官吏，百姓则箪食壶浆迎接武王的仁义之师。周武王把苦难的百姓从水深火热中拯救出来，诛杀虐待百姓的暴君。《尚书·太誓》赞扬周武王说："我们的威武要发扬，攻打到邗国的疆土上，杀掉残暴的君王，铲除那些残暴之徒，比起商汤伐夏更辉煌。"

孟子在反复论证的基础上，得出结论说："宋国君主只是不实行仁政罢了。如果实行仁政，天下的人都会仰首盼望，拥护他做天下的君王。齐国、楚国虽然强大，但有什么可畏惧的呢？"

本章阐述的孟子关于弱小国家要效法圣贤、实行仁政、获得民心的主张，对激励弱国在逆境中奋起，自强自立，具有积极的意义。在孟子看来，小至个人，大至国家，只有在逆境中奋发进取，依靠自己艰苦卓绝的奋斗，才能改变自身的困境。孟子强调发挥人的主观努力，表现了他奋发向上、积极进取、自强不息的精神风貌。但我们也应看到，战国中期，在诸侯国家以强凌弱、以大并小的社会形势下，弱小国家难以摆脱被强大国家并吞的危险。孟子关于弱小国家实行仁政就能统一天下的主张，又具有理想化的色彩。

本章采用了反复、引证等手法，为突出本章的主题服务。譬如反复，“汤使人问之曰：‘何为不祀？’……汤又使人问之曰：‘何为不祀？’”这种阐述方式，给读者留下了深刻印象，既表现了商汤的胸襟博大、仁至义尽，又衬托出葛国君主放纵无道、贪得无厌的残忍本性。又如引证，孟子多次引用《尚书》的话，描述商汤、周武王的功绩和功德，增强了语言的文采和论说的说服力。赵岐称赞孟子擅长运用《诗经》和《尚书》，这是符合实际的。

本章还保存了孟子关于训诂的珍贵资料。值得注意的是，本章正文中的训诂已经有了考史叙事的内容。孟子说：“汤居亳，与葛为邻，葛伯放而不祀。汤使人问之曰：‘何为不祀？’曰：‘无以供牺牲也。’汤使遗之牛羊。葛伯食之，又不以祀。汤又使人问之曰：‘何为不祀？’曰：‘无以供粢盛也。’汤使亳众往为之耕，老弱馈食。葛伯率其民，要其有酒肉黍稻者夺之，不授者杀之。有童子以黍肉饷，杀而夺之。《书》曰：‘葛伯仇饷。’此之谓也。”“葛伯仇饷”是《尚书》的记载。孟子的这段叙述，生动、详尽地描述了事件的始末，既记述了葛伯暴虐无道、贪得无厌、强横夺取的行径，又记述了商汤仁至义尽、光明磊落的正义行为。它对《尚书》的记载作了具体而详尽的注脚，使人们明确了这件历史事实。

6.6 孟子谓戴不胜[1]曰：“子欲子之王之善与？我明告子。有楚大夫于此，欲其子之齐语也，则使齐人傅诸？使楚人傅诸？”

曰：“使齐人傅之。”

曰：“一齐人傅之，众楚人咻[2]之，虽日挞而求其齐也，不可得矣；引而置之庄岳[3]之间数年，虽日挞而求其楚，亦不可得矣。子谓薛居州，善士也，使之居于王所。在于王所者，长幼卑尊皆薛居州也，王谁与为不善？在王所者，长幼卑尊皆非薛居洲也，王谁与为善？一薛居州，独如宋王何？”

【注释】

[1]戴不胜：宋国大夫。

[2]咻(xiū)：喧嚷、吵闹。

[3]庄岳：齐国都城街道的名称。

【品读】

本章阐明了环境对人的重要影响，指出臣子欲匡正国君，就要多引荐贤能的人。只有这样，才能成就国君治国的功业。

从上一章万章说的话来看，宋国害怕齐、楚两个大国的攻击。本章又记述了孟子与戴不胜的谈话。由此推测，宋王年幼，周围需要贤能之人的辅佐和影响，所以孟子劝告宋国大夫多向国君引荐贤才。

有一次，孟子对宋臣戴不胜说："你希望国君努力向善吗？我明确告诉你一个方法。如果有一个楚国的大夫想让自己的儿子学习齐国语言，那是请齐国人教他呢，还是请楚国人教他呢？"戴不胜回答说："当然请齐国人教他。"孟子接着阐述了环境对人的重要影响。他说："一个齐国人循循善诱、专心致志地教育他，然而周围却有许多楚国人用楚国话在旁边喧嚷、打扰他。这样，即使每天鞭打他，要他学会齐国话，也是不可能的。"在孟子看来，要使这个儿童学习好齐国语言，必须为他提供一个良好的环境。孟子又从正面论述说："如果把他带到齐国都城繁华的市区住上几年，学习齐语，由于老师的教育和周围环境的熏陶、影响，即使每天鞭打他，逼他说楚国话，也是办不到的。"孟子通过上面的正反对比，强调了环境对人的重要影响。他进一步引申说：你说薛居州是位贤士，让他住在王宫里与宋王朝夕相伴，影响国君向善。如果住在王宫里的人，不论年龄大小、地位高低，都是薛居州那样的贤士，那国君与谁一起做坏事呢？如果在国君左右的人，都是献媚取宠、为非作歹之辈，那国君与谁一道做好事呢？道德低下的小人众多，而贤能的人稀少，怎能成就国君的治国功业呢？

孟子在本章以楚人学习齐国语言为喻，生动、形象、贴切地说明了环境的好坏对人产生的不同影响。他进一步把环境对人的影响上升到"治国、平天下"的高度，主张臣子应多向国君推荐贤才，在贤士的影响下，成就"治国、平天下"的功业。在我国古代思想史上，这种认识是相当深刻的。孟子重视环境影响的思想，对后代的思想家产生了重要影响。战国末期的荀子说：飞蓬草生长在麻中间，不用扶持它自然长得笔直；白沙放在黑土中，就会同黑土一样黑……因此君子定居时一定要谨慎地选择好地方，外出时要与道德高尚的人交往，防止受邪恶之人的影响，这样才能接近正道。这种重视环境影响的思想，与孟子的上述主张是一脉相承的。

6.7 公孙丑问曰："不见诸侯何义？"

孟子曰："古者不为臣不见。段干木[1]逾垣而辟[2]之，泄柳[3]闭门而不纳，是皆已甚；迫，斯可以见矣。阳货欲见孔子而恶无礼，大夫有赐于士，不得受于其家，则往拜其门。阳货瞰[4]孔子之亡也，而馈孔子蒸豚；孔子亦瞰其亡也，而往拜之。当是时，阳货先，岂得不见？曾子曰：'胁肩谄笑，病于夏畦。'子路曰:'未同而言,观其色赧赧然,非由之所知也。'由是观之,则君子之所养,可知已矣。"

**【注释】**

[1]段干木:春秋时期魏国人。

[2]辟:躲避。

[3]泄柳:春秋时期鲁国人。

[4]瞰(kàn):窥探。

**【品读】**

本章引证孔子等古代圣贤的事例,阐明了君子的行为要以礼义为原则。

有一天,公孙丑问孟子说:"您不主动去拜见诸侯,是什么道理呢?"孟子指出:在古代,不是诸侯的臣属,就不去拜见诸侯。从前段干木跳墙避开了魏文侯,泄柳关门不出拒绝了鲁穆公。他们的做法都有些过分。国君来访问士人的心意恳切,就可以会见他们。鲁国大夫阳货想让士人孔子来拜访自己,又担心这样做不符合礼的规定,于是便利用了当时礼的一条规定——大夫赏赐士人礼物,如果士人外出而不能亲自接受礼物,便得亲自去大夫家拜谢。阳货趁孔子外出的时候,送给孔子一只蒸熟的小猪。孔子明白阳货的用意,也趁他外出的时候去登门拜谢。当时,如果阳货不耍花招而先去拜访孔子,孔子怎能避开不见呢?曾子说过:"耸着肩膀强装笑脸,这比夏天在菜地里干活还要劳累。"子路说:"两人志趣不合,然而却勉强与他谈话,看他那面红耳赤的惭愧样子,我实在讨厌这种人。"从他们两人的话来看,君子怎样培养自己的道德品质,就可以明白了。

孟子认为,士人拜见诸侯是为了宣传、实行自己"治国、平天下"的仁政主张,同时,又要以礼义为原则。魏文侯、鲁穆公按礼义分别去访问段干木、泄柳,然而后者却避而不见,这种过分的做法超过了礼义准则;阳货的做法,没达到礼义的要求,所以他耍弄的花招表现出自己行为的可耻。因此,孟子主张,君子的行为要以礼义为准则,超过和不及,都不符合礼义的要求。

---

6.8 戴盈之[1]曰:"什一,去关市之征,今兹[2]未能,请轻之,以待来年,然后已,何如?"

孟子曰:"今有人日攘[3]其邻之鸡者,或告之曰:'是非君子之道。'曰:'请损之,月攘一鸡,以待来年,然后已。'如知其非义,斯速已矣,何待来年?"

**【注释】**

[1]戴盈之:宋国大夫。

[2]今兹：今年。

[3]攘（rǎng）：偷盗。

**【品读】**

为了用仁政"治国、平天下"，孟子向诸侯反复宣传有利于农业生产和工商业发展的赋税政策，主张对农民实行十分抽一的田税，免征关卡和市场的税收。

孟子在宋国也阐述了这一主张。宋国大夫戴盈之向孟子陈述困难说："实行十分抽一的田税，免除关卡和市场的商业税，今年无法做到。我们先减轻税收，等到明年再彻底实行您的措施，怎么样？"这时，孟子并没有正面阐述减轻赋税的抽象理论和措施，而是运用了一个"攘邻之鸡"的生动、形象的寓言，把减轻赋税的理论讲述得浅显易懂。孟子说："现在有一个人，每天贼头贼脑地偷取邻居家的一只鸡。这种可耻的行径被人发现后，有人义正词严地批评他说：'这不是君子的仁义行为。'他却不知羞耻地说：'请允许我先少偷一些，改为每月偷一只鸡，等到明年，再彻底改正。'"孟子讲述完这则寓言，又引申、议论说："如果明白了这件事不合道义，就要迅速改正，为什么要等到明年呢？"

这则寓言寓意深刻，讽刺了统治者的伪善和贪婪，勾画出统治者不肯停止横征暴敛的丑恶嘴脸，说明了发现错误要立即改正，不能推诿拖延的深刻道理。孟子在篇末的评论，振聋发聩，撼人心弦，产生了画龙点睛的效果。

6.9 公都子[1]曰："外人皆称夫子好辩，敢问何也？"

孟子曰："予岂好辩哉？予不得已也。天下之生久矣，一治一乱。当尧之时，水逆行，泛滥于中国，蛇龙居之，民无所定；下者为巢，上者为营窟。《书》曰：'洚水警余。'洚水者，洪水也。使禹治之。禹掘地而注之海，驱蛇龙而放之菹；水由地中行，江、淮、河、汉是也。险阻既远，鸟兽之害人者消，然后人得平土而居之。

"尧舜既没，圣人之道衰，暴君代作，坏宫室以为污池，民无所安息。弃田以为园囿，使民不得衣食。邪说暴行又作，园囿、污池、沛泽多而禽兽至。及纣之身，天下又大乱。周公相武王诛纣，伐奄[2]三年讨其君，驱飞廉[3]于海隅而戮之，灭国者五十，驱虎、豹、犀、象而远之，天下大悦。《书》曰：'丕显哉，文王谟！丕承者，武王烈！佑启我后人，咸以正无缺。'[4]

"世衰道微，邪说暴行有作，臣弑其君者有之，子弑其父者有之。孔子惧，作《春秋》[5]。《春秋》，天子之事也；是故孔子曰：'知我者其惟《春秋》乎！罪我者其惟《春秋》乎！'

"圣王不作，诸侯放恣，处士横议，杨朱[6]、墨翟[7]之言盈天下。天下之言不归杨，则归墨。杨氏为我，是无君也；墨氏兼爱，是无父也。无父无君，是禽兽也。公明仪[8]曰：'庖有肥肉，厩有肥马，民有饥色，野有饿莩，此率兽而食人也。'杨墨之道不息，孔子之道不著，是邪说诬民，充塞仁义也。仁义充塞，则率兽食人，人将相食。吾为此惧，闲[9]先圣之道，距杨墨，放淫辞，邪说者不得作。作于其心，害于其事；作于其事，害于其政。圣人复起，不易吾言矣。

"昔者禹抑洪水而天下平，周公兼夷狄、驱猛兽而百姓宁，孔子成《春秋》而乱臣贼子惧。《诗》云：'戎狄是膺，荆舒是惩，则莫我敢承。'无父无君，是周公所膺也。我亦欲正人心，息邪说，距诐行，放淫辞，以承三圣者。岂好辩哉？予不得已也。能言距杨墨者，圣人之徒也。"

**【注释】**

[1]公都子：孟子的学生。

[2]奄：商的盟国，助纣为虐，后为周成王所灭。

[3]飞廉：商纣宠臣。

[4]引自《尚书》。意思是："周文王的谋略多么英明！周武王的功业多么伟大！启发帮助了后代的成王、康王，使他们都能完美无缺地遵循正道。"

[5]《春秋》：儒家经典之一，记载了春秋时鲁国从隐公元年到哀公十四年共二百四十二年的历史，是中国古代第一部编年体史书。

[6]杨朱：字子居，魏国人，战国初期道家代表人物。

[7]墨翟：春秋战国之际的鲁国人，墨家学派的创始人。

[8]公明仪：鲁国贤人。

[9]闲：捍卫。

**【品读】**

春秋战国时代，随着社会政治、经济的发展和士阶层的崛起，学术上出现了百家争鸣的繁荣景象。参与争鸣的诸子百家，学派林立，派中有派，持之有故，言之成理。他们既各抒己见，相互诘辩，又相互融合，相互吸取。先秦诸子评古论今，贯通天人，阐述哲理，经世致用，不仅在当时具有重要意义，而且对后代学术的发展产生了重要影响。

在战国时代的百家争鸣中，孟子以"好辩"而著称，是上承孔子、下启荀子的先秦儒学的著名大师。公都子问："外人都说您喜欢辩论，请问这是什么原因？"孟子回答说："我哪里是喜好辩论呢？我是迫不得已。"孟子的回答表明，他与其他诸家激烈辩论，是为了继承、捍卫、发展孔子创立的儒家学说，批驳其他学派对儒家的非难及攻击。因此，孟子的辩论是由当时的社会形势决定的。

本章内容划分为两部分。

第一，概述从尧、舜、禹到春秋战国时代人类社会治乱相间的发展过程。孟子说：人类社会自产生以来，就是在一治一乱的过程中发展起来的。他列举了人类社会发展的事实，进一步论证了这个论点。

孟子指出：在尧的时候，洪水泛滥，禽兽横行，自然环境十分险恶。大禹治理水患，改善了人们的物质生活条件，社会由乱转化为治。尧、舜死后，圣人之道衰微，夏桀、殷纣等暴君不断出现。暴君荒淫无度，剥夺了百姓基本的物质生活条件，到商纣的时候，天下又陷入大乱。周公呕心沥血辅佐武王，诛杀商纣，讨伐暴虐的国家，使天下太平，社会又由乱转化为治。进入春秋时代，仁义之道又逐渐衰微，荒谬学说及残暴行为又陆续产生，出现了臣子杀死国君、儿子杀死父亲的犯上作乱行为，社会又陷入了混乱。战国之时，圣王不再出现，诸侯肆无忌惮，杨、墨学说充斥天下。统治者庖有肥肉，厩有肥马，而广大百姓却面呈饥色，野有饿殍。在这种严峻的社会形势下，我深深为此忧虑，才奋不顾身地站出来捍卫古代圣人的学说，反对杨、墨的思想，驳斥错误的言论。这些奇谈怪论，危害工作，扰乱政治。即使是圣人出现，也会赞成我的观点。显然，孟子所说捍卫圣人的学说，反对杨、墨的思想，驳斥错误的言论，目的是追求一个君仁臣义、父子有亲的美好理想社会，努力使社会由乱转化为治。

第二，概括了圣人的功绩，表明了继承古代圣人业绩的坚定志向。孟子阐述了人类社会治乱相间的发展过程后，接着概述了古代圣贤推动社会由乱发展为治的功绩。他说："从前大禹治理了洪水，天下才得以太平；周公兼并了夷狄，驱走了猛兽，百姓才得到安宁；孔子写成了《春秋》，乱臣贼子才有所畏惧。"孟子进一步引用《诗经》的话论证自己批驳异端邪说的正义性、合理性，抒发了自己继承圣人业绩，承担历史重任的情怀和志向。他说："《诗经》上说：'攻击戎狄，惩罚荆舒，那就没有人敢抗拒我。'像杨朱、墨子这种目无国君和父母的人，正是周公所要惩罚的。我也要端正人心，消除异端邪说，反对偏激的行为，批判奇谈怪论，以继承大禹、周公、孔子三位圣人的事业。我哪里是喜欢辩论呢？这是重任在肩无法不挺身而出进行辩论呀！能够用言论来驳斥杨朱、墨子主张的人，就是圣人的门徒了。"

本章是孟子在学术思想上讨伐杨墨、批驳异端的一篇层次清晰、构思完整的宣言。文章语言简练，文笔生动，突出地表现了孟子激越的情感。孟子一方面揭示了乱世自然环境险恶、暴君无道、仁义衰落、邪说横行、百姓受苦的社会状况，另一方面又怀着对圣贤的崇尚之情，歌颂了他们战胜洪水、诛伐暴虐、驱逐猛兽、弘扬仁义、忧民疾苦、安定天下的以治世代替乱世的功绩。在抨击杨、墨学派时，孟子语言犀利，口若悬河，不可遏止，文势壮阔，揭示了儒家与杨、墨学派的尖锐对立；在阐述自己的志向时，孟子抒发了自己捍卫先圣之道、继承圣人业绩、端正人心、消灭邪说、忧虑民苦、济世救民的情怀。孟子在篇末概括说："昔者禹抑洪水而天下平，周公兼夷狄、驱猛兽而百姓宁，孔子成《春秋》而乱臣贼子惧。……我亦欲正人心，息邪说，距诐行，放淫辞，以承三圣者。岂好辩哉？予不得已也。能言距杨墨者，圣人之徒也。"这一结论，既与本章开头"予岂好辩哉？予不得已也"相照应，显示出情韵无穷、思想连贯、辞意畅达的特色，又表现出孟子坚守信念、刚正不阿、疾恶如仇、雄心勃勃、以天下为己任的宏大志向和性格，从而使孟子血肉丰满的倔强形象跃然纸上。

本章阐述的理论问题主要有两个。

第一，社会变迁。孟子指出："天下之生久矣，一治一乱。"这一观点，涉及社会的变迁方式。学术界的一个传统观点将它贬斥为"历史循环论"。我们认为，如果不是仅从字面上理解，这一观点似难成立。

我们知道，所谓循环论，是一种形而上学的发展观，其认为事物只有量的变化而无质的飞跃，只能像走马灯似的从某点出发，周而复始地回复到原来状态，否认事物由低级向高级、由简单到复杂的变化发展。依据这一观点衡量孟子"一治一乱"的社会变迁方式，我们将看到：

首先，"一治一乱"变迁方式的提出根源于社会发展的一定历史事实。孟子认为，当尧之时，由于受到洪水泛滥、禽兽横行等自然灾害的危害，"天下犹未平"①。尧为此忧虑，任用舜等贤才，率领百姓与自然灾害作斗争，改善了人们所处的自然环境和物质生活条件。显而易见，从"天下犹未平"到环境改变、生活安定，标志着社会由乱转化为治。孟子又说，尧、舜死后，圣人之道衰落，暴君出现，剥夺了百姓的物质生活资料，"及纣之身，天下又大乱"。这样，社会便由治转变为乱。之后，周公辅佐武王讨伐商纣，铲除暴虐，兼并夷狄，安抚百姓，"天下大悦"。这时，社会又由乱转化为治。进入春秋、战国时代，孟子将这一时期视为"世衰道微，邪说暴行有作""圣王不作，诸侯放恣，处士横议，杨朱、墨翟之言盈天下"的混乱之世，决心继承大禹、周公、孔子的业绩，"正人心，息邪说，距诐行，放淫辞"，追求和实现"天下平"的治平之世。通观孟子对从尧舜时期到战国时期社会治乱相间的描述可以看出，一治一乱的社会变迁不是个人的主观臆断，而是从中国社会发展的基本历史事实中得出的一个结论。

① 《孟子·滕文公上》。

其次，“一治一乱”的社会变迁观点，既承认社会有前进的一面，又看到社会有倒退的一面。孟子认为，每当圣贤实行仁政，任贤使能，省刑薄敛，膏泽于民，与民同乐，百姓欢愉之时，社会就表现为治世；反之，则是“污世”或乱世。尽管孟子还不可能运用现代哲学的量变、质变等概念阐述社会的治乱变迁，但他实际上已接触到这一问题。在他那里，乱世是社会的倒退，治世则是社会的前进和发展，乱世与治世是性质不同的两种社会状态。就治世而言，后一治世也并非是回复到前一治世的原来状态。譬如，就大禹治水使“天下平”和武王伐纣使“天下大悦”这两个治世来看，前者仅是初步获得基本的物质生活资料，即“中国可得而食”和“人得平土而居之”；后者则是“安天下之民”，使“天下大悦”和“百姓宁”。这表明，武王之时的社会物质生活优于大禹之治世。再就两种治世的精神生活来看，孟子很少阐述大禹之治世的国家制度，而对周代的国家制度作了较详细的描述，如周初“周公之封于鲁”“太公之封于齐”[①]的分封制度，通行于天下“凡五等”、通行于封国“凡六等”的官爵制度，天子、公、侯、伯、子男等享有不同的封地和俸禄，大、中、小封国的俸禄又各不相同[②]。上述孟子的描绘虽有不少理想成分，但这确实在客观上表明武王之治世的物质及精神生活较大禹之治世有了较大的进步和发展。两种治世作一比较，我们将看到：如果说大禹之治世是一种较低级的太平社会，那么，武王之治世则是一种较高级的太平社会，后一治世是对前一治世的完善和发展。这样，孟子“一治一乱”的社会变迁方式不仅根源于一定的历史事实，而且蕴含着深刻的理性内容。人类社会“一治一乱”的变迁发展，展现了社会由低级向高级的发展趋向。由此看来，将孟子“一治一乱”的变迁方式斥责为“历史循环论”，似有一定偏颇之嫌。[③]

第二，孟子与墨家、杨朱的关系。在战国时代的百家争鸣中，墨家和杨朱学派是与儒家争鸣的两个重要学派。孟子说：“杨朱、墨翟之言盈天下。天下之言不归杨，则归墨”；“杨墨之道不息，孔子之道不著，是邪说诬民，充塞仁义也。仁义充塞，则率兽食人，人将相食”。这表明，墨家、杨朱在战国中期仍有重要影响。孟子认为，墨家、杨朱学派违背了儒家的仁义之道。为了宣扬、捍卫儒家的仁义学说，孟子不仅抗拒墨家，而且批驳杨朱。

就孟子与墨家的关系来看，孟子曾批驳墨家的“爱无差等”，主张爱人有亲疏、远近的等级差别。[④] 孟子认为墨家的“爱无差等”把人们爱自己的父

---

① 《孟子·告子下》。

② 参见《孟子·万章下》。

③ 参见王其俊：《论孟子的社会变迁思想》，《孔子研究》1995年第3期。

④ 参见本书5.10章“品读”。

母、儿女与爱别人的父母、儿女视为一样而没有差别，这就否定了父子、兄弟之间的天然血缘情感，最终否定了父子、兄弟关系。在孟子看来，人与禽兽相区别的一个重要标志，就是人有君臣、父子、兄弟、夫妇、朋友等人际关系。墨家的兼爱否认了父子、兄弟关系，这就与禽兽没有什么区别，所以孟子抨击墨家是"无父"的"禽兽"。学术界有人认为，孟子对墨家采取了一概骂倒的态度。这只是看到了问题的表面现象。实际上，孟子从儒家"爱有差等"的观点出发对墨家兼爱说的抨击是合乎逻辑的。墨家的"爱无差等"在封建宗法等级社会中，并没有现实的社会基础。孟子的抨击，在一定程度上击中了墨家兼爱说的要害。秦汉以后，墨家逐渐衰微而成为绝学，一是由于统治者崇儒抑墨，二是由于墨家的兼爱不符合封建宗法等级社会的现实需要。

就孟子与杨朱的关系来看，杨朱的中心思想是"为我""贵己"和"轻物重生"。孟子指出：杨朱提倡只为自己，连拔一根汗毛而有利于天下的事都不肯干。杨朱认为小腿上的一根汗毛属于自己的形体，周围的事物、利害为身外之物。天下事物和利害莫贵于自己的身体和生命，只有不受外物的诱惑，才能保全自己的身体和生命。孟子以捍卫儒家的仁义学说为己任，激烈地抨击杨朱。他与杨朱既有对立、冲突的一面，又有相通、包容的一面。



……………………………………

6.10　匡章[1]曰："陈仲子[2]岂不诚廉士哉？居於陵[3]，三日不食，耳无闻，目无见也。井上有李，螬食实者过半矣，匍匐往，将食之；三咽，然后耳有闻，目有见。"

孟子曰："于齐国之士，吾必以仲子为巨擘[4]焉。虽然，仲子恶能廉？充仲子之操，则蚓而后可者也。夫蚓，上食槁壤，下饮黄泉。仲子所居之室，伯夷之所筑与？抑亦盗跖[5]之所筑与？所食之粟，伯夷之所树与？抑亦盗跖之所树与？是未可知也。"

曰："是何伤哉？彼身织屦，妻辟纑[6]，以易之也。"

曰："仲子，齐之世家也；兄戴，盖禄万钟。以兄之禄为不义之禄而不食也，以兄之室为不义之室而不居也，辟兄离母，处于於陵。他日归，则有馈其兄生鹅者，己频顣[7]曰：'恶用是鶂鶂[8]者为哉？'他日，其母杀是鹅也，与之食之。其兄自外至，曰：'是鶂鶂之肉也。'出而哇之。以母则不食，以妻则食之；以兄之室则弗居，以於陵则居之，是尚为能充其类也乎？若仲子者，蚓而后充其操者也。"

**【注释】**

[1]匡章：齐国将领。

[2]陈仲子：齐国隐士。

[3]於(wū)陵：齐国地名，在今山东邹平西。

[4]巨擘(bò)：大拇指，比喻杰出的人。

[5]盗跖：相传是春秋时期的大盗。

[6]辟纑(lú)：绩麻练麻。

[7]频顣：同"颦蹙"，皱眉、不高兴的样子。

[8]鶂(yì)鶂：鹅的叫声。

**【品读】**

本章批评陈仲子矫揉造作、违背仁义的行为，阐明人的行为只有符合仁义才能称为廉洁。

齐国的匡章十分赞赏齐国隐士陈仲子的廉洁自守，他对孟子说："他难道不是一位廉洁高尚的人吗？他住在於陵，三天没有吃饭，饿得头昏眼花，耳朵失去知觉，眼睛看不见东西。恰巧井边有颗李子，已被金龟子吃了大半。他有气无力地爬过去，把残剩的李子取来吃。吃了三口，耳朵才恢复了听觉，眼睛才恢复了视觉。"孟子的这段记述十分传神，生动、形象地刻画了陈仲子因坚持所谓廉洁而几乎饿死的狼狈形象。孟子接着指出："在齐国的人士中，我肯定陈仲子是个独一无二的人物。但这种人怎能称得上廉洁呢？如果尽量扩充他的操守，只有把人变成蚯蚓才有可能做得到。蚯蚓在上面吃干土，在地下喝泉水，丝毫不求助于人而自足。然而陈仲子住的房屋，是像伯夷那样廉洁的人建造的，还是像盗跖那样贪残的人建造的呢？他所吃的粮食，是像伯夷那样廉洁的人种植的，还是像盗跖那样贪残的人种植的呢？所有这些都是无法判断清楚的。由此看来，他还要依赖别人而不如蚯蚓廉洁。"匡章回答说："这有什么妨碍呢？他自己编织草鞋，妻子绩麻练麻，用自己的产品交换得来的。"为了帮助匡章澄清认识，孟子便列举了陈仲子吃鹅肉一事说："陈仲子是齐国的宗族大家，享有世代相传的禄田。他的哥哥陈戴，每年领取几万石粮食的俸禄。陈仲子却认为哥哥的俸禄不合乎义而不去吃，哥哥的房子不合乎义而不去住。于是躲避哥哥，离开母亲，住到於陵。有一天，他回到家中，刚好有人送给他哥哥一只活鹅，他便皱着眉头说：'为什么用这呃呃叫的鹅当礼送呢？'过了几天，母亲杀了鹅让陈仲子吃。哥哥恰巧从外面回来，便说：'这就是那只呃呃叫的鹅的肉啊！'陈仲子听了哥哥的话，便跑到外边，将肉吐了出来！"孟子的这段描写，辛辣地讽刺了陈仲子矫揉造作、违背仁义的行为，使陈仲子的性格特征跃然纸上，令读者觉得滑稽可笑。

孟子在篇末进一步评论说："母亲做了不吃，却吃妻子做的；不住哥哥的房屋，却住在於陵。这种行为能够在人类中推广吗？像陈仲子这样的人，只有先变成蚯蚓于世无求，才能保持他的廉洁操守。"

本章表现了孟子的社会群体观和廉洁观。

就社会群体观来看，孟子认为人是区别于禽兽的类存在，人具有君臣、父子、兄弟等人际关系和仁、义、礼、智、信等道德观念。也就是说，人只有在一定的人际关系和社会关系中才能生存，不能完全与社会隔绝而独立存在和生活。孟子又认为，尧舜之道的根本就是仁义，而仁的根本是侍奉父母，义的根本是顺从兄长。陈仲子离开母亲，躲避兄长，不明白忠孝大义，从而抛弃了君臣、父子、上下的人际关系和做人的根本准则——仁义。这种人怎能称为廉洁之士呢？陈仲子的“廉洁”，脱离了一定的社会条件，因而只能是空中楼阁而经不起推敲。孟子用蚯蚓譬喻，说明人不能像蚯蚓那样上食干土、下饮泉水而于世无求。如果真的像蚯蚓那样，就变成了禽兽而不是人。这样，孟子强调了人的廉洁不能脱离一定的社会条件，这是符合客观实际的。

就廉洁观来看，孟子认为，一个人的行为廉洁，最根本的是要符合仁义的观念和原则。在他看来，陈仲子认为哥哥的俸禄不合乎义，因而不去享用；哥哥的房屋不合乎义，因而不去居住。难道他妻子交换来的粮食一定是像伯夷那样廉洁的人种植的吗？难道於陵的房屋一定是像伯夷那样廉洁的人建造的吗？陈仲子吃的粮食，也可能是像盗跖那样的人种植的；陈仲子居住的房屋，也可能是像盗跖那样的人建造的。这样，陈仲子的行为就与他本人所标榜的义发生了矛盾。这说明，孟子善于抓住对方言行的片面性予以批驳，从而使对方陷入窘境。

本章说理透辟，譬喻生动精彩，引人入胜，富有风趣，有利于揭示出文章的主旨。

# 离娄章句上

7.1　孟子曰："离娄[1]之明、公输子[2]之巧，不以规矩，不能成方圆。师旷[3]之聪，不以六律，不能正五音。尧舜之道，不以仁政，不能平治天下。今有仁心仁闻，而民不被其泽，不可法于后世者，不行先王之道也。故曰：徒善不足以为政，徒法不能以自行。《诗》云：'不愆不忘，率由旧章。'[4]遵先王之法而过者，未之有也。圣人既竭目力焉，继之以规矩准绳，以为方员平直，不可胜用也；既竭耳力焉，继之以六律正五音，不可胜用也；既竭心思焉，继之以不忍人之政，而仁覆天下矣。故曰：为高必因丘陵，为下必因川泽；为政不因[5]先王之道，可谓智乎？是以惟仁者宜在高位。不仁而在高位，是播其恶于众也。上无道揆[6]也，下无法守也，朝不信道，工不信度，君子犯义，小人犯刑，国之所存者幸也。故曰：城郭不完，兵甲不多，非国之灾也；田野不辟，货财不聚，非国之害也。上无礼，下无学，贼民兴，丧无日矣。《诗》曰：'天之方蹶，无然泄泄。'[7]泄泄，犹沓沓也。事君无义，进退无礼，言则非先王之道者，犹沓沓也。故曰：责难于君谓之恭，陈善闭邪谓之敬，吾君不能谓之贼。"

**【注释】**

[1]离娄：相传是黄帝时人，视力出众，在百步之外能明察秋毫之末。

[2]公输子：即鲁班，春秋末期鲁国的著名巧匠。

[3]师旷：春秋时期晋国著名的乐师。

[4]引自《诗经·大雅·假乐》。意思是："不犯过错，不要遗忘，一切都遵循传统的规章。"

[5]因：依靠、凭借。

[6]道揆(kuí)：按照义理标准衡量事物。

[7]引自《诗经·大雅·板》。意思是："上天正在制造动乱，不要这样多语妄言。"

**【品读】**

本章阐明了治国要效法先王的仁义之道，将爱人之心与法度相结合，指出了君臣应该履行的职责。

本章内容划分为两部分。

第一，治国要效法先王的仁义之道，将爱人之心与法度结合起来。孟子认为，为了维持社会生活的协调，最根本的就是要实行先圣之道即仁义之道。为了论证“即使是尧舜治理百姓，如果不实行仁政，也不能使天下太平”的论点，孟子运用了几个生动的比喻，指出：“即使具备离娄那样好的眼力，公输子那样高超的技巧，如果不采用圆规和曲尺，就不能制造出方、圆的器具；即使具有师旷那样聪明的耳力，如果不依据六律制定音乐的清浊高下，也不能校准五音。”这几个生动的比喻，反复申说了规矩、六律的重要性，从而衬托出尧舜治理天下离不开仁政，给读者留下了深刻的印象。

孟子正面阐明了用仁政治理国家、安定天下的重要性及必要性后，又从反面列举出当时诸侯不遵循先王仁义之道的社会现象，指出：“现在有些诸侯虽然有仁爱的心理和名声，但百姓却蒙受不到他们的恩惠，他们的政治也不能成为后代效法的榜样，就是因为他们没有实行古代圣王的仁政。所以说，只有善心，还不足以治理好政事；只有好的法度，法度也不可能自动实行。”孟子通过正反对比，得出结论说：“因此，要将爱人之心与好的法度结合起来。《诗经》说：‘不犯过错，不要遗忘，一切都遵循传统的规章。’遵循古代圣王的法度而犯有过失，是从来没有的事情。”

这一节文字，孟子运用比喻和正反对比的手法，强调治理国家要遵循先王的仁政。文章至此似乎语意已尽，但孟子并未至此搁笔，而是采用了繁复的手法，变换言辞，重复遵循先王仁义之道的重要性及必要性，从而使文章又现佳境。他说：“圣人既已用尽了目力，又用圆规、曲尺、水准仪、绳墨制造方、圆、平、直的物品，那么后代的人运用这个法度而制造东西，各种物品就会应用不尽了；圣人既已用尽了耳力，又用六律来校正五音，那么后代的人运用音乐法度，就应用不尽了；圣人既已用尽了脑力，又实行仁政，那么仁爱便普施天下了。所以，修筑高台一定要凭借山陵，挖掘深池一定要凭借河川沼泽；如果治理政事不遵循古代圣王的法度，怎能称得上明智呢？”

这一节文字仍是讲述上一节遵循先王仁义法度的道理，但读后不使人感到烦琐。总之，这两节文字句式繁复，论说周密，语言流畅，加强了语势，使人产生了强烈的感受。

第二，君臣应该履行的责任。孟子在阐述了治理政事要遵循先王仁义之道的主题后，接着把议论转到君臣应该履行的职责上。先看国君的职责。孟子说：“只有仁德的人才适宜处在高位。不仁德的人处在高位，就会把自己的罪恶传播给民众。如果在上位的人不按照义理标准衡量事物，在下位的人就不按法度履行职守，朝中的大臣不信服义理，工匠不相信尺度，官吏触犯义理，百姓触犯刑法。在这种情况下，国家还能存在，这真是侥幸的事啊！所以说，城墙不坚固，军备不充足，并不是国家的灾难；田野荒芜，财物贫乏，也不是国家的灾难。如果在上的人没有理义，在下的人不接受教化，各种残害百姓的事情就会发生，国家就会迅速灭亡。”这段文字，突出强调了国君在国家政事中的作用。就是说，国君效法先王仁义之道，实行仁政，坚信理义，为在下的人作出榜样，就能上行下效，治理好国家和天下；反之，在上的人不坚信理义，把罪恶传播给百姓，就会破坏社会生活秩序，导致国家的灭亡。值得注意的是，孟子的这段论述，采取了四组对偶句，加强了语意。用“上无道揆也，下无法守也；朝不信道，工不信度；君子犯义，小人犯刑”三组对偶句，强调了这六种社会弊端必然导致国家的灭亡；用“城郭不完，兵甲不多，非国之灾也；田野不辟，货财不聚，非国之害也”这组对偶句，衬托出“上无礼，下无学，贼民兴”给国家造成的危害。孟子的这段论述，口若悬河，宏博充畅，文势壮阔，感情充沛，富有强烈的感染力。

再看臣子的职责。孟子首先引用《诗经》中的诗句说：“上天正在制造动乱，不要这样多语妄言。”这句诗的本意是劝告臣子不要违背礼义，背弃先王的仁义之道而不去匡正君主的过错。孟子引用它的目的，是增强论述臣子职责的说服力。孟子说：“侍奉君主没有道义，进退不依照礼，说话便诋毁先王的仁义之道，这就是喋喋不休地胡言乱语。所以说：用仁义去监督君主，叫作恭；向国君陈说先王的善道，杜绝他们的邪念，叫作敬；如果认为君主不能行善积德，因而不去谏正，这就叫作贼害君主。”在这里，孟子阐述了做臣子的准则，指出用礼义事奉和用仁义匡正君主，向国君陈述仁义之道，使他端正心意，摈弃各种邪说偏见，从而效法、实行先王的仁义之道，这就叫作“恭君”和“敬君”；如果放弃自己的职责而不劝勉君主，就是贼害国君。孟子主张的这种君臣关系，与法家强调的臣要绝对服从君的主张是有显著区别的。这种臣要坚持正义、效法先王之道，对国君起监督促进作用的思想，具有一定的民主性和人民性。

7.2　孟子曰：“规矩，方员之至也；圣人，人伦之至也。欲为君，尽君道；欲为臣，尽臣道，二者皆法尧舜而已矣。不以舜之所以事尧事君，不敬其君者也；不以尧之所以治民治民，贼其民者也。孔子曰：‘道二，仁与不仁而已矣。’暴其民甚，则身弑国亡；不甚，则身危国削，名之曰‘幽’、‘厉’[1]，虽孝子慈孙，百世不能改也。《诗》云：‘殷鉴不远，在夏后之世。’[2]此之谓也。”

**【注释】**

[1]幽、厉：指周幽王和周厉王。他们实行暴政，拒纳善言，任用奸臣，滥杀无辜，死后被加以幽、厉的恶谥。

[2]引自《诗经·大雅·荡》。意思是:“殷商有一面离它不远的镜子,就是前一代灭亡的夏朝。”

**【品读】**

本章强调君臣只有效法尧舜,实行仁政,仁爱百姓,才能避免重蹈桀、纣的覆辙。

孟子在本章运用了两组对偶句,强调了圣人是做人的标准和效法尧舜的重要性。他指出:“规矩是制作方圆的标准,圣人是做人的标准。作为国君,就要尽君王之道;作为臣子,就要尽臣子之道。二者都要效法尧舜。”这两组对偶句,从正面阐述了君臣要以尧舜为榜样。孟子接着又运用一组对偶句,从反面说明了不效法尧舜的危害,指出:“不用舜侍奉尧的准则去侍奉国君,就是不敬重他的国君;不用尧管理百姓的原则去管理百姓,就是残害百姓。孔子说:‘管理百姓最根本的原则有两条,实行仁政和实行暴政罢了。’假如国君过多地残害百姓,就会落得个自身被杀、国家灭亡的下场;不过分的,也会自身遭受危险,国家遭受衰弱,死后被加上幽、厉的恶谥,即使有孝子慈孙,经历一百代也不能改变这种谥号。《诗经》说:‘殷商有一面离它不远的镜子,就是前一代灭亡的夏朝。’现在的国君,也要用桀、纣做镜子,避免重蹈桀、纣的覆辙。”

本章突出表现了孟子借鉴历史经验教训的思想。他在宣传“治国、平天下”主张的过程中,不仅尖锐地揭露、抨击了统治者鱼肉百姓、祸国殃民的罪恶,而且善于吸取历史经验教训,劝告国君效法圣贤,仁爱百姓,用仁政统一天下。同时也告诫国君,若实行暴政,残害百姓,就会落得身危国削或身死国亡的可耻下场。孟子善于借鉴历史经验教训,使他的仁政理论具有相当的深刻性。这不仅在当时具有重要的意义,而且对后世产生了积极影响。

**7.3** 孟子曰:“三代[1]之得天下也以仁,其失天下也以不仁。国之所以废兴存亡者亦然。天子不仁,不保四海;诸侯不仁,不保社稷;卿大夫不仁,不保宗庙[2];士庶人不仁,不保四体。今恶死亡而乐不仁,是犹恶醉而强酒。”

**【注释】**

[1]三代:指夏、商、周三个朝代。

[2]宗庙:供奉祖先之处,此处代指卿大夫的采邑。

**【品读】**

本章借鉴夏、商、周三代天下得失的经验教训,阐明了是否实行仁政关系到国家的兴衰存亡和自身的祸福荣辱。

孟子接续上一章的论述，认为夏、商、周三代的禹、汤、文、武，由于实行仁政，从而得到天下；三代的桀、纣、厉、幽，由于实行暴政，从而丧失了天下。国家的兴衰存亡也是同样的道理。为了引起人们的警觉和重视，孟子接连运用了四个排比句，强调了上自天子、下至百姓不实行仁德的危害性。他说：天子如果不仁，就不能保全天下；诸侯如果不仁，就不能保有国土；卿大夫如果不仁，就不能保有采邑；士人、百姓如果不仁，就不能保全自身。这四句排比，如飞流直下，一泻千里，既给人造成强烈的印象，引起人们的警觉，又突出强调了仁是“修身、齐家、治国、平天下”的关键。这种排比，语言精练流畅，使文章气势显得波澜壮阔。最后，孟子又揭露了当时一些不行仁德的人的心态。他说：“现在有些人害怕死亡却喜欢干不仁不义的事，这就像不愿喝醉酒，却又硬着头皮拼命往肚子里灌酒一样。”孟子的阐述，揭露了当时一些人不实行仁德而明知故犯的丑恶嘴脸，读后令人回味无穷。

**7.4　孟子曰：“爱人不亲，反[1]其仁；治人不治，反其智；礼人不答，反其敬。行有不得者皆反求诸己，其身正而天下归之。《诗》云：‘永言配命，自求多福。’[2]”**

**【注释】**

[1]反：反省。

[2]引自《诗经·大雅·文王》。意思是：“永远与天命相合，自己寻求各种幸福。”

**【品读】**

孟子在前几章阐述了国君要效法圣贤，实行仁政，仁爱百姓和借鉴历史经验教训。本章接续上一章，从道德修养方面提出国君要反省自身，为民表率。孟子说：“我爱别人，可别人却不亲近我，那我要反省自己是否真正做到了仁爱；管理别人却没有管理好，那就要反省自己是否具有智慧；有礼貌地对待别人而别人却不以礼貌回敬我，那就要反省自己是否做到了恭敬。任何行为如果没达到预期的效果，就要反省自责。如果自己的行为的确端正了，天下的人都会来归顺。《诗经》说：‘永远与天命相合，自己寻求各种幸福。’”

在道德修养上，孟子继承、发展了孔子上行下效的思想，把道德修养与治国安邦紧密联系起来，强调上行下效，反省自身，严己宽人，先端正自己而后端正别人。他认为，一方面，国君反省自身，为人表率，上行下效，就能形成良好的社会风尚，进一步安定国家；另一方面，君子反省自身，严以责己，就能保持高尚的独立自主人格，达到高尚的道德境界。孟子的“反求诸己”

的道德修养方法，强调了人的主观能动性，体现了中华民族严己宽人、谦恭礼让的传统美德，对后世许多思想家产生了积极影响。如《吕氏春秋·论人》指出，首要的是反求自身，其次是向别人寻求；南宋思想家陆九渊进一步阐发、引申了孟子的“自反”主张；明末清初被称为“关中大儒”的李颙亦强调反省自身的道德修养方法；等等。

孟子的“反求诸己”的道德修养方法，也反映了他的认识论思想。学术界有人把孟子的这种修养方法贬斥为主观唯心主义，这是缺乏事实根据的。我们知道，孟子提倡的“反求诸己”，不是脱离客观实际的虚无缥缈的内心冥想，而是以“爱人不亲”“治人不治”“礼人不答”等现实人际交往的实际活动未达到预期目的为基础。他指出，先有耳目等感官的感觉和实际活动，然后才有自身反省。可见，这种以感觉为基础的修养方法，恰恰从一个侧面体现了孟子朴素唯物主义的认识论。

7.5　孟子曰：“人有恒言[1]，皆曰：‘天下国家。’天下之本在国，国之本在家，家之本在身。”

【注释】

[1]恒言：经常说的话。

【品读】

本章概括了身、家、国、天下的关系，表现了孟子的朴素系统观。

我们知道，任何一位著名思想家的思想体系，都有一个内在的联系。那么，孟子思想的内在联系是什么呢？孟子说：“天下的基础是国家，国家的基础是家庭，家庭的基础是个人。”联系孟子所言“是故诚者，天之道也；思诚者，人之道也。至诚而不动者，未之有也；不诚，未有能动者也”①这句话，如果说孟子所说的“身”属于个体的范围，所说的“家”“国”“天下”属于社会的范围，那么，“诚”和“思诚”则属于天人的范围。这样，从空间上看，从个体到家庭，再到国家、天下，再到天人，就表现出由小到大、从近到远的有序性。孟子关于天下的基础是国家、国家的基础是家庭、家庭的基础是个人的思想，把个体、家庭、国家、天下、天人视为一个层层递进、紧密相连的整体，从而又显示出一定的系统性。《孟子》一书所论述的问题很多，但从孟子思想的内在整体联系考察，并从空间上划分，不外乎个体问题、社会问题和天人问题。在孟子那里，这三个问题分别回答了人与自身、人与社会、人与天的

① 《孟子·离娄上》。

关系。孟子致力追求的个体的和谐、社会的和谐、天人的和谐，构成了其思想体系的主要内容。从这个意义上看，本章阐述的身、家、国、天下的相互关系，是孟子思想内在联系的总纲，反映了孟子的朴素系统观。

本章的论述表现了孟子神思飞越的气势。各句之间，形式上首尾相衔，很像修辞格中的顶针续麻。它造成一种连环之势，即表现出句与句之间的逻辑关系，又给人以连珠缀玉的美感。

本章阐述的身、家、国、天下相联系的思想，在中国古代思想史上产生了重要影响。后代的许多思想家、政治家，都把修身当作整治家庭的基础，而整治好家庭是“治国、平天下”的基础。《吕氏春秋·执一》指出：治理国家的根本在于修养自身。自身修养好了，家庭就能治理好。家庭治理好了，国家就能治理好。国家治理好了，天下就能治理好。秦汉以后的儒家学者，大多数都继承了这一社会政治观念。

7.6　孟子曰：“为政不难，不得罪于巨室[1]。巨室之所慕，一国慕之；一国之所慕，天下慕之。故沛然德教溢乎四海。”

**【注释】**

[1]巨室：贤明的卿大夫之家。

**【品读】**

本章阐明了诸侯只有加强身心修养，才能使卿大夫心悦诚服，进而使道德教化布满天下。

孟子所处的战国中期，诸侯往往务于兼并争夺而不加强自身的道德修养，各国卿大夫也竞相独揽权力，从而造成了社会的动乱。为了扭转衰败的社会风气，孟子主张诸侯要从加强自身的道德修养做起，不要因为自身不端正而得罪贤明的卿大夫。这是因为贤明的卿大夫所敬慕的，全国的人都会敬慕；全国的人都敬慕的，天下的人都会敬慕。诸侯端正自身，就能使卿大夫心悦诚服；卿大夫心悦诚服，全国和天下的人就会心悦诚服。这样，他的道德教化，就会风靡天下。在这里，孟子强调了诸侯加强修养和上行下效对治国的重要作用，对后世的政治家、思想家产生了一定影响。

7.7　孟子曰：“天下有道，小德役大德，小贤役大贤；天下无道，小役大，弱役强。斯二者，天也。顺天者存，逆天者亡。齐景公曰：‘既不能令，又不受命，是绝物也。’涕出而女于吴。今也小国师大国而耻受命焉，是犹弟子而耻受命于先师也。如耻之，莫若师文王。师文王，大国五年，小国七年，必为政于天下矣。《诗》云：'商之孙子，其丽不亿。上帝既命，侯于周服。侯服于周，天命靡常。殷士肤敏，裸将于京。'[1]孔子曰：'仁不可为众也。夫国君好仁，天下无敌。'今也欲无敌于天下而不以仁，是犹执热而不以濯也。《诗》云：'谁能执热，逝不以濯？'[2]"

【注释】

[1]引自《诗经·大雅·文王》。意思是："商朝的子孙，数目不止十万。上帝授命文王统一天下，他们只好臣服周朝。商朝的子孙臣服周朝，可见天命不是固定不变。商朝的子孙虽漂亮聪明，却在镐京助行祭礼。"

[2]引自《诗经·大雅·桑柔》。意思是："谁能解除体热之苦，而不去用清水沐浴？"

【品读】

本章激励诸侯要顺应社会发展趋势，修德行仁，自强自立，效法圣贤，进而用仁政统一天下。

孟子率领学生游说诸侯，积极宣传"治国、平天下"的仁政主张。他不仅劝说齐国、魏国等大国诸侯用仁政统一天下，而且也激励宋国、滕国等小国诸侯修德行仁，自强自立。这就表现出孟子对用仁政统一天下的坚定信念。孟子对用仁政统一天下的执着追求，不仅与他以天下为己任的自觉的历史责任感和使命感紧密相连，而且与他对社会发展必然性的理性认识紧密相连。正是基于对社会发展必然性的理性认识，孟子对用仁政统一天下表现出极大的热忱。他指出："天下政治清明，社会崇尚道德和才能，德才低的人乐于被德才高的人所役使而服从于贤德；政治黑暗，弱肉强食，弱小国家畏惧强国、大国而被强国、大国所役使，这是不以人的意志为转移的客观必然性。顺从这种必然性，就能生存；反之，就会灭亡。"孟子接着引用了齐景公与吴国联姻的事例指出："齐景公受到强大吴国的威胁，不得不与吴国联姻。齐景公说：'既然不能命令、指挥别人，又不愿接受别人的支配，这是绝路一条。'于是流着眼泪把女儿嫁给吴国。现在，弱小国家的诸侯不修德行仁和自立自强，反而学习大国诸侯的荒淫行为，却又以接受大国的命令为耻辱，这就像学生把听从老师的教诲当作耻辱一样。如果认为接受大国的命令是耻辱，不如学习文王。效法文王，实行仁政，大国只需要五年，小国只需要七年，就能把政令推行到天下。《诗经》说：'商朝的子孙，数目不止十万。上帝授命文王统一天下，他们只好臣服周朝。商朝的子孙臣服周朝，可见天命不是固定不变。商朝的子孙虽漂亮聪明，却在镐京助行祭礼。'孔子读了这首诗后赞叹说：'仁德的力量是不能凭人数的多少来计算的。国君如果喜好仁政，就能无敌于天下。'"孟子引用《诗经》中的诗句和孔子的话，是称赞周文王用仁政统一天下的功绩，强调实行仁政就能统一天下。孟子进一步评论说："现在的弱小诸侯以接受大国的命令为耻辱而想无敌于天下，然而却不肯效法文王，实行仁政，这就像热得疼痛难忍却又不愿用清水沐浴一样。所以，《诗经》上说：'谁能解除体热之苦，而不去用清水沐浴？'"孟子运用这个比喻，生动、形象地说明了治理国家如果违背仁义而想天下无敌，是不可能的事情。

本章还从一个侧面表现了孟子的天命观。

孟子用"天"表示社会发展的一定必然性。他说："政治清明，德才低的人乐于为德才高的人所役使；政治黑暗，弱小的国家被强大的国家所役使。这两种情况，都是不以人的主观意志为转移的客观必然性。顺从这种必然性，就会生存；违背这种必然性，就会招致灭亡。"他又说："小国不能与大国为敌，人口稀少的国家不能与人口众多的国家为敌，弱国不能与强国为敌。"①孟子从人类社会的历史事实出发，正确地分析了弱小国家与强大国家力量悬殊的差别，认为人们对社会发展的趋势只能遵循它，而不能违背它，这就将实行仁政建立在遵循社会发展规律的基础上，从而为他的仁政主张提供了理论根据。在这里，孟子用"天"表示社会发展的一定必然性，深化了人们对"天"的社会性的认识。

孟子在主张遵循社会发展必然性的基础上，又强调了发挥人的主观能动性的重要作用。在他看来，人在社会发展趋势面前并不是无能为力的，而应当有所作为，即效法圣贤，实行仁政，争取民心，做到统一中国而无敌于天下；相反，放弃人的主观努力而不实行仁政，只能招致祸殃。这样，孟子就把顺从社会发展必然趋势和发挥人的主观能动性结合起来，强调弱小国家自立自强，这对激励人们奋发进取具有一定的积极意义。

7.8　孟子曰："不仁者可与言哉？安其危而利其灾，乐其所以亡者。不仁而可与言，则何亡国败家之有？有孺子歌曰：'沧浪[1]之水清兮，可以濯[2]我缨[3]；沧浪之水浊兮，可以濯我足。'孔子曰：'小子听之！清斯濯缨，浊斯濯足矣，自取之也。'夫人必自侮，然后人侮之；家必自毁，而后人毁之；国必自伐，而后人伐之。《太甲》曰：'天作孽，犹可违；自作孽，不可活。'此之谓也。"

**【注释】**

[1]沧浪：河名。

[2]濯(zhuó)：洗。

[3]缨：系帽子的丝带。

① 原文见《孟子·梁惠王上》。

【品读】

本章阐述了人的安危、家庭的祸福、国家的存亡，都是由自身的原因造成的。

孟子游说诸侯，曾劝说齐威王、梁惠王、齐宣王实行仁政，力谏滕国、宋国国君自强自立，但他的仁政主张最终不被急功近利的诸侯所采纳。多年的游说生涯和坎坷经历，使他悟出了一个深刻的道理，就是宣传仁政必须看接受的对象，对没有仁德的人讲说仁义，无异于对牛弹琴。他指出："没有仁德的人怎能对他们讲说仁义呢？他们把危险当作安全，灾难临头却自以为吉利，极力追求荒淫暴虐而导致灭亡的事。如果这种不仁德的人从善如流，接受劝说，那天下怎能发生亡国败家的事呢？"孟子接着引用了童谣和孔子的话，论证咎由自取的道理。他说："从前有个儿童唱道：'沧浪的水清澈啊，可以洗我的帽带；沧浪的水混浊啊，可以洗我的脏脚。'孔子听后对学生们说：'你们听啊！水清澈就用它洗帽带，水混浊就用它洗脏脚。这都是由水本身的清浊造成的。'"通过以上的叙述，孟子进一步议论说："人一定先有自取侮辱之处，然后别人才会侮辱他；家庭一定先有自招毁灭之处，然后别人才会毁灭它；国家一定先实行自伐的暴政，然后别的国家才会攻伐它。《尚书·太甲》说：'上天降下的灾祸还可以躲避，自己制造的罪孽无法逃脱。'说的就是这个道理。"

本章采用了先疑后决的写作方法。首先提出"没有仁德的人怎能对他讲说仁义呢""没有仁德的人如果接受劝说，怎能发生亡国败家的事呢"两个设问，以引起读者的警觉；接着引用具有对偶句式的童谣，鲜明地表现出沧浪河水清澈与混浊的对立，以之说明人被尊崇或轻贱是由人本身的善恶造成的；之后运用一组层层递进的排比句正面立论，阐明咎由自取的哲理；最后引用《尚书》的话，增强了论述的可信性和说服力。本章把设问、对偶、排比、引证融为一体，表现出语言生动、文势曲折波澜、引人入胜、论证有力的特征。

---

7.9　孟子曰："桀纣之失天下也，失其民也；失其民者，失其心也。得天下有道[1]：得其民，斯得天下矣。得其民有道：得其心，斯得民矣。得其心有道：所欲与之聚之，所恶勿施，尔也。民之归仁也，犹水之就下、兽之走圹也。故为渊驱鱼者，獭也；为丛驱爵[2]者，鹯[3]也；为汤、武驱民者，桀与纣也。今天下之君有好仁者，则诸侯皆为之驱也。虽欲无王，不可得已。今之欲王者，犹七年之病求三年之艾也。苟为不畜，终身不得。苟不志于仁，终身忧辱，以陷于死亡。

《诗》云：'其何能淑，载胥及溺！'[4]此之谓也。"

【注释】

[1]道：方法。

[2]爵：同“雀”。

[3]鹯(zhān)：一种像鹞鹰的猛禽，食雀。

[4]引自《诗经·大雅·桑柔》。意思是：“这些昏聩的君臣怎能把政事办好，他们只会相率沉沦自溺。”

【品读】

孟子通过总结历史经验教训，指出民心向背决定天下政权的得失。孟子在本章开头就采用正反对比的方法，剖析了天下得失的原因。他说：“桀纣失去了天下，是由于失去了人民；失去了人民，是由于失去了民心。”那么，怎样才能得天下呢？孟子又从正面阐述了得天下的三个方法。他指出：“要获得天下，必须获得百姓的支持；要获得百姓的支持，必须获得民心；要获得民心，就要施行一系列有利于百姓的措施。百姓所需要的，替他们聚积起来；他们所厌恶的，不要施行。”在这层层递进的三个方法中，施行有利于百姓的仁政措施是根本，它是获得百姓支持和得天下的前提和基础。在这里，孟子运用正反对比的方法，阐述了是否取得民心关系到天下的得失和国家的兴亡。这样，孟子就将西周、春秋以来“民惟邦本”的思想发展到前所未有的高度，充分肯定了人民在社会政治生活中的重要作用，从而具有积极的意义。

为什么实行仁政就能得民心呢？孟子采用了生动、贴切的比喻，说：“百姓归服仁德仁政，就像水向下奔流、野兽奔向旷野一样自然。”这两个比喻，形象地说明了仁政对百姓的吸引力和凝聚力。孟子接着运用了一组排比，阐明了桀纣的暴政失去民心，而汤武的仁政获得民心。他说：“所以替深渊将鱼驱赶来的是水獭，替森林把鸟雀驱赶来的是鹞鹰，替汤、武把百姓驱赶来的是桀、纣。现在如果有一位国君喜好仁政，那么其他诸侯就会替他把百姓驱赶而来。他即使不想统一天下，也是做不到的。”孟子在阐述仁政功效的基础上，又指出当时的诸侯不修德行仁的错误和这种错误导致的恶果。他说：“然而现在这些希望统一天下的人，就像患了七年的痼疾而必须求取三年的艾草治病一样，如果平时不积蓄艾草，终身都得不到。如果不立志实行仁政，一辈子就会忧虑蒙受耻辱，以至陷入死亡。《诗经》说：‘这些昏聩的君臣怎能把政事办好，他们只会相率沉沦自溺。’说的正是这个道理。”在这里，孟子运用这个比喻，意在说明诸侯要长期坚持修德行仁，不能临渴掘井。如果不实行仁政，就会遭受屈辱而导致灭亡。篇末引证《诗经》的话，又增强了立论的说服力。

孟子关于民心向背是天下得失之根本的思想，对后世政治家和思想家产生了重要影响。一方面，许多开明的帝王和政治家为了维护自己的统治和社会的稳定，吸取前一代王朝灭亡的教训，省刑薄敛，节约用度，取信于民，在一定程度上减轻了对人民的剥削、压榨，获得了民心。中国封建社会中“文景之治”“贞观之治”“康乾盛世”等盛世的出现，当然有多方面的社会原因，但治国者实行利民的各项政策，获得了民心是其中一个重要的原因。另一方面，许多进步的思想家继承、发展了孟子“得民心”的思想，猛烈抨击了封建统治者的横征暴敛、巧取豪夺、腐朽糜烂。

本章综合运用了对比、排比、比喻、引证等方法，论证周密，语言生动，富有气势。孟子的“为渊驱鱼”“为丛驱爵”“七年之病求三年之艾”等脍炙人口的成语，至今仍被人们所沿用。

**7.10** 孟子曰：“自暴[1]者，不可与有言也；自弃者，不可与有为也。言非礼义，谓之自暴也；吾身不能居仁由义[2]，谓之自弃也。仁，人之安宅也；义，人之正路也。旷[3]安宅而弗居，舍正路而不由，哀哉！”

**【注释】**

[1]暴：危害。

[2]居仁由义：处于仁、遵循义。

[3]旷：空着。

**【品读】**

本章告诫人们要奋发有为，不能舍弃仁义、自暴自弃。

孟子指出：“自己危害自己的人，不能与他谈论深刻的道理；自己抛弃自己的人，不能与他有所作为。说话破坏仁义，这就叫作‘自己残害自己’；认为自己不能处仁行义，这就叫作‘自己抛弃自己’。”在孟子看来，自害其身的人，不知道礼义是人内在的操守而破坏它，虽与他谈论深刻的道理，他也不会相信；自己抛弃自己的人，思想怠惰，行为消极，不遵循仁义，这样，别人就不能与他共同有所作为。孟子接着运用了两个隐喻，从正面阐述了仁义是人内在的主体意识和能动性，指出：“仁，是人类最安适的住宅；义，是人类光明的道路。”这里的仁、义是本体，“安宅”“正路”是喻体。孟子通过这两个隐喻，重点强调下文的“旷安宅而弗居，舍正路而不由，哀哉”。这样，孟子的惋惜之情，溢于言表。

孟子把自暴自弃与仁义联系起来，一方面，批评那些甘心落后、不求进取的人；另一方面，阐述了仁义是人们操守的根本。在孟子那里，仁义礼既是调节父子、君臣、宾主等人际关系的道德规范，又是人内在的主体意识和能动性。这里所说的仁义礼，就是后一种意义。孟子告诫人们要坚守仁义，奋发有为；不然，舍弃了自身操守的根本而自暴自弃，就会一事无成。孟子的这一主张，至今对我们仍有一定的启示作用。它告诫人们不要自暴自弃，而应积极进取，奋发有为。

7.11 孟子曰："道在迩[1]而求诸远，事在易而求诸难。人人亲其亲，长其长，而天下平。"

**【注释】**

[1]迩(ěr)：近。

**【品读】**

本章阐明人们从亲爱父母、尊敬兄长做起，进而由近及远地推广开来，就能使天下太平。

在孟子看来，平定天下就是由近及远、推己及人的过程。他说："平天下的道理就在眼前，却偏要向远处去寻找；平天下的事情极其容易，却偏要往难处去做。只要人们亲爱自己的父母，尊敬自己的兄长，天下就会太平。"在孟子那里，修身是齐家的基础，齐家是治国的基础，治国是平天下的基础。尧舜之道的根本就是孝悌或仁义。仁的根本内容是侍奉父母，义的根本内容是尊敬兄长。人们在家庭生活中亲爱父母，尊敬兄长，才能在社会生活中服从国君和长上。因此，社会生活中的君臣、上下关系，实际上是家庭生活中父子、兄弟关系的扩大和延伸。孟子认为，人们由爱自己的父母，推及爱别人的父母；由爱自己的子女，推及爱别人的子女。这样，将爱人由近及远、推己及人地扩充起来，安定天下的事情就在眼前；否则，人们不亲爱自己的父母，不尊重自己的长辈，安定天下的事情就会变得遥远和困难。这样，孟子就突出强调了修身、齐家的重要性。后代的许多思想家都继承、发展了孟子的这一思想。

7.12 孟子曰："居下位而不获于上[1]，民不可得而治也。获于上有道，不信于友，弗获于上矣。信于友有道，事亲弗悦，弗信于友矣。悦亲有道，反身不诚，不悦于亲矣。诚身有道，不明乎善，不诚其身矣。是故诚者，天之道也；思诚者，人之道也。至诚而不动者，未之有也；不诚，未有能动者也。"

**【注释】**

[1]获于上：得到上级的信任。

【品读】

本章阐明了自身修养、父母高兴、朋友信赖、上级信任、治理百姓的相互关系，强调了修身的重要性。

我们在分析孟子关于“天下之本在国，国之本在家，家之本在身”[①]的主张时曾经指出，孟子把个体、家庭、国家、天下视为一个紧密相连的整体。孟子在这一章则具体地阐述了它们之间的紧密联系。他指出：“职位卑下而又得不到上级的信任，就不能管理好百姓。要取得上级的信任有方法，首先要得到朋友的信任。如果得不到朋友的信任，也就得不到上级的信任了。要使朋友信任有方法，首先要取得父母的欢心。如果侍奉父母而不能使父母高兴，便得不到朋友的信任。要使父母高兴有方法，首先要诚心诚意。如果反躬自省，心意不诚，也就不能使父母高兴。要使自己诚心诚意也有方法，首先要明白什么是善。如果不明白什么是善，也就不能使自己诚心诚意了。所以诚是自然的规律，追求诚是做人的规律。极其诚心而不能感动别人，是从来没有的事；不诚心就不能感动别人。”在这里，孟子把思诚、明善、诚身、悦亲、信友、获上、治民视为一个紧密相连的系统整体。其中，思诚、明善、诚身属于个体修养的范围，悦亲属于家庭的范围，信友、获上、治民属于治理国家、安定天下的社会的范围。这样，孟子就把修养好自身当作整治好家庭的基础，把整治好家庭当作治理好国家的基础，把治理好国家当作平定天下的基础，从而突出强调了修养自身的重要性。

孟子认为，修身是整治家庭、治理国家、安定天下的基础。而修身又包括思诚、明善、诚身这三个相互联系的层次。就是说，要使自己诚心诚意，必须明白什么是善。要明白什么是善，就必须发挥人心官的思维作用去思考、追求诚。孟子又指出：诚是自然的规律，追求诚是做人的规律。人通过追求诚的道德修养，就能达到作为“天之道”的“诚”的道德境界。这样，在道德修养上，人与天就沟通起来，达到了天人统一的最高道德境界。达到这种最高的道德境界，对内就能使父母高兴，对外就能获得朋友的信任，对上就能得到君主的信任，对下就能治理好百姓。这一章与《中庸》第二十章中关于治理国家的九项准则的一段文字基本相同。这说明，孟子将思诚、明善、诚身、悦亲、信友、获上、治民视为一个紧密相连的系统整体的思想，与《中庸》的影响是密不可分的。孟子强调修身的思想，被后世许多政治家、思想家继承和发展，在中国古代思想史上产生了重要影响。

---

① 《孟子·离娄上》。

7.13 孟子曰："伯夷辟纣，居北海之滨[1]，闻文王作，兴曰：'盍归乎来！吾闻西伯[2]善养老者。'太公辟纣，居东海之滨，闻文王作，兴曰：'盍归乎来！吾闻西伯善养老者。'二老者，天下之大老[3]也，而归之，是天下之父归之也。天下之父归之，其子焉往？诸侯有行文王之政者，七年之内，必为政于天下矣。"

**【注释】**

[1]北海之滨：在今河北昌黎西北。

[2]西伯：周文王。

[3]大老：德高望重的老人。

**【品读】**

本章勉励诸侯要效法文王，实行仁政，养老尊贤，使天下百姓归服。

孟子政治思想的中心内容是仁政。他认为实行仁政，就能获得民心，使天下百姓归服。本章列举了周文王尊敬、照顾老人而使天下归服的事例，勉励当时的诸侯要实行仁政。他指出："伯夷为了躲避商纣的祸乱，隐居在北海边，听说文王兴起，便感动地说：'为什么不去归附他呢！我听说文王是最尊敬、照顾老人的。'"孟子采取了反复论证的手法，又说："姜太公为了躲避商纣的祸乱，隐居在东海边，听说文王兴起，便激动地说：'为什么不去归附他呢！我听说文王是最尊敬、照顾老人的。'"孟子接连运用了两段大体相同的文字，目的是强调文王实行仁政、善养老人而产生的巨大功效。就是说，不论是隐居在北海边的伯夷，还是隐居在东海边的姜太公，周文王的仁政对不同地域的人们都产生了重要的影响，有着强烈的吸引力。这两段叙述，强化了文章气势，给读者留下深刻的印象。

孟子阐述完这两个事例后，进而引申、评论说："伯夷和姜太公是天下德高望重的老人，像天下众人的父亲，他们心悦诚服地归顺文王，就像天下众人的父亲都归顺文王。天下众人的父亲都归顺文王，他们的子女怎能不跟随着归顺呢？"孟子的评说，进一步强调了仁政的感召力和凝聚力。最后，孟子自信地预言："当今诸侯如果效法文王，实行仁政，七年之内一定能完成统一天下的大业。"可见他对用仁政统一天下的必胜信念。

7.14 孟子曰："求[1]也为季氏[2]宰，无能改于其德，而赋粟倍他日。孔子曰：'求非我徒也，小子鸣鼓而攻之可也。'由此观之，君不行仁政而富之，皆弃于孔子者也，况于为之强战？争地以战，杀人盈野；争城以战，杀人盈城，此所谓率土地而食人肉，罪不容于死。故善战者服上刑，连诸侯者次之，辟草莱、任土地者次之。”

【注释】

[1]求：冉求，孔子的学生。

[2]季氏：鲁国的卿相季康子，曾经掌握鲁国的政权。

【品读】

本章中，孟子斥责为不实行仁政的国君聚敛财富的人违背了孔子的仁德政治，激烈抨击法家的农战政策。

为了以仁政统一天下，孟子主张国君要给予百姓一定的固定产业，减轻赋税，争取民心，反对以战争手段掠夺土地和人口。法家主张富国强兵，认为农战（亦称“耕战”）是富国强兵的根本途径。譬如，战国初期的法家商鞅认为国家依靠农战才会安定，国君依靠农战才能尊贵，强调利用刑罚、奖励手段使百姓从事农业生产，参加战争，把百姓引到耕战的轨道上。孟子强调用仁政手段统一天下，激烈抨击法家的耕战政策。他列举了冉求帮助季氏聚敛财富的事例说：“从前冉求任季氏的总管，不能促使季氏实行善政，反而加倍向百姓征收赋税。孔子气愤地对学生们说：‘冉求不像是我的学生，你们可以大张旗鼓地去指责他。’从这件事可以看出，国君不实行仁政，做臣子的还为他聚敛财富，就会受到孔子的唾弃。何况那些为不仁之君努力作战的人呢？”孟子接着以极大的义愤，抨击法家鼓吹的战争给人民造成了巨大灾难。“那些人为争夺土地而战，杀死的人漫山遍野；为争夺城池而战，杀死的人遍布全城。这就是争夺土地的欲望驱使他们去吃人肉，处死他们都不足以赎他们的罪。因此，喜好战争的人应该受最严厉的刑罚；联结诸侯、兴兵攻伐的人应该受次一等的刑罚；为聚敛财富、称霸天下而迫使百姓开垦荒地、从事耕种的人应该受再次一等的刑罚。”这样，孟子怀着对劳动人民苦难的深深同情，以极大的义愤揭露了残酷战争给人民造成的严重灾难，激烈抨击了统治者的暴虐行径，从而表现出深刻的人民性。

在这里，孟子激烈抨击法家的耕战政策，是因为法家利用耕战增强兼并战争的经济实力，他并不是笼统地反对发展生产和一切战争。孟子仁政思想的一项重要内容就是强调发展生产，使百姓富裕，安居乐业。在战争问题上，孟子主张用全天下顺从的人，去攻打众叛亲离的人。所以，仁慈的君王要么不发动战争，如果发动战争，一定取得胜利。这样，孟子抨击了非正义战争，肯定了正义战争的必要性。

孟子与法家的分歧告诉我们，如果说法家的农战政策对建立统一的封建政权有着“急功近利”的显著成效，那么，孟子的仁政主张对维护地主阶级的长远利益和社会的和谐则有着获得民心的长远效果。但在维护地主阶级的根本利益上，孟子与法家并没有本质的区别。

7.15 孟子曰："存[1]乎人者，莫良于眸子[2]。眸子不能掩其恶。胸中正，则眸子瞭焉；胸中不正，则眸子眊[3]焉。听其言也，观其眸子，人焉廋[4]哉？"

**【注释】**

[1]存：观察。

[2]眸子：眼珠。

[3]眊(mào)：昏暗。

[4]廋(sōu)：隐藏、掩盖。

**【品读】**

本章告诉我们，通过观察人的眼睛就能辨别其内心的善恶。

我们知道，孟子认识论的基本倾向是坚持既重视耳目感官的作用，又强调心官理性思维的朴素唯物主义认识论。孟子认为，对物体的认识，称一称，才知道它的轻重；量一量，才知道它的长短。人们用相同的口、耳、目感官去接触味、声、色，就能获得相同的味觉、听觉和美感。那么，怎样认识人内心的善恶呢？

孟子说："观察一个人的善恶，没有比观察他的眼睛更好的方法了。眼睛不能掩盖一个人内心的丑恶。心地端正，眼睛就明亮；心地不端正，眼睛就昏暗。所以，听一个人讲话的时候，注意观察他的眼睛，这个人内心的善恶怎么能掩盖得住呢？"

孟子的这段论述已初步涉及现象和本质的关系问题。现代哲学认为，现象是事物本质的反映，事物的本质通过现象表现出来。孟子认为，人内心的善恶，通过人的眼睛表现出来。眼睛的明亮与昏暗，与人内心的善恶紧密相连。所以，在孟子看来，人的言语受心的支配，听一个人讲话，同时观察他的眼睛，就能辨别这个人内心的善恶。在现代生活中，人们常说"眼睛是人心灵的窗户"，可见今人也认为通过人的眼睛往往能观察出一个人心灵的美丑。因此，孟子的上述思想是符合实际生活的。它从一个侧面表现了孟子的朴素唯物主义认识论。

在美学上，本章还表现了孟子对个体人格美的认识。

孟子认为，人的内在的人格美与外部的形体表现是紧密相连的。就是说，一方面，个体的人格美只有表现在外在的形体上时，才能为人们所认识，引起审美的感受；另一方面，外在的形体只有显示了内在高尚的道德精神时，才成为美。譬如眼睛明亮，就表现了心地纯正的内在精神美。因而，明亮的眼睛就会引起人的美感。这样，孟子在先秦美学史上，把个体的人格精神美理解为内在精神与外在形体的统一，这种认识是相当深刻的。后代许多著名画家在绘画上提出“以形写神”，认为美是形、神的统一，特别强调画人时“眼睛”的重要性，这无疑是受到了孟子的影响。

……………………………………

7.16 孟子曰：“恭者不侮人，俭者不夺人。侮夺人之君，惟恐不顺焉，恶得为恭俭？恭俭岂可以声音笑貌为哉？”

**【品读】**

本章批评诸侯窃取谦逊、节俭之名的可耻行为。

孟子认为，仁义礼智既是调整人际关系的道德规范，又是人内在的主体意识和操守根本。人只有自觉地坚持仁义礼智，才能正确地保持和谐的人际关系。孟子指出：“谦逊的人不会侮辱别人，节俭的人不会掠夺别人。”他接着批评了诸侯窃取谦逊、节俭之名的可耻行为，指出：“侮辱、掠夺别人的国君，存有贪婪、侵凌别人的本性，唯恐别人不顺从他的欲望，怎能做出谦逊、节俭的行为呢？谦逊、节俭的美德难道凭花言巧语和满脸堆笑就能做到吗？”孟子的两句反诘，有力地揭露了诸侯贪婪、侵凌而又伪装谦逊、节俭的可耻嘴脸。

在孟子看来，人内心的善恶总是通过眼睛、言语、表情表现出来。上一章阐明了眼睛的明亮与昏暗能反映出人内心的善恶。本章接续上一章，又从另一个侧面阐明了对人内心善恶的认识。就是说，人们要善于分析事物的真相和假象，不要被假象所迷惑。孟子认为，内心存有谦逊、节俭的品德，在行动上就不会侮辱别人和掠夺别人；内心贪得无厌和侵凌别人，怎能用花言巧语和满脸堆笑来伪装呢？孟子这种通过现象看本质的思想，从一个侧面表现了他的朴素唯物主义认识论。

……………………………………

7.17 淳于髡[1]曰：“男女授受不亲，礼与？”

孟子曰：“礼也。”

曰：“嫂溺，则援之以手乎？”

曰：“嫂溺不援，是豺狼也。男女授受不亲，礼也；嫂溺，援之以手者，权[2]也。”

曰：“今天下溺矣，夫子之不援，何也？”

曰：“天下溺，援之以道；嫂溺，援之以手。子欲手援天下乎？”

将彻，不请所与。问有余，曰‘亡矣’，将以复进也。此所谓养口体者也。若曾子，则可谓养志也。事亲若曾子者，可也。”

【注释】

[1]曾皙(xī)：曾子的父亲，孔子的学生。

[2]曾元：曾子的儿子。

【品读】

本章强调侍奉父母、守护自身的重要性，勉励人们应像曾子那样侍奉父母。

孟子认为，修养自身是整治家庭的根本，整治家庭又是“治国、平天下”的根本。也就是说，只有使自己践履仁义，保持节操，才能在家庭生活中侍奉父母，然后由近及远推广开来，在社会生活中事奉上级，最终实现国家安定，天下太平。为了阐述这一思想，孟子在本章采用设问自答的形式指出：“侍奉尊长，以哪一种最重要？侍奉父母最重要。守护正道，以哪一种最重要？守护自身不使自己陷于不义最重要。保持住自己的品德节操，又能侍奉好父母的人，我听说过；自身道德沦丧，却能侍奉好父母的人，我从来没听说过。天下的人谁不侍奉尊长呢？侍奉自己的父母，是侍奉尊长的根本。天下的人谁不保守正道呢？保守自己不使自己陷于不义，是保守正道的根本。”在这里，孟子接连运用了四个设问自答，既使文章生动活泼，引人入胜，又强调了侍奉父母、守护自身的重要性。在他看来，人们从自身和根本上做起，使自己保持高尚的节操和道德，就能侍奉父母，尊敬长上。这样，由近及远地推广开来，就能达到国治、天下平。为了进一步论证侍奉父母的重要性，孟子又采用正反对比的手法，列举出曾子侍奉曾皙、曾元侍奉曾子这两个不同事例，认为曾子既能使父亲享有优裕的物质生活，又能使父亲获得精神的愉悦；与此相反，曾元仅以饮食奉养父亲的口腹，而不能使父亲获得精神的愉悦。孟子最后得出结论说：“侍奉父母，要像曾子那样，才称得上孝子。”

在这里，孟子关于侍奉父母，既要使老人享受优裕的物质生活，又要使他们享有愉悦的精神生活的主张，丰富了中华民族养老尊老的优良传统，对后世产生了积极的影响。在现代生活中，养老尊老日益成为一个重要的社会问题。孟子的主张，至今仍有一定的启示作用。

7.20 孟子曰：“人不足与適[1]也，政不足间[2]也，唯大人为能格君心之非。君仁，莫不仁；君义，莫不义；君正，莫不正。一正君而国定矣。”

【注释】

[1]谪(zhé):同"谪",谴责。

[2]间:非议。

【品读】

本章阐明君臣关系,强调大臣端正自身,纠正国君的错误思想,上行下效,就能使国家安定。

清代焦循在阐释本章时指出:前两章阐述父子关系,本章阐述君臣关系。为保持父慈子孝,首先要端正自身。大臣辅佐国君,纠正国君的错误思想,首先要加强自身修养,自觉居仁由义。如果没有高尚的道德,看到掌权的都是小人就过于谴责国君,看到政事没治理好就非难国君,就会导致君臣关系的失调。焦循的理解是符合孟子本义的。学术界有人误认为孟子主张"君主用人不当不值得指责,政事的失误也不值得批评"①。这种认识并不符合孟子本义。

孟子强调说:"只有端正自身、道德高尚的大人,才能纠正国君的错误思想。"这就阐明了大臣加强修养、端正国君的责任。孟子接着又阐述了国君端正自身、上行下效的功效。他说:"国君仁爱,在下的就没有人不仁爱;国君坚守道义,在下的就没有人违背道义;国君行为端正,在下的就没有人不端正。只要国君端正了,国家也就安定了。"

本章中,孟子既强调了大臣修养自身、端正国君的职责,又强调了国君端正自身、为民表率的作用,表现了君仁臣义的君臣观。孟子关于君臣协调、上行下效的思想,对后世许多政治家、思想家产生了重要影响。

## 7.21 孟子曰:"有不虞[1]之誉,有求全之毁。"

【注释】

[1]虞(yú):意料。

【品读】

本章强调君子应加强自身修养,不为意料不到的称赞和过于苛求的诋毁所干扰。

孟子突出强调个人的道德修养,把它提高到关系家庭和谐、国家安定、天下太平的高度。他说:"一个人的行为不足以受到称赞却受到意外的赞扬,努力追求完善却受到诋毁。"这表明,别人的称赞和诋毁未必符合实际,

① 黄朴民等注译:《白话四书》,三秦出版社1990年版,第335页。

个人对此要有清醒的认识。只有努力加强修养，保持高尚的道德品质，才不会被意外的称赞和过于苛求的诋毁而干扰。孟子的这一主张，一方面表现了孟子重视修养、严以责己的精神；另一方面告诫人们应加强修养，正确对待意外的称赞和苛责求全的诋毁。“不虞之誉”“求全之毁”这两个词语至今仍被人们所沿用，表明孟子阐述的哲理至今仍有一定生命力。

7.22 孟子曰：“人之易其言也，无责耳矣。”

【品读】

本章告诫人们说话不要轻率，而要有一定的责任感。

在道德修养上，孔子主张君子应该说话谨慎而行动敏捷。孔子的主张告诉人们，要加强自身的修养，言行一致，把言过其行当作耻辱。孟子继承、发展了孔子的思想，强调人们说话要谨慎，为自己的言论负责。他说：“一个人说话轻率，是由于他没有责任感罢了。”孟子的主张，至今对我们仍有一定的借鉴价值。

7.23 孟子曰：“人之患[1]在好为人师。”

【注释】

[1]患：缺点。

【品读】

本章告诫人们要谦虚学习，不要好为人师。

孟子不仅是著名的思想家，而且是著名的教育家。他在长期的教育活动中，培养了大批有德才的学生，提出了因材施教、坚持标准、启发诱导、深造自得、由博反约、专心致志、学贵有恒等一系列有价值的教育方法。其中，虚心好学就是一个重要的方面。孟子指出：“人的最大的缺点，就是喜好以教导者自居。”这说明，一个人不谦虚学习，好为人师，就会自满自足，不求进取，故步自封。“好为人师”这一成语，至今仍被人们用来批评那种不谦虚学习而自以为是、喜好以教导者自居的人。

7.24 乐正子从于子敖[1]之齐。

乐正子见孟子。孟子曰：“子亦来见我乎？”

曰：“先生何为出此言也？”

曰：“子来几日矣？”

曰："昔者[2]。"

曰："昔者，则我出此言也，不亦宜乎？"

曰："舍馆未定。"

曰："子闻之也，舍馆定，然后求见长者乎？"

曰："克有罪。"

【注释】

[1]子敖：即王驩，字子敖，齐宣王宠臣。

[2]昔者：几天之前。

【品读】

本章记述孟子批评乐正子失尊师之礼，乐正子诚恳地接受了批评。

公元前318年，孟子在齐宣王时代第二次游齐。公元前316年，滕文公去世。孟子在齐国为客卿，受齐宣王之命，前往滕国吊丧。王驩是齐宣王的宠臣，被任命为副使，一路独断专行，孟子对他十分反感①。后来，乐正子跟随王驩从鲁国到了齐国。孟子对乐正子到齐国几天后才来看望自己甚为不满。乐正子辩解说来齐国这几天一直没找到好住所。孟子反诘说："你听说过，要等找好住所再来拜见长辈吗？"孟子对乐正子礼貌上的疏忽丝毫不予宽恕，批评他有失尊师之礼，直到他接受批评才罢休。实际上，孟子对乐正子的严厉批评另有原因——斥责他不应该跟随王驩这样的人。言外之意，跟随王驩这样的小人，就会受到不良的影响。

《孟子》书中记载孟子称赞乐正子是"善人也，信人也"②，"其为人也好善"③，反映了孟子对乐正子的器重。本章的记述，问答简洁，口气自然，孟子的盛怒和乐正子的诚恳无不跃然纸上，表现了孟子对乐正子的爱之深、责之切。

7.25　孟子谓乐正子曰："子之从于子敖来，徒餔啜[1]也。我不意子学古之道而以餔啜也。"

【注释】

[1]餔(bū)啜(chuò)：饮食。

【品读】

本章批评乐正子不择所从的错误。

---

① 参见《孟子・公孙丑下》。

② 《孟子・尽心下》。

③ 《孟子・告子下》。

我们知道，儒家主张交友要取谨慎的态度。孔子主张交友的前提是志同道合，如果主张、志向不同，就不互相商讨问题，强调与正直、诚实、见闻广博的人交朋友；如果与逢迎谄媚、当面恭维，惯于花言巧语的人交朋友，就会受到损害。[①] 孟子继承、发展了孔子的思想，主张与道德高尚的人交朋友。在他看来，王驩是一个逢迎谄媚的小人。乐正子学习古代圣人的仁义之道，不用正道去匡正王驩之流，却跟随他到了齐国。这种不择所从的行为，当然应受到严厉批评。

7.26　孟子曰："不孝有三，无后为大。舜不告而娶，为无后也，君子以为犹告也。"

**【品读】**

仁义是孟子道德规范体系的根本。孟子抨击权贵，评论古人，出处去就和立身处世都坚持以仁义为标准。同时，他又强调灵活权变，主张仁义之道与灵活权变的统一。孟子认为，舜不先禀告父母而娶妻，正是灵活权变以保全孝道。

赵岐在《孟子注》中指出：孟子所说不孝顺父母的行为有三种，一是指用好听的话奉承、顺从别人，从而使父母陷于不义的地位；二是家境贫寒，父母衰老，不做官获得俸禄而无法赡养父母；三是不娶妻生子，断绝了祭祀祖先。本章所说的"舜不告而娶"，在《孟子·万章上》有详细的记载。孟子说：舜禀告父母后就不能娶妻。男女结婚，是人与人之间的必然关系。如果舜禀告了父母，便娶不成妻子，这就会废弃了男女结婚的人之大伦，结果便会怨恨父母，所以他就不禀告了。孟子的这一阐释，源于古代传说。舜是我国原始社会末期炎黄部落联盟的首领。传说他的父母顽劣，多次布下陷阱谋害他，极力反对他结婚成家。舜为了娶妻生子，保全根本的孝道，所以不禀告父母而娶妻。在孟子看来，男女结婚要经过媒人的介绍和父母的允许，这才符合礼的规定。在舜的父母设计谋害舜而反对他娶妻的特殊情况下，舜不禀告父母而娶妻表面上看似乎违背了礼的规定，但实际上是灵活权变。而且这种灵活权变又符合结婚生育后代的根本的孝道。所以，孟子得出结论说：在君子看来，舜虽没有禀告父母，但实际上同禀告父母一样。

7.27　孟子曰："仁之实，事亲是也；义之实，从兄是也；智之实，知斯二

① 参见《论语·卫灵公》。

者弗去是也；礼之实，节文[1]斯二者是也；乐之实，乐斯二者，乐则生矣；生则恶可已也，恶可已，则不知足之蹈之手之舞之。”

【注释】

[1]节文：调节、修饰。

【品读】

本章阐明了仁、义、礼、智、乐的主要内容及其内在联系，说明了仁义道德与审美愉快的联系。

孟子在不同场合、不同条件下对各个道德规范的含义曾作过一定的阐述。本章又进一步系统地阐述了道德规范的主要内容及其内在联系。孟子说：“仁的根本内容是侍奉父母；义的根本内容是顺从兄长；智的根本内容是明白仁义的实质并坚持仁义；礼的根本内容是对仁义予以合理的调节和修饰；乐的根本内容是喜欢实行仁义，并从仁义中得到快乐；快乐一产生，就会无法休止，人就会兴高采烈、不知不觉地手舞足蹈起来。”

在孟子的道德规范体系中，各种道德规范的内在联系是什么呢？孟子曾说：“尧舜之道的根本，就是孝悌”，“人人亲爱自己的父母，尊敬自己的兄长，把这种亲爱、尊敬由近及远地扩充开来，就能使天下太平”。在这里，孝就是仁，悌就是义。由此看来，仁义是孟子道德规范体系的根本。为了明白仁义的实质，坚持仁义，必须达到智；为了使事亲从兄恰到好处，既不过分又不达不到，就要用礼节、仪式予以恰当地调节和修饰。乐于事亲从兄，就能产生快乐的心理情感而手舞足蹈起来。这样，仁、义、礼、智、乐是一个紧密联系的整体。其中，仁义是根本和核心，礼、智、乐是仁义在某些方面的具体运用和表现。

本章还阐明了仁义道德与审美愉快的联系。孟子所说的事亲从兄的仁义，既是调整父子、兄弟关系的道德规范，又是个体安适的住所、操守的根本、主体意识等人的道德精神。孟子在先秦美学史上第一次明确地把人格精神、道德上的善与审美愉快联系起来。就是说，从事亲从兄的仁义中，能获得审美愉快，达到不禁手舞足蹈的地步。这样，人不仅能从道德精神中获得善的陶冶，而且还能获得美的愉悦享受。

7.28 孟子曰：“天下大悦而将归己，视天下悦而归己，犹草芥也，惟舜为然。不得乎亲，不可以为人；不顺乎亲，不可以为子。舜尽事亲之道而瞽瞍[1]底豫[2]，瞽瞍底豫而天下化，瞽瞍底豫而天下之为父子者定，此之谓大孝。”

【注释】

[1]瞽瞍：舜的父亲，传说他愚蠢顽劣，其事可以参阅本书9.2、9.4章。

[2]底(zhí)豫(yù)：引起快乐。底，致。豫，乐。

【品读】

孟子把个人修养、家庭和谐、国家安定、天下太平视为一个紧密相连的整体。本章强调了孝顺父母对化民成俗、治理国家和平定天下的重要作用。孟子认为，君子有三种乐趣，而用仁德统一天下并不在其中，他把“父母健康，兄弟没有灾患”的天伦之乐列在“三乐”之首。正是基于对家庭中天伦之乐的重视，他赞扬舜说：“天下的人都将非常高兴地归附自己，并且把天下的人都非常高兴地归附自己看得像草芥一样的轻微，只有舜能够做到这样。不能得到父母的欢心，就不可以做人；不能顺从父母的心意，就不能做儿子。舜全心全意地侍奉父母，结果使父亲瞽瞍受到感动变得快乐起来；瞽瞍高兴了，天下百姓受到感化，风俗也就朝好的方面转化；瞽瞍高兴了，天下父慈子孝的伦理关系也就确定了。这样，舜的行为就被称作大孝。”

传说舜的父亲瞽瞍极为愚蠢顽劣，多次谋害舜。舜至孝至仁，把孝顺父母看得高于一切，竭尽全力孝顺父母，从而使愚蠢顽劣的父亲变得高兴起来。舜的孝行和瞽瞍的高兴使天下百姓受到感化。这样，天下做儿子的就以舜为榜样，知道没有不可以侍奉的父母，从而尽心竭力侍奉双亲；天下做父亲的就可以从瞽瞍那里得到启发、受到感动而变得高兴和仁慈。这样，天下父慈子孝的伦常就得到确定。在家庭中父慈子孝，在社会上就能尊上敬长，进一步达到国家安定、天下太平。

本章运用了反复的表现手法。孟子说：“舜尽事亲之道而瞽瞍厎豫，瞽瞍厎豫而天下化，瞽瞍厎豫而天下之为父子者定，此之谓大孝。”在这里，“瞽瞍厎豫”反复出现三次。第一句“瞽瞍厎豫”说明了舜尽心竭力侍奉父亲而产生的功效；第二句“瞽瞍厎豫”强调了化民成俗的功效；第三句“瞽瞍厎豫”强调了确立父子准则的功效。这三句之间，紧密相连，环环相扣，加强了语势，使读者感受强烈。如果省略了“瞽瞍厎豫”，便会使人读起来索然无味。

孟子关于孝敬父母和用孝化民成俗的思想，对后世产生了重要影响。许多思想家继承、发展了孟子的思想。《吕氏春秋·孝行览》认为，孝是国家法纪的根本和准则，刑法三百条，罪恶最大的就是不孝；《孝经》认为，孝是一切道德的根本，是社会成员必须遵循的天经地义的纲纪；等等。汉代以后，许多治国者都提倡用孝治理天下，强调用孝化民成俗的重要作用。中华民族父慈子孝、尊敬老人等优良传统，与孟子孝观念的影响是密不可分的。

# 离娄章句下

8.1 孟子曰："舜生于诸冯，迁于负夏，卒于鸣条[1]，东夷之人也。文王生于岐周，卒于毕郢[2]，西夷之人也。地之相去也，千有余里；世之相后也，千有余岁。得志行乎中国，若合符节，先圣后圣，其揆一也。"

**【注释】**

[1]诸冯、负夏、鸣条：我国古代东方的地名。

[2]岐周、毕郢：我国古代西方的地名。

**【品读】**

本章阐明古代圣贤虽处于不同地域和时代，但都遵循仁义之道而成为后世效法的榜样。

孟子为了论证用仁义"治国、平天下"，有时从社会现实出发，阐明实行仁义的利害；有时则借鉴历史经验教训，阐明实行仁义的功效。本章以舜、文王为例，指出他们虽然相距千里，处于不同时代，但都遵循仁义之道，把仁义当作治理国家、安定天下的根本。孟子说："舜出生在诸冯，迁移到负夏，最后死在鸣条，是东方的人。文王生在岐周，死在毕郢，是西方的人。两地相距一千多里，前后相距一千多年。他们统一天下时的所作所为，就像符节完全吻合一样。古代的圣人和后代的圣人，他们遵循的仁义之道是相同的。"

本章的阐述，既表现了圣人是后人的楷模，又表现了孟子对仁义坚定不移的信念。

8.2 子产[1]听郑国之政，以其乘舆济人于溱、洧[2]。孟子曰："惠而不知为政。岁十一月，徒杠成；十二月，舆梁成，民未病涉也。君子平其政，行辟[3]人可也，焉得人人而济之？故为政者，每人而悦之，日亦不足矣。"

**【注释】**

[1]子产：春秋时期郑国的卿相。

[2]溱(zhēn)、洧(wěi):古代河名。

[3]辟:驱使别人回避。

**【品读】**

本章通过评论子产用自己的车驾帮人渡河之事,强调治理国家要掌握关键,实行仁德,不能只施行小恩小惠。

子产是春秋时期郑国的卿相。他执政时,曾在政治、经济上实行了一系列改革措施。在一个严寒的冬日,他用自己乘坐的车辆载百姓渡河。身居郑国卿相的子产,用自己乘坐的车辆载百姓渡河,在春秋时代实属难得,这件事本身无可厚非。但孟子批评他只施行小恩小惠而不懂得治理国家。因为"如果在十一月乘农闲时把行人桥修好,十二月再把通行车辆的桥修好,这样,百姓就不会为过河而担忧了"。

孟子通过评论这件事,突出强调治理国家要掌握关键,抓住实行仁义这一根本,这是有道理的。他认为,治理国家如果只施行小恩小惠而不掌握关键,就会穷于应付而时间不足。事实证明,如果放弃根本和关键,往往事倍功半。

8.3 孟子告齐宣王曰:"君之视臣如手足,则臣视君如腹心;君之视臣如犬马,则臣视君如国人;君之视臣如土芥,则臣视君如寇仇。"

王曰:"礼,为旧君有服,何如斯可为服矣?"

曰:"谏行言听,膏泽下于民;有故而去,则君使人导之出疆,又先于其所往;去三年不反,然后收其田里。此之谓三有礼焉。如此,则为之服矣。今也为臣,谏则不行,言则不听,膏泽不下于民;有故而去,则君搏执[1]之,又极[2]之于其所往;去之日,遂收其田里。此之谓寇仇。寇仇,何服之有?"

**【注释】**

[1]搏执:捆绑。

[2]极:穷困到极点。

**【品读】**

本章阐述了君臣之间相对待的关系,强调两者皆有相应的义务和行为规范。

公元前318年,孟子离开魏国第二次出游齐国。孟子认为,齐宣王缺乏贤才的辅佐,过去所提拔的贤才,现在都遭到了罢免。针对齐宣王对待臣下恩衰礼薄的状况,他在与齐宣王的多次交谈中,反复阐明了君仁臣义的君臣关系。

孟子接连运用了六个比喻，向齐宣王阐明了君臣之间的关系。他说："国君把臣下看得像自己的手足一样情深义重而倍加爱护，那臣下就会把国君看得像腹心一样而竭力保护；国君对待臣下像狗马一样轻贱而毫不尊重，那臣下对待国君就像不相识的人一样而漠不关心；国君把臣下看得像泥土、草芥一样而任意践踏，那臣下就会把国君视为仇敌而切齿痛恨。""手足"与"腹心"、"犬马"与"国人"、"土芥"与"寇仇"三对比喻，生动、形象地说明了君臣之间相待的关系。就是说，国君怎样对待臣下，臣下也会怎样对待国君。

齐宣王听了孟子的话，不反省自己如何对待臣下，却怀疑孟子言之太甚。于是问道："礼制规定，离职的臣下为从前的国君服孝三个月。君主怎样做才能使臣下为他服孝呢?"孟子采用正反对比的方法回答说："臣下的进谏就采用，臣下的建议就听从，对百姓施行恩惠；臣下有事离开本国，国君派人引导他离开国境而防止被人抢掠，并且预先派人到他所去的国家宣传他的贤良；臣下离开三年而不返回，然后才收回他的田禄和住所。这是国君对臣下做了三件有礼的事情。"在孟子看来，国君有礼貌地对待臣下，目的是感化和盼望臣下归来。所以，孟子说："国君这样做了，臣下就会在国君死后为他服孝。"孟子接着列举了当时的社会现实，从反面论证说："现在臣下的劝谏不被接受，建议不被听从，对百姓不施行恩惠；当臣下有事离开国君时，便派人去拘留他的父母、妻子、兄弟，又派人到他所去的国家极力破坏他的声誉，使他陷入困境；臣下离开之时，就没收他的田禄住所。这样，君臣关系像仇敌一样。对仇敌一样的国君，臣下怎能为他服孝呢?"

孟子的这段回答，一是从正面阐述国君待臣有礼，臣下为国君服孝；二是从反面阐述君臣关系像仇敌一样，臣下就不为国君服孝。是否服孝，关键看国君怎样对待臣下。这样，通过正反对比，从而是非分明，论述周密，说理透彻。

孟子论述的君臣之间相待的关系，既不同于墨家在下位者要以在上位者的是非为是非的君臣观，又不同于法家下绝对服从上的君臣观，而是强调了君臣之间的因果关系。国君对臣仁至义尽，臣对国君则尽心竭力。臣义是以君仁为前提条件。这样，孟子的君臣关系，不论在理论上，还是在实践上，都是全面的、深刻的。

孟子的这一主张，还涉及君臣人际的心理问题。实际上，孟子将君臣关系划分为三种类型：其一，"君之视臣如手足，则臣视君如腹心"，这是一种认识协调、相待一体、感情融洽、行动合作的和谐相容型；其二，"君之视臣如犬马，则臣视君如国人"，这是无德无怨而不亲近的心理疏远型；其三，"君之视臣如土芥，则臣视君如寇仇"，这是一种认识对立、感情冲突、行为背离的冲突敌视型。在这里，孟子主张"君仁臣义"。他追求的是第一种类型，反对的则是后两种类型。在孟子那里，君臣之间能否认识协调、情感融洽、行为相近，关系到国家安危和天下太平。因此，他强调的君臣之间相对待的关系，与他所说的"端正了国君，国家就能得到治理"这种上行下效的主张是一致的。

孟子所阐述的君臣之间相对待的关系，曾被后世许多开明的政治家用来批判封建专制和封建暴君。有的封建帝王对孟子本章的论述感到恐惧。譬如，明太祖朱元璋认为孟子的"土芥寇仇"等语不是臣子应该说的话，便于1372年下令罢除孟子配享孔庙，并命刘三吾等人将所修的《孟子节文》删去这一章。这就从一个侧面表现了孟子的君臣关系论对封建帝王的震慑作用。



8.4 孟子曰："无罪而杀士，则大夫可以去；无罪而戮民，则士可以徙。"

**【品读】**

本章说明君子处世应随机应变，才能免遭祸害。

孟子继承、发扬了孔子犯颜谏争的思想，主张臣下要修养自身，向国君进谏，端正国君的错误思想。但他又主张，遇到残忍暴虐、滥杀无辜的国君，君子应洞察事物细微的动向，发现一点苗头就立即采取相应的措施。他说："士人无罪而遭受国君的杀戮，大夫就可以辞职离去；百姓无罪而遭受国君的杀戮，士人就可以迁往别的地方。"这就从一个侧面表现了孟子灵活权变的思想。

8.5 孟子曰："君仁，莫不仁；君义，莫不义。"

**【品读】**

本章强调国君应先端正自己，然后才能端正别人。

孟子在《离娄上》第二十章曾指出："君仁，莫不仁；君义，莫不义；君正，莫不正。一正君而国定矣。"但该章与本章的主旨有所区别。该章重在强调臣下要修养自身，才能纠正国君的不正确思想。本章则强调国君端正自身、实行仁政、遵循义理，在下的人就不会违背仁义。这样，上行下效，才能进而治理国家、平定天下。

8.6 孟子曰："非礼之礼，非义之义[1]，大人弗为。"

【注释】

[1]非礼之礼，非义之义：似是而非的礼，似是而非的义。

【品读】

本章指出道德高尚的君子要明辨是非，遵循礼义。

礼义是孟子主张的基本的道德规范。他主张，人们要发挥心官的思考作用，辨别什么是真正的礼义，什么是似是而非的礼义。在明辨是非的基础上，才能遵循真正的礼义，摈弃似是而非的礼义。

8.7 孟子曰："中[1]也养不中，才也养不才，故人乐有贤父兄也。如中也弃不中，才也弃不才，则贤不肖之相去，其间不能以寸。"

【注释】

[1]中：道德高尚的人。

【品读】

本章突出强调贤能者涵育、熏陶别人的责任。

孟子一生的大部分时间从事教育活动，曾率领众多学生游历各国，把招收、教育天下优秀人才当作三种乐趣之一。孟子教育学生的一个原则是离去的不追问，前来的不拒绝，主张对人们进行各种基本人际关系的人伦教育和遵从道德规范、社会准则的道德教育。他指出：道德高尚的人教育、熏陶道德品质不好的人，有才能的人教育、熏陶没有才能的人，所以人们都喜欢有贤能的长辈和父兄。如果放弃教育、熏陶别人的责任，那么，道德高尚与道德品质不好、有才能与没有才能之间，就没有什么区别了。在这里，孟子突出强调了教育、培养人是教育者的义不容辞的责任，这既表现了孟子重视教育的思想，又是对放弃教育责任者的批评。

8.8 孟子曰："人有不为也，而后可以有为。"

【品读】

本章指出只有不做违背义的事，才能做符合义的事。

孟子告诫人们做事要明辨是非，坚持以仁义为标准，只有不做违背仁义的事，才能做符合仁义的事。这一主张，至今对我们仍有一定的借鉴作用。

8.9 孟子曰："言人之不善，当如后患何？"

【品读】

本章告诫人们要严于律己，如果宣扬别人的缺点，结果就会遭受祸患。

在道德修养上，孔子主张君子成全别人的好事，不去促成别人的坏事，多责备自己，而少责备别人。孟子继承了孔子的思想，强调严于律己、宽以待人。他指出："到处宣扬别人的缺点，以后招致了祸患该怎么办呢？"在这里，孟子强调人们要用仁爱之心对待别人。他曾指出：仁爱、尊敬别人的人，就会受到别人的爱护和尊敬。因此，人们应多看到别人的长处，少宣扬别人的短处；不然，就会遭受祸患。孟子的这一主张，丰富了中华民族严己宽人、谦恭礼让的优良传统。

8.10 孟子曰："仲尼不为已甚者。"

【品读】

本章赞扬孔子坚守中正之道的高尚品德。

孔子极为重视自己的道德修养。在教学实践中，他处处为学生作出表率。子贡曾赞扬孔子温和、善良、恭敬、俭朴、谦让。《论语·述而》记载孔子是一位温和而严厉、威严而不凶猛、庄重而安详的人。他处处坚持中正的原则，既反对过分，又反对不及。他批评别人的缺点、错误时，如果别人已经改正错误，符合中道，就不再过分地指责。本章中孟子称赞孔子不做过分的事，目的是告诫世人要以孔子为楷模，坚守中正之道。

8.11 孟子曰："大人者，言不必信，行不必果，惟义所在。"

【品读】

本章阐明道德高尚的人言行要以义为标准。

学术界有人把本章翻译为："有德行的人，说话不一定句句守信，行为不一定贯彻始终，与义同在，依义而行。"[①]这种理解偏离了孟子的本义，不符合孟子一贯强调的君子说话要坚守信用，做事要始终如一，不可半途而废的主张。

如何理解这句话呢？此言"信"，指诚信；此言"果"，指做事符合预期目的，蕴含有完成、实现、功效、效果的意义。朱熹释之甚精："必，犹期也。大人言行，不先期于信果，但义之所在，则必从之，卒亦未尝不信果也。尹士

① 杨伯峻译注：《孟子译注》上册，中华书局1960年版，第189页。

云:'主于义,则信果在其中矣;主于信果,则未必合义。'"[①]朱熹把"必"解释为期望,认为道德高尚的人的言行,不预先期望得到信用和效果,只是遵循义理而行,最终未尝得不到信用和效果。他还引用尹士的话说:把义当作根本,则信用、效果就在其中;把信用、效果当作根本,则未必符合义。朱熹的理解,与孟子一贯强调的说话守信、做事始终如一的主张是一致的。

8.12　孟子曰:"大人者,不失其赤子之心者也。"

**【品读】**

本章阐明只有道德高尚的人,才能保持纯正善良的本性。

孟子认为,人之所以为人,就是因为人具有以心官进行思维的能力和君臣、父子、夫妇等人伦,具有仁、义、礼、智等道德观念。孟子所说的人性善,是相对于禽兽互相残杀的兽性恶而言。人后天的不善,是由于追求物质欲望而丧失了善良的本性。在孟子看来,婴儿未被世俗和物欲污染,天真无邪,真纯善良。孟子在本章运用婴儿真纯善良的心,比喻道德高尚的人,强调加强修养,达到高尚的道德境界,就能不为物欲污染,保持纯正善良的本性。

8.13　孟子曰:"养生者不足以当大事,惟送死可以当大事。"

**【品读】**

本章强调为父母殡葬尽礼的重要性。

孟子认为,父母与子女之间的关系是家庭生活中的一种根本关系。二者之间讲求仁爱和骨肉之亲,侍奉父母是侍奉长上的根本。只有在家庭生活中侍奉好父母和保持家庭生活的和谐,才能进一步治理好国家和安定天下。因此,在家庭生活中,不仅要使父母生前享有优裕的物质生活和保持精神愉悦,在父母去世后,还要尽礼治丧,以尽孝子之心。孟子曾引曾子的话说:父母在世,按礼去侍奉;父母去世,按礼去殡葬和祭祀,才称得上孝。所以,在孟子看来,赡养父母并不算什么大事,只有为父母殡葬尽礼才称作"大事"。

这一主张,既表现了子女对父母的报恩之心,又表现了子女对父母的缅怀之情。它长期渗透到中华民族心理情感和社会习俗之中,对后世社会生活产生了重要影响。

① (宋)朱熹撰:《孟子集注》卷八。

8.14 孟子曰："君子深造[1]之以道，欲其自得之也。自得之，则居之安；居之安，则资[2]之深；资之深，则取之左右逢其原，故君子欲其自得之也。"

【注释】

[1]深造：达到高深的造诣和境界。

[2]资：积蓄。

【品读】

本章阐述了深造自得即自觉地领悟真理的治学方法。

《孟子》一书阐述了多种治学方法，深造自得即为其中之一。孟子说："君子依循正确的方法达到高深的造诣和境界，就要自觉地领悟真理。自觉地领悟真理，就能牢固地掌握它而不动摇，进而积蓄深厚，达到取之不尽、左右逢源的地步。所以君子要自觉地领悟真理。"

孟子阐述的深造自得的治学方法，言简意赅，意味深长。它告诉人们，不论是学习知识和技艺，还是进行道德修养，都要发挥自身的主观能动性，自觉地领悟和思索。只有这样，才能在实践中运用自如，左右逢源，达到高深的造诣和境界。孟子深造自得的治学方法，在中国古代教育史上占有重要的地位，对后世产生了重要影响。许多思想家和教育家，都强调了深造自得的重要性。有的思想家如程颢、程颐、王阳明等人，则把孟子的自得引申、发展为对封建道德观念的体验、领会和省悟。

孟子在本章运用了排比句式，从"自得之，则居之安"到"资之深，则取之左右逢其原"，运用了三个排比句，每一个排比句之间首尾相衔，呈现连环之势，表现了句与句之间的逻辑关系。在内容上，三个排比句之间又表现出层层递进的关系，一级高似一级，从而给人以连珠缀玉的美感。

8.15 孟子曰："博学而详说之，将以反说约[1]也。"

【注释】

[1]约：简明精要的原理。

【品读】

本章阐述了博学与专精的关系。

孟子接着上一章的记述，强调治学既要深造自得，又要由博反约。人们广博地学习，详细解说，目的是融会贯通和掌握简明精要的原理。

博与约，即博学与专精的关系，是中国古代教育家极为重视的一个问题。孔子主张广博地学习知识。墨子反对博闻杂识。孟子在前人基础上，明确提出由博反约的治学方法，主张把广博学习、详细解说与掌握精要原理结合起来。后代的许多思想家在治学和教学实践中，深化、发展了孟子的这一思想。荀子主张在博学基础上要精深专一。朱熹认为，只有博览而不专精就会杂乱、肤浅而没有收获。王夫之强调广博是简约的基础，简约反过来又能指导广博。只有广博地学习，才能提炼精华，掌握要领。为博学而博学，就会误入歧途。中国古代教育家历经几代形成的由博反约的思想，丰富了中华民族教育思想的宝库。

8.16 孟子曰："以善服人者，未有能服人者也；以善养人，然后能服天下。天下不心服而王者，未之有也。"

**【品读】**

本章通过比较良好政治与良好教化的不同作用，强调了良好教化使人心悦诚服的重要功效。

孟子主张要治理好国家和安定天下，必须施行得到百姓拥护、支持的仁政措施。其中，思想教化是一个重要的方面。所谓思想教化，就是指通过社会成员的自觉接受而影响人们的思想、习惯、心理，使人们遵从一定的社会规范和准则。正如孟子所指出的那样，用道德教化让人服从，人们就能心悦诚服。孟子在比较良好政治与良好教化不同作用的基础上，尤其强调了后者潜移默化的重要功效。他说："用良好的政治让人服从，是不能真正让人服从的；用良好的教化培养、熏陶人，就能使天下的人心悦诚服。天下的人不心悦诚服却能统一天下，是从来没有的。"在这里，孟子强调了思想意识和道德教化的感召力，认为用政治手段让人服从，人虽慑于强力不敢不服，但并不是心服口服；用道德教化培育、熏陶人，人们会心悦诚服。这种以德服人的思想，被后世许多政治家、思想家继承和发展。

8.17 孟子曰："言无实不祥。不祥之实，蔽贤者当之。"

**【品读】**

本章阐明言语不真实，就会危害政事和妨碍选拔贤才。

战国中期，孟子以善于分析别人的言辞而著称。他认为，违背仁义的各种言辞，会在政治上产生危害；如果将之运用到管理政事当中，就会妨碍国家的政事。[①] 孟子在本章又进一步阐述了言语不真实而造成的危害。他认为，言语不真实，就会产生不好的作用。它或者掩盖别人的善，或者掩饰别

① 参见《孟子·公孙丑上》。

人的恶；掩盖别人的善，就会妨碍选拔贤才。所以，这种不好的结果，应该由妨碍选拔贤才的人来承担。

在这里，孟子强调言语要真实，对那些文过饰非、虚报浮夸、言不由衷的人，具有一定的警诫作用。

8.18　徐子[1]曰："仲尼亟称于水曰：'水哉，水哉！'何取于水也？"

孟子曰："源泉混混[2]，不舍昼夜，盈科而后进，放手四海。有本者如是，是之取尔。苟为无本，七八月之间雨集，沟浍[3]皆盈；其涸也，可立而待也。故声闻过情，君子耻之。"

**【注释】**

[1]徐子：徐辟，孟子的学生。

[2]混混：水流充沛。

[3]沟浍(kuài)：田间的沟渠。

**【品读】**

本章以水有本源就会充沛而不枯竭为喻，告诫人们名声要与实际相符。

在长期的教学活动中，孟子与学生之间感情融洽。当学生向他请教时，他总是循循善诱、语气从容、态度安详地解答疑难，表现出诲人不倦的精神。有一天，徐辟问道："从前，孔子曾多次赞美水说：'水啊！水啊！'他赞美水的哪一点呢？"孟子说："有本源的水充沛流出，昼夜不息，注满坑洼，继续向前奔流，一直流向大海。有本源的水就是这样涌流不尽。孔子就是赞赏它这一点。"孟子接着又列举了另一种情况的水说："假如是没有本源的水，就像七八月间骤然下的雨一样，顷刻灌满了田间的沟渠，但雨过天晴，水一会儿就会干涸。"孟子阐述了两种状况的水，进而由水引申到人，得出结论说："名声超过了实际，君子会引以为耻。"

孟子以水作比喻，目的是告诫人们要加强修养，名实相符；如果名声超过实情，这种名声就会像雨水一样很快干涸，不会长久。这就从一个方面表现了孟子名实相符的求实精神。

8.19　孟子曰："人之所以异于禽兽者几希，庶民去之，君子存之。舜明于庶物，察于人伦，由仁义行，非行仁义也。"

**【品读】**

本章说明人与禽兽的区别，赞扬舜发挥人善的本性而自觉实行仁义。

在先秦时代，孟子较全面地辨别了人与禽兽的不同，促进了人们的自我

反省和自我认识。

孟子所说的“人与禽兽的区别具有极少的一点”，就是指人具有各种人际关系，仁、义、礼、智等道德观念和用心官思维的能力。而人与禽兽相同的地方，就是具有饮食、男女等自然欲望。在孟子看来，仁义是道德规范的根本和核心。孟子接着又阐述了君子与庶民的区别，指出一般的人往往忽略仁义，只有道德高尚的人才知道仁义的宝贵而保存它。孟子进而赞扬舜说：舜能发挥心官的思考作用，懂得事物的规律，了解人类的各种人际关系，自觉地遵循仁义去做，而不是认为仁义有利于自己而勉强去做。这就是说，舜能保持人善的本性，将仁义根植在自己心中，把它当作内在的主体意识，自觉地遵循它，而不是勉强地实行它。孟子赞扬舜实行仁义的高度自觉性，目的是告诫人们要效法圣贤，加强修养，自觉保持人善的本性，以达到高尚的道德境界。

8.20　孟子曰：“禹恶旨酒而好善言。汤执中，立贤无方。文王视民如伤，望道而未之见。武王不泄迩，不忘远。周公思兼三王，以施四事；其有不合者，仰而思之，夜以继日；幸而得之，坐以待旦。”

【品读】

本章赞扬古代圣王的美德和功绩。

本章接续上一章，在赞扬了舜自觉实行仁义的美德后，又称赞了大禹、商汤等五位圣贤的美德和功绩，认为大禹厌恶美酒而喜欢善言；商汤坚持中正之道而又不拘一格选择贤才；文王爱民深切，不懈追求真理；武王不轻慢朝中的贤臣，不忘记远方的臣属；周公融合夏、商、周三代圣人的美德，实行禹、汤、文王、武王的事业，根据具体情况夜以继日地思索并立即实行。孟子以圣人为楷模，赞扬他们的高尚品德和功绩，目的是要人们效法圣贤，用古代圣贤的仁义之道教化人心，使社会成员遵从儒家的道德规范和准则，最终实现以仁政治理国家、安定天下的愿望。

8.21　孟子曰：“王者之迹[1]熄而《诗》亡，《诗》亡然后《春秋》作。晋之《乘》[2]，楚之《梼杌》[3]，鲁之《春秋》，一也。其事则齐桓、晋文，其文则史。孔子曰：‘其义则丘窃取之矣。’”

【注释】

[1]迹：是“远”字之误，指西周采集诗歌的制度。

[2]《乘(shèng)》：晋国的史书。

[3]《梼(táo)杌(wù)》：楚国的史书。

【品读】

孟子在前两章赞扬了舜、禹、汤、文王、武王、周公的美德和功绩，本章接续前两章，称颂了孔子写作《春秋》的功绩。

为了全面理解孟子对《春秋》的论述，我们将《孟子·滕文公下》第九章孟子谈论《春秋》的两段话与本章合并考察。孟子说："太平之世和仁义之道逐渐衰微，荒谬的学说、残暴的行为又相继产生，有臣子杀死国君的，有儿子杀死父亲的。孔子深为忧虑，著作了《春秋》。撰写《春秋》这样的史书，本来是天子做的事，孔子不得已做了。所以孔子说：'理解我的恐怕就在《春秋》这部书了！责骂我的恐怕就在《春秋》这部书了。'"又说："孔子著作了《春秋》，使那些叛乱的臣下和不孝的儿子感到畏惧。"

孟子的上述一段话和本章的记述，阐明了两个问题。

第一，肯定孔子著作《春秋》，概括了《春秋》一书的性质。《春秋》是我国的第一部编年史，记载了从鲁隐公元年（前722年）到鲁哀公十四年（前481年）之间二百四十二年的历史，全书共有一万六千五百多字，记事简明，言辞晦涩。孟子说："圣王采集诗歌的事情废止了，《诗经》也就再没有新的篇章了。《诗经》没有新的篇章，孔子就编写了《春秋》。"孟子所说的孔子"作《春秋》"，是指孔子依据鲁史旧文加以改造的《春秋》，所以后人往往将孔子未加工的鲁国《春秋》叫作"不修《春秋》"。这两部《春秋》有着重要的不同。孟子指出，二者所记载的内容都是齐桓公、晋文公等人的霸业，所用的笔法都是一般史书的方法。但从性质上看，孔子把自己的政治思想写进了《春秋》。《史记·太史公自序》指出："《春秋》用来阐明义理。"这种看法，与孟子的认识相同，都肯定了《春秋》表面上是史书，实质上是一部表达作者义理的政治书籍。

第二，阐明了孔子作《春秋》的宗旨。孟子说："孔子为此忧虑而编写了《春秋》"，"孔子编写了《春秋》，使叛乱的臣子和不孝的儿子感到恐惧"。这就是说，孔子编写《春秋》，寄托了自己的政治理想，寓含褒贬，劝善惩恶，针砭时弊，为后王立法，为人伦立准则，从而规范后人。孟子的精辟概括，正确揭示了孔子作《春秋》的宗旨。

总之，孟子对孔子编写《春秋》的评论，说明孟子对《春秋》认识深刻，体会宏深，对后世产生了重要影响。汉代许多经文家、今文家的观点都承自孟子，公羊家治《春秋》也是以孟子为起点。有的学者认为孟子最了解《春秋》，是两千多年来《春秋》学的奠基人，实不过誉。

8.22　孟子曰："君子之泽[1]五世而斩[2]，小人之泽五世而斩。予未得为孔子徒也，予私淑诸人也。"

【注释】

[1]泽：流风余韵。

[2]五世而斩：经历五代就断绝了。世，古代称三十年为一世。

【品读】

本章阐明了以学习孔子为志向的心愿。

孟子在前三章赞扬了从舜到孔子等古代圣人的美德和功绩。本章接续前三章，抒发了以学习孔子为志向的情怀。他说："在位圣贤的流风余韵大概经历五代就断绝了，不在位圣贤的流风余韵大概经历五代就断绝了。我没有成为孔子的学生，我是私下向别人学习孔子思想的。"

孟子的这段话，阐明了两个问题：

第一，社会习俗的变迁。孟子认为，不论是在位的圣贤，还是不在位的圣贤，他们的流风余韵经历五代就会断绝。这说明，某一时代良好的习俗随着社会的发展、世代的延续而不断发生变化。孟子赴鲁国求学时，上距孔子去世约一百二十年。孔子的流风余韵仍流传后世，对后人包括孟子仍有重要影响。所以，孟子说虽然不能成为孔子的学生，但仍能学习孔子的流风余韵。这说明，前人的高尚品格和良好的社会习俗具有一定的继承性和流传性，它不因圣人的去世而立即改变。要保持良好的社会习俗和前人的高尚品格，需要后人的继承、发扬和光大。

第二，孟子以继承圣人为己任。孟子多次赞扬圣人的高尚品格和功绩，认为他们是人们行为的标准和后代人的楷模。孟子在前几章中历述圣人们的功德、业绩，阐述了自己善于学习孔子的思想，既表明了从尧、舜、禹、汤到文王、武王、周公、孔子等古代圣人的一脉相承性，又抒发了学习、捍卫古代圣人思想的情怀。实际上，孟子对古代圣人的论述已初步奠定了儒家道统说的基础。唐代韩愈阐述的儒家道统说，就是对孟子这一思想的继承和发展。

8.23　孟子曰："可以取，可以无取，取伤廉；可以与，可以无与，与伤惠；可以死，可以无死，死伤勇。"

【品读】

孟子主张，人们的取舍、辞受、生死都要遵循义理。孟子所说的义理，就是指做事合理、适宜，既不过分，又不达不到，从而符合中正的原则。他指出："可以取得，可以不取得，如果取得了损害廉洁，那就不要取得；可以给予，可以不给予，如果给予了损害恩惠，那就不要给予；可以死，可以不死，如果死去损害了勇敢，那就不要死去。"

孟子在本章运用了重出的写作技巧，将"可以"二字连用六次，加强了语句的气势，令读者产生深刻的印象。从孟子的主张来看，在取舍、给予、生死等问题上，人只有发挥心官的理性思维能力，审察义理，明辨是非，才能采取合乎义理的行动。这又从一个侧面表现了孟子重视心官理性思维作用的朴素唯物主义认识论。



8.24 逢蒙[1]学射于羿[2]，尽羿之道，思天下惟羿为愈己，于是杀羿。孟子曰："是亦羿有罪焉。"

公明仪曰："宜若无罪焉。"曰："薄乎云尔，恶得无罪？郑人使子濯孺子[3]侵卫，卫使庾公之斯[4]追之。子濯孺子曰：'今日我疾作，不可以执弓，吾死矣夫！'问其仆曰：'追我者谁也？'其仆曰：'庾公之斯也。'曰：'吾生矣。'其仆曰：'庾公之斯，卫之善射者也，夫子曰"吾生"，何谓也？'曰：'庾公之斯学射于尹公之他[5]，尹公之他学射于我。夫尹公之他，端人也，其取友必端矣。'庾公之斯至，曰：'夫子何为不执弓？'曰：'今日我疾作，不可以执弓。'曰：'小人学射于尹公之他，尹公之他学射于夫子。我不忍以夫子之道反害夫子。虽然，今日之事，君事也，我不敢废。'抽矢，叩轮，去其金，发乘矢而后反。"

**【注释】**

[1]逢(péng)蒙：羿的家臣和学生。后背叛了羿，帮助有穷国的国相寒浞杀了羿。

[2]羿(yì)：相传是夏代有穷国的君主，著名的射手。

[3]子濯孺子：春秋时期郑国的大夫。

[4]庾公之斯：春秋时期卫国的大夫。

[5]尹公之他：春秋时期的卫国人。

**【品读】**

古代的时候，逢蒙向羿学习射箭，完全掌握了羿的射箭本领。这时，逢蒙认为普天之下只有羿的本领超过自己，便产生歹心，杀害了羿。孟子评论这件事时认为，羿本身也应负一部分责任。公明仪曾说，羿似乎没有过错。孟子指出："羿的过错只是不大罢了，怎能说没有过错呢？"孟子接着引述了子濯孺子与庾公之斯的历史传说来说明羿被自己的学生逢蒙杀害，自身也存有不善于识别人的过错。

这则历史传说的大意是：郑国大夫子濯孺子率兵侵犯卫国而战败，卫国的庾公之斯奉命追击子濯孺子。恰巧，子濯孺子疾病发作，无法反击，只好坐以待毙。当他知道追击自己的人是庾公之斯时，便转忧为喜，认为庾公之斯的射箭本领是向尹公之他学来的，而尹公之他的射箭本领又是自己教导的。尹公之他是个正派的人，他的学生庾公之斯也一定是个正派的人。庾公之斯追击上以后，证实了子濯孺子的判断。庾公之斯对子濯孺子说，您是尹公之他的老师，尹公之他又是我的老师。我怎能用您传授的射箭技能伤害您呢？今天的事是国家的公事，我不敢不执行。于是在车轮上敲掉了箭头，发射了四箭就回去了。

孟子意在告诫世人，结交朋友慎重，选择正派的人，就能在危急时刻保全自己；反之，就会遭受祸患。

8.25 孟子曰："西子[1]蒙不洁，则人皆掩鼻而过之；虽有恶[2]人，齐戒沐浴，则可以祀上帝。"

【注释】

[1]西子：古代的美女西施。

[2]恶：相貌丑陋。

【品读】

孟子把个体的人格精神美视为内在的人格精神与外在形体的统一，譬如人的心地纯正善良，眼睛就会明亮。但有时两者会发生矛盾。在这种情况下，人们不应以貌取人，而应重视人内心是否善良。孟子指出：西施的相貌、形体虽然很美，但如果她心地不善，别人就会厌恶她；相反，即使相貌丑陋的人，只要心地纯正善良，整洁身心，就能去祭祀上帝。在这里，孟子阐述了一个重要的原则：判断一个人，不能只看他相貌的美丑，而是要看他内心的善恶。在现代生活中，孟子的这一思想，对我们怎么观察人，仍有一定的启示。

8.26 孟子曰："天下之言性也，则故而已矣[1]。故者以利[2]为本。所恶于智者，为其凿也。如智者若禹之行水也，则无恶于智矣。禹之行水也，行其所无事也。如智者亦行其所无事，则智亦大矣。天之高也，星辰之远也，苟求其故，千岁之日至[3]，可坐而致也。"

【注释】

[1]天下之言性也，则故而已矣：天下人讲性，依其客观规律便可以了。

[2]利：顺从。

[3]日至：冬至。

【品读】

本章阐明智慧就是顺从事物发展的客观规律；否则，卖弄聪明，穿凿附会，就会违背事物的规律。

朱熹《孟子集注》卷八指出："程子曰：'此章专为智而发。'愚谓事物之理，莫非自然。顺而循之，则为大智。若用小智而凿以自私，则害于性而反为不智。程子之言，可谓深得此章之至矣。"孟子指出："天下人讨论人性，就要依循它的客观规律。依循客观规律，必须以顺从自然为根本。人们之所以厌恶那些耍小聪明的人，就是因为他们违背事物的自然规律而陷入穿凿附会。假如聪明人像大禹疏导洪水那样，那就没有人讨厌聪明了。大禹疏导洪水，就是采用顺从自然规律而不加以人为干扰的方法。假若聪明人顺从自然规律，因势利导地处理事情，那就相当聪明了。天是那样的高，星辰是那样的遥远，如果遵循它们运行的规律，那么一千年以后的冬至，也可以坐着推算出来。"

本章表现了孟子的朴素唯物主义认识论。

第一，自然万物的发展变化都有一定的客观规律。孟子通过对自然万物的观察，发现水的运行有其"道"，日月星辰的交替运行有其"故"。就是说，天下万物的自然规律是不以人的主观意志为转移的。孟子的这种认识，与上帝主宰自然万物变化的宗教天命论是根本对立的。

第二，人们顺从自然规律就能获得成功。孟子列举大禹治水的事例，认为大禹顺从水的自然规律，因势利导，消除了洪水的危害；人们遵循日月星辰的运行规律，就能坐而推算出千年以后的冬至。孟子的这一结论，与当时的天文学成就是紧密相连的。与孟子同时的齐国人甘德著《天文星占》八卷、魏国人石申著《天文》八卷，精密地记录了一百二十颗恒星的赤道坐标。人们能运用天文历法知识推算出千年以后的冬至，表明当时的天文学达到了相当高的成就。孟子的上述认识，已不是粗陋、肤浅的感性认识，而是吸取了当时的天文学成就而上升到深刻的理性认识。

8.27　公行子有子之丧，右师[1]往吊。入门，有进而与右师言者，有就右师之位而与右师言者。孟子不与右师言，右师不悦曰："诸君子皆与驩言，孟子独不与驩言，是简[2]驩也。"

孟子闻之，曰："礼，朝廷不历位而相与言，不逾阶而相揖也。我欲行礼，子敖以我为简，不亦异乎？"

【注释】

[1]右师：官名，这里是指齐宣王的宠臣王驩。

[2]简：怠慢。

【品读】

本章表现了孟子以礼待人而不逢迎权贵的品德和节操。

孟子游历各诸侯国时，坚守自己的志向，不屈辱自己而逢迎诸侯和权贵，表现出高尚的节操。王驩是齐宣王的宠臣，原是盖邑大夫，后被提拔为右师。孟子在与王驩的交往中，对他专横跋扈、逢迎谄谀的行为深感不齿。有一天，齐国大夫公行子办理儿子的丧事，王驩等卿大夫奉国君之命先后前往吊唁。为了逢迎王驩，有的人在王驩跨进大门时就前去同他说话，有的人等他坐下后到他座位旁同他说话。唯独孟子不理睬王驩。王驩十分不高兴，便对别人说："诸位大夫都同我说话，唯独孟子不同我打招呼，这是怠慢我。"孟子听到这话后，针锋相对地说："依据礼的规定，这个地方所行的礼节同朝廷上一样，每个人都有固定的位次和台阶，不能随便离开自己的位次同别人谈话，也不能越过台阶相互拱手行礼。我遵循礼行事，而王驩认为我怠慢了他，这不是很奇怪吗？"

孟子遵循礼行事而不与王驩交谈，从一个侧面表现了他鄙视权佞、反对阿意曲从的性格和品质。

8.28　孟子曰："君子所以异于人者，以其存心也。君子以仁存心，以礼存心。仁者爱人，有礼者敬人。爱人者人恒爱之，敬人者人恒敬之。有人于此，其待我以横逆[1]，则君子必自反也：我必不仁也，必无礼也，此物奚宜至哉？其自反而仁矣，自反而有礼矣，其横逆由是也，君子必自反也：我必不忠。自反而忠矣，其横逆由是也，君子曰：'此亦妄人也已矣，如此，则与禽兽奚择哉？于禽兽又何难焉？'是故君子有终身之忧，无一朝之患也。乃若所忧则有之：舜人也，我亦人也。舜为法于天下，可传于后世，我由未免为乡人也，是则可忧也。忧之如何？如舜而已矣。若夫君子所患则亡矣。非仁无为也，非礼无行也。如有一朝之患，则君子不患矣。"

【注释】

[1]横逆：强暴不讲道理。

【品读】

本章阐明了自我省察的修养方法，强调效法圣贤，循仁蹈礼。

孟子十分重视个体的道德修养，并把修身当作"齐家、治国、平天下"的前提和基础。其中,他强调的自我省察就是道德修养的一个重要方法。孟子认为,君子与普通人的区别在于能省察自己,保存善心。这种善心,是指仁爱别人之心和恭敬别人之心。有仁德的人,就能爱别人;有礼的人,就能尊敬别人。爱别人的人,别人会常爱他;尊敬别人的人,别人也会常尊敬他。在这里,孟子为了说明君子与普通人的不同,突出强调了个体与他人的善恶对等关系。就是说,恶有恶报,善有善报。你以什么样的态度对待别人,别人也会以什么样的态度对待你。所以,具有仁、礼观念的人要仁爱、恭敬别人,才会相应地得到别人的仁爱和恭敬。这就表现了孟子人际关系的平等观。

具体来看,自我省察就是要一再反省自己是否对待别人做到了仁、礼、忠。经过自我省察,对别人做到了仁、礼、忠,别人再对"我"强暴无礼,君子就会感慨地说:"这个人不过是个妄诞而缺乏道德观念的人罢了。这样,他与禽兽有什么区别呢?又何必与他计较呢?"在孟子看来,自己严以责己,自我省察,却受到别人强暴无礼的对待。这时,自己不必为此而忧虑。值得君子终生忧虑的事情,就是自己的修养比不上圣贤。有了这种忧虑,就要以此为动力,以圣贤为榜样,向舜学习,时刻用仁、礼严格要求自己,不符合仁、礼的事情不去做,努力达到圣人的境界。这样,君子循仁蹈礼,就不会遭受灾祸。即使有突如其来的灾祸,由于君子坚持仁、礼,也能自得其乐,问心无愧,无所畏惧。

孟子自我省察的道德修养方法,表现了他效法圣贤、自得其乐的精神,体现了中华民族严以责己、追求高尚道德精神境界的优良传统,对激励人们自我反省、自我认识具有积极的意义。

8.29 禹、稷当平世,三过其门而不入,孔子贤之。颜子当乱世,居于陋巷,一箪食,一瓢饮;人不堪其忧,颜子不改其乐,孔子贤之。孟子曰:"禹、稷、颜回同道。禹思天下有溺者,由己溺之也;稷思天下有饥者,由己饥之也,是以如是其急也。禹、稷、颜子易地则皆然。今有同室之人斗者,救之,虽被发缨冠[1]而救之,可也;乡邻有斗者,被发缨冠而往救之,则惑也,虽闭户可也。"

**【注释】**

[1]被发缨冠:指披散着头发,来不及系上冠带、束起头发。比喻情况迫切。

**【品读】**

本章孟子赞扬了禹、稷、颜回济世救民、修养自身的高尚节操,抒发了自己或兼善天下，或独善其身的志向。

孟子突出强调了士的志向、节操和尊严，主张士人无论在穷困不得志之时，还是在通达显赫得志之时，都要坚持仁义节操和不可屈服的独立自主人格。他认为，禹、稷处在政治清明的太平时代，为了教民种植五谷和治理洪水，辛苦操劳，公而忘私，"三过其门而不入"，受到孔子的称赞。颜回处在春秋政治昏暗的时代，不为世所用，住在破旧的巷子里，生活清贫，但他加强修养，心安理得，自得其乐，也受到孔子的称赞。孟子进而评论说：他们三人虽然在行动上有不同的特点，但都致力于仁义之道。禹、稷担负着救民的职责，百姓陷入水深火热和饥饿的困境中，就像他们自己陷入水深火热和饥饿的困境中一样，所以他们急民之难，解救民苦。如果禹、稷与颜回交换地位，颜回也会急救民苦，禹、稷也会安贫乐道。

孟子的评论说明，禹、稷肩负救民重任，所以公而忘私，"三过其门而不入"，以救民为急；颜回不为世所用，身居陋巷，安贫乐道，劝阻乡邻斗殴不是他所负的责任，所以闭门不出。也就是说，他们所处的地位不同，负的责任不同，前者是兼善天下，后者是独善其身。但他们处世和处理问题都坚持仁义之道。这样，孟子赞扬圣贤兼善天下或独善其身的高尚节操，目的是效法圣贤，阐明自己得志便济世救民，不得志便独善其身的坚守仁义节操的处世原则。



8.30　公都子曰："匡章，通国皆称不孝焉，夫子与之游，又从而礼貌之，敢问何也？"

孟子曰："世俗所谓不孝者五：惰其四支，不顾父母之养，一不孝也；博弈好饮酒，不顾父母之养，二不孝也；好货财，私妻子，不顾父母之养，三不孝也；从耳目之欲，以为父母戮[1]，四不孝也；好勇斗很，以危父母，五不孝也。章子有一于是乎？夫章子，子父责善而不相遇也。责善，朋友之道也；父子责善，贼恩之大者。夫章子，岂不欲有夫妻子母之属哉？为得罪于父，不得近，出妻屏子，终身不养焉。其设心以为不若是，是则罪之大者，是则章子而已矣。"

**【注释】**

[1]戮（lù）：羞辱。

**【品读】**

本章阐明对众人的好恶评说要予以审察，不能被世俗的偏见所迷惑。

孔子认为，大家都讨厌的人，不一定坏，一定要经过考察；大家都喜欢的人，不一定好，一定要经过考察。孟子继承、发展了孔子的思想，主张对众人的评论要作考察、分析，不能随波逐流。孟子第二次游齐时，曾与齐国的将领匡章交往。公孙丑对孟子的做法疑惑不解，便询问说："全国的人都说匡章不孝，您却与他交往，还很有礼貌地对待他，请问这是什么原因呢？"孟子循循善诱地解答说：社会上一般人认为不孝顺的事情有五种：一是四肢懒惰，不照顾父母的生活；二是赌博下棋，喜好喝酒，不顾供养父母；三是喜好钱财，偏爱妻室儿女，不顾对父母的供养；四是放纵耳目欲望，而使父母受到羞辱；五是喜好蛮勇，逞强斗殴，而危害父母。匡章不具备这五种不孝的任何一种。孟子接着分析了匡章枉受不孝之名的原因，指出匡章不过是因为要求父亲从事正道而发生矛盾无法在一起相处。用善道相责，是朋友之间的交往准则；父子之间以善相责，就会伤害血缘亲情。匡章难道不想有夫妻、母子的天伦之乐吗？只是因为得罪了父亲，不能亲近奉养他，只好休退妻子，远离儿子，终生不要妻儿奉养。他的用心是：如果不这样做，那自己的罪过就更大了。这就是匡章的为人。

在这里，孟子分析了匡章与父亲感情不和的原因，指出匡章不能亲自侍奉父亲，便休妻离子，深深自责，这恰恰表明他具有仁义忠孝之心。众人指责他不孝，并不符合实际。这表明，对众人的评论要善于分析和考察，不要人云亦云和被表面现象所迷惑。



8.31 曾子居武城[1]，有越寇。或曰："寇至，盍去诸？"曰："无寓人于我室，毁伤其薪木。"寇退，则曰："修我墙屋，我将反。"寇退，曾子反。左右曰："待先生如此其忠且敬也，寇至，则先去以为民望；寇退，则反，殆于不可。"沈犹行[2]曰："是非汝所知也。昔沈犹有负刍[3]之祸，从先生者七十人，未有与焉。"

子思居于卫，有齐寇。或曰："寇至，盍去诸？"子思曰："如伋去，君谁与守？"

孟子曰："曾子、子思同道。曾子，师也，父兄也；子思，臣也，微也。曾子、子思易地则皆然。"

**【注释】**

[1]武城：地名。

[2]沈犹行：曾子的学生。

[3]负刍：人名。

**【品读】**

本章记载了曾子在武城时居于师位，是教授学生的长辈，当越国人来侵犯时，他便先离开住所；待敌人撤退后，他又马上返回住所。子思的做法与曾子不同。子思在卫国时，出仕为官，具有捍卫国君的职责。所以，当齐国人侵犯卫国时，有人劝子思撤退，子思说："如果我离开这儿，君主同谁来守卫城池呢？"孟子评论两人的不同做法时指出：曾子、子思所坚持的原则是相同的。由于两人的身份、地位不同，所以面临敌人的侵犯时各自的态度、做法也就不同。如果调换他们所处的地位，也都会这样的。

8.32　储子[1]曰："王使人瞯[2]夫子，果有以异于人乎？"孟子曰："何以异于人哉？尧舜与人同耳。"

**【注释】**

[1]储子：齐国的卿相。

[2]瞯(jiàn)：窥探。

**【品读】**

公元前318年，孟子第二次出游齐国。齐宣王闻知孟子的名声，便派人窥探孟子与众人有什么不同。过了几天，储子把这件事告诉了孟子，孟子听后很反感，针锋相对地驳斥说："我哪有与众不同的地方呢？"孟子接着又说："就是尧、舜那样的圣人也同众人一样嘛！"这实际上反映了圣贤与众人相同的人格平等思想。

在孟子看来，尧、舜是人，自己也是人，圣贤与普通人一样，都属于人类。这就揭去了罩在圣人头上的神秘面纱，将圣人从神秘的天国拉回到现实社会，对激励人们效法圣贤和攀登高尚的道德精神境界，具有积极的意义。

8.33　齐人有一妻一妾而处室者，其良人[1]出，则必餍酒肉而后反。其妻问所与饮食者，则尽富贵也。其妻告其妾曰："良人出，则必餍酒肉而后反；问其与饮食者，尽富贵也，而未尝有显者来，吾将瞯良人之所之也。"

蚤[2]起，施从良人之所之，遍国中[3]无与立谈者。卒之东郭墦[4]间，之祭者，乞其余；不足，又顾而之他。此其为餍足之道也。

其妻归，告其妾，曰："良人者，所仰望而终身也，今若此。"与其妾讪[5]其良人，而相泣于中庭，而良人未之知也，施施[6]从外来，骄其妻妾。

由君子观之，则人之所以求富贵利达者，其妻妾不羞也，而不相泣者，几希矣。

**【注释】**

[1]良人：丈夫。

[2]蚤：同“早”。

[3]国中：都城之中。

[4]墦(fán)：坟墓。

[5]讪：怨骂。

[6]施施：得意洋洋的样子。

**【品读】**

本章讲述了齐人乞食坟墓之间，归而骄其妻妾的故事。故事的内容可划分为两个层次。

第一，齐人的自我炫耀和吹嘘引起其妻的疑问。有一个齐国人，家里有一妻一妾。他每次外出回来，都酒足饭饱、醉醺醺地跨进大门。每当妻子问他同哪些人在一块吃喝时，他便摇头晃脑地吹嘘说都是些有钱有势、地位显赫的人。他的妻子向他的妾又把这句话重复了一遍，这主要是为了突出这一现象，并且与下文相对照。第二次重复时，加了一句“而未尝有显者来”，这就点出了可疑的关键，为下文窥探齐人的行踪做好了铺垫。

第二，妻妾戳穿齐人乞讨的秘密。第二天一早，齐人的妻子躲躲闪闪地跟在齐人后边，窥探他的行踪，但全城的人没有一个理睬他。最后齐人鬼鬼祟祟地到了城东的坟地，厚颜无耻地向祭扫坟墓的人乞讨剩余的祭品，狼吞虎咽地边吃边喝。随后，又东张西望地到别的地方乞讨。齐人的妻子看到眼前的情景才恍然大悟，原来这就是丈夫吃饱喝足的门道，从而剥下了齐人的假面具。齐人的妻子回到家，仅以“今若此”三字向妾讲述齐人的丑行，省略了所看到的一切，这是因为前面的笔墨已淋漓尽致地描述了齐人摇尾乞讨的丑行，如再重复讲一遍，反倒使文章冗长拖沓。这简单的三个字，使文章更含蓄有力。齐人的妻妾在院中央失望地哭泣、咒骂时，齐人不知道骗局已被戳穿，仍得意洋洋、神气活现地跨进大门，向他的妻妾摆威风。“骄其妻妾”四个字，活灵活现地勾画出齐人的卑鄙嘴脸。

孟子在寓言结尾点明了主题，指出：“在君子看来，那些人用来追求富贵利禄的各种手段，能不使他们的妻妾感到羞耻而相对哭泣的，实在太少了。”

这则脍炙人口的寓言，具有很强的讽刺性、针对性。孟子深刻地揭露了齐人摇尾乞怜、狂骄妻妾的丑恶嘴脸，指出齐人的丑行是一种普遍的社会现象，表现了他对那些不择手段追求富贵利禄之徒的鄙视和憎恶。

# 万章章句上

9.1 万章问曰："舜往于田，号泣于旻天，何为其号泣也？"

孟子曰："怨慕[1]也。"

万章曰："'父母爱之，喜而不忘；父母恶之，劳而不怨。'然则舜怨乎？"

曰："长息[2]问于公明高[3]曰：'舜往于田，则吾既得闻命矣；号泣于旻天，于父母，则吾不知也。'公明高曰：'是非尔所知也。'夫公明高以孝子之心，为不若是恝[4]，我竭力耕田，共为子职而已矣，父母之不我爱，于我何哉？帝使其子九男二女，百官牛羊仓廪备，以事舜于畎亩之中，天下之士多就之者，帝将胥天下而迁之焉。为不顺于父母，如穷人无所归。天下之士悦之，人之所欲也，而不足以解忧；好色，人之所欲，妻帝之二女，而不足以解忧；富，人之所欲，富有天下，而不足以解忧；贵，人之所欲，贵为天子，而不足以解忧。人悦之、好色、富贵，无足以解忧者，惟顺于父母可以解忧。人少，则慕父母；知好色，则慕少艾[5]；有妻子，则慕妻子；仕则慕君，不得于君，则热中[6]。大孝终身慕父母。五十而慕者，予于大舜见之矣。"

【注释】

[1]怨慕：怨恨自己得不到父母的欢心而怀恋父母。

[2]长息：公明高的学生。

[3]公明高：曾子的学生。

[4]恝(jiè 或 jiá)：无所忧愁的样子。

[5]少艾：年轻貌美的女子。

[6]热中：急躁心热。

【品读】

本章赞扬舜至孝至仁、终生怀恋父母的高尚品德。

孟子认为，父母与子女的关系是家庭生活中最基本的人际关系，它是以骨肉血缘情感联结而成的血缘关系。在处理这一关系上，子女不仅要赡养父母，使他们享有优裕的物质生活，而且要尊重和顺从父母，承顺父母的心意而使他们获得精神的愉悦。

有一次，学生万章问道："舜前往历山耕田时，为什么向着苍天哀号哭诉呢？"孟子说："他怨恨自己得不到父母的欢心而思念父母。"万章又问："从前曾子说过：'父母喜欢自己，内心固然高兴，但不能由此而懈怠；父母不喜欢自己，内心固然忧愁，但不能心存怨恨。'照您的说法，难道舜是怨恨父母吗？"孟子举长息与公明高的对话阐述说：长息请教公明高说，舜在田野里向苍天哭诉，这样对待自己的父母，令人难以理解。公明高说，这不是你能理解的事情。在公明高看来，真正的孝子对待父母不能满不在乎地认为我努力耕种田地，恭恭敬敬尽到做儿子的职责就可以了；父母不喜欢我，让我有什么办法呢？孟子接着阐述了舜在父母不喜欢他时所持的正确态度，指出：尧知道舜的贤能，便派遣九个儿子侍奉他，将两个女儿嫁给他，齐备了办事的百官、供膳的牛羊、存粮的仓库，在田间奉养舜。这时，天下的贤人都前来归服，尧把天下的权力交给舜。然而，只是因为没有讨得父母的欢心，舜就像处于穷困而无依无靠一样，内心非常痛苦。孟子又说：众人的信赖、美丽的女子、天下的财富和天子显赫的地位，都不能解除舜的忧愁，只有得到了父母的欢心，才能排除他内心的忧愁。一般的人，在幼小的时候，总是怀恋父母；懂得喜欢异性的时候，就想念年轻漂亮的女子；结婚以后，就迷恋妻室；做了官，就思慕君主，得不到君主的信任，就会性情急躁，内心焦虑。只有大孝的人，一生都思慕父母。到了五十岁还依恋父母的，我在伟大的舜身上看到了。

在孟子看来，一个人仅仅做到"父母喜欢自己，内心固然高兴，但不能由此而懈怠；父母不喜欢自己，内心固然忧愁，但不能心存怨恨"，还不能称作"真正的孝"。要像舜那样，当得不到父母的欢心时，便怨恨自己得不到父母的欢心而思念父母。舜对父母怀着血缘亲情，不论是众人的信赖、美好的妻子，还是富有天下、地位显赫，都不足以排解他内心的忧愁；只有得到父母的欢心，才能排解他内心的忧愁而使他高兴起来。这样，像舜那样，五十岁仍怀恋父母，才可称为"真正的孝"。总之，子女把得不到父母的欢心当作自己的忧愁，努力使父母获得精神愉悦，才能称作"大孝"。孟子关于子女要取得父母欢心的思想，丰富了儒家"孝"的内涵和中华民族养老事亲、孝顺父母的优良传统，对后世产生了重要的影响。

孟子为了突出舜对父母怀有深厚情感和取得父母的欢心而解除忧愁，把"……人之所欲……而不足以解忧"这一句式反复使用了四次，加强了文章气势，令读者产生强烈的印象。他紧接着又总括说："人悦之、好色、富贵，无足以解忧者，惟顺于父母可以解忧。"这既突出了舜对父母的深厚情感，又为本章篇末舜终生怀恋父母的结论做了铺垫，从而突出了舜至孝至仁的高尚品德。

9.2 万章问曰："《诗》云：'娶妻如之何？必告父母。'信斯言也，宜莫如舜。舜之不告而娶，何也？"

孟子曰："告则不得娶。男女居室，人之大伦也。如告，则废人之大伦，以怼[1]父母，是以不告也。"

万章曰："舜之不告而娶，则吾既得闻命矣。帝之妻舜而不告，何也？"

曰："帝亦知告焉则不得妻也。"

万章曰："父母使舜完廪，捐阶[2]，瞽瞍焚廪。使浚井[3]，出，从而揜之。象曰：'谟盖都君咸我绩。牛羊父母，仓廪父母，干戈朕，琴朕，弤朕，二嫂使治朕栖。'[4]象往入舜宫，舜在床琴。象曰：'郁陶[5]思君尔。'忸怩[6]。舜曰：'惟兹臣庶，汝其于予治！'不识舜不知象之将杀己与？"

曰："奚而不知也？象忧亦忧，象喜亦喜。"

曰："然则舜伪喜者与？"

曰："否。昔者有馈生鱼于郑子产，子产使校人[7]畜之池。校人烹之，反命曰：'始舍之，圉圉[8]焉；少则洋洋焉，攸然而逝。'子产曰：'得其所哉！得其所哉！'校人出，曰：'孰谓子产智？予既烹而食之，曰：'得其所哉！得其所哉！'故君子可欺以其方，难罔[9]以非其道。彼以爱兄之道来，故诚信而喜之，奚伪焉？"

**【注释】**

[1]怼(duì)：怨恨。

[2]捐阶：撤掉木梯。

[3]浚(jùn)井：淘井。

[4]这句话的意思是："谋害舜都是我的功劳。牛羊、粮仓归父母，兵器、琴、红漆雕弓归我，两位嫂子为我铺床叠被。"

[5]郁陶：思念的样子。

[6]忸(niǔ)怩(nì)：羞愧的样子。

[7]校人：管理池塘的官吏。

[8]圉(yǔ)圉：困乏、不舒展的样子。

[9]罔：欺骗。

**【品读】**

本章赞扬舜孝顺父母、仁爱兄弟的高尚品德。

本章内容分为两个层次。

第一，舜不禀告父母而娶妻是灵活权变以保全孝道。万章问孟子说："《诗经》上说：'娶妻应该怎么做？一定要事先禀告父母。'诚如《诗经》所说的那样，要先禀告父母再娶妻，应该说没有人能赶得上舜。但他不禀告父母就娶妻，这是为什么呢？”孟子阐述了舜不禀告父母而娶妻的理由。他认为，男女结婚是为了保全生育后代的根本孝道，不禀告父母而娶妻是灵活权变。这与他曾阐述的“舜不告而娶，为无后也，君子以为犹告也”[①]的原则是一致的。

第二，舜虽遭受父母和象的谋害，但对待象仍情至义尽，象是舜的同父异母弟。他伙同父母利用舜修理粮仓和淘井的机会谋害舜。但舜得以幸免，安然无恙。万章询问说：“难道舜不知道象谋害自己吗？”孟子认为，舜怎能不知道呢？只因他是至仁的人，对待弟弟情同手足，情至义尽，以弟弟的忧喜为忧喜。万章又疑惑地问：“舜对待象是假装高兴吗？”孟子举了“校人烹鱼”的寓言回答说：“象用假装敬爱兄长的样子对待舜，舜因此真诚地相信而高兴起来，为什么假装高兴呢？”

在这里，孟子极力称赞舜虽遭到父母、弟弟的谋害，但仍孝敬父母、仁爱弟弟的高尚品德，从而表现了孟子孝、悌的道德观念。

本章的叙述和描写，生动地表现出人物动作的神采和心理特征，揭露了象的虚伪卑劣的可耻嘴脸。一次，舜的父母派舜去修理粮仓，待舜爬上仓顶，就抽去梯子，断绝了舜的退路。舜的父亲心狠手辣地放火焚烧粮仓，想使舜葬身火海，幸而舜设法逃脱，保全了性命。又有一次，舜的父亲派舜去淘井。待舜下到井底以后，就用土石封死了井口。不料，舜从井里穿洞逃了出来。象以为舜已被闷死在井中，自认为阴谋得逞，便洋洋得意地对父母说：“谋害舜的计谋都是我的功劳。”他除了想占有舜的干、戈、琴、弓外，还想霸占两位嫂嫂。象的卑劣无耻的行径跃然纸上。象进入舜的住房，出乎意料地看到舜正坐在床上弹琴，便恬不知耻地说：“哎呀！我多么想念您呀！”并显示出羞愧的样子。“忸怩”二字，入木三分地勾画出象难以掩饰的虚伪、卑劣和羞愧。舜回答说：“我时刻想念着臣下和百姓，你替我管理他们吧！”在这里，孟子对舜与象的对比描述，使他们表现出善、恶两种截然相反的性格特征。就是说，以舜的宽厚仁慈衬托出象的虚伪和卑劣；而象的虚伪、卑劣，又反衬出舜的形象高大完美。孟子善于运用精练的语言刻画人物的神态和性格，因而使本章具有很高的文学价值。

孟子的描写，显示了舜对待象的情至义尽和以象的忧喜为忧喜的博大仁慈的胸怀。当万章疑惑地问：“舜对待象是假装高兴吗？”孟子举了“校人烹鱼”的寓言说：“从前有人送给郑国子产一条活蹦乱跳的鱼，子产让管理池

---

① 《孟子·离娄上》。

塘的人放入池中畜养。管理池塘的人却偷偷地煮着吃了，并且回报说：'刚放入池中，鱼在水中疲弱地打转；不一会儿就欢快地游动起来，然后游向深处不见踪影了。'子产听后说：'它得到了好地方呀！它得到了好地方呀！'管理池塘的人出来后，洋洋得意地说：'谁说子产聪明呢？我把鱼煮着吃了，他还说"它得到了好地方呀！它得到了好地方呀！"'"孟子引申评论说："对待君子，可以用合乎情理的方法去蒙骗他，但不能用违背情理的诡诈欺骗他。象用假装敬爱兄长的样子对待舜，舜因此真诚地相信而高兴起来，为什么假装高兴呢？"孟子阐述的这则寓言哲理深隽，寓意深刻，既发人深省，耐人寻味，又通俗亲切，新鲜悦目。孟子的目的是以此说明子产以诚待人，然而管理池塘的官吏却巧妙伪装而以合乎情理的方法欺骗子产。这表明子产并不愚笨，但未料到管理池塘的官吏以常理常情欺骗自己。由此看来，君子可被欺骗一时，但不能被违背情理的诡诈所欺骗。管理池塘的官吏假装为善而行为恶劣，实在是愚蠢至极。在这里，孟子还运用反复的手法，刻画了子产与"校人"的不同心态。子产说，"得其所哉！得其所哉"，表现了发自内心的喜悦赞叹之情；"校人"重复子产"得其所哉！得其所哉"的话，是嗤笑子产，表现了他虚伪撒谎、自鸣得意的心态。这样，孟子用子产的真诚比喻舜的仁慈宽厚，用"校人"的伪心虚行比喻象的虚情假意、诡诈卑劣，将舜与象两种不同的形象刻画得栩栩如生。

9.3　万章问曰："象日以杀舜为事，立为天子则放[1]之，何也？"

孟子曰："封之也，或曰放焉。"

万章曰："舜流共工于幽州，放驩兜于崇山，杀三苗于三危，殛鲧于羽山，四罪而天下咸服，诛不仁也。象至不仁，封之有庳。有庳之人奚罪焉？仁人固如是乎？在他人则诛之，在弟则封之？"

曰："仁人之于弟也，不藏怒焉，不宿怨焉，亲爱之而已矣。亲之，欲其贵也；爱之，欲其富也。封之有庳，富贵之也。身为天子，弟为匹夫，可谓亲爱之乎？"

"敢问或曰放者，何谓也？"

曰："象不得有为于其国，天子使吏治其国而纳其贡税焉，故谓之放。岂得暴彼民哉？虽然，欲常常而见之，故源源而来，'不及贡，以政接于有庳'[2]，此之谓也。"

【注释】

[1]放：放逐、流放。

[2]引自《尚书》。意思是："不必等到朝贡的时候，平常以政事之便接见有庳国君。"

【品读】

本章赞扬舜对待象仁至义尽的高尚品德。

长幼关系是孟子提出的五种人际关系之一，也是家庭生活中的一种基本的人际关系。孟子主张，弟弟要尊敬兄长，兄长要慈爱弟弟。孟子在本章借解答万章的疑难，阐述了舜对待象的手足之情和仁至义尽的行为。

万章问："象终日以谋害舜为事，待舜做了天子却仅仅把象流放，这是为什么？"孟子认为，舜是把象封为诸侯，只不过有人说是流放罢了。万章又问：舜惩办了共工、驩兜、三苗国君、鲧四个罪大恶极的人，使天下的人都心悦诚服。但象是最不仁的人，舜却把有庳封给他。有庳的百姓有何罪过，要让象去统治他们？对别人就严加惩处，对弟弟不管他多么不仁都封为诸侯，难道仁人该这样做吗？孟子则从兄弟之间的手足之情出发，为舜的行为作了辩护，认为仁人对待弟弟不怀恨在心，不记怨胸中，只是亲爱他罢了。亲爱他，就是使他尊贵和富有。舜把象封为有庳的诸侯，就是使他地位显赫和富有。如果自己做了天子，弟弟还是一个普通百姓，这怎能称得上亲爱他呢？万章又说："请问为什么有人说是舜流放象呢？"孟子回答说：虽然象被封为有庳诸侯，但他不能在封国内为所欲为，舜派遣官吏去那里替他治理国家，使百姓向象交纳贡赋。这有似于流放，所以有人认为舜流放象。这样，象还能虐待有庳的百姓吗？虽然这样，舜因为思念象，还是让他不断地来朝见。古书上说："不必等到朝贡的时候，平常以政事之便接见有庳国君。"说的就是这种情况。孟子的回答表明，象极为不仁，舜以这种方式对待他，既不失去哥哥对待弟弟的亲爱之心，又使象不能虐待有庳的百姓。这样，舜既不因公义而废弃了兄弟之情，也不因兄弟之情而危害公义。

孟子赞扬舜对待弟弟情深义重、仁至义尽，对中华民族讲求兄友弟恭、情同手足的传统，有着一定的影响。但我们也应该看到，孟子主张的哥哥亲爱弟弟，就希望他尊贵和富有等观点，有一定的狭隘性。孟子为舜的这种辩护在历史上亦产生了消极的影响。在长期的封建社会中，往往是一荣俱荣，一尊俱尊，一人当官，鸡犬升天。不少野心家将兄弟之情置于国家和民族公义之上，任人唯亲，结党营私，与孟子这一主张的消极影响有一定关系。

---

**9.4　咸丘蒙[1]问曰："语云：'盛德之士，君不得而臣，父不得而子。'舜南面而立，尧帅诸侯北面而朝之，瞽瞍亦北面而朝之。舜见瞽瞍，其容有蹙。孔子曰：'于斯时也，天下殆哉，岌岌乎！'不识此语诚然乎哉？"**

**孟子曰："否。此非君子之言，齐东野人之语也。尧老而舜摄也。《尧**

典》曰：'二十有八载，放勋乃徂落，百姓如丧考妣；三年，四海遏密八音。'[2]孔子曰：'天无二日，民无二王。'舜既为天子矣，又帅天下诸侯以为尧三年丧，是二天子矣。"

咸丘蒙曰："舜之不臣尧，则吾既得闻命矣。《诗》云：'溥天之下，莫非王土；率土之滨，莫非王臣。'[3]而舜既为天子矣，敢问瞽瞍之非臣，如何？"

曰："是诗也，非是之谓也。劳于王事而不得养父母也。曰：'此莫非王事，我独贤劳也。'故说诗者，不以文害辞，不以辞害志。以意逆志，是为得之。[4]如以辞而已矣，《云汉》之诗曰：'周余黎民，靡有孑遗。'[5]信斯言也，是周无遗民也。孝子之至，莫大乎尊亲；尊亲之至，莫大乎以天下养。为天子父，尊之至也；以天下养，养之至也。《诗》曰：'永言孝思，孝思维则。'[6]此之谓也。《书》曰：'祗载见瞽瞍，夔夔齐栗，瞽瞍亦允若。'[7]是为父不得而子也。"

**【注释】**

[1]咸丘蒙：孟子的学生。

[2]引自《尚书·尧典》。意思是："舜代理政事二十八年，尧才去世，群臣百官如丧考妣。服丧三年之内，全国停止一切娱乐活动。"

[3]引自《诗经·小雅·北山》。意思是："溥天之下，没有一块不是天子的领土；境域之内，没有一人不是天子的臣民。"

[4]故说诗者……是为得之：所以解说诗的人，不要拘泥于文字而误解词句，也不要拘泥于词句而误解原意。通过作者的本意去考察作品所表现的思想，才能得到正确的答案。

[5]引自《诗经·大雅·云汉》。意思是："周朝留下的臣民，没有一个生存。"

[6]引自《诗经·大雅·下武》。意思是："永远恪守孝道，孝是天下的法则。"

[7]引自《尚书》。意思是："舜恭敬小心地侍奉瞽瞍，态度谨慎敬畏，瞽瞍受到感动，也就变得和顺。"

**【品读】**

本章阐明了儒家的君臣、父子关系，指出绝没有以君为臣、以父为臣的道理，阐述了"以意逆志"的文学评论方法。

在君臣、父子关系上，孟子主张君仁臣义、父慈子孝。咸丘蒙询问说："古语说：'道德高尚的人，国君不能以他为臣，父亲不能以他为儿子。'舜面向南做了天子，尧带领诸侯面向北朝见他；他的父亲瞽瞍也面向北朝见他。舜见到父亲后表现出局促不安的样子。孔子说：'在这个时候，天下岌岌可危啊！'不知道这话是真的吗？"孟子借解答咸丘蒙的疑问，进一步阐述了儒家的君臣、父子关系。孟子的回答可划分为两个层次：

第一，舜没有以尧为臣。孟子认为，这种说法是齐国农夫荒唐而无根据的编造。他指出：当初尧年纪大了，只是让舜代理政事。孟子并引用《尚书·尧典》的记载证实说："舜代理政事二十八年，尧才去世，群臣百官如丧考妣。服丧三年之内，全国停止一切娱乐活动。"孟子进而引用孔子的话说："天上没有两个太阳，百姓没有两个天子。"如果舜在尧死前做了天子，又带领天下诸侯为尧服丧三年，这便是同时有两个天子了。孟子的回答否定了舜把尧当作臣子的传说。

第二，舜没有以父为臣。咸丘蒙又问："《诗经》说：'溥天之下，没有一块不是天子的领土；境域之内，没有一人不是天子的臣民。'舜既然成为天子，能说他父亲不是他的臣子吗？"孟子指出咸丘蒙对诗的理解是望文生义，接着提出了如何正确理解诗的"以意逆志"的著名主张，最后得出结论说："孝子尽孝的极点，没有超过尊敬父母的；尊敬父母的极点，没有超过用天下来奉养父母的。瞽瞍成为天子的父亲，可说是尊贵的极点；舜用天下来奉养他，可说是奉养的极点。"孟子接着引用《诗经》的话说："永远恪守孝道，孝就是天下的法则。"他还引用《尚书》中的话说："舜恭敬小心地侍奉瞽瞍，态度谨慎敬畏，瞽瞍受到感化，也就变得和顺。"孟子引用《诗经》《尚书》的话意在说明，咸丘蒙所说的舜以瞽瞍为臣是不正确的。

孟子与咸丘蒙之间的对话，目的是辨明儒家的君臣、父子关系。孟子继承、发展了孔子关于国君要像个国君，臣子要像个臣子，父亲要像个父亲，儿子要像个儿子的主张，强调君臣、父子都要坚持仁义之道。但孟子同时又主张，君是君，臣是臣，父是父，子是子，绝对不能以君为臣和以父为臣。

孟子在本章提出的"以意逆志"的方法，涉及如何理解诗所表达的思想感情的问题，是孟子的文学评论方法之一。

孟子批评了咸丘蒙对诗的片面理解。实际上，咸丘蒙所引用的"溥天之下"四句诗，下面还有两句"大夫不均，我从事独贤"。这是作者哀苦怨悱之歌。他哀苦的是终日为国君的政事操劳，而不能奉养父母；怨的是大夫不均，劳逸悬殊。正如孟子理解的那样："这首诗主要阐述的是作者为国家政事操劳，而没有空闲和精力去奉养父母。他说：'这些事没有一件不是天子的事，为什么偏我一个人这样劳苦。'"孟子接着提出了正确理解诗所表达的思想情感的"以意逆志"的方法。在这里，"以意逆志"之"意"，究竟是指作者的意旨，还是指解说诗者的意旨，历来纷争不一。实际上，它不是指有些人理解的解说诗者的意旨，而是指作者的本意。因此，孟子主张，解说诗的人，不要拘泥于文字而误解词句，也不要拘泥于词句而误解作者的本意，而是要通观全诗的基本倾向，通过作者的意旨去考察作者的思想情感，这样才能得到正确的答案。孟子"以意逆志"的文学评论方法，抓住了诗是运用夸张等形象化的语言表达思想情感的基本特征，看到了文学语言与非文学语言的区别，认为仅从表面的文字和词句理解作品，就会曲解作者的原意，主张全面分析诗的整个篇章和正确理解诗所表现的思想感情。为了进一步阐述“以意逆志”的主张，孟子又举《诗经·大雅·云汉》的诗句说：“如果仅从词句理解，诗中说‘周朝留下的臣民，没有一个生存’，就会被误认为周朝没有一人存留下来。”在孟子看来，如果采取“以意逆志”的方法，则知这是作者夸张的说法，用以表达对罕见大旱的忧惧。这就是说，如果大旱持续下去，那么周朝的人民就会死绝，无一存留了。这样，孟子的“以意逆志”说，虽不是为了说明艺术的欣赏，但为人们指出了如何正确理解诗所表达的思想的方法，这就包含了对于艺术欣赏的特征的深刻理解。近年来，有学者指出：孟子提出了“以意逆志”的解释《诗》的重要方法。“以意逆志”的“意”，朱熹以为是“己意”。但仔细权衡不如理解为“文意”更恰当一些。说《诗》者通过文意来融化文学，进而把握作者之志。① 这一观点，颇有新意。孟子“以意逆志”的文学评论主张，丰富、发展了中国古代的文学批评方法，无疑具有积极的意义，对后世产生了积极影响。南宋学者王应麟说：“以意逆志，一言而尽说诗之要，学诗必自孟子始。”②其对孟子说诗地位的评价是正确的。

9.5 万章曰：“尧以天下与舜，有诸？”

孟子曰：“否。天子不能以天下与人。”

“然则舜有天下也，孰与之？”

曰：“天与之。”

“天与之者，谆谆然命之乎？”

曰：“否。天不言，以行与事示之而已矣。”

曰：“以行与事示之者，如之何？”

曰：“天子能荐人于天，不能使天与之天下；诸侯能荐人于天子，不能使天子与之诸侯；大夫能荐人于诸侯，不能使诸侯与之大夫。昔者，尧荐舜于天，而天受之；暴[1]之于民，而民受之。故曰：天不言，以行与事示之而已矣。”

曰：“敢问荐之于天，而天受之；暴之于民，而民受之，如何？”

曰：“使之主祭，而百神享之，是天受之；使之主事，而事治，百姓安之，是民受之也。天与之，人与之，故曰：天子不能以天下与人。舜相尧二十有八载，非人之所能为也，天也。尧崩，三年之丧毕，舜避尧之子于南河之南，天

① 参见王博：《中国儒学史·先秦卷》，北京大学出版社2011年版，第357页。

② （宋）王应麟撰：《困学纪闻》卷三。

下诸侯朝觐[2]者，不之尧之子而之舜；讼狱者，不之尧之子而之舜；讴歌者，不讴歌尧之子而讴歌舜，故曰：天也。夫然后之中国，践天子位焉。而居尧之宫，逼尧之子，是篡也，非天与也。《太誓》曰：'天视自我民视，天听自我民听。'[3]此之谓也。"

**【注释】**

[1]暴(pù)：通"曝"，显示。

[2]朝觐(jìn)：朝见。

[3]引自《尚书·太誓》。意思是："天所看见的来自百姓所看见的，天所听到的来自百姓所听到的。"

**【品读】**

本章阐明了尧舜禅让是以民心向背为转移的。

殷商时代，人们认为天是决定朝代更替、社会治乱、国家兴亡的有意志的至上神。随着周初统治者对传统天命观的修正和春秋以来重民轻天、重人轻神人文思想的兴起，出现了以民意取代天意和天的意志以民的意志为转移的进步思潮。孟子在论禅让的过程中，继承、发展了前人"民是天"的思想，以民意代替天意。这就是天的又一层含义，即民就是天。

在讲述尧舜禅让的传说时，孟子认为，尧不能私自把天下给予舜，而是"天与之"。天把天下给予舜，不是用言语诚恳地告诉他，而是以舜的品德和行事暗示将天下给予他。尧向天推荐舜，但不能令天必定任用舜。舜要成为天子，必须具备两个基本条件：一是让他主持祭祀，所有的神灵都来享用，这就是天接受他；二是让他主持政事，不但把政事治理得好，而且使百姓安乐和信服，这就是百姓接受他。孟子在具体阐述舜得到百姓的拥戴时指出：舜辅佐尧二十八年，尧去世后，舜服完三年丧礼，为了避开尧的儿子，便到了南河南边。天下的诸侯不去朝见尧的儿子却去朝见舜，天下打官司的人不到尧的儿子那儿却到舜那儿去诉讼，天下的人不歌颂尧的儿子却歌颂舜的功德。这样，舜才回到国都登上天子之位。孟子进而引用《尚书·太誓》的话论证说：天的视听以民的视听为转移。在孟子那里，天接受舜，不过是保持了主持祭祀而使百神享用的宗教迷信的外壳，它对天子是否得到天下并不起决定作用，起决定作用的是治理好政事而使百姓安乐的人事。这样，天子得到天下，形式上是"天与之"，实际上则是"民与之"。孟子不过是将天人格化，赋予它情感的色彩，而实际起作用的是受到百姓的拥护和支持。孟子对尧舜禅让的论述，体现出以民心向背为转移的民本思想，突出强调了民心向背在国家政治生活中的重要作用，因而具有积极的意义。但孟子在阐述禅让问题时又保留了"天与之"的神秘外壳，说明他仍受到宗教天命论的一定影响。

9.6 万章问曰："人有言：'至于禹而德衰，不传于贤，而传于子。'有诸？"

孟子曰："否，不然也。天与贤，则与贤；天与子，则与子。昔者，舜荐禹于天，十有七年，舜崩，三年之丧毕，禹避舜之子于阳城，天下之民从之，若尧崩之后不从尧之子而从舜也。禹荐益[1]于天，七年，禹崩，三年之丧毕，益避禹之子于箕山之阴。朝覲讼狱者不之益而之启[2]，曰：'吾君之子也。'讴歌者不讴歌益而讴歌启，曰：'吾君之子也。'丹朱[3]之不肖，舜之子亦不肖。舜之相尧、禹之相舜也，历年多，施泽于民久。启贤，能敬承继禹之道。益之相禹也，历年少，施泽于民未久。舜、禹、益相去久远，其子之贤不肖，皆天也，非人之所能为也。莫之为而为者，天也；莫之致而至者，命也。匹夫而有天下者，德必若舜禹，而又有天子荐之者，故仲尼不有天下。继世以有天下，天之所废，必若桀纣者也，故益、伊尹、周公不有天下。伊尹相汤以王于天下，汤崩，太丁未立，外丙二年，仲壬四年，太甲颠覆汤之典刑，伊尹放之于桐，三年，太甲悔过，自怨自艾，于桐处仁迁义。三年，以听伊尹之训己也，复归于亳。周公之不有天下，犹益之于夏、伊尹之于殷也。孔子曰：'唐虞禅，夏后殷周继，其义一也。'"

【注释】

[1]益：即伯益，帮助大禹治水有功，被禹选为继承人。

[2]启：禹的儿子。

[3]丹朱：尧的儿子。

【品读】

本章接续上一章，进一步深入、系统地阐述了尧、舜、禹的传位都是以民心向背为转移的民本思想，进一步阐发了民就是天的天命观。

万章问："有人说：'到了夏禹的时候，道德就衰败了，他不把天子之位传给贤人却传给儿子。'有这样的事吗？"孟子果断地否定了这种说法，认为天要把天子之位传给贤人，就传给贤人；天要把天子之位传给儿子，就传给儿子。那么，传给贤人或者儿子的根据是什么呢？那就是看继位者是否向百姓施行恩惠，得到百姓的拥护、支持。孟子认为，尧的儿子丹朱和舜的儿子都不贤能，而舜辅佐尧，禹辅佐舜，经历的时间长，向百姓施行的恩惠多，所以尧、舜分别将天子之位传给舜和禹。禹的儿子启贤能，能继承禹的传统、美德。因此，虽然禹向天推荐了益，但由于益辅佐禹的年份少，向百姓施行恩惠的时间短，禹把天子之位传给了启而没有传给益。舜、禹、益之间相隔时间的长短，以及舜的儿子和禹的儿子的贤与不贤，都是社会发展的历史趋势决定的，不是人的主观意志决定的。孟子进而概括社会发展趋势说："没有让它做而做了便是天；没有让它来而来了便是命。"这样，孟子的天命既然是"莫为""莫致"，显然排除了它是至上主宰的神学目的论。孟子用天命表示社会发展趋势的思想，深化、丰富了古代人们对天命的认识。所以，在孟子那里，能否成为天子和得到天下，形式上起决定作用的是天是否"与之"，而实际上起决定作用的是民心的向背和是否顺应社会发展趋势。这样，孟子所说的"天"，一是指民的意志，二是指社会发展的必然趋势。不论是传贤，还是传子，都必须顺乎民心和社会发展的必然趋势。

孟子又进一步阐述了夏、商、周三代传位于子的状况。他认为，普通百姓要成为天子，必须具备两个基本条件：一是要有像舜、禹那样浩大的功德，二是要有天子的推荐。益辅佐大禹治水有功，虽受到禹的推荐，但向百姓施行恩惠的时间短，所以不能成为天子。孔子虽具有舜、禹那样的功德，但没有天子的推荐，所以也不能成为天子。继承先代治理天下的人，虽然有贤与不贤的差别，但只有像桀、纣那样暴虐无道，天（即百姓）才会废弃他。夏朝的启、商朝的太甲、周朝的成王虽然分别不如益、伊尹、周公贤圣，但能继承前辈的功业，所以天（百姓）才不会废弃他们。伊尹辅佐汤、外丙、仲壬三朝，周公辅佐武王、成王，他们两人虽是贤人，但不符合"天与之"的历史发展趋势，所以也不能成为天子而拥有天下。孟子为增强立论的说服力，又引用孔子的话说："尧舜的禅让和夏、商、周世代传位给子孙，本质上都是将天下传给有仁德的贤者。"这样，孟子既肯定了禅让与传子都顺乎民心的本质上的一致性，又肯定了二者形式上的差异，反映了不同时代政权交接方式的变化。

我们知道，孟子"民即天"之天与其社会发展趋势之天既紧密相连，又有一定区别。孟子游历诸国，宣传仁政，突出强调能否顺应社会发展趋势和民心向背关系到国家安危、社会治乱和朝代更替。他的顺应社会发展趋势的主张是为"为政得民"的政治主张服务的。这样，顺应社会发展趋势与"民即天"即得民心者"王"天下、失民心者失天下的主张是一致的；但另一方面，二者又有一定区别。孟子在阐述现实的仁政主张时，突出强调的是顺应社会发展趋势和得民心、"王"天下的主观努力，从而闪烁着立足社会现实的唯物主义光彩，这是其思想的主要方面。当他阐述禅让问题时，其"民即天"的思想又保留了"天与之"的神秘外壳。在当时的条件下，孟子尚未完全摆脱宗教天命论的影响，但这毕竟是其思想的次要方面。

9.7　万章问曰："人有言：'伊尹以割烹要汤。'有诸？"

孟子曰："否，不然。伊尹耕于有莘[1]之野，而乐尧舜之道焉。非其义也，非其道也，禄之以天下弗顾也，系马千驷弗视也；非其义也，非其道也，一介[2]不以与人，一介不以取诸人。汤使人以币聘之，嚣嚣然[3]曰：'我何以汤之聘币为哉？我岂若处畎亩之中，由是以乐尧舜之道哉？'汤三使往聘之，既而幡然改曰：'与我处畎亩之中，由是以乐尧舜之道，吾岂若使是君为尧舜之君哉？吾岂若使是民为尧舜之民哉？吾岂若于吾身亲见之哉？天之生此民也，使先知觉后知，使先觉觉后觉也。予，天民之先觉者也，予将以斯道觉斯民也。非予觉之而谁也？'思天下之民匹夫匹妇有不被尧舜之泽者，若己推而内之沟中。其自任以天下之重如此，故就汤而说之以伐夏救民。吾未闻枉己而正人者也，况辱己以正天下者乎！圣人之行不同也，或远，或近；或去，或不去，归洁其身而已矣。吾闻其以尧舜之道要汤，未闻以割烹也。《伊训》曰：'天诛造攻自牧宫，朕载自亳。'[4]"

**【注释】**

[1]莘：古国名，在今河南开封附近。一说在今山东曹县北。

[2]介：通"芥"，细小、微小的东西。

[3]嚣嚣然：闲暇轻松的样子。

[4]引自《尚书》。意思是："上天讨伐夏桀是夏桀在宫室里自己造成的，我辅佐商汤是从亳都开始谋划的。"

**【品读】**

本章赞扬伊尹以天下为己任、济世救民的宏大抱负和严以责己、正己而正人的高尚品德。

我国古代的民间传说历史悠久，它们的产生主要是人民大众对现实生活体验和认识的结果。这些传说，大部分闪烁着集体智慧，充溢着乐观精神，富于诙谐情趣及幽默感，具有清新刚健的特色。但也有些民间传说的创造者和说讲者，听到奇闻异说便辗转相告，街谈巷议，津津乐道，用以自我炫耀，沽名钓誉。这样的传说辗转传到孟子的学生那里。有一次，万章对传说难辨真伪，便请教说："有人说：'伊尹曾用宰割、烹调的手艺求得商汤的赏识。'有这回事吗？"孟子果断地否定了这种无稽之谈。他指出：伊尹在莘国的田野间从事耕作，喜好尧舜的仁义之道。如果不符合仁义之道，纵使把天下的财富给他当俸禄，他也不屑一顾；给他四千匹马，他也不会重视。如果不符合仁义之道，纵使很少的一点东西他也不给予别人，不取于别人。商汤曾经派人携带礼物去聘请他，他却悠闲自得地说："我接受汤的聘礼做什么？

哪能比得上我处在田间以尧舜之道为乐呢?”后来商汤多次派人聘请他,伊尹终于改变了主意说:“我与其处在田间,以尧舜之道自得其乐,何不促使商汤成为尧舜那样的君主呢?何不使这些百姓成为尧舜时代那样的百姓呢?何不让我亲眼目睹尧舜盛世的再现呢?上天生育人民,让先认识、明白事理的人去教育、唤醒那些后认识、明白事理的人。我是人民中间的先知先觉者,我要以尧舜仁义之道去唤醒现在的百姓。不是我去唤醒他们,还有谁呢?”孟子评论说:伊尹怀着以天下为己任的历史责任感和使命感,认为如果天下的百姓中还有一个人没蒙受尧舜的恩惠,就像是自己把他推入山沟中一样。他以天下为己任,所以,劝说商汤讨伐夏桀,拯救天下百姓出于水火。我没有听说过自己不正直却能使别人正直的,何况屈辱自己而匡正天下呢!圣人的行为各有不同,有的疏远君主,有的亲近君主;有的离开朝廷,有的居朝为官,但总归都洁其自身。我只听说过伊尹用尧舜之道劝说商汤,没有听说过他用宰割、烹调的手艺求得商汤的赏识。孟子最后引用《尚书·伊训》记载伊尹的话说:“上天讨伐夏桀是夏桀在宫室里自己造成的,我辅佐商汤是从亳都开始谋划的。”

孟子赞扬伊尹以天下为己任、济世救民的历史责任感、使命感和严以责己、正己而正人的高尚品德,表现了他对圣贤高尚品德、节操的向往和崇尚。孟子对伊尹的称颂,一方面,是激励人们以圣人为楷模,加强修养,不断攀登圣人的理想境界;另一方面,亦是孟子济世救民、治国平天下“当今之世,舍我其谁”的历史责任感和不枉屈自己而取悦诸侯的高尚节操的自我写照。

9.8 万章问曰:“或谓孔子于卫主痈疽[1],于齐主侍人瘠环[2],有诸乎?”

孟子曰:“否,不然也。好事者为之也。于卫主颜雠由[3]。弥子[4]之妻与子路之妻,兄弟也。弥子谓子路曰:‘孔子主我,卫卿可得也。’子路以告。孔子曰:‘有命。’孔子进以礼,退以义,得之不得曰‘有命’。而主痈疽与侍人瘠环,是无义无命也。孔子不悦于鲁卫,遭宋桓司马将要而杀之,微服而过宋。是时孔子当厄[5],主司城贞子[6],为陈侯周臣。吾闻观近臣,以其所为主;观远臣,以其所主。若孔子主痈疽与侍人瘠环,何以为孔子?”

**【注释】**

[1]痈疽:卫灵公宠信的宦官。

[2]瘠环:齐国的宦官。

[3]颜雠由:卫国的贤大夫。

[4]弥子:即弥子瑕,卫灵公的宠臣。

［5］厄：穷困、灾难。

［6］司城贞子：陈国的贤大夫。

**【品读】**

本章批驳了好事之徒对孔子的诋毁，赞扬孔子出处去就以礼义为标准的高尚节操。

孔子是孟子崇尚的圣人之一。战国中期，社会上有人散布孔子巴结权贵、结交宦官的流言蜚语，诋毁孔子的高尚人格。孟子以学习孔子为志向，以捍卫孔子的学说为己任，努力弘扬以孔子为代表的儒家学说，极力推崇孔子出处去就以礼义为标准的高尚节操和人格，对诋毁孔子人格的各种言论予以批驳。

有一天，万章问道："有人说孔子在卫国住在卫灵公宠信的宦官痈疽家里，在齐国则住在宦官瘠环家里，真有这样的事吗？"孟子严肃地指出：这是好事之徒编造的谎言。他接着向万章阐述了事情的真相，指出：孔子在卫国住在贤大夫颜雠由家中。孔子到卫国时，卫灵公的宠臣弥子瑕想凭借自己得宠的身份让孔子去攀附他。他的妻子与子路的妻子是姐妹。他告诉子路说："如果孔子住在我家中，就能得到卫国卿相的职位。"子路把这些话转告给孔子。孔子知道弥子瑕不行仁义之道，所以对弥子瑕嗤之以鼻，指出："人的行为要受道德观念的制约。"孟子赞扬孔子说：孔子的进退都遵循礼义，所以他认为能否得到官职要受道德观念的制约。如果住在痈疽和瘠环家中，那就是放弃了礼义道德观念，不接受它的制约。孔子在鲁国、卫国不如意，又遭遇宋国的司马桓魋打算拦截杀死他，只好改换了服装悄悄经过宋国。这时的孔子正处于困难的境地，便寄住到司城贞子家里，做了陈侯周的臣子。在孟子看来，孔子在处于危难的非正常情况下仍选择与贤人相处，在卫国、齐国正常情况下，怎能住在痈疽、瘠环家中呢？孟子在阐述事情真相的基础上，进一步得出结论说：我听说过，观察在朝的臣子怎么样，只要看他所招待的客人就知道了；观察远方来的臣子怎么样，只要看他所寄居的主人就知道了。如果孔子住在痈疽、瘠环家里，怎么能够成为孔子呢？

本章一方面赞扬了孔子出处去就以礼义为标准的高尚人格，批驳了好事之徒对孔子的诋毁；另一方面反映了孟子关于物以类聚、人以群分的思想。在孟子看来，君子结交君子，就是因为他们有共同的志向和追求；小人攀附小人，就是因为他们臭味相投。观察一个人，通过他所接待的客人或寄居的主人，就能判断他道德品质的高下。这就从一个侧面表现了孟子如何识别人的正确态度和主张。

9.9 万章问曰："或曰：'百里奚[1]自鬻[2]于秦养牲者五羊之皮食牛以要秦穆公[3]。'信乎？"

孟子曰："否，不然。好事者为之也。百里奚，虞人也。晋人以垂棘之璧与屈产之乘[4]假道于虞以伐虢。宫之奇谏，百里奚不谏。知虞公之不可谏而去之秦，年已七十矣，曾不知以食牛干秦穆公之为污也，可谓智乎？不可谏而不谏，可谓不智乎？知虞公之将亡而先去之，不可谓不智也。时举于秦，知穆公之可与有行也而相之，可谓不智乎？相秦而显其君于天下，可传于后世，不贤而能之乎？自鬻以成其君，乡党自好者不为，而谓贤者为之乎？"

**【注释】**

[1]百里奚：虞国人，后成为秦国大夫。

[2]鬻(yù)：卖。

[3]秦穆公：春秋时期的秦国国君。

[4]垂棘之璧与屈产之乘：垂棘出产的美玉和屈地所产的良马。

**【品读】**

本章记述孟子批驳好事之徒对百里奚的诋毁，赞扬百里奚不屈辱自己干求君主的高尚节操。

百里奚是春秋时期秦穆公的大臣，帮助秦穆公成就了功业，战国时关于他的传说很多，有人称他为五羖大夫。万章对这些传说将信将疑。有一次，他请教孟子说："有人说：'百里奚以五张羊皮的卖价把自己卖给秦国养牲畜的人，替人饲养牛，以干求秦穆公。'这是真的吗？"孟子严肃地指出：这是好事之徒的捏造。孟子接着阐述了事情的真相，指出：百里奚是虞国人。当时晋国想攻打虢国，但攻打虢国须经过虞国，晋国于是假惺惺地用垂棘出产的美玉和屈地所产的良马向虞国借路。晋国的目的是一并夺取虞国。虞国大夫宫之奇觉察到晋国的阴谋诡计，便竭力进言虞国君主不要答应。百里奚深知国君固执拒谏而不可劝阻，于是离开虞国到了秦国，这时他已经七十岁了。孟子为了使人产生强烈印象，接着运用了五个反问句，充分肯定、赞扬了百里奚审时度势的聪明、智慧和不屈辱自己干求君主的高尚品质、节操，驳斥了好事之徒对百里奚的诋毁，表现了他对百里奚高尚人格的景仰。

本章运用了以虚字行气的写作方法，使文章神灵活现。孟子在阐明事实真相的基础上，又以事理反复推论，说明百里奚绝无自卖得五张羊皮而干求秦穆公之事。孟子指出："曾不知以食牛干秦穆公之为污也，可谓智乎？不可谏而不谏，可谓不智乎？知虞公之将亡而先去之，不可谓不智也。时举于秦，知穆公之可与有行也而相之，可谓不智乎？相秦而显其君于天下，可传于后世，不贤而能之乎？自鬻以成其君，乡党自好者不为，而谓贤者为之乎？”就是说，他竟不知道用饲养牛的方法来干求秦穆公是耻辱的事，这能说是聪明吗？但他预见到虞公不可劝谏就不去劝谏，这能说是不聪明吗？他预见到虞公将要灭亡就先离开了他，这又不能说不聪明。当他在秦国被举用时，知道秦穆公是位有所作为的君主因而辅佐他，这能说是不聪明吗？辅佐秦国使他的君主名扬天下，流传后世，不是贤者能够如此吗？卖掉自己来成就他的国君，乡里中洁身自爱的人都不肯做，难道说贤人肯做吗？在这里，孟子所说“可谓智乎”“可谓不智乎”“不可谓不智也”“不贤而能之乎”“而谓贤者为之乎”等句，先用“乎”字提问，引起人们的注意和悬念，再用“也”字肯定，有决断意味，最后用“之乎”二字，扬其声气再反问，从而使文意一波三折，且用最后三句呼应前文。这样，孟子对虚字的运用具有开阖之妙、抑扬之声，从而使本章文字汹涌澎湃，气势磅礴。这是一篇具有较高文学价值的文章。

# 万章章句下

10.1 孟子曰:“伯夷,目不视恶色,耳不听恶声。非其君不事,非其民不使;治则进,乱则退。横政[1]之所出,横民之所止,不忍居也。思与乡人处,如以朝衣朝冠坐于涂炭也。当纣之时,居北海之滨,以待天下之清也。故闻伯夷之风者,顽[2]夫廉,懦夫有立志。

“伊尹曰:‘何事非君?何使非民?’治亦进,乱亦进,曰:‘天之生斯民也,使先知觉后知,使先觉觉后觉。予,天民之先觉者也。予将以此道觉此民也。’思天下之民匹夫匹妇有不与被尧舜之泽者,若己推而内之沟中,其自任以天下之重也。

“柳下惠不羞汙君,不辞小官。进不隐贤,必以其道。遗佚而不怨,阨穷而不悯。与乡人处,由由然不忍去也。‘尔为尔,我为我,虽袒裼裸裎于我侧,尔焉能浼我哉?’故闻柳下惠之风者,鄙[3]夫宽,薄夫敦。

“孔子之去齐,接淅[4]而行。去鲁,曰:‘迟迟吾行也,去父母国之道也。’可以速而速,可以久而久,可以处而处,可以仕而仕,孔子也。”

孟子曰:“伯夷,圣之清者也;伊尹,圣之任者也;柳下惠,圣之和者也;孔子,圣之时者也。孔子之谓集大成。集大成也者,金声而玉振之也。金声也者,始条理也;玉振之也者,终条理也。始条理者,智之事也;终条理者,圣之事也。智,譬则巧也;圣,譬则力也。由射于百步之外也,其至,尔力也;其中,非尔力也。”

**【注释】**

[1]横政:暴政。

[2]顽:贪婪。

[3]鄙:气量狭小。

[4]接淅(xī):朱熹《孟子集注》曰:“接,犹承也;淅,渍米水也。渍米将炊,而欲去之速,故以手承水取米而行,不及炊也。”渍米,淘米。

**【品读】**

本章阐述了伯夷、伊尹、柳下惠、孔子四位圣人立身处世的态度,指出他们具有不同的特点，高度赞扬孔子是集大成者。

孟子在《孟子·公孙丑上》第九章曾指出伯夷胸襟狭隘和柳下惠过分随和的弊端，认为这两个极端都不符合仁义之道，有道德的人是不会这样做的。本章则从另一个角度，赞扬伯夷、伊尹、柳下惠分别具有圣人的一个方面，认为他们的高风亮节具有化民成俗的重要作用。孟子的论述，实际上已涉及圣人性格品质的差异。

伯夷疾恶如仇，坚持原则，反对媚于时俗和君主，具有廉洁、勇敢、坚毅、顽强的品质，保持独立的自主人格，不是他理想的君主就不去事奉，不是他认可的百姓就不去使唤。天下太平就做官，天下混乱就隐退。尽管伯夷胸襟狭隘，但他又具有清高的一面。因而听到他的风操的人，贪得无厌的可以变得廉洁和节俭，怯懦的可以变得刚强和勇敢。这表明，伯夷具有意志的自觉性、自制性、果断性、坚毅性等性格特征，大致相当于外倾性性格。

柳下惠不以服侍坏的君主为耻辱，不嫌弃卑小的官职，立于朝廷之中坚持正道而不隐藏自己的才能；虽然遭受贬斥和穷困，但不怨恨和忧愁。他常说："你是你，我是我，即使你在我身边赤身露体，哪能玷污了我呢?"他不论跟谁在一起，都能悠然自得。尽管他不太严肃，但他是圣人中随和的人。所以，听到他风操的人，胸襟狭隘的可以变得宽宏大量，性情刻薄的可以变得敦厚。这表明，柳下惠洁身自好，胸怀宽阔，温柔敦厚，大致相当于内倾型的性格特征。

伊尹以济世救民为己任，用仁义之道启发、教化天下百姓而兼善天下，让天下百姓都蒙受尧、舜的恩德，行动上进取不息，天下太平时做官，天下混乱时也做官，是圣人中负责的人。这表明，伊尹表现出介于伯夷、柳下惠之间的中间状态的性格特征。

孟子在阐述三位圣人的基础上，认为孔子的出处去就能审时度势，合乎时宜。他离开齐国时，来不及做好饭，便带着淘过的米离开。他离开鲁国时，怀着眷恋之情，迟迟不忍离去，说："我们慢慢地走吧！这是离开父母之邦的缘故。"可以快走就快走，可以久留就久留，可以隐处就隐处，可以做官就做官，这就是孔子。

孟子阐述了四位圣人立身处世的态度和方法后，又接着评价说："伯夷是圣人中最清高的人，伊尹是圣人中最负责任的人，柳下惠是圣人中最随和的人，孔子是圣人中最合时宜的人。孔子是集圣人的大成者。"孟子又以奏乐为喻说："所说集大成，譬如演奏音乐，敲金钟开始，最后击磬收尾。钟声，是众乐合奏时节奏条理的开始；磬声，是众乐合奏时节奏条理的结束。开始时的条理，属于智；结束时的条理，属于圣。智，好比技巧；圣，好比力量。犹如在百步之外射箭，射到目标，是你的力量；射中靶心，那就不单凭力量，而是要靠技巧了。”孟子运用奏乐、射箭两个比喻，目的在于说明伯夷、伊尹、柳下惠各具备了圣人的一个方面，三人如同奏乐的开始或结束，是音乐的一小成；又如射箭，三人力有余而巧不足，虽然一个方面达到了圣，但是智不足以达到合乎时宜。与这三人相比，孔子集三位圣人之大成，犹如奏乐，集众音一小成而为一大成；又如射箭，巧、力俱全，智、圣兼备，达到合乎时宜的圣人的最高境界。

孟子通过评述四位圣人的不同特点，赞扬圣人的高风亮节具有化民成俗的重要作用；突出称颂孔子是圣人中的集大成者，表明了他对孔子高尚人格的景仰。



10.2　北宫锜[1]问曰：“周室班[2]爵禄也，如之何？”

孟子曰：“其详不可得闻也，诸侯恶其害己也，而皆去其籍；然而轲也尝闻其略也。天子一位，公一位，侯一位，伯一位，子、男同一位，凡五等也。君一位，卿一位，大夫一位，上士一位，中士一位，下士一位，凡六等。天子之制，地方千里，公侯皆方百里，伯七十里，子、男五十里，凡四等。不能五十里，不达于天子，附于诸侯，曰附庸。天子之卿受地视侯，大夫受地视伯，元士受地视子、男。大国地方百里，君十卿禄，卿禄四大夫，大夫倍上士，上士倍中士，中士倍下士，下士与庶人在官者同禄，禄足以代其耕也。次国地方七十里，君十卿禄，卿禄三大夫，大夫倍上士，上士倍中士，中士倍下士，下士与庶人在官者同禄，禄足以代其耕也。小国地方五十里，君十卿禄，卿禄二大夫，大夫倍上士，上士倍中士，中士倍下士，下士与庶人在官者同禄，禄足以代其耕也。耕者之所获，一夫百亩；百亩之粪，上农夫食九人，上次食八人，中食七人，中次食六人，下食五人。庶人在官者，其禄以是为差。”

**【注释】**

[1]北宫锜（qí）：卫国人。

[2]班：规定等级。

**【品读】**

本章概述了周代的官爵、俸禄制度。

当北宫锜询问周代制定的官爵、俸禄的等级制度是怎样的时，孟子回答说：“详细的情况已不可知了，诸侯怕这些制度有害于自己，把这些文献毁灭了。但我曾听说这些制度的大略。”

孟子的阐述，大致划分为两个层次。

第一，周代的官爵制度。孟子认为，天子，公，侯，伯，子、男，共分五等，这五个等级通行于天下；国君、卿、大夫、上士、中士、下士，共分六等，这六个等级施行于全国。这些等级，表明了人们身份、地位的高下。

第二，周代的俸禄制度。在土地方面，天子管理的土地方圆一千里，公、侯各方圆百里，伯七十里，子、男各五十里，共分四个等级。土地不足五十里的国家，朝觐进贡不能直达于天子，只能附属于诸侯，叫作“附庸”。天子的卿所受的封地比照侯，大夫所受的封地同于伯，元士所受的封地同于子、男。孟子又指出：在诸侯大国、次国、小国内，官吏的俸禄又各不相同。在土地方圆一百里的公、侯大国内，国君的俸禄是卿的十倍，卿的俸禄是大夫的四倍，大夫是上士的一倍，上士是中士的一倍，中士是下士的一倍，下士与百姓在官府当差的俸禄一样，所得俸禄足够抵得上他耕种一百亩田地的收入；在土地方圆七十里的中等国家内，国君的俸禄是卿的十倍，卿是大夫的三倍，大夫是上士的一倍，上士是中士的一倍，中士是下士的一倍，下士与百姓在官府当差的俸禄一样，所得俸禄足够抵得上他耕种一百亩田地的收入；在土地方圆五十里的小国内，国君的俸禄是卿的十倍，卿是大夫的两倍，大夫是上士的一倍，上士是中士的一倍，中士是下士的一倍，下士与百姓在官府当差的俸禄一样，所得俸禄足够抵得上他耕种一百亩田地的收入。

孟子又指出：每个男子分田一百亩，经施肥、耕种所得的收入，上等的农夫可养活九人，其次养活八人，中等的养活七人，其次养活六人，下等的养活五人。百姓在官府当差的，他们的俸禄也比照这五个等级而定。

10.3　万章问曰：“敢问友。”

孟子曰：“不挟长，不挟贵，不挟兄弟而友。友也者，友其德也，不可以有挟也。孟献子[1]，百乘之家也，有友五人焉：乐正裘、牧仲[2]，其三人，则予忘之矣。献子之与此五人者友也，无献子之家者也。此五人者，亦有献子之家，则不与之友矣。非惟百乘之家为然也，虽小国之君亦有之。费[3]惠公曰：‘吾于子思，则师之矣；吾于颜般，则友之矣；王顺、长息则事我者也。’非惟小国之君为然也，虽大国之君亦有之。晋平公之于亥唐[4]也，入云则入，坐云则坐，食云则食；虽蔬食菜羹，未尝不饱，盖不敢不饱也。然终于此而已矣。弗与共天位也，弗与治天职也，弗与食天禄也，士之尊贤者也，非王公之尊贤也。舜尚见帝，帝馆甥[5]于贰室，亦飨舜，迭为宾主，是天子而友匹夫也。用下敬上，谓之贵贵；用上敬下，谓之尊贤。贵贵尊贤，其义一也。”

**【注释】**

[1]孟献子：鲁国的大夫。

[2]乐正裘、牧仲：当时的士人。

[3]费：春秋时期的小诸侯国。

[4]亥唐：晋国人。

[5]甥：女婿。

**【品读】**

本章阐明结交朋友要以学习对方的高尚品德为原则。

朋友关系，是孟子提出的五种基本人际关系之一。他主张朋友之间要以善相责，讲求诚信，学习对方的高尚品德，不断促进自身的道德修养。交朋友“不能倚仗自己年长，不能倚仗自己地位高，不能倚仗兄弟的富贵权势”。

孟子从两个方面作了论证。

第一，大夫、诸侯国君的交友。孟子指出：鲁国的孟献子是位拥有一百辆兵车的大夫，结交了乐正裘、牧仲等五位朋友。他结交朋友时并不倚仗自己的富贵权势。这五个人如果认为孟献子是个大夫，就不会与他交朋友。小国的国君也有这种意义上的朋友，譬如费惠公拜子思为老师，把颜般当朋友，把王顺、长息当作事奉自己的人。大国的君主也有这种意义上的朋友，譬如晋平公曾去拜访隐居狭小巷子里的亥唐。亥唐让他进就进，让坐就坐，让吃就吃，即使是粗茶淡饭，也吃得很饱。在孟子看来，孟献子、费惠公和晋平公结交朋友，都不倚仗自己的富贵权势。但晋平公与亥唐交友，没有和他共享爵位，不跟他共理政事，不跟他共享俸禄，这只是用士人的态度尊重贤者，并不是用王公的身份来尊贤。

第二，天子与百姓的交友。孟子又举出尧与舜为友的事例，认为舜在田间耕作之时，被舜当作朋友并受到礼貌接待。舜有时去朝见尧，尧便请这位女婿住在副宫里。有时尧到舜那里去吃饭，二人轮流互为宾主，这是天子与平民百姓交朋友的范例。

孟子在上述论证的基础上，最后得出结论说：“地位低的人尊敬地位高的人，叫作尊重贵人；地位高的人尊敬地位低的人，叫作尊重贤人。尊重贵人和尊敬贤人，道理是相同的。”

孟子阐述的结交朋友的原则，表现了他的人格平等观。他认为，朋友之间应互相学习对方的高尚人格和高贵品质，不能有任何倚仗的观念。地位高的人，不能倚仗自己的富贵权势去与人结交；地位低的人，也不能因为对方的地位权势高于自己而去与他结交。不论地位高低，都要互相尊重。朋友之间没有高低、贵贱的区别，双方在人格上是平等的。孟子提倡的这种交友原则，至今仍有一定的借鉴意义。

10.4 万章问曰："敢问交际何心也？"

孟子曰："恭也。"

曰："'却之却之为不恭'，何哉？"

曰："尊者赐之，曰：'其所取之者义乎，不义乎？'而后受之，以是为不恭，故弗却也。"

曰："请无以辞却之，以心却之，曰：'其取诸民之不义也。'而以他辞无受，不可乎？"

曰："其交也以道，其接也以礼，斯孔子受之矣。"

万章曰："今有御[1]人于国门之外者，其交也以道，其馈也以礼，斯可受御与？"

曰："不可。《康诰》曰：'杀越人于货，闵不畏死，凡民罔不譈。'[2]是不待教而诛者也。殷受夏，周受殷，所不辞也。于今为烈，如之何其受之？"

曰："今之诸侯取之于民也，犹御也。苟善其礼际矣，斯君子受之，敢问何说也？"

曰："子以为有王者作，将比今之诸侯而诛之乎？其教之不改而后诛之乎？夫谓非其有而取之者盗也，充类至义之尽也。孔子之仕于鲁也，鲁人猎较[3]，孔子亦猎较。猎较犹可，而况受其赐乎？"

曰："然则孔子之仕也，非事道与？"

曰："事道也。"

"事道奚猎较也？"

曰："孔子先簿正祭器，不以四方之食供簿正。"

曰："奚不去也？"

曰："为之兆也。兆足以行矣，而不行，而后去，是以未尝有所终三年淹也。孔子有见行可之仕，有际可之仕，有公养之仕。于季桓子，见行可之仕也；于卫灵公，际可之仕也；于卫孝公，公养之仕也。"

**【注释】**

[1]御：拦路抢劫。

[2]引自《尚书·康诰》。意思是："杀死别人，抢夺财物，横强不怕死的人，是没有人不痛恨的。"

[3]猎较：古代的风俗，打猎的人争夺猎物，用作祭祀，以为吉祥。

**【品读】**

本章阐述了人际交往中馈赠、接受礼物的心理情感，指出赠送和接受礼物要以礼义为原则。

有一次，万章询问说："人们交际的时候，应该具备什么心理？"孟子指出："应该心存恭敬。"孟子所说的"恭敬"，是指交往双方所具备的一种心理情感。孟子认为，就赠送礼物的一方来看，恭敬的心理是在赠送礼物之前就已经具备的。如果仅有外表的恭敬，而没有真诚的恭敬之心，君子是不会被这种虚伪的恭敬形式挽留住的。万章又问："俗话说：'一再拒绝接受别人赠送的礼物，就是不恭敬。'为什么这样说呢？"孟子认为，就接受礼物的一方而言，尊贵者赠送礼物时，自己在内心考虑这礼物是合乎义还是不合乎义，认为合乎义才接受礼物，这种做法就是轻慢而不恭敬。因此，孟子认为，别人用作馈赠的礼物取之有义并且用一定的礼仪相赠，就应该接受。这说明，馈赠和接受礼物是交往双方的外在表现形式，而恭敬之心则是双方内在的心理情感。在人们的交往中，既要具备恭敬之心，又要具备一定的礼节仪式。只有将二者紧密结合起来，才能使交往双方达到心理情感的融洽，保持和谐的人际关系。

万章对孟子的上述主张仍有怀疑，便又举出一个极端的例子追问说："假如现在有一个在都城郊外拦路抢劫的人，他以礼仪与我交往，按照礼节向我赠送礼物，能接受他抢夺的礼物吗？"孟子果断地否定了接受礼物的做法，并接着引用《尚书·康诰》的话说："杀死别人，抢夺财物，横强不怕死的人，人们无不痛恨。"孟子进一步评论说："对这种不法之徒，完全不必先教育就可以诛杀他。商朝、周朝都继承了前代的这一法律规定而没有改变。现在这种强盗行径更加猖獗，怎么能接受他的礼物呢？"万章又问："现在的诸侯搜刮百姓的财物，就像拦路抢劫一样。如果他们按礼节送给别人礼物，君子也会接受。这是什么原因呢？"孟子认为，圣王兴起，先施行教化，对那些教而不改的人才诛杀。现在的诸侯所取得的财物，虽然不符合义，但并不同于那些拦路抢劫的强盗。孔子在鲁国做官时，世俗崇尚争抢猎物，他自己也争抢猎物。顺从时俗争抢猎物都可以，何况接受赐予呢？后来，万章又提问说：孔子做官是为了推行自己的政治主张，为什么要争抢猎物呢？他为什么不辞官而去呢？对万章的疑问，孟子进一步作了解释，突出赞扬了孔子的高尚品质，指出孔子做官有时是为了推行自己的政治主张，有时是因为受到国君的礼遇，有时是因为国君供养贤人。孟子对孔子的赞扬，说明圣人的辞受进退都以义为标准，合乎时宜，目的是激励人们以圣人为楷模，加强修养，不断达到高尚的道德理想境界。

**10.5　孟子曰："仕非为贫也，而有时乎为贫；娶妻非为养也，而有时乎为养。为贫者，辞尊居卑，辞富居贫。辞尊居卑，辞富居贫，恶乎宜乎？抱关**

击柝[1]。孔子尝为委吏[2]矣，曰：'会计当而已矣。'尝为乘田[3]矣，曰：'牛羊茁壮长而已矣。'位卑而言高，罪也；立乎人之本朝，而道不行，耻也。"

【注释】

[1]抱关击柝(tuò)：守护城门，打更巡夜。柝，打更用的木头。

[2]委吏：管理粮仓的小吏。

[3]乘田：管理牲畜的小吏。

【品读】

本章阐明君子的出处进退要以道义为标准。

在孟子那里，君子的处世和修身是紧密相连、不可分割的两个重要方面。修身是处世的前提和基础，只有加强修养，追求高尚的道德精神境界，保持完美的人格，才能使自己的出处进退合乎时宜和仁义之道。他强调，君子做官是为了推行自己的政治主张和济世救民，并不是为了摆脱贫穷，但有时是为了摆脱贫穷；娶妻是为了传宗接代而不是为了赡养父母，但有时是为了奉养父母。因为贫穷而做官，往往辞去高的官职而担任低的官职，辞去优厚的俸禄而接受薄少的俸禄。怎样做才适宜呢？做一个守护城门、打更巡夜的小官最适宜。这表明，为了摆脱贫穷而做官，虽然主要目的不是推行自己的政治主张，但也不能苟取俸禄，做一个职位低下、俸禄微薄的小官也就可以了。不这样做，就是贪图高位厚禄而违背了仁义之道。孟子又以孔子为例说：孔子曾因贫穷而做官，他担任管理粮仓、牲畜的小官吏，工作认真负责，账目清楚，管理的牛羊长得肥壮。孟子最终得出结论说：职位低下而议论职位高的人主管的政事，就是罪过；身居朝廷高位而不能实行自己的政治主张，这是耻辱。

在这里，孟子赞扬孔子量时而行的高尚品德，认为为了摆脱贫穷而做官，就要安于低下的职位和微薄的俸禄，工作忠于职守。居于高的职位，是为了实行自己的政治主张。这样，君子的出处进退，都要以仁义为标准，不能舍弃仁义而追求富贵利禄。

---

10.6　万章曰："士之不托[1]诸侯，何也？"

孟子曰："不敢也。诸侯失国，而后托于诸侯，礼也；士之托于诸侯，非礼也。"

万章曰："君馈之粟，则受之乎？"

曰："受之"。

"受之何义也？"

曰："君之于氓也，固周[2]之。"

曰："周之则受，赐之则不受，何也？"

曰："不敢也。"

曰："敢问其不敢何也？"

曰："抱关击柝者皆有常职以食于上。无常职而赐于上者，以为不恭也。"

曰："君馈之，则受之，不识可常继乎？

曰："缪公之于子思也，亟问[3]，亟馈鼎肉。子思不悦。于卒也，摽[4]使者出诸大门之外，北面稽首再拜而不受，曰：'今而后知君之犬马畜伋。'盖自是台[5]无馈也。悦贤不能举，又不能养也，可谓悦贤乎？"

曰："敢问国君欲养君子，如何斯可谓养矣？"

曰："以君命将之，再拜稽首而受。其后廪人继粟，庖人继肉，不以君命将之。子思以为鼎肉使己仆仆尔亟拜也，非养君子之道也。尧之于舜也，使其子九男事之，二女女焉，百官牛羊仓廪备，以养舜于畎亩之中，后举而加诸上位。故曰，王公之尊贤者也。"

**【注释】**

[1]托：寄托、依靠。

[2]周：周济。

[3]亟问：屡次问候。

[4]摽(biāo)：挥手驱赶。

[5]台：开始。

**【品读】**

本章阐述士人接受馈赠要符合礼义，强调国君要奉养、任用贤人。

本章内容分为两个层次。

第一，士人接受国君的馈赠要符合礼义。万章曾提出士人为何不寄食于诸侯和是否接受国君的馈赠等问题向孟子请教。孟子认为，诸侯丧失了自己的国家而寄食于其他诸侯是符合礼的，士没有官职而寄食于诸侯则不符合礼。士接受国君赠送的粮食符合礼，这是因为国君对于外来的人也会周济他的生活。但士不能接受国君的赐予，这是因为守护城门、打更巡夜的人都有固定的职务，理应接受国君的俸禄，而士人没有固定的官职，如果接受国君的赐予，就是不恭敬。

第二，国君对待贤人要奉养他们并任以官职。当万章问国君经常馈赠士人，士人是否应该接受时，孟子列举历史上鲁缪公对待子思的事例说：鲁缪公屡次派人问候子思，并给他送去酒肉，子思很不高兴。最后一次送东西时，子思气愤地挥手将来人驱赶出大门，并叩头作揖地拒绝接受馈赠。在子思看来，国君经常馈赠礼物，不过是把自己当作狗马一样来喂养。孟子评论说：鲁缪公欣赏贤人，却不加以重用，又不能按礼义奉养贤人，这怎能说是赏识贤人呢？孟子运用这一事例，目的是批评鲁缪公不能任用子思。孟子接着从正面阐述了国君养贤、尊贤的正确做法。他说：初次用国君的命令赠送礼物，士人叩拜接受。以后，陆续送来粮食、肉食时，不再传达国君的旨意，以免使士人为了合乎礼节而屡次叩头作揖地感谢。从前子思每次接受鲁缪公馈赠的肉食，都必须一次又一次地叩头感谢，这不是国君照顾士人生活的正确方式。孟子进而列举古代的事例说：从前尧派遣自己的九个儿子去侍奉舜，把两个女儿嫁给他，又为舜准备好百官、牛羊、仓库，从而使舜在田间从事农耕得到周到的照顾，后来又把舜提拔到很高的职位上。这是王公尊重贤人的典范。

孟子认为，一方面，士人接受国君的馈赠要以礼义为标准；另一方面，国君对待贤人既要合乎礼义地照顾他们的生活，又要把他们提拔到重要职位上。这就从一个侧面表现了孟子任贤使能的政治主张。

10.7　万章曰："敢问不见诸侯，何义也？"

孟子曰："在国曰市井之臣，在野曰草莽之臣，皆谓庶人。庶人不传质[1]为臣，不敢见于诸侯，礼也。"

万章曰："庶人，召之役，则往役；君欲见之，召之，则不往见之，何也？"

曰："往役，义也；往见，不义也。且君之欲见之也，何为也哉？"

曰："为其多闻也，为其贤也。"

曰："为其多闻也，则天子不召师，而况诸侯乎？为其贤也，则吾未闻欲见贤而召之也。缪公亟见于子思，曰：'古千乘之国以友士，何如？'子思不悦，曰：'古之人有言曰，事之云乎，岂曰友之云乎？'子思之不悦也，岂不曰：'以位，则子，君也；我，臣也，何敢与君友也？以德，则子事我者也，奚可以与我友？'千乘之君求与之友而不可得也，而况可召与？齐景公田，招虞人以旌，不至，将杀之。志士不忘在沟壑，勇士不忘丧其元。孔子奚取焉？取非其招不往也。"

曰："敢问招虞人何以？"

曰："以皮冠。庶人以旃[2]，士以旂，大夫以旌。以大夫之招招虞人，虞人死不敢往；以士之招招庶人，庶人岂敢往哉？况乎以不贤人之招招贤人乎？欲见贤人而不以其道，犹欲其入而闭之门也。夫义，路也；礼，门也。惟君子能由是路，出入是门也。《诗》云：'周道如底，其直如矢；君子所履，小人所视。'[3]"

万章曰："孔子，君命召，不俟驾而行；然则孔子非与？"

曰："孔子当仕有官职，而以其官召之也。"

【注释】

[1]质：初次见面所送的礼物。

[2]旃（zhān）：赤色的曲柄旗。

[3]引自《诗经·小雅·大东》。意思是："大路平如磨刀石，大路笔直像箭杆。君子在这条路上走，小人遵循和效法。"

【品读】

本章阐述了君臣相见都要遵循的礼义原则。

《孟子·滕文公下》第七章曾记载：公孙丑询问说："您不主动地去拜见诸侯，是什么道理呢？"孟子引用孔子等古代圣贤的事例，认为不是诸侯的臣属，便不应去谒见诸侯，阐述了君子的行为要以礼义为原则。本章记载了万章所问的同一个问题，孟子详细地阐述了君臣相见所遵循的礼义原则。

孟子指出："没有职位的士人居住在都城的叫作'市井之臣'，居住在农村的叫作'草莽之臣'。这两种人都是平民百姓。百姓不向国君致送见面礼物而成为臣属，就不敢去拜见诸侯，这合乎礼的规定。"万章又问："国君召百姓去服役，百姓就去服役；国君召唤士人，士人却不去谒见，这是为什么呢？"孟子回答说："百姓去服役，这是百姓分内的事；士人去拜见诸侯，不符合礼的规定。那么国君召见士人，到底是因为什么呢？"万章回答说："是因为他见识广和贤能。"孟子接着阐述了国君对待贤人应遵循礼义原则。他说："如果是因为士人的见识广，那就应该拜他为师。连天子都不能发号施令地召唤老师，何况比天子低一级的诸侯呢？如果是因为他贤能，我没有听说过想见贤人却用命令的方式召见的。"孟子引称子思与鲁缪公交往的事例，阐明国君不能倚仗自己的富贵权势与士人相结交，而是应该拜贤人为师。在孟子看来，拥有千辆兵车的诸侯想与贤人交朋友尚且不可，何况召见他呢？孟子又举古代事例说："从前，齐景公田猎时，用不合礼仪的方式召唤管理猎场的官吏。这位官吏不服从召唤，齐景公气愤得想杀死他。孔子称赞这位官吏说：'有志之士不怕死无葬身之地而弃尸山沟，勇敢的人见义勇为而不怕丧失生命。'孔子这是在称赞这位官吏不屈服于不合礼义的召唤。"万章又问："国君应当以什么方式召唤管理猎场的官吏呢？"孟子回答说："应该用皮冠。"孟子又指出：召唤百姓用红绸做的曲柄旗，召唤士人用系铃的旗，召唤大夫用五彩羽毛装饰的旌旗。在他看来，国君召唤不同的人，应该遵循不同的礼仪规定。齐景公违背礼仪，用召唤大夫的方式去召唤管理猎场的官吏，那位官吏遵循礼仪，怎能服从召唤呢？用召唤士人的礼仪去召唤百姓，百姓怎能违背礼仪而应召呢？何况用不合乎礼仪的方式去召唤贤人呢？想同贤人会见，却又不遵循礼仪，就好像请求别人进来却关闭大门一样。孟子运用了一个生动的比喻，强调了礼义的重要性，指出：义，就像一条光明的大路；礼，就像一扇大门。只有君子才能沿着这条光明大路前进，由这扇大门出入。孟子又引用《诗经》的话论证君子遵循礼义的行为："大路平如磨刀石，大路笔直像箭杆。君子在这条路上走，小人遵循和效法。"万章又询问说："孔子听到国君的召唤，不等车子驾好就急忙前往。这样，孔子也做得不对吗？"孟子回答说："当时孔子身居官职，国君是按他担任的官职去召见，所以他急忙赶去。"

孟子在本章强调了一个重要原则，那就是君臣相待以礼，二者都要以礼义为标准。就士人来看，出处进退要遵循礼义。如果像孔子那样身居官职，国君召见时就要急忙前往。如果不但任官职，国君用符合礼义的方式召唤，就前去应召；国君不以礼召唤，就不能"屈辱"自己的节操而前往。就国君而言，应遵循礼义原则，礼贤下士，尊重贤人，拜贤人为师，不能倚仗自己的富贵权势用违背礼义的方式召见贤人。这既反映了孟子主张的君仁臣义的君臣关系，又表现了他强调的士人志在行道和不可枉己从人的高尚节操。

**10.8 孟子谓万章曰："一乡之善士斯友一乡之善士，一国之善士斯友一国之善士，天下之善士斯友天下之善士。以友天下之善士为未足，又尚论古之人。颂其诗，读其书，不知其人，可乎？是以论其世也。是尚友也。"**

**【品读】**

孟子极为重视士人的道德修养，其中一个重要的方面就是要与品德高尚的人交朋友，互相切磋砥砺，学习对方的高尚品德，不断提高自己的道德精神境界。他指出："一个乡里品德高尚的人，就与另一个乡里品德高尚的人交朋友；一个国家中品德高尚的人，就与另一个国家中品德高尚的人交朋友；天下品德高尚的人，就与天下品德高尚的人交朋友。如果结交天下品德高尚的人还不满足，就进而与古代品德高尚的人交朋友，学习他们的高尚品质。"孟子提出的与不同范围品德高尚的人交朋友的修养方法，反映了孟子严以责己、奋发进取的高尚品格。

孟子主张，不仅要与一乡、一国、天下品德高尚的人交朋友，还要进而追论古代优秀人物。追论古代优秀人物，首先要了解作者，只有了解作者，才能正确地吟诵古人作的诗，读古人写的书。而要正确了解作者，必须了解古人生活的时代和他的思想生平。知人、论世是同一个问题的两个方面。在这里，诵诗读书与知人论世是连锁关系，论世是知人的前提，论世、知人又是诵诗、读书的前提。知人论世的文学批评方法，指出文艺作品与作者生活的时代和他的思想生平密不可分，表明孟子把诗看作个人的创作和思想感情的表现，而不是单纯地将它看作古代的一种历史文献，从而体现了孟子具体分析古人时代、生平和作品的唯物主义求实精神，丰富了古代文学批评理论的宝库。从美学上看，它突出了对艺术中的审美意识作社会学的考察。孟子的这一文学批评方法，对后世产生了很大的影响，刘勰、叶燮等人对其作了系统的发挥。许多文学评论家将孟子的"知人论世"说与"以意逆志"说结合起来，促进了中国古代文学批评理论的发展。

10.9 齐宣王问卿。孟子曰："王何卿之问也？"

王曰："卿不同乎？"

曰："不同。有贵戚之卿，有异姓之卿。"

王曰："请问贵戚之卿。"

曰："君有大过则谏，反覆之而不听，则易位。"王勃然变乎色。

曰："王勿异也。王问臣，臣不敢不以正对。"

王色定，然后请问异姓之卿。

曰："君有过则谏，反覆之而不听，则去。"

**【品读】**

本章阐明了同姓公卿与异姓公卿的区别，提出了同姓公卿改立亡国君主的进步主张。

在君臣关系上，孟子主张君仁臣义，各尽其道，各尽其责，上行下效，强调君臣和谐对"治国、平天下"的重要作用，强烈抨击残害百姓、实行暴政的暴君，提出了诛杀暴君的进步主张。当齐宣王询问公卿的职责时，孟子把公卿区分为同姓公卿和异姓公卿，认为他们有着不同的职责。国君如果犯有足以导致国家灭亡的重大错误，同姓公卿就要劝阻；如果反复劝阻而不被听取，就应该把国君废除，另立宗族中的贤人。异姓公卿对犯有错误的国君要予以劝阻；反复劝阻而不被听取，就辞官离开。这是因为，同姓公卿与国君有宗族关系，国君犯了足以导致亡国的错误，同姓公卿就应该担负起以宗庙为重，改立新君的责任；而异姓公卿与国君无宗族关系，当自己的劝阻不被采纳时，完全可以辞官离去另觅良主。孟子关于废立君主的主张当然是其宗法思想在国家政权中的反映，但它对限制君主的权力却有着一定的积极意义，在中国古代思想史上占有重要的地位。后世许多进步思想家继承、发展了孟子的这一思想，激烈抨击封建专制和封建暴君，促进了中国古代政治思想的发展。

# 告子章句上

11.1　告子曰："性犹杞柳[1]也，义犹桮棬[2]也；以人性为仁义，犹以杞柳为桮棬。"

孟子曰："子能顺杞柳之性而以为桮棬乎？将戕贼杞柳而后以为桮棬也？如将戕贼杞柳而以为桮棬，则亦将戕贼人以为仁义与？率天下之人而祸仁义者，必子之言夫！"

**【注释】**

[1]杞(qǐ)柳：一种植物，其枝条可以编制器皿。

[2]桮棬(quān)：用杞柳枝条编制的器皿。

**【品读】**

《孟子·告子上》前四章记载了孟子与告子辩论人性的问题。二者的分歧主要表现在三个问题上：一是什么是人性，人性的本质是什么；二是人性与仁义的关系；三是仁义是内在的，还是外在的。本章记述孟子批驳告子关于仁义是由外力强加给人性的观点。

告子把人的饮食、男女的自然欲望当作人的本性，认为这种本性与禽兽之性没有任何区别，它是生而具有的。所以从逻辑上说，人的食色本性就无所谓善与不善。孟子从"人禽之辨"出发，认为人是区别于禽兽的"类"存在，人具有仁义道德观念，具有君臣、父子、长幼等人伦和"心之官则思"的理性思维能力。这是人之所以为人的本性。这种本性区别于"兽相食"的恶的本性，所以从逻辑上说，人的本性是善的。

孟子与告子对人性及其本质的理解不同，因而对人性与仁义的关系也作出了不同的回答。告子说："人的本性好像杞柳，仁义就好像桮棬，使人的本性变得符合仁义，就好像用杞柳制成桮棬。"在告子看来，饮食、男女的自然欲望是人的本性，人性中本来没有仁义，在外力作用下，"伤残"人性才有仁义。

孟子批驳告子说："你是顺从杞柳的本性制成桮棬呢？还是破坏杞柳的本性制成桮棬呢？如果要破坏杞柳的本性制成桮棬，那也要违背人的本性，去使人符合仁义吗?”在孟子看来,桮棬是顺从杞柳的本性而制成,而不是破坏杞柳的本性而制成。仁义是顺从人善的本性,而不是违背人的本性。

本章的论述表明,告子看到仁义道德观念对人的食色自然欲望的限制,认为仁义是外力强加给人的食色本性的,因而主张人性与仁义的对立说;孟子认为人们的本性善,仁义是顺从人善的本性而成,因而主张人性与仁义的统一说。

11.2 告子曰:“性犹湍水也,决诸东方则东流,决诸西方则西流。人性之无分于善不善也,犹水之无分于东西也。”

孟子曰:“水信无分于东西,无分于上下乎?人性之善也,犹水之就下也。人无有不善,水无有不下。今夫水,搏而跃之,可使过颡;激而行之,可使在山。是岂水之性哉?其势则然也。人之可使为不善,其性亦犹是也。”

**【品读】**

本章记述孟子批驳告子人性不分善恶的主张。

上一章告子曾以杞柳、桮棬为喻,认为杞柳在外力作用下违背本性而成为桮棬;人性中本无仁义,在外力作用下,人违背本性而为仁义。告子在本章又以湍急的流水为喻,认为人性好像湍急的流水,在外力作用下,引向东方就向东流,引向西方就向西流。人的本性没有善与不善的区别,就像水没有东与西的区别一样。孟子批驳说:告子所说的水引向东方则向东流,引向西方则向西流,并没有抓住水的本性。水的本性是从高往下流。人的本性善,就像水向下流一样。人没有不善良的,水没有不向下流的。人如果拍击水,溅起的水花可以高过额头;堵截水,可以使它倒流而将它引上高山。这是外力作用的结果,而不是顺从水的本性。人也可以被动地做坏事,其本性的改变就像水被外力改变一样。

11.3 告子曰:“生之谓性。”

孟子曰:“生之谓性也,犹白之谓白与?”

曰:“然。”

“白羽之白也,犹白雪之白;白雪之白,犹白玉之白与?”

曰:“然。”

“然则犬之性犹牛之性,牛之性犹人之性与?”

**【品读】**

本章批驳告子将人生而具有的自然欲望称作“人性”的观点。

什么是人性？告子认为人生而具有的饮食、男女的自然生理欲望就是人性，这就将人与动物共同具有的自然生理欲望视为人的本性。孟子认为，人所具有的仁义等道德观念、君臣父子等人际关系和以心思维的能力是人与禽兽的根本区别，是人之所以为人的本质特性。孟子在划分人禽之别的基础上，运用两个比喻反诘告子说："生而具有的自然欲望称作性，就像一切白的东西都叫白吗？""白羽的白，如同白雪的白吗？白雪的白，如同白玉的白吗？"告子承认了孟子的反诘。孟子于是抓住告子理论的错误，反诘告子说："照你的逻辑来看，狗的本性，犹如牛的本性；牛的本性，犹如人的本性吗？"

告子的"生之谓性"，理论上的错误就是只看到不同事物具有的某一相同属性，从而将人与禽兽共同具有的自然生理欲望视为人的本性。对人与禽兽，只看到二者相同的一面，看不到二者不同的一面，这就混淆了人与禽兽的区别，在客观上将人的本性归结为动物性。告子的人性观，并没有促进人类自我认识的深化；恰恰相反，这种"生之谓性"说为暴虐统治者的骄奢淫逸提供了理论上的根据。孟子严格划分了人与禽兽的区别，将人与禽兽共同具有的食色自然生理欲望排除在人的本性之外，从而深化了人类对自我的认识。

当然，虽然孟子批驳告子的"生之谓性"说，但他也承认耳目口鼻对声色臭味的需求是人生而具有的生理欲望，这与告子的主张又有一定的相通之处。

11.4　告子曰："食色，性也。仁，内也，非外也；义，外也，非内也。"

孟子曰："何以谓仁内义外也？"

曰："彼长而我长之，非有长于我也；犹彼白而我白之，从其白于外也，故谓之外也。"

曰："异于白马之白也，无以异于白人之白也；不识长马之长也，无以异于长人之长与？且谓长者义乎？长之者义乎？"

曰："吾弟则爱之，秦人之弟则不爱也，是以我为悦者也，故谓之内。长楚人之长，亦长吾之长，是以长为悦者也，故谓之外也。"

曰："耆秦人之炙[1]，无以异于耆吾炙，夫物则亦有然者也，然则耆炙亦有外欤？"

**【注释】**

[1]炙：烤肉。

【品读】

本章批驳告子关于义是外在的主张，阐明了仁义皆是内在的。

告子说："饮食、男女的自然生理欲望是人的本性。仁是内在的，不是外在的；义是外在的，不是内在的。"这一观点，与告子前面所说的仁义是由外力残害人的本性强加于人的观点发生了逻辑上的矛盾。

本章记述孟子与告子辩论仁义是内在的，还是外在的。实际上，对这一问题的回答不能离开作为认识主体的人与其他个体即主体与客体的反映与被反映的关系。所谓内外，是相对于认识主体而言。告子阐述仁内义外时指出："我自己的弟弟就爱他，秦国人的弟弟便不爱他，这完全是由我内心的喜悦决定的，所以说仁是内在的；尊敬楚国的老人，也尊敬自己的长辈，因为他们的年龄大这个外在的原因，我乐于尊敬他们，所以义是外在的。"告子主张仁是内在的时，强调了个体仁爱之心的内在性和主观的取舍；主张义是外在的时，又强调了客体的外在性。他将仁义割裂开来，主张义是外在的，认为不论是楚国的长辈，还是自己的长辈，因为他们年长我就产生恭敬之心。不是我预先就存在恭敬之心，这就好像外物具有白色，我便认为它是白色的东西，这是外物的白而我加以认识的缘故。这样，告子讲仁内时，强调了主体仁爱之心的内在性；讲义外时，又强调了客体的外在性，将认识主体"我"视为被动的、从属的，未免夸大了客体的客观性而降低了主体的主观性，因而使义外之说缺乏充分的说服力。孟子依据告子关于别人年长我才去尊敬他，就像外物是白的我才认为它白一样的观点，从主客体之间的联系上推论反诘说："白马的白色和白人的白色一样，那么对白马的怜悯心与对长者的恭敬心是否一样呢？"在这里，孟子采用了归谬法。就是说，如果告子外物是白的我就认为它白的说法能够成立，就会合乎逻辑地推出人对老马的怜悯心与对长者的恭敬心是一样的这一错误观点，结果就会混淆了人与动物的区别。因此，孟子认为，义这种恭敬之心不是存在于被尊重的客体身上，而是认识主体内心所具有的。孟子根据告子"食色，性也"和义是外在的的主张，进一步推论反驳说：喜欢吃秦国人的烤肉，与喜欢吃自己的烤肉，就认识主体而言都是一样的，各种事物都有这样的情形，难道人吃烤肉的心也是外在的吗？如果这样，那不是与你所说食色是人的本性的观点相矛盾吗？这样，孟子的反诘，驳倒了告子义外的论点。

孟子与告子关于义内、义外的辩论说明，告子从义是外力强加的基点出发，将义视为由外部条件引起的，这具有一定的合理因素，但他否认了义的主观性，夸大了客体的客观性，割裂了主客体之间的联系，从而得出"义外"的结论。孟子从人性善和仁义是人的善良本性的基点出发，强调了仁义的内在主体性。但孟子并没有否认仁义是由外部客观事物作用于认识主体而产生的。他说："仁者爱人，有礼者敬人。爱人者，人恒爱之；敬人者，人恒敬之"①；"仁之实，事亲是也；义之实，从兄是也"②；"今人乍见孺子将入于井，皆有怵惕恻隐之心"③。显而易见，孟子所谓爱人、敬兄的仁义道德观念的产生，是以其他客体的客观存在为前提的。客体作用于主体的认识，才会使主体产生仁爱之心。这与告子的上述主张又有相通之处。事实上，孟子的"仁义"，既有限制人的言行的外在性，又有个体内在的主体意识的内在性。他批驳告子的"义外"之说，正是在后一意义上而言的。孟子的人性论，不仅将人与动物区别开来，而且将仁义视为人类内在的道德精神，这就高扬了人类的道德自觉和理性自觉的能动性，激励人们为善去恶。孟子的主张更符合人类道德文明日益提高的发展趋势。

11.5　孟季子[1]问公都子曰："何以谓义内也？"

曰："行吾敬，故谓之内也。"

"乡人长于伯兄一岁，则谁敬？"

曰："敬兄。"

"酌则谁先？"

曰："先酌乡人。"

"所敬在此，所长在彼，果在外，非由内也。"

公都子不能答，以告孟子。

孟子曰："敬叔父乎？敬弟乎？彼将曰：'敬叔父。'曰：'弟为尸[2]，则谁敬？'彼将曰：'敬弟。'子曰：'恶在其敬叔父也？'彼将曰：'在位故也。'子亦曰：'在位故也。庸敬在兄，斯须之敬在乡人。'"

季子闻之，曰："敬叔父则敬，敬弟则敬，果在外，非由内也。"

公都子曰："冬日则饮汤，夏日则饮水，然则饮食亦在外也？"

**【注释】**

[1]孟季子：人名。

[2]尸：古代祭祀时，不用牌位或神主，而用男女儿童做受祭人的代表。

**【品读】**

本章阐明义的内在性。

---

① 《孟子·离娄下》。

② 《孟子·离娄上》。

③ 《孟子·公孙丑上》。

本章接续上一章，继续申明义是内在的，而不是外在的。

孟季子受到告子“义外”之说的影响，而孟子的学生公都子接受老师的教化、熏陶，坚持了孟子的“义内”之说。有一天，孟季子对公都子说：“说义是内在的，有什么根据呢?”公都子回答说：“恭敬是从我内心产生的，所以说义是内在的。”孟季子又接连提出两个问题。公都子认为，一个本乡的人比自己的大哥大一岁，应恭敬哥哥。如果共同饮酒，应该先给本乡年长的人斟酒。孟季子诘问说：“内心恭敬的是大哥，按事理恭敬的却是乡人，那么义果然是外在的，而不是内心发出的。”公都子对这一诘问无法回答，便去请教孟子。孟子告诉公都子如何去反驳孟季子的观点，指出：你去反问他是恭敬叔父还是恭敬弟弟，他会说恭敬叔父。你再问弟弟做了受祭的代表，那么又恭敬谁，他会说恭敬弟弟。你就反驳他为什么你刚才说恭敬叔父呢，他一定会说是弟弟处在受祭地位的缘故。你就说先给同乡年长的人斟酒，是因为他处在宾客地位。平常的尊敬在于大哥，暂时的恭敬在于本乡的长者。孟子的一番话，显示了他高超的辩论才能。由于受到孟子的指教，公都子掌握了如何抓住对方的弱点而击中其要害的方法。因此，当孟季子听到孟子的上番话辩解说“尊敬叔父是对长辈的恭敬，尊敬弟弟是对神位的恭敬，可见恭敬是因人而异，义是外在的，不是出自内心的”时，公都子马上反驳说：“冬天喝热水，夏天喝凉水，那么，难道饮食就不是内在的本性而是外在的吗?”

孟季子由于受告子思想的影响，否认了义的主观性，夸大了义的客观性，割裂了主客体之间的关系，从而得出义是外在的结论。孟子主张性善说，认为义是人善良的本性，强调了义的内在主体性。公都子在孟子的教育下，击中了孟季子的要害。就是说，人冬天喝热水，夏天喝凉水，这是由人内心决定的。如果认为饮食是外在的，那就与告子关于食色是人的本性的观点相矛盾。这样，公都子的反诘，驳倒了孟季子义是外在的主张。

公都子对孟季子“义外”之说的驳斥，进一步申明了孟子关于仁义是内在的本性的主张，维护了孟子的性善说。

……………………………………

11.6　公都子曰：“告子曰：‘性无善无不善也。’或曰：‘性可以为善，可以为不善。是故文武兴，则民好善；幽厉兴，则民好暴。’或曰：‘有性善，有性不善。是故以尧为君而有象，以瞽瞍为父而有舜，以纣为兄之子，且以为君，而有微子启、王子比干。’今曰‘性善’，然则彼皆非与?”

孟子曰：“乃若其情，则可以为善矣，乃所谓善也。若夫为不善，非才[1]之罪也。恻隐之心，人皆有之；羞恶之心，人皆有之；恭敬之心，人皆有之；是非之心，人皆有之。恻隐之心，仁也；羞恶之心，义也；恭敬之心，礼也；是非之心，智也。仁义礼智，非由外铄[2]我也，我固有之也，弗思耳矣。故曰：‘求则得之，舍则失之。’或相倍蓰而无算者，不能尽其才者也。《诗》曰：‘天生蒸民，有物有则。民之秉彝，好是懿德。’[3]孔子曰：‘为此诗者，其知道乎！故有物必有则；民之秉彝也，故好是懿德。’”

**【注释】**

[1]才：素质、端绪、萌芽。

[2]外铄（shuò）：从外面授予。

[3]引自《诗经·大雅·蒸民》。意思是：“上天生育众多百姓，每一件事物都有它的规律。百姓掌握了这些规律，于是崇尚美好的德行。”

**【品读】**

本章阐述人性善，强调保存、培养仁、义、礼、智内在主体意识的重要性。

春秋战国时代，思想家对人的本性作了深入的探讨。公都子列举了当时几种著名的人性观点。一是告子的“人性没有什么善与不善”。二是人性可以为善，也可以为不善。周文王、周武王在位，百姓就喜欢行善；周幽王、周厉王出现，百姓就喜欢为恶。三是有的人本性善良，有的人本性邪恶。所以有尧这样的圣贤君主，也有象这种品质恶劣的百姓；有瞽瞍这样不仁慈的父亲，也有舜这样孝顺的儿子；有纣这样暴虐的侄儿做了君主，也有微子启、王子比干这样的仁人。他询问孟子说：您主张人性善，那么他们的观点都是错误的吗？

本书在《孟子·公孙丑上》第六章阐释孟子的性善论时曾分析了它的三个层次，认为它是由“四心”“四端”“四德”三个层次构成的系统整体。孟子在本章回答公都子的询问时，阐述了“四心”的表现过程，认为它们是仁、义、礼、智的端绪和萌芽。在孟子看来，人之所以具有恻隐、羞恶、恭敬、是非四种心理情感，就是因为人有仁、义、礼、智道德观念，人伦和心官的思维能力。就人的本性的实际情况来看，人皆可以为善。有的人之所以为不善，不能归罪于他本身存在的材质和萌芽。人人都具有同情心、羞恶心、恭敬心、是非心。这四种心理情感又是仁、义、礼、智的端绪和萌芽，努力思考、培养和扩充，就能上升为完美的仁、义、礼、智四德。仁、义、礼、智不是别人给予的，而是“我”内在的主体意识，只是没有去思考它们罢了。因此，思考而追求就能得到它们，不去思考、追求就会失去它们。人与人之间有时相差一倍、五倍甚至无数倍，原因就在于能不能充分发挥人善的本性。

孟子的回答，实际上是阐述了人性善的可能性与现实性的统一。在孟子看来，人所具有的“四心”和“四端”，只是为人为善提供了一定的可能性，仅具有这四种心理情感和道德观念的萌芽，还不能协调现实社会中的各种人际关系，使人的言行一定符合仁、义、礼、智的要求。要把为善的可能性变成为善的现实性，必须发挥后天的主观能动性，努力思考、培养和扩充。这样，将人为善的可能性变成现实性的过程，就是发挥后天的努力不断完善人善的本性而达到新的道德境界的过程。

自古以来，历代学者对“天下之言性”，本章存有不同的解释，这就为后人怎样全面、客观地理解孟子的性善论提出了一个重要课题。近年来，学术界对《孟子·离娄下》“天下之言性”章，本章的“情”“才”以及孟子的性善论存有不同的认识。有的人认为，长期以来，学术界把孟子的性善论理解为一种先验性的学说，人们往往认为“天下之言性”章、“性无善无不善”章是孟子在正面阐发自己的理论主张，忽视了孟子的性善论与告子的人性论等三种流行的人性论之间的关系。王船山明确地揭示了两者之间存在的意义上的深层对应关系。孟子对于上述三种人性论“以情才代性”和“以故言性”的方法论的批判表明，性善论必须在一种非认知性的哲学系统内加以解读。它建立在对于认知性的人性论的批判的基础上，是一种引导性的概念。它具有的功能是双重的：一方面是引导吾人获得存在转化与提升的自觉，一方面是为存在的转化提供一种根本性的方向。有的人提出与此不同的观点，认为孟子性善论的主要致思理路是“以才论性”和“因情定性”。恶的产生乃因不尽其才所致，且作为道德修养的集义与养气实皆为尽其才之过程。情感及其相应行为善，故而人性本善。即人性之所以是善的，实因人性中本已具有仁、义、礼、智等道德属性，这些道德属性必然在现实生活中表现出相应之情感或某种能力以及由此而发的种种行为。孟子的性善论是“以才论性”和“因情定性”，还是对“以才论性”和“因情定性”的批判？这一分歧的一个重要原因就在于对“天下之言性”章和本章的不同理解。有的人提出要从思想史出发，总体把握当时人们对人性的基本看法，进而找到“性”与“故”之间的联系及孟子在论性上的突破。笔者认为，近年来许多学者从不同的角度、层面诠释了性善论的内涵。由于对性善之“性”的含义的认识不同，他们对性善论内涵的认识亦存在争论。大致有七种不同的观点。上述观点从不同的角度、层面对孟子性善论的内涵作了各自不同的诠释和论述，无疑有利于人们抛弃非此即彼的思维模式，从整体上把握性善论内在多种因素的相互联系、相互作用，对促进孟子性善论研究当有积极的意义。①

**11.7** **孟子曰：“富岁，子弟多赖[1]；凶岁，子弟多暴，非天之降才尔殊也，其所以陷溺其心者然也。今夫麰麦[2]，播种而耰之，其地同，树之时又**

① 参见王其俊：《大陆当代孟子性善论研究述评》，(台湾)《孔孟学报》2014年第92期。

同，浡然而生，至于日至[3]之时，皆熟矣。虽有不同，则地有肥硗[4]，雨露之养、人事之不齐也。故凡同类者，举相似也，何独至于人而疑之？圣人，与我同类者。故龙子[5]曰：'不知足而为屦，我知其不为蒉[6]也。'屦之相似，天下之足同也。口之于味，有同耆也；易牙[7]先得我口之所耆者也。如使口之于味也，其性与人殊，若犬马之与我不同类也，则天下何耆皆从易牙之于味也？至于味，天下期于易牙，是天下之口相似也。惟耳亦然。至于声，天下期于师旷，是天下之耳相似也。惟目亦然。至于子都[8]，天下莫不知其姣也。不知子都之姣者，无目者也。故曰：口之于味也，有同耆焉；耳之于声也，有同听焉；目之于声也，有同美焉。至于心，独无所同然乎？心之所同然者何也？谓理也，义也。圣人先得我心之所同然耳。故理义之悦我心，犹刍豢[9]之悦我口。"

【注释】

[1]赖：通"懒"，懒惰。

[2]麰(móu)麦：大麦。

[3]日至：夏至。

[4]肥硗(qiāo)：土地的肥沃与贫瘠。

[5]龙子：古代的贤人。

[6]蒉(kuì)：草筐。

[7]易牙：春秋时期齐桓公的宠臣，擅长调味。

[8]子都：古代著名的美男子。

[9]刍(chú)豢(huàn)：指牛、羊、猪、狗。

【品读】

本章阐明了人类感官及欲望的共同性，进而论证人类具有共同的善的本性。

孟子认为，人是区别于动物的类存在，人与人之间具有共同的善的本性。那么，在现实社会中，为什么有人为恶呢？其中一个重要的原因就是受到不良环境的影响。孟子指出："丰收之年，少年子弟多半依赖年成好而懒惰；灾荒之年，少年子弟因物质窘困往往强暴。这不是天生资质不同造成的，而是由于环境的影响才使他们的性情变坏的。"为了阐明这个道理，孟子以大麦为例说：人们播种大麦，土地的状况和播种的时间一样，它们就会蓬勃生长起来，夏至的时候都会成熟。虽然收获的多少有所不同，那是土地的肥沃与贫瘠，雨露多少、人工勤懒的不同造成的。所以，凡是同类的事物，都大体相同，为什么一说人类就怀疑呢？就是圣人，也和我们普通人属于一类。所以，从前龙子说过："不知道人们脚的大小而编制草鞋，也绝不会编得像草筐那样大。"草鞋的大小差不多，就是因为天下人的脚大小差不多。

孟子以种植大麦为例，生动、形象地说明了人们都具有相同的善的本性。有的人之所以不善，是受不良环境影响的结果。他所说的“子弟多赖”，大致相当于现代心理学所谓的懒惰性格特征；“子弟多暴”，则大致指缺乏性格意志自觉性、自制性而在行动上易于冲动和强暴的性格特征。孟子关于物质生活环境影响个体的心理情感和性格的思想，是相当深刻的。

孟子还提出了“圣人，与我同类者”的光辉命题，认为圣人与普通人具有相同的本性。这就剥掉了殷周以来罩在圣人头上的神圣光圈，将圣人视为人而不是神，蕴含着圣人与普通人人格平等的思想，激励人们加强修养，发挥人的主观能动性，努力成为圣贤。

孟子又进而以人们感官感觉的共同性，说明人们具有共同的善的本性。就口与味来看，人们有相同的嗜好，易牙就是掌握了人们共同嗜好的人。如果口对于滋味的标准人人不同，就像犬马与我们不同类一样，那么，为什么天下的人都喜欢吃易牙所烹制的美味呢？讲到口味，天下人都期望做到易牙那样，这说明天下人的味觉都差不多。就耳朵与声音来看，天下人都希望听到师旷演奏的美妙音乐，这说明天下人的耳朵都差不多。就眼睛与色彩来看，看到子都，天下人都认为他貌美。不知道他长得貌美的人，简直是没有眼睛的人。这说明天下人的眼睛都差不多。孟子进一步概括说：“口对于味道，有相同的嗜好；耳朵对于声音，有相同的听觉；眼睛对于美色，有共同的美感。”

孟子在上述论证的基础上，又进而推论说：“谈到心，就唯独它没有共同的地方吗？人们的心的共同之处就是理和义。圣人早就懂得了我们内心相同的理、义。所以，理、义使我心里感到欢悦，就像牛、羊、猪、狗的肉使我感到味美一样。”

孟子的论述，表现了他对美感的共同性和个体人格美的认识。

孟子在中国美学史上第一次明确地提出了美感的共同性问题。他认为，人类美感的共同性的根据，就在于人是不同于动物的族类，人与人有着共同的善的本性，因而在审美感受上总是存在着某些共同点。孟子从人与动物的区别上去寻找人类的共同点，这是合理的，也是符合历史实际的。孟子进而用人类口、耳、目生理感官的共同性说明美感的共同性，即使从现代科学的角度来看，也有着一定的合理性。在孟子那里，人们的生理感官的机能具有共同性，所以人们对滋味、声音、美色有共同的味觉、听觉和美感。如果对美色不觉其美，那一定是人眼睛丧失了正常的生理机能。人们共同的审美感受同生理感官的共同性是密不可分的。所以，在孟子看来，人类对美的感受是共同的、一致的。如果发生了不一致，那一定是人丧失了善的本性而陷入邪恶，从而将美丑混淆。这样，孟子强调了人类审美的共同性、一致性，符合人类审美的实际，具有合理的深刻的因素。

孟子在论述耳、目等感官具有美感共同性的基础上，在中国美学史上又首次提出“理义之悦我心，犹刍豢之悦我口”的命题，认为理义道德精神也能引起人们的审美愉悦。孟子把理义引起的人们普遍必然的愉快与耳、口感官得到的审美愉悦相提并论，这就把人格精神视为审美对象，打破了一般把美限于感官声色愉快的看法，从而高扬了人的精神人格美，标志着人的自我认识能力的高度发展和人对自我力量的高度肯定，在中国古代美学史上具有积极的意义。①

……………………………………

**11.8** 孟子曰：“牛山之木尝美矣，以其郊于大国也。斧斤伐之，可以为美乎？是其日夜之所息，雨露之所润，非无萌蘖之生焉，牛羊又从而牧之，是以若彼濯濯也。人见其濯濯[1]也，以为未尝有材焉，此岂山之性也哉？虽存乎人者，岂无仁义之心哉？其所以放其良心者，亦犹斧斤之于木也，旦旦而伐之，可以为美乎？其日夜之所息，平旦之气，其好恶与人相近也者几希，则其旦昼之所为，有梏亡之矣。梏之反覆，则其夜气不足以存；夜气不足以存，则其违[2]禽兽不远矣。人见其禽兽也，而以为未尝有才焉者，是岂人之情也哉？故苟得其养，无物不长；苟失其养，无物不消。孔子曰：‘操则存，舍则亡；出入无时，莫知其乡。’惟心之谓与？”

**【注释】**

[1]濯(zhuó)濯：光秃秃的样子。

[2]违：距离。

**【品读】**

本章阐明人性善，说明有人为不善，是后天人为破坏造成的。

孟子在文章开头运用了“牛山之木尝美”这一生动、形象的比喻，说明人皆具有善良的本性。孟子又运用“斧斤伐之”“牛羊又从而牧之”两个比喻，说明后天人为的破坏使人失去善良的本性。他说：牛山位于都市的城郊。人们经常用斧头去砍伐树木，树木还能茂盛吗？树木在雨露的滋润下，日夜抽出新的枝芽，但人们又随之放牧牛羊，茂盛的牛山就变得光秃了。人们看见牛山光秃的样子，就认为它从没有长过茂盛的树木，这难道是山的本性吗？孟子进而引申说：“在某些人身上，难道没有仁义之心吗？他们之所以

---

① 参见李泽厚、刘纲纪主编：《中国美学史》第1卷，中国社会科学出版社1984年版，第187～188页。

丧失了善良之心，就像用斧头去砍伐树林一样，每天去砍伐，树林怎能生长茂盛呢？一个人日夜所养成的善心，在天刚亮时所接触到的清明之气，促使他的好恶与常人也有了少许的相近。但一到白天，他的所行所为又把这善心扰乱丢失了。如果反复地破坏消亡，他在夜里所发出的善心就不能存在，这就与禽兽相差不远了。人们看到他和禽兽差不多，就认为他不曾有过善良的资质，这难道是这些人的本性吗？"这样，孟子通过牛山茂美的树木由于受后天人为的破坏而失去茂美之势，生动、形象地说明了人善良的本性由于受后天人为的破坏而渐渐消亡。在以上论述的基础上，孟子强调了后天培养人善的本性的重要性，进而得出结论说："只要得到合理的培养，没有什么东西不能生长；如果失去了合理的培养，没有什么东西不灭亡。"他最后引用孔子的话作结语："'把握住就会存在，舍弃它就会消失；进出没有一定的时候，也不知道它何去何从。'这说的就是人心吧？"

孟子不仅看到了人性本善的普遍性，而且看到了有人为不善的特殊性，这在先秦时代是一种较全面的人性观。可贵的是，孟子高扬了人性善的普遍性，鞭笞有人失去善性而为恶。这种抑恶扬善的积极进取精神，对人们有着积极的鼓舞作用。

11.9　孟子曰："无或[1]乎王之不智也。虽有天下易生之物也，一日暴之，十日寒之，未有能生者也。吾见亦罕矣，吾退而寒之者至矣，吾如有萌焉何哉？今夫弈之为数[2]，小数也；不专心致志，则不得也。弈秋，通国之善弈者也。使弈秋诲二人弈，其一人专心致志，惟弈秋之为听。一人虽听之，一心以为有鸿鹄[3]将至，思援弓缴[4]而射之，虽与之俱学，弗若之矣。为是其智弗若与？曰：非然也。"

**【注释】**

[1]或：通"惑"，奇怪。

[2]数：技术。

[3]鸿鹄(hú)：天鹅。

[4]缴(zhuó)：本义指生丝，因常系于箭上，故引申为系着丝绳的箭。

**【品读】**

本章阐明国君实行仁政要有恒心，阐述了专心致志的学习方法。

公元前318年，孟子第二次出游齐国。在齐国期间，他向齐宣王系统阐述了制民之产、省刑薄敛、任贤使能、加强教化等仁政主张。齐宣王曾受到一定鼓舞，表示愿意采纳孟子的主张。但由于齐宣王急功近利，对实行仁政缺乏恒心，加上公元前314年的齐伐燕事件，孟子与齐宣王在仁政、战争问题上的分歧日渐增大。当时有人对齐宣王不实行仁政感到很奇怪。孟子首先运用“一暴十寒”来说明齐宣王对实行仁政缺乏恒心。他说:“对齐王的不聪明不必感到奇怪。即使是天下最容易生长的植物,如果晒它一天,却又冻它十天,也就不能使它再生长了。我与齐王相见的次数甚少,当我退出后,那些佞谄取宠的小人又和他接近。他虽有善良之心的萌芽,但受小人的影响而泯灭,我对他能有什么帮助呢?”他接着又讲了一则“弈秋诲弈”的寓言,指出:“譬如下围棋,这只是一门小技艺罢了。如果不专心致志地学习,便不能掌握它的精妙。弈秋是全国的围棋高手。如果让他教两个人下棋,其中一个人专心致志听他的讲解;另一个人虽然也在听讲,但心里想着有只天鹅将要飞来,应该操起弓箭去射它,那么,尽管另一个人与前一个人一块学棋,成绩总不如前一个。是因为他的聪明不如别人吗?不是的,只是不肯专心致志学习罢了。”

孟子采用一正一反学习围棋的事例,强调了专心致志学习的重要性,指出三心二意、心猿意马学不到知识和技能,目的是批评齐宣王不能专心致志学习、实行儒家的仁政学说。

孟子提出的专心致志的学习方法,是他教育思想的一项重要内容,对后世产生了积极影响。许多著名教育家继承、发展了孟子的这一主张,论述了专心致志学习的重要性。譬如荀子强调学习必须集中精力,只有专心致志地学习,才能达到高深的造诣。朱熹认为,只有专心致志地学习,才能精通义理。孟子提倡的专心致志的学习方法,是对古代教育、学习经验的概括和总结,在现代教育中亦值得我们继承和借鉴。

11.10 孟子曰:“鱼,我所欲也;熊掌,亦我所欲也。二者不可得兼,舍鱼而取熊掌者也。生亦我所欲也,义亦我所欲也,二者不可得兼,舍生而取义者也。生亦我所欲,所欲有甚于生者,故不为苟得也;死亦我所恶,所恶有甚于死者,故患有所不辟也。如使人之所欲莫甚于生,则凡可以得生者,何不用也?使人之所恶莫甚于死者,则凡可以辟患者,何不为也?由是则生而有不用也,由是则可以辟患而有不为也,是故所欲有甚于生者,所恶有甚于死者。非独贤者有是心也,人皆有之,贤者能勿丧耳。一箪食,一豆[1]羹,得之则生,弗得则死。嘑尔[2]而与之,行道之人弗受;蹴[3]尔而与之,乞人不屑也。万钟则不辩礼义而受之。万钟于我何加焉?为宫室之美、妻妾之奉、所识穷乏者得我与?乡为身死而不受,今为宫室之美为之;乡为身死而不受,今为妻妾之奉为之;乡为身死而不受,今为所识穷乏者得我而为之,是亦不可以已乎?此之谓失其本心。”

【注释】

[1]豆:古代盛羹汤的器皿。

[2]嘑尔:对人轻蔑地呼喝。

[3]蹴(cù):用脚践踏。

【品读】

本章阐明义的道德精神价值高于生命价值,谴责“不辩礼义”和不择手段追求富贵利达的可耻行为。

孟子说:“鱼,是我所喜欢的;熊掌,也是我所喜欢的。如果两者不能同时得到,便舍弃鱼而取熊掌。生命,是我所热爱的;义,也是我所喜爱的。如果两者不能同时得到,便舍弃生命而坚持义。”孟子运用比喻,说明生命与义不能兼得时,要坚持“舍生取义”的道德原则。

为了论证这一论点,孟子接着运用了排比句式论证说:“生命固然是我所热爱的,但我热爱的还有超过生命的,所以我不因热爱生命就苟且偷生;死亡固然是我所厌恶的,但我所厌恶的还有超过死亡的,所以我不因厌恶死亡就躲避祸患。假如人所爱好的没有超过生命的,那么,凡是可以保全生命的手段,哪有不使用的呢?假如人所厌恶的没有超过死亡的,那么,一切可以躲避灾祸避免死亡的方法,哪有不干的呢?这样做就能生存,然而却有人不去做;这样做就能避开祸患,然而却有人不去做。由此可以知道,有比生命更值得热爱的东西,有比死亡更令人厌恶的东西。不仅贤人有这种心理,人人都有这种心理,只不过贤人能使它不丧失罢了。”

这段记述,把对热爱生命与厌恶死亡的选择对应起来,指出人们都具有欲生恶死的心理,认为人们所爱好的还有超过生命的,那就是义;人们所厌恶的还有超过死亡的,那就是不义。为了保持人的高尚的道德精神价值,在生命与道义不能兼得的情况下,就要不惜为义而献身。这说明,人的道德精神价值高于生命价值。

孟子的这段论述,采用排比,思维缜密,多用感叹词,感情低回婉转,感慨深沉,从而使议论染上了一种悲壮的色彩,表现了孟子在生死问题上的鲜明立场。

孟子承接上面低回婉转的情调,用形象化的文字继续论证说:“一筐饭、一碗汤,得到了它就能活命,得不到它就会饿死。如果厉声呼喝着给予别人,即使是陷于饥饿的行路人也不会接受;如果用脚践踏过给予别人,即使是乞丐也会不屑一顾。”在这里,孟子突出强调了人的道德精神价值高于生命价值。在他看来,一个人即使是在陷于饥饿而使生命受到严重威胁时,为了保持自己的高尚人格和节操,也不会接受不符合礼义的饮食。

接着,孟子采用排比句,由低回婉转的情调一变而为严峻、冷峭,严正质问和谴责了见利忘义之辈，指出："然而竟有人对万钟的俸禄不辩礼义就接受了。万钟的俸禄对我又有什么好处呢？为了住宅的豪华、妻妾的侍奉和我认识的贫苦人感激我的周济吗？以前宁肯饿死而不接受的，今天却为了住宅的豪华而接受了；以前宁肯饿死而不接受的，今天却为了获得众多妻妾的侍奉而接受了；以前宁肯饿死而不接受的，今天却为了相识的穷人感激我而接受了。"孟子在对这种人前后行为进行对比的基础上，感叹地说："这种行为难道不可以停止了吗？这就叫作丧失了善的本性。"

在孟子看来，住宅的豪华、妻妾的侍奉和相识穷人的感激这三者的得失较人的生死为轻。以前为了保持高尚人格、节操宁死而不接受无礼的饮食，今天为了追求这三者却接受不符合礼义的万钟俸禄，这就是丧失了善良的本性。这样，孟子鞭挞了见利忘义之徒的可耻行径，表达了对他们的鄙夷和惋惜之情。在这里，孟子告诫人们，不论是处于贫困之时，还是身居富贵利达之时，都要使自己的行为符合礼义；否则，见利忘义，就会丧失善良的本性。

孟子突出强调了人的道德精神价值高于生命价值。他的"舍生而取义"的千古名言，曾是中华民族无数志士仁人在民族危亡的紧急关头坚持节操、英勇献身的道德精神支柱，丰富了中华民族不畏强暴、舍生忘死的优良传统，对后世产生了积极的影响。

从文学价值上看，本章在写作上，精工严整，意味隽永，把比喻、议论、排比、散体等融为一体，写得单纯、明快，富于情感的变化。在语调的采用上，或低回而婉转，或严峻而高亢，或用感叹的声调，使文章具有音乐性、节奏感而显得韵味无穷。

**11.11** 孟子曰："仁，人心也；义，人路也。舍其路而弗由，放其心而不知求，哀哉！人有鸡犬放，则知求之；有放心而不知求。学问之道无他，求其放心而已矣。"

**【品读】**

本章高扬了仁义道德精神，强调保持人的善良之心。

孟子一方面将仁义视为调节人际关系的道德规范和准则，另一方面又将仁义视为人内在的主体意识和道德精神。他认为，人保持内在主体意识的过程，就是保存人善良本性的过程。他说："仁，是人的本心；义，是人的必由之路。抛弃大路而不走，丧失善良的本心而不知寻求，真是可悲啊！"他接着运用一个生动的比喻说："有的人丢失了鸡狗，知道去寻找；丧失了善良的本心，却不知寻求。学习和询问的真谛没有别的，只是把丧失的善良之心找回来罢了。"

孟子强调发挥人的主体意识和道德精神，努力保持人善良的本性，促进了古代人类自我认识的深化。

11.12　孟子曰："今有无名之指屈而不信[1]，非疾痛害事也，如有能信之者，则不远秦楚之路，为指之不若人也。指不若人，则知恶之；心不若人，则不知恶，此之谓不知类[2]也。"

【注释】

[1]信：通"伸"，伸开。

[2]类：轻重大小。

【品读】

孟子认为，人们保养自己的生理器官固然重要，但更重要的是要保持善良之心。如果舍大求小，不把握事物的关键，就会受到人们的轻贱。他举例说："现在有个人的无名指弯曲而不能伸直，既不疼痛也不妨碍工作，但如果有人能让它伸直，即使到秦国、楚国他也会不嫌路远而去医治，这是因为他的无名指比不上别人。"孟子进而引申说："手指弯曲不及别人灵活，就知道厌恶；心性不如别人纯良，却不知道厌恶，这就是不懂得事情的轻重大小。"孟子以无名指为喻，目的是告诫人们要分清事情的轻重缓急，加强心性修养，保持善良的本性。

11.13　孟子曰："拱把之桐梓，人苟欲生之，皆知所以养之者。至于身，而不知所以养之者，岂爱身不若桐梓哉？弗思甚也。"

【品读】

本章告诫人们要加强自身修养，不可本末倒置。

孟子极为重视个体的自身修养，认为修身是"齐家、治国、平天下"的前提和基础。他在本章又以培养树木为喻，批评一些人只知培养树木，忘记修身的本末倒置的行为。他指出：对于两手合围或一把粗的桐树、梓树，人们都知道浇灌而培养它们，然而对自己的心性却不知怎样去培养。难道爱护自身还不如爱护桐树、梓树吗？真是太不思量了。

11.14　孟子曰："人之于身也，兼所爱。兼所爱，则兼所养也。无尺寸之肤不爱焉，则无尺寸之肤不养也。所以考其善不善者，岂有他哉？于己取之而已矣。体有贵贱，有小大；无以小害大，无以贱害贵。养其小者为小人，养其大者为大人。今有场师，舍其梧槚[1]，养其樲棘[2]，则为贱场师焉。养其一指而失其肩背，而不知也，则为狼疾人也。饮食之人，则人贱之矣，为其养小以失大也。饮食之人无有失也，则口腹岂适[3]为尺寸之肤哉？"

【注释】

[1]梧槚(jiǎ)：梧桐、楸树，皆为好木材。

[2]樲(èr)棘：酸枣树、荆棘，皆为不成材的木材。

[3]适(chì)：只、仅仅。

【品读】

本章强调修养心志，不能舍本逐末，养小失大。

在孟子看来，人的身体器官是一个有主次之分、大小之别的和谐统一的整体，人对于身体的每一部分都予以爱护和保养。考察他养护得好与不好，无须用其他的方法，只看他注重身体的哪些部分就可以了。只注重保养口腹的是小人，注重保养心志的是君子。孟子为了阐述这一道理，又以园艺师为喻，指出："假若现在有一位园艺师，不去培养珍贵的梧桐和楸树，却去培养那些无用的酸枣、荆棘，那他一定是位不称职的园艺师。"孟子进而引申说："如果有人只保养一根手指，却丧失了肩背，自己却还不明白，那便是糊涂透顶的人。只讲求吃喝却不注重心志培养的人，就会受到别人的轻贱。"

上述论述，表现了孟子以高级需要制约低级需要的思想。在他看来，人的身体是一个有多种需要的和谐统一体，既有饮食的低级需要，又有培养心志的高级需要。人们不能以小的部分损害大的部分，以次要的部分损害重要的部分，而应以大制小，以贵制贱。这样，孟子既承认了饮食生理需要的必要性，又强调了心志对饮食需要的制约性，这与他以心官制约耳目感官的思想是一致的。

11.15　公都子问曰："钧[1]是人也，或为大人，或为小人，何也？"

孟子曰："从其大体为大人，从其小体为小人。"

曰："钧是人也，或从其大体，或从其小体，何也？"

曰："耳目之官不思，而蔽于物。物交物，则引之而已矣。心之官则思，思则得之，不思则不得也。此天之所与我者。先立乎其大者，则其小者不能夺也。此为大人而已矣。"

【注释】

[1]钧：同样。

【品读】

本章阐明大人与小人的不同，阐述了耳目感官与心官的区别和联系，强调以心官制约耳目感官，加强修养而成为追求高尚道德精神境界的君子。

本章内容分为两个层次。

第一，大人与小人的区别。公都子问："同样是人，有人是道德高尚的君子，有人却是道德低下的小人，这是什么原因呢？"孟子回答说："追求满足心官需要的是君子，追求满足耳目感官需要而放纵情欲的是小人。"在孟子看来，心是人的思维器官，心官的功能是悦于理义，引导人追求高尚的道德精神境界；耳目则是人的生理感官，其能满足人对声、色、臭、味等物质生活的需要。人在发展过程中，既有物质生活的需要，又有精神生活的需要。追求精神生活需要并以精神生活需要制约物质生活需要的人就是君子；反之，只追求物质生活需要而放弃追求精神生活需要的就是道德低下的小人。这样，对精神生活需要的态度，就是划分君子与小人的重要标准。

第二，耳目感官与心官的区别和联系。孟子认为耳目感官与心官是一个既有区别又有联系的统一体，它们有着不同的职能。耳目感官不能思考，所以容易被外部的声色所蒙蔽；心官的职能是思考，发挥心官的思考作用，就能保持人善的本性。在这里，耳目感官虽不能思考，但它们能感觉声色等外物；心官虽不能直接感知外物，但在感官的基础上可以悦于理义。发挥心官的思维作用及其对耳目感官的制约作用，是耳目感官不被外物所蒙蔽的前提条件。尽管孟子将心视为人的思维器官是"欠科学"的，但他强调了心官对感官的统帅、制约并将二者视为一个有主次之分、先后之别的和谐统一体，这种认识在先秦时代是相当深刻的，从一个侧面表现了孟子既重视感官作用，又强调理性思维的朴素唯物主义认识论。

**11.16　孟子曰："有天爵[1]者，有人爵[2]者。仁义忠信，乐善不倦，此天爵也；公卿大夫，此人爵也。古之人修其天爵，而人爵从之。今之人修其天爵，以要人爵；既得人爵，而弃其天爵，则惑之甚者也，终亦必亡而已矣。"**

**【注释】**

[1]天爵：自然的爵位。

[2]人爵：社会的爵位。

**【品读】**

本章告诫人们要加强天爵的修养，以天爵制约人爵。

孟子认为，仁义忠信是人内在的主体意识和道德精神，公卿大夫则是外在的社会爵位。人们只有首先修养和保持天爵，人爵才会随之而来；相反，修养天爵是为了追求人爵，或得到人爵而放弃了天爵，便是迷惑至极，最终会失掉人爵。这说明，人的道德精神价值高于富贵利禄，二者具有主次、轻重、高下的区别。只有以天爵制约人爵，才能保持仁义忠信的高尚道德精神，同时，又不失掉富贵利禄。如果单纯追求富贵利禄而放弃对仁义道德精神的追求，就会成为一个被别人轻视而毫无价值的人。孟子充分肯定了仁义道德精神的价值高于富贵利禄的价值，对引导人们正确处理二者关系有积极的意义。

**11.17** 孟子曰："欲贵者，人之同心也。人人有贵于己者，弗思耳矣。人之所贵者，非良贵也。赵孟[1]之所贵，赵孟能贱之。《诗》云：'既醉以酒，既饱以德。'[2]言饱乎仁义也，所以不愿人之膏粱之味也；令闻广誉施于身，所以不愿人之文绣也。"

**【注释】**

[1]赵孟：晋国的正卿。

[2]引自《诗经·大雅·既醉》。意思是："畅饮美酒已经陶醉，修养德行已经完善。"

**【品读】**

本章告诫人们要加强修养，保持"良贵"。

孟子认为，希望尊贵，这是人们的共同心理。每个人都有着最尊贵的东西，只是不去思考它罢了。孟子所说的"良贵"，就是个体内在的而不是由别人给予或夺取的独立自主的人格和尊严，是人的仁义道德之贵和人格之贵。别人给予的尊贵，不是真正的尊贵。赵孟给予富贵利禄可使你尊贵，但他也能剥夺富贵利禄而使你贫贱。所以，仁义富足，就不会羡慕别人的粱肉；仁义充足而有良好声誉，也就不会羡慕别人的华丽服饰。在这里，孟子高扬了个体仁义道德精神价值，强调仁义道德精神价值高于他人所予夺的富贵权势价值，对激励人们保持高尚的独立自主人格和尊严，具有深刻的启示意义。

**11.18** 孟子曰："仁之胜不仁也，犹水胜火。今之为仁者，犹以一杯水救一车薪之火也；不熄，则谓之水不胜火，此又与于不仁之甚者也，亦终必亡而已矣。"

**【品读】**

本章勉励人们尽力行仁，不可自怠而亡。

孟子在宣传政治主张的过程中，对仁政战胜暴政、光明战胜黑暗、善良战胜邪恶充满了必胜信念，表现出新兴地主阶级思想家朝气蓬勃的精神风貌。他批评当时有些行仁的人，不日积月累扩充仁，好像用一杯水去救一车柴草燃起的烈火,达不到目的便认为水不能灭火。这同那些不仁的人没有区别,结果连所行的那点仁德都丧失殆尽。

这段论述,涉及质与量的关系。从质上看,水必定能战胜火。但从量上看,一杯水并不能扑灭一车柴草燃起的烈火。孟子运用这个比喻,目的是说明仁德要战胜不仁,必须使仁达到一定的量。这就要求实行仁德的人,既要树立仁德能够战胜不仁的坚定信念,又要不断积累仁德的行为,扩大仁德的效果。使仁德占有质和量的优势,最终仁德就能战胜不仁。

---

**11.19** 孟子曰:“五谷者,种之美者也;苟为不熟,不如荑稗[1]。夫仁,亦在乎熟之而已矣。”

**【注释】**

[1]荑(tí)稗(bài):稗草,果实可作饲料,灾年可以充饥。

**【品读】**

本章强调加强仁德修养,促使仁德纯熟。

孟子指出,五谷是农作物中最好的品种。五谷虽美,如果不成熟,还不如荑稗的果实有价值。修养仁德如果不达到纯熟的程度,就像五谷不成熟一样。这个生动的比喻,目的是告诫人们要坚持不懈地加强品德修养,促使仁德达到纯熟的境界。

---

**11.20** 孟子曰:“羿之教人射,必志于彀[1];学者亦必志于彀。大匠诲人必以规矩;学者亦必以规矩。”

**【注释】**

[1]彀(gòu):把弓拉满。

**【品读】**

本章阐明坚持标准的教学方法。

孟子在长期的教育活动中,提出了许多有价值的教学方法,坚持标准就是其中的一项重要内容。孟子运用两个生动的比喻,阐明教学双方都要坚持标准。他说:“羿教人射箭,一定拉满弓;学习射箭的人,也一定要拉满弓。高明的工匠教人工艺必须坚持规矩;学习的人也一定要遵循规矩。”这表明,教育者坚持标准,才能使受教育者有明确的奋斗目标和努力方向;学习的人坚持标准,才能学到高超的技艺和才能。这一教学方法,丰富了中国古代的教育思想,被后世许多教育家所继承、发展。

# 告子章句下

12.1　任[1]人有问屋庐子[2]曰："礼与食孰重？"

曰："礼重。"

"色与礼孰重？"

曰："礼重。"

曰："以礼食，则饥而死；不以礼食，则得食，必以礼乎？亲迎[3]，则不得妻；不亲迎，则得妻，必亲迎乎？"

屋庐子不能对，明日之邹，以告孟子。

孟子曰："于答是也，何有？不揣[4]其本而齐其末，方寸之木可使高于岑楼[5]。金重于羽者，岂谓一钩[6]金与一舆羽之谓哉？取食之重者与礼之轻者而比之，奚翅[7]食重？取色之重者与礼之轻者而比之，奚翅色重？往应之曰：'纱[8]兄之臂而夺之食，则得食；不纱，则不得食，则将纱之乎？逾东家墙而搂其处子，则得妻；不搂，则不得妻，则将搂之乎？'"

**【注释】**

[1]任：古国名，在今山东济宁。

[2]屋庐子：名连，孟子的学生。

[3]亲迎：古代的婚礼，男子亲往女子家中迎接女子以成婚。

[4]揣：测量，揣度。

[5]岑(cén)楼：高楼。

[6]钩：衣带钩，喻数量少。

[7]翅(chì)：只、仅仅。

[8]纱(zhěn)：扭转、扭住。

**【品读】**

有一位任国人询问孟子的学生屋庐子说："礼与食色相比，哪样更重要？"屋庐子不假思索地回答："礼更重要。"任国人便诘难说："如果按照礼节去找食物，就会找不着而饿死；不按照礼节去找食物，就会得到食物，这时一定按照礼去做吗？如果遵守亲迎的礼节，就娶不到妻子；不遵守亲迎的礼节，就会娶到妻子，这时一定要遵循亲迎的礼节吗？”屋庐子无言以对。孟子运用了两个生动的比喻，批评任国人以食色的重要方面与礼的次要方面相比较的错误。指出：“如果不测量根基的高低，而只比较顶端，那么，一寸厚的木块放在高处，就可以使它比尖角高楼还高。金子比羽毛重，难道说数量微小的金子比一整车羽毛还重吗？”在这里，一寸厚的木块极为低下，孟子用它比喻食色；尖角高楼极为高大，孟子用它比喻礼。如果不揣度两者基础的高低，食色有时比礼重要。金子固然比羽毛重，但衣带钩重的金子却极轻微，孟子用它比喻礼有时轻于食色；羽毛固然比金子轻，但一整车的羽毛却很重，孟子用它比喻食色有时比礼重要。在这里，孟子用“金重于羽者”，意在强调礼比食色重要。人们的食色要符合礼的原则，但礼又具有一些细节方面。人们做事要遵循礼的原则，而对礼的细节和形式，有时需要灵活权变。按照礼节寻找食物和娶妻时亲迎，是礼的细节方面；饥饿而死就灭绝了人的本性，不娶妻生子就废弃了根本人伦，这是食色的重要方面。孟子反诘说：“用食色的重要方面与礼的轻微方面相比较，哪能得出食色重要的结论呢？”最后，孟子告诉屋庐子怎样去回击任国人的发难，指出应这样回答：“扭转哥哥的手臂而抢夺他的食物，就能得到吃的；不这样做，就得不到吃的。那么，你就会去扭转吗？翻越东邻的墙去搂抱人家的姑娘，就得到妻子；不去搂抱，就得不到妻子。那么，你就会去搂抱吗？”孟子的诘问表明，不扭转哥哥的手臂便得不到食物和不翻越东邻的墙头搂抱人家的姑娘便得不到妻子，这都是食色的重要方面；但这两种做法严重违背了礼的原则，它们是礼的重要方面。用礼的重要方面与食色的重要方面相比，则礼的原则尤为重要。

在孟子那里，饮食、男女的自然生理需要虽然是“人之所欲”和“人之大伦”，但它们必须受礼义的调节和制约，单纯追求食色欲望而舍弃了仁义，就会等同于禽兽。

12.2 曹交[1]问曰：“人皆可以为尧舜，有诸？”

孟子曰：“然”。

“交闻文王十尺，汤九尺，今交九尺四寸以长，食粟而已，如何则可？”

曰：“奚有于是？亦为之而已矣。有人于此，力不能胜一匹雏，则为无力人矣；今日举百钧，则为有力人矣。然则举乌获[2]之任，是亦为乌获而已矣。夫人岂以不胜为患哉？弗为耳。徐行后长者谓之弟，疾行先长者谓之不弟；夫徐行者，岂人所不能哉？所不为也。尧舜之道，孝弟[3]而已矣。子服尧之服，诵尧之言，行尧之行，是尧而已矣；子服桀之服，诵桀之言，行桀之行，是桀而已矣。”

曰：“交得见于邹君，可以假馆，愿留而受业于门。”

曰：“夫道若大路然，岂难知哉？人病不求耳。子归而求之，有余师。”

【注释】

[1]曹交：人名。

[2]乌获：战国时期著名的大力士。

[3]弟：通“悌”，恭顺兄长。

【品读】

本章阐明“人皆可以为尧舜”，强调力行践履，就能达到圣贤的境界。

本章内容分为两个层次。

第一，人要有明确的奋斗目标和坚定志向。孟子曾指出：人人都可以成为尧舜。曹交问孟子说：周文王身高一丈，商汤身高九尺，而自己有九尺四寸，却只会吃饭，别无所长，怎样做才能成为尧舜那样的人呢？孟子回答说：是否成为尧舜，与身高有什么关系？只要遵循尧舜的仁义之道，就能成为圣贤。孟子接着指出，“人皆可以为尧舜”的首要前提是人要有明确的奋斗目标和坚定志向。“如果有人说自己连一只小鸡都提不起来，那他就是毫无力气的人；如果认为自己能举起三千斤重，那就是很有力气的人。那么，人能举起乌获所举的重量，也就是乌获那样的大力士了。人难道以不能胜任为忧吗？只是不去身体力行罢了。”孟子在这里运用的两个比喻，意在说明提起一只小鸡，人人都能做到。不能提起一只小鸡，是不肯做，而不是不能做。人们要做尧舜那样的圣贤，并不是像举起乌获所举起的重量那样，而是如同提起一只小鸡那样，这是人人都能做到的，关键在于努力践行。在这里，孟子告诫曹交要树立成为圣贤的明确目标和坚定志向。

第二，力行践履是达到圣贤境界的根本途径。孟子为了证明力行践履的重要作用，又举例说：“在长辈后面慢慢地走叫作恭敬长辈，抢在长辈前面快步走叫作不恭敬长辈。慢慢地走而恭敬长辈，难道是人不能做到的吗？只是不肯这样做罢了。尧舜道理的根本，就是孝悌。”这个例子，意在说明实行孝悌是人人都能做到的，不去做，就不能达到圣贤的境界。孟子又采用对偶句式，强调为善还是为恶在于个人的践行。他说：“你穿尧那样合礼的服装，说尧那样仁义的话，做尧那样孝悌的行为，就成为尧；穿桀那样谲诡逾礼的服装，说桀那样违背仁义的话，做桀那样淫虐的行为，就成为桀。”最后，孟子拒绝了曹交跟随自己学习的请求，告诫说：“尧舜之道像光明的大路一样，难道还难以认清吗？只怕有人不肯去追求罢了。你自己回去寻求吧，到处都会有老师。”

孟子强调的"人皆可以为尧舜"的精神和注重身体力行的主张，表现了他的人格平等思想，高扬了个体的道德自觉完善，体现了中华民族力行践履的优良传统，在当时具有一定的破除迷信、解放思想的积极作用，对激励人们达到高尚的道德境界产生了积极的影响。

12.3 公孙丑问曰："高子[1]曰：'《小弁》[2]，小人之诗也。'"

孟子曰："何以言之？"

曰："怨。"

曰："固哉，高叟之为诗也！有人于此，越人关弓而射之，则己谈笑而道之；无他，疏之也。其兄关弓而射之，则己垂涕泣而道之；无他，戚[3]之也。《小弁》之怨，亲亲也。亲亲，仁也。固矣夫，高叟之为诗也！"

曰："《凯风》[4]何以不怨？"

曰："《凯风》，亲之过小者也；《小弁》，亲之过大者也。亲之过大而不怨，是愈疏也；亲之过小而怨，是不可矶[5]也。愈疏，不孝也；不可矶，亦不孝也。孔子曰：'舜其至孝矣，五十而慕。'"

**【注释】**

[1]高子：人名。

[2]《小弁》：《诗经·小雅》中的一首诗。《毛诗》认为这是一首讽刺诗，表达了哀痛悲切的情感。

[3]戚：亲近。

[4]《凯风》：《诗经·邶风》中的一首诗。其为自责而安慰母亲的诗篇。

[5]矶（jī）：激怒。

**【品读】**

本章批评高子对诗的机械理解，阐明孝子亲爱父母的心理情感。

孔子十分重视诗的作用，认为学习诗，可以培养联想力，可以提高观察力，可以养成合群性，可以抒发人的情感。孔子在仁的前提下，肯定了人的情感表现的正当性、合理性，认为诗是表现人的情感的一种重要手段。这样，孔子对诗的作用的认识具有深刻的意义。孟子继承、发展了孔子的上述思想，认为诗能抒发人的思想情感。有一次，公孙丑向孟子请教说：高子认为《小弁》这首诗有怨恨之情，是小人所作，这样认识对吗？孟子批评高子知识浅薄，不懂得诗人所表达的思想情感，并运用比喻阐释了《小弁》所表达的作者的怨恨之情。指出："比如有一个人，看见越国人弯弓要射他，他便会连说带笑地劝阻，这没有别的原因，只是因为他与越国人关系疏远；如果哥哥弯弓去射他，他便会哭泣着劝阻，这没有别的原因，只是因为哥哥是亲人。

《小弁》所表达的怨恨，正是热爱父亲的缘故。热爱父亲，正是仁的表现。”从心理学上看，孟子所说的“疏”表示与越国人之间疏远的心理距离；“戚”则表示与哥哥之间亲近的心理距离。与二者心理距离和关系的不同，导致无关痛痒与亲热爱护的心理情感的差异。孟子的比喻，说明了《小弁》所表达的怨恨之情，是建立在亲爱父亲的心理情感的基础之上的。高子只看到《小弁》诗中怨恨之情的一面，而没有看到亲爱亲人的一面。所以，孟子批评他知识浅薄，未能全面理解诗的思想情感。

当公孙丑又问《凯风》为什么没有怨恨之情时，孟子将这首诗与《小弁》作了比较，认为这首诗没有怨恨之情是因为母亲的过错小；而《小弁》有怨恨之情是由于父亲的过错大。父母的过错大却不抱怨，这是更疏远父母；父母的过错小却去抱怨，这是激怒自己而不能容忍亲人。疏远父母和激怒自己而不容忍父母，都是不孝。孟子又引用孔子赞扬舜五十岁还依恋父母的话，来说明《凯风》表达了自责之情而没有怨恨之情。

本章还表现了孟子对诗的全面理解，这与他“以意逆志”的文学评论思想是一致的。

12.4 宋牼[1]将之楚，孟子遇于石丘[2]，曰：“先生将何之？”

曰：“吾闻秦楚构兵，我将见楚王说而罢之。楚王不悦，我将见秦王说而罢之。二王我将有所遇焉。”

曰：“轲也请无问其详，愿闻其指[3]。说之将何如？”

曰：“我将言其不利也。”

曰：“先生之志则大矣，先生之号则不可。先生以利说秦楚之王，秦楚之王悦于利，以罢三军之师，是三军之士乐罢而悦于利也。为人臣者怀利以事其君，为人子者怀利以事其父，为人弟者怀利以事其兄，是君臣、父子、兄弟终去仁义，怀利以相接，然而不亡者，未之有也。先生以仁义说秦楚之王，秦楚之王悦于仁义，而罢三军之师，是三军之士乐罢而悦于仁义也。为人臣者怀仁义以事其君，为人子者怀仁义以事其父，为人弟者怀仁义以事其兄，是君臣、父子、兄弟去利，怀仁义以相接也，然而不王者，未之有也。何必曰利？”

**【注释】**

[1]宋牼(kēng)：战国中期的著名学者。

[2]石丘：地名。

[3]指：通“旨”，意图。

【品读】

本章阐明以仁义制约利的义利观。

秦国与楚国将要交战。当时的著名学者宋轻认为，兵连祸结，民穷财尽，将对国家不利，便准备向秦、楚两国国君陈说利害，劝说罢兵。孟子指出：您的志向虽大，但用利的提法却不妥。他接着便运用正反对比的手法，阐述了仁义与利的关系。

孟子首先从反面论述了舍弃仁义而追求利的危害，指出：用利害关系去劝说秦、楚国君罢兵，他们贪图利而高兴，于是停止交战，三军将士因喜欢利而罢兵。照此类推开来，臣下、儿子、弟弟怀着利的观念分别服侍他们的国君、父亲、哥哥，结果就会使君臣、父子、兄弟之间完全抛弃了仁义，只用利去互相对待。这样做却不亡国，是从来没有的事情。孟子又从正面阐述了实行仁义的功效，指出：如果用仁义劝说秦、楚国君，他们喜欢仁义而罢兵，这时三军将士也因喜欢仁义而停止战斗。照此类推开来，臣下、儿子、弟弟怀着仁义观念分别服侍国君、父亲、哥哥，君臣、父子、兄弟之间都抛弃谋利的观念而胸怀仁义互相对待。这样，国家还不能以德政统一天下，也是从来没有的事情。为什么一定要单纯追求利呢？

本章阐述的义利关系，与《孟子·梁惠王上》第一章的主旨是一致的。孟子强调以仁义制约利，先仁义而后利，反对舍弃仁义而追逐利。当然，孟子并不是只讲仁义而不言利。他主张，遵循仁义并把它作为“治国、平天下”的根本，才是根本上的大利，这是贯串孟子思想的主线。

从新中国成立至20世纪80年代，许多学者对孟子的义利观加以不合理的否定，批评孟子把义、利绝对对立起来，认为利是引起社会混乱的总根源，他口头上拼命反对讲“利”，实际上却是在维护少数封建统治者的最狭隘的私利，是一种虚伪的骗人说教，是为了欺骗人民群众，更好地保护统治阶级的私利。20世纪90年代以来，许多学者摈弃了上述关于孟子主张义、利对立，目的是欺骗和蒙蔽被剥削者的传统观点，深入诠释了孟子义、利范畴的内涵及关系。有的学者认为孟子并不是一般地反对物质利益，更不是反对关心和改善一般老百姓的物质生活，他反对的是只顾追求个人私“利”而不顾社会的公“义”，只单纯追求物质欲望而忽视、否定伦理道德的做法。孟子在重视道德、道义的前提下，把义与利有机地统一起来。孟子主张义的原则性、目的性与功利性的统一，义利之分的不可超越性与和谐一致性的统一。他将“义利之辨”、自由与必然、动机与效果、主观努力与客观结果等理论问题联系起来，从而使义利观更为深刻和完善。有的学者认为，孟子“义利之辨”的新意突出表现在把义利关系向深层次延伸，试图从人们的心理活动和人性的角度探讨“义利之辨”的内在依据。孟子的义利观是由“义利之辨”“显层次”与德福一致“隐层次”两个逻辑层次构成的，它成为一种道德主义的义利统一观，体现了以道德理想主义为特质的文化基本精神，是中国古代道义论文化大传统的一个缩影。有的学者将孟子的义利关系概括为由义统利、义利相兼、以利说义、先义后利、以义制利、怀义去利、见利思义、舍生取义等等。这些多角度、多层面的探讨，深化了孟子义利观研究。

12.5 孟子居邹，季任[1]为任处守，以币交，受之而不报。处于平陆[2]，储子为相，以币交，受之而不报。他日，由邹之任，见季子；由平陆之齐，不见储子。屋庐子喜曰：“连得间矣。”问曰：“夫子之任，见季子；之齐，不见储子，为其为相与？”

曰：“非也。《书》曰：‘享多仪，仪不及物曰不享，惟不役志于享。’[3]为其不成享也。”

屋庐子悦。或问之，屋庐子曰：“季子不得之邹，储子得之平陆。”

**【注释】**

[1]季任：任国君主的弟弟。

[2]平陆：齐国的下邑，在今山东汶上。

[3]引自《尚书·洛诰》。意思是：“奉献礼品重要的是仪节，如果仪节达不到，虽有礼物，也等于没有献礼，因为他没有献礼的诚意。”

**【品读】**

本章阐明君子的交往要以礼为准则。

本章记述的孟子与季任、储子的交往发生在不同的时间。公元前320年，孟子从滕国返回邹国。不久，留守任国代理国政的季任派人送礼物与孟子结交，孟子接受礼物并不回报。过了些日子，孟子从邹国前往任国，拜访了季任。公元前318年，孟子离开魏国，第二次游齐，在齐邑平陆停留。任齐宣王卿相的储子，致送礼物与孟子交友，孟子接受礼物并不回报。这两件事相隔一年多。屋庐子跟随孟子游历诸侯，朝暮相处，对孟子前后的不同做法提出疑问，认为孟子回拜季子是因为他代理国政身居国君之位，不回拜储子是因为他只是卿相。孟子引用《尚书》的话为屋庐子释疑，说明储子虽致送礼物，但心意不诚，所以并不回拜。屋庐子明白了孟子所阐述的道理，非常高兴。当有人问起其中的道理时，他解释说：季子有守国的责任，所以不能亲自到邹国会见孟子；储子是齐国卿相，能够到平陆拜访孟子，他为什么只送礼物而不前往呢？

12.6 淳于髡曰："先名实[1]者，为人也；后名实者，自为也。夫子在三卿之中，名实未加于上下而去之，仁者固如此乎？"

孟子曰："居下位，不以贤事不肖者，伯夷也；五就汤，五就桀者，伊尹也；不恶污君，不辞小官者，柳下惠也。三子者不同道，其趋一也。一者何也？曰仁也。君子亦仁而已矣，何必同？"

曰："鲁缪公之时，公仪子[2]为政，子柳、子思为臣，鲁之削也滋甚。若是乎，贤者之无益于国也！"

曰："虞不用百里奚而亡，秦穆公用之而霸。不用贤则亡，削何可得与？"

曰："昔者王豹[3]处于淇，而河西善讴；绵驹[4]处于高唐，而齐右善歌；华周、杞梁[5]之妻善哭其夫而变国俗。有诸内，必形诸外。为其事而无其功者，髡未尝睹之也。是故无贤者也，有则髡必识之。"

曰："孔子为鲁司寇，不用，从而祭，燔肉[6]不至，不税[7]冕而行。不知者以为为肉也，其知者以为为无礼也。乃孔子则欲以微罪[8]行，不欲为苟去。君子之所为，众人固不识也。"

**【注释】**

[1]名实：名声、功业。

[2]公仪子：鲁国的卿相。

[3]王豹：卫国人，善于歌唱。

[4]绵驹：齐国的善歌者。

[5]华周、杞梁：齐国人，在莒国战死。

[6]燔（fán）肉：祭肉。

[7]税（tuō）：脱掉。

[8]微罪：轻微的过失。

**【品读】**

本章阐述君子对待名誉、功业和出处去就要以仁义为原则，批驳淳于髡不识贤者的仁义之心和儒家的去就之道。

公元前312年，孟子的仁政主张不为齐宣王所采用，便准备辞去客卿的职务而归邹。这时，齐国的辩士淳于髡责难孟子说："重视名誉、功业的人是为了济世救民，轻视名誉、功业的人是为了独善其身。您位居齐国三卿之一的职位，对上辅佐国君和对下拯救百姓的名誉、功业都没有取得，就辞职离开齐国，仁人原来是这样的吗？"孟子列举伯夷、伊尹、柳下惠、孔子等古圣先贤的作为，认为他们对待不贤的人和昏庸君主的方式虽然不同，但共同之处就是坚持了仁的原则，指出国君如不任用有仁德的贤人，就会招致灭亡。孟子又进一步谈到孔子在鲁国不被重用，不愿暴露君主的大过而借自己的一个轻微过失离开鲁国的事例。孔子曾跟随国君祭祀宗庙。按照礼的规定，国君应赐给孔子祭肉。但国君失礼不送祭肉，于是孔子连礼帽都来不及脱掉就匆忙离开鲁国。不了解孔子的人以为他是为争祭肉而离去，了解他的人才明白他是为鲁君失礼而离去。孔子是宁肯借自己的轻微过失而离开，也不愿对国君的失礼苟且容忍。君子的作为，一般的人是无法理解的。孟子以此回击淳于髡不识贤者的仁义之心和儒家的去就之道。

在孟子看来，君子的仁政主张得到采用，才能建立名誉和功业；君子被迫离开，是因为自己的仁政主张不被采纳。这说明，实现名誉、功业的前提条件是符合仁义。如果所服侍的国君不仁，名誉、功业也就变得毫无意义。君子不能急功近利，出处去就都要以仁义为原则。

---

12.7　孟子曰："五霸[1]者，三王[2]之罪人也；今之诸侯，五霸之罪人也；今之大夫，今之诸侯之罪人也。天子适诸侯曰巡狩，诸侯朝于天子曰述职。春省耕而补不足，秋省敛而助不给。入其疆，土地辟，田野治，养老尊贤，俊杰在位，则有庆；庆以地。入其疆，土地荒芜，遗老失贤，掊克[3]在位，则有让[4]。一不朝，则贬其爵；再不朝，则削其地；三不朝，则六师移之。是故天子讨而不伐，诸侯伐而不讨。五霸者，搂诸侯以伐诸侯者也。故曰：五霸者，三王之罪人也。五霸，桓公为盛。葵丘[5]之会，诸侯束牲载书而不歃血[6]。初命曰，诛不孝，无易树子，无以妾为妻。再命曰，尊贤育才，以彰有德。三命曰，敬老慈幼，无忘宾旅。四命曰，士无世官，官事无摄，取士必得，无专杀大夫。五命曰，无曲防[7]，无遏籴，无有封而不告。曰：凡我同盟之人，既盟之后，言归于好。今之诸侯皆犯此五禁，故曰：今之诸侯，五霸之罪人也。长君之恶其罪小，逢君之恶其罪大。今之大夫皆逢君之恶，故曰，今之大夫，今之诸侯之罪人也。"

**【注释】**

[1]五霸：春秋五霸向来所指不一。通常指齐桓公、晋文公、秦穆公、宋襄公、楚庄王五位诸侯。还有一说指齐桓公、晋文公、楚庄王、秦穆公、吴王阖闾。

[2]三王：指夏禹、商汤、周文王和周武王。

[3]掊(póu)克：聚敛。

[4]让：责罚。

[5]葵丘：地名，在今河南兰考。

[6]束牲载书而不歃(shà)血：只捆绑祭祀的牛，上放盟书，并不杀牲饮血立誓。束牲，古代订立盟约多用牺牲，或杀或不杀，言"束牲"，即为不杀。

[7]曲防：四处筑堤。防，堤坝。

【品读】

孟子开门见山地提出论点，指出："春秋时的五霸，是三王的罪人；现在的诸侯，是五霸的罪人；现在的大夫，是当今诸侯的罪人。"孟子的论点，涉及夏、商、西周三代，春秋，战国三个不同的时期。孟子曾指出：三代因实行仁政而得到天下，后因实行暴政而失去天下。春秋时期，仁义之道逐渐衰微，荒谬的学说和残暴的行为兴起，臣弑君、子弑父的犯上行为不断发生。战国时期，圣王不再出现，诸侯肆无忌惮，士人乱发议论……仁义之道被阻塞。孟子在本章所论述的三王、五霸以及当今的诸侯和大夫的作为，与他对三个不同时期的总体认识是相吻合的。

本章的内容可划分为三个层次。

第一，五霸是三王的罪人。孟子认为，巡狩、述职是天子控制诸侯的不可分割的两个方面。一方面，天子视察诸侯封国，如果诸侯国内土地开垦，田野耕种，敬老尊贤，俊杰在职，就赏给土地；相反，则予以惩罚。另一方面，诸侯要定期朝见天子，陈述职守。初次不朝，天子就降低诸侯的爵位；再次不朝，就削减他的封地；三次不朝，就下令讨伐，改立诸侯。天子只下令讨伐诸侯的罪恶，不亲自去攻伐；诸侯奉命去攻伐有罪的诸侯，但不能擅自下令声讨诸侯。这样，天子对诸侯的奖励，是对诸侯实行仁义的倡导；天子对诸侯的惩罚，则是对诸侯不仁社会行为的禁止。巡狩和述职，都是实行仁政，救助百姓。春秋五霸不奉天子之命，强迫一部分诸侯攻伐另一部分诸侯，所以他们是三王的罪人。孟子之所以得出这个结论，就是因为五霸违背了儒家下服从上的等级制度，无视天子的尊严。

第二，当今的诸侯是五霸的罪人。孟子指出：五霸中齐桓公最强盛。在葵丘的盟会上，各路诸侯订立了五条盟约：一是诛罚不孝的人，不能废立太子，不能立妾为妻；二是尊重贤人，培养人才，表彰有德行的人；三是尊老爱幼、礼待贵宾和旅客；四是士的官职不得世袭，官职不能兼摄，选拔真才之士，不能擅自杀戮大夫；五是不能四处筑堤，不能禁止邻国来采购粮食，不能擅自封赏而不禀告盟主。盟约最后说：参加盟会的诸侯，从订立盟约之后，携手合作，共同和好。孟子所列举的五条盟约，体现了儒家仁义的基本精神。孟子曾说："五霸假借仁义，但是假借长久了而不归还，那么不仁不义的行为就不会长久，又怎能知道他不会弄假成真将仁义最终变成自己的呢？"（见《孟子·尽心上》）这样，孟子所说的盟约的五条内容，就是对"五霸假借仁义"的最好注脚。在他看来，长久地假借仁义，就会将仁义施及百姓，结果就会不同于那些不能假借仁义而甘心为不仁不义之行的人。孟子接着评论说：现在的诸侯连假借的仁义都不实行，他们违背了五霸的五条盟约，所以说现在的诸侯是五霸的罪人。

第三，当今的大夫是当今诸侯的罪人。孟子认为，臣下要加强修养，辅佐国君实行仁义，敦促国君摈弃邪说偏见。如果国君有过错而臣下不劝谏，反而顺从、助长国君的过错，这样的罪还小一些；如果国君的恶心还没萌发，臣下却谄媚逢迎和引导君主为恶，这样的罪行就大了。现在的大夫都逢迎君主的恶行，所以他们是当今诸侯的罪人。

孟子比较三王、五霸、当今诸侯和大夫的不同，目的是警诫当今诸侯、大夫要效法三王，实行仁义。

12.8 鲁欲使慎子[1]为将军。孟子曰："不教民而用之，谓之殃民。殃民者，不容于尧舜之世。一战胜齐，遂有南阳，然且不可。"

慎子勃然不悦曰："此则滑厘所不识也。"

曰："吾明告子。天子之地方千里；不千里，不足以待诸侯。诸侯之地方百里；不百里，不足以守宗庙之典籍。周公之封于鲁，为方百里也；地非不足，而俭[2]于百里。太公之封于齐也，亦为方百里也；地非不足也，而俭于百里。今鲁方百里者五，子以为有王者作，则鲁在所损乎，在所益乎？徒取诸彼以与此，然且仁者不为，况于杀人以求之乎？君子之事君也，务引其君以当道，志于仁而已。"

**【注释】**

[1]慎子：鲁国的臣子，名滑厘。

[2]俭：限于而不超过。

**【品读】**

本章劝告慎子不可喜好战争祸害百姓，而应辅佐君主追求仁德。

在战争问题上，孟子反对侵略别国和以战争手段扩充土地的非正义战争。鲁国准备任用慎子为将军，攻伐齐国而夺取南阳。孟子对慎子说："不教导百姓礼义，使他们对内服侍父兄，对外服侍长上，却让他们去作战，这叫作祸害百姓。祸害百姓的人，在尧舜时代是无容身之地的。即使战胜齐国，夺取了南阳，也是不可以的。"慎子怒气冲冲地打断了孟子的话，对孟子的批评十分反感。孟子接着阐述了周朝初年的分封制度，认为周公、太公二人功勋卓著，然而他们被封的鲁国和齐国国土均不超过方圆一百里。后来，鲁国兼并小国，现在拥有方圆五百里的国土。如果有圣王出现，鲁国的土地必定在减少之列。不动干戈，白白地将别国的土地给予自己，有仁德的人都不会接受，更何况用战争杀人手段去夺取他国的土地！君子服侍国君，务必引导君主符合正道，追求仁德。

本章既表现了孟子反对以战争手段争夺土地而祸害百姓的民本主张，又反映了他关于臣下要辅佐君主追求仁德的思想。

12.9 孟子曰："今之事君者皆曰：'我能为君辟土地，充府库。'今之所谓良臣，古之所谓民贼也。君不乡道，不志于仁，而求富之，是富桀也。'我能为君约与国，战必克。'今之所谓良臣，古之所谓民贼也。君不乡道，不志于仁，而求为之强战，是辅桀也。由今之道，无变今之俗，虽与之天下，不能一朝居也。"

**【品读】**

本章抨击当时服侍国君的人助纣为虐的不义行径，警诫国君不要把民贼当作良臣而自取灭亡。

孟子采用正反对比的手法，认为现在服侍国君的人，极力为国君侵犯邻国，扩张领土，重征暴敛，充盈府库，联结诸侯，致力战争。这些被当今诸侯视为良臣的人，正是古代祸害百姓的人。国君不向往道德和实行仁政，臣下却千方百计为他聚敛财富，掠夺土地，这就等于富桀和辅桀。照这样的道路走下去，不改变这种坏的社会风俗习气，就会自取灭亡。

孟子所说的古今对臣下的不同评价，从一个侧面反映了社会习俗的变化。衡量这种变化的根本标准就是是否符合仁义和有利于百姓的生息。孟子对当时恶劣社会风俗的抨击，反映了他对美好社会的向往和追求。

12.10 白圭[1]曰："吾欲二十而取一，何如？"

孟子曰："子之道，貉[2]道也。万室之国，一人陶，则可乎？"

曰："不可，器不足用也。"

曰："夫貉，五谷不生，惟黍生之；无城郭、宫室、宗庙、祭祀之礼，无诸侯币帛饔飧[3]，无百官有司，故二十取一而足也。今居中国，去人伦，无君子，如之何其可也？陶以寡，且不可以为国，况无君子乎？欲轻之于尧舜之道者，大貉小貉也；欲重之于尧舜之道者，大桀小桀也。"

**【注释】**

[1]白圭：名丹，曾任魏国卿相。

[2]貉（mò）：当时北方的少数民族。

[3]饔（yōng）飧（sūn）：用饮食招待客人的礼节。

【品读】

本章批评白圭二十抽一的税率，阐明实行十分抽一税率的合理性。

公元前320年，孟子游历魏国。本章及下章记载的孟子与白圭的问答，就发生在孟子游魏之时。

孟子主张，诸侯国家要实行合理的赋税制度。一方面，要减轻赋税，不能聚敛财富，祸害百姓；另一方面，要根据生产发展和国家财政开支的实际情况征收赋税。就是说，赋税过重，会危害民生；赋税过轻，又不能满足国家的财政开支。当白圭准备实行二十抽一的税率时，孟子批评说这是貉国的税法，并运用比喻说：如果在拥有一万户人家的国家，一个人制作瓦器，能满足人们的需要吗？这一比喻说明，实行二十抽一的税率，无法满足国家的财政开支。孟子又分析了貉与中原国家生产和财政开支的不同。貉国不产五谷，只出产黍子，没有城墙、房屋、宗庙、祭祀的礼节，没有诸侯往来送礼宴客，不设置各级官吏，所以采用二十抽一的税率就足够使用。如今在中国，抛弃各种人伦礼节和不设置官吏是不行的。如果实行的税率轻于尧舜的十分抽一，这是大貉、小貉的做法；税率重于尧舜的十分抽一，这是大桀、小桀的做法。

孟子认为十分抽一的税率符合尧舜之道，这未免将古人理想化，但他强调制定税率要根据国家生产发展和财政开支的实际状况，这无疑是合理的。

12.11 白圭曰："丹之治水也愈于禹。"

孟子曰："子过矣。禹之治水，水之道也，是故禹以四海为壑。今吾子以邻国为壑。水逆行谓之洚水。洚水者，洪水也，仁人之所恶也。吾子过矣。"

【品读】

本章批评白圭违背水的自然规律以邻国为壑的错误。

有一次，白圭夸耀自己治理水的本领胜过大禹。孟子批评说：大禹治水遵循水的规律，把水疏导向大海。白圭则是建筑堤防，把水引向邻国，这就与洪水所造成的灾害没有什么区别。孟子对白圭的批评，既表现了孟子尊重事物自然规律的思想，又表现了邻国要和睦相处的思想。

12.12 孟子曰："君子不亮[1]，恶乎执？"

【注释】

[1]亮：诚信。

【品读】

本章阐明诚信是操守的基础。孟子强调只有加强自己的道德修养，才能保持高尚的节操。加强修养的一个重要方面，就是保持诚信。他指出：如果君子不讲诚信，怎能保持操守呢？

12.13 鲁欲使乐正子为政。孟子曰："吾闻之，喜而不寐。"

公孙丑曰："乐正子强乎？"

曰："否。"

"有智虑乎？"

曰："否。"

"多闻识乎？"

曰："否。"

"然则奚为喜而不寐？"

曰："其为人也好善。"

"好善足乎？"

曰："好善优于天下，而况鲁国乎？夫苟好善，则四海之内皆将轻千里而来告之以善。夫苟不好善，则人将曰：'訑訑[1]，予既已知之矣。'訑訑之声音颜色距人于千里之外。士止于千里之外，则谗谄面谀之人至矣。与谗谄面谀之人居，国欲治，可得乎？"

【注释】

[1]訑(yí)訑：骄傲自满的样子。

【品读】

本章赞扬乐正子喜欢听从善言的高尚品质。

鲁国将要让孟子的学生乐正子主持国政。孟子听到这个消息，认为乐正子将要实行自己的仁政主张，高兴得夜不能寐。公孙丑询问说：乐正子是否具有意志刚强、足智多谋、见多识广的长处？孟子认为，乐正子虽不具备被社会所崇尚的这些长处，但他喜欢听从别人的善言。孟子采用正反对比的手法，分析了是否喜欢听从善言的利害，指出：如果喜欢听从别人的善言，治理天下都会绰绰有余，何况治理鲁国呢？如果喜欢听从善言，天下的人都会不远千里赶来把善言告诉他；如果不喜欢听取善言，就会把贤人拒于千里之外。这样，那些谄媚阿谀的小人就会聚拢而来。与这些小人处在一起，怎能治理好国家呢？

孟子对乐正子的评论，说明治理国家不能只凭一才一艺，而应博采众长。听取善言，博采众长，任用贤人，就能集思广益，促进事业的成功；反之，将会遭受失败。孟子的这一主张，是对古代治国经验的概括和总结，至今对我们仍有一定借鉴作用。

12.14 陈子曰："古之君子何如则仕？"

孟子曰："所就三，所去三。迎之致敬以有礼；言，将行其言也，则就之。礼貌未衰，言弗行也，则去之。其次，虽未行其言也，迎之致敬以有礼，则就之。礼貌衰，则去之。其下，朝不食，夕不食，饥饿不能出门户，君闻之，曰：'吾大者不能行其道，又不能从其言也，使饥饿于我土地，吾耻之。'周之，亦可受也，免死而已矣。"

**【品读】**

本章阐述了古代君子做官、辞官的三种情况。

孟子认为，君子做官是为了济世救民和实现自己的政治主张，而不是贪求富贵利禄。当陈子问古代的君子在什么情况下做官时，孟子采用先总后分的方法，首先提出做官、辞官的三种情况作为总纲，而后逐层说明。孟子认为，君子是否做官，关键在于是否具有实行自己政治主张的时机和希望。如果国君恭敬地接待他，并准备实行他的主张，就可就职；招待的礼节虽没有改变，但不听从他的主张，就辞职。次一等的情况是，国君虽没有采纳他的主张，但仍恭敬地接待他，这时或许还有实行自己主张的机会，便就职；接待的礼貌不周，表明没有行道的希望，就辞职。最后一等的情况是，早晚没有饭吃，饥肠辘辘，就接受国君的周济，以免于死亡；但这时虽然就职，实际上已准备辞职而去。

12.15 孟子曰："舜发于畎亩之中，傅说[1]举于版筑之间，胶鬲举于鱼盐之中，管夷吾[2]举于士，孙叔敖[3]举于海，百里奚举于市。故天将降大任于是人也，必先苦其心志，劳其筋骨，饿其体肤，空乏其身，行拂乱其所为，所以动心忍性，曾[4]益其所不能。人恒过，然后能改；困于心，衡于虑，而后作；征于色，发于声，而后喻。入则无法家拂[5]士，出则无敌国外患者，国恒亡。然后知生于忧患而死于安乐也。"

**【注释】**

[1]傅说(yuè)：曾在傅岩筑墙，后任商朝武丁的卿相。

[2]管夷吾：即管仲。

[3]孙叔敖：春秋时的楚国隐士，后任楚庄王令尹(相当于"相")。

[4]曾：增加。

[5]拂(bì)：同"弼"，辅佐。

**【品读】**

本章阐明人们经历艰苦环境的磨炼才能奋发有为，指出穷困忧患能坚定人的斗志，安逸快乐足以使人灭亡。

孟子认为，有志之士为了实现济世救民的宏大志向，必须经历艰苦环境的磨炼。

本章内容分为三个层次。

第一，古代圣贤经历艰苦环境磨炼而大有作为。孟子接连列举舜、傅说等六位历史人物的事例说："舜从田野中被推荐而成为天子，傅说从筑墙工中被举用为相，胶鬲从鱼盐商中被提拔起来，管仲从狱官手中被释放而举用，孙叔敖从海边被举用，百里奚从市场上被提拔起来。"他们虽出身低微，但经历艰苦环境的磨炼后，都成为大有作为的人。这些事例为下面的论述提供了有力的历史证据。

第二，艰苦环境磨炼的必要性。孟子连续运用排比和对偶句，指出：社会发展的历史趋势将要赋予一个人重大的责任，必定先要困苦他的心志，劳累他的筋骨，饥饿他的肠胃，穷困他的身体。他的每一行为总是不能如意，打击、挫折就会震动他的心志，坚韧他的性情，增强他的才干。其中，"所以动心忍性，曾益其所不能"两句，显示出一种旋转的笔力。

第三，个人、国家经历外部艰苦环境的刺激，才能奋发有为。孟子运用几个短促的对偶句，以高亢的音调，引申、阐述了艰苦环境对个人、国家的振奋作用。指出：一个人经常犯错误，然后才能接受教训而改变自己的行为；心意困苦，思虑阻塞，才能奋发振作；表现在脸色上，吐发在言语中，自己的过错暴露于人，然后才能警惕、觉悟而通晓。如果国内没有坚守法度的大臣和辅佐的贤士，外部没有敌对的国家和外来的祸患，这样的国家往往会灭亡。这样，就可以知道忧愁祸患足以使人生存，安逸快乐足以使人灭亡。

孟子阐述的艰苦环境对人的磨炼作用，具有深刻的理论意义。它告诉我们，人经历艰苦环境的磨炼，一方面，可以劳累筋骨，饥饿肠胃，穷困躯体，增强形体对外部环境的忍耐力和承受力；另一方面，可以震动心志，坚韧性情，增强能力，从而奋发有为。这表明，如果说困苦环境对人的形体的影响是外在的，那么，对人的心志、性情、能力、思虑的影响则是内在的。人经历艰难困苦双重影响的过程，就是奋发振作和通晓"生于忧患而死于安乐"人生哲理的过程。孟子阐述的经历艰苦环境磨炼而奋发有为的思想，已被古今中外的许多事例所证明。"生于忧患而死于安乐"的至理名言，对后世产生了重要影响。

从写作技巧上看，孟子采用了夹叙夹议的写作方法，首先叙述历史人物的事迹，继而阐明经历艰苦磨炼，就能震动心志，坚韧性情，增长才干，进而阐明艰苦环境和祸患对个人、国家的激励作用，最后点明“生于忧患而死于安乐”的主旨。这种夹叙夹议的方法，既使说理有事实根据，又使叙事提高到理论层次，从而说理周密，令人信服。

12.16 孟子曰：“教亦多术矣，予不屑之教诲也者，是亦教诲之而已矣。”

**【品读】**

本章说明不屑教诲的教育方法。

孟子认为，教育人的方法多种多样，不屑于教诲也是一种教诲。因为不屑于教诲的目的是敦促他反躬自省，改过自新。

# 尽心章句上

13.1　孟子曰："尽其心者，知其性也。知其性，则知天矣。存其心，养其性，所以事天也。殀寿不贰，修身以俟之，所以立命也。"

**【品读】**

本章的中心是阐述道德修养问题。孟子所说的"尽心"，是指竭尽心力，充分发挥心的思考作用；所说的"知"，除具有认识、知道的意义外，还具有自我体察的意义。孟子曾说："心官的职能是思考，思考就能保持人善的本性，不思考就会丧失人善的本性。"[①]孟子在本章阐述心与性、天、命的关系时指出：充分发挥心官的思维作用，就能认识、体察人善的本性，进而认识到善端是人的自然本性；保存心思，培养善性，因人性之自然，顺而循之，就能认识、掌握人性向善发展的必然性；懂得人善的本性的自然性及必然性，加强修养，对长寿、短命皆不怀疑，就能主动掌握自己的命运。

孟子提出的尽心、知性、知天、立命的命题，表现了他对人之本性的认识，目的是在天人之间获得一种普通的和谐，以达到天人协调的最高道德境界。它促进了古代人类自我认识的深化，对后世的心性之学产生了重要影响。

……………………………………

13.2　孟子曰："莫非命也，顺受其正。是故知命者不立乎岩墙之下。尽其道而死者，正命也；桎梏死者，非正命也。"

**【品读】**

本章接续上一章，深入阐述了人们要顺从生命的自然规律，主动把握自己的命运。

学术界有人误解了本章的含义，将"莫非命"解释为"没有什么不是命运

---

① 原文见《孟子·告子上》。

的安排”，从而判定孟子主张命定论。这种认识是不符合实际的。

朱熹指出：“此章与上章盖一时之言，所以发起末句未尽之意。”①清代的焦循释之甚精。他说：“非命二字相连，即下非正命……莫非命，禁戒之辞，谓不可非命而死也。顺受其正，乃为知命。不知命，或死于岩墙之下，或桎梏而死，是即死于非命。死于非命，即不能顺受其正，即是不知命。如是则通章一气贯注”，“非命二字相连，莫字不与非字连也”。② 这里的“莫非命”，并不是有人理解的“无一不是决定于命运”，而是说不要非命而死。此“命”是指生命的夭寿长短，它蕴含着人之生命的自然性及其发展的必然性。因此，孟子这段话是说：不要非命而死，遵循仁义之道而行，顺从自然规律而死，接受的就是正命。所以认识、掌握生命规律的人，不站在将要倒塌的墙壁之下。尽修身养性之道以至寿终，就是正命；犯罪而死的人，就不是正命。

在这里，孟子强调的顺从生命自然规律以至寿终的思想，表现了他对生死的根本态度。他既反对违背生命的自然规律遭受压覆之祸，又反对违背仁义犯罪而死，从而表现了他遵循事物发展的规律和重视发挥人的主观能动性的思想。

13.3 孟子曰：“求则得之，舍则失之，是求有益于得也，求在我者也。求之有道，得之有命[1]，是求无益于得也，求在外者也。”

**【注释】**

[1]命：限制。

**【品读】**

孟子采用正反对比的手法，阐述了探求仁义礼智善性与探求富贵利禄的重要区别。首先，孟子强调发挥心官的思考作用，保持善的本性和内在的主体意识，认为“仁义礼智，并不是由外部授予我的，而是我本性中具有的，只是不去思考它罢了。所以说，探求它就能获得，舍弃它就会丧失”③。人内在善性的得失，取决于是否发挥人的主观努力。因此，探求、保持人善的本性，这是有益于得的探求。其次，孟子又从反面强调探求富贵利禄要有一定的方式，能否得到它必须受仁义礼智道德观念和他人的限制，这种探求是无益于得的探求，因为追求的东西存在于我本身之外。

孟子所言“求则得之，舍则失之”的“之”，是指人所具有的仁义礼智善的

① (宋)朱熹撰：《孟子集注》卷十三。

② (清)焦循撰：《孟子正义》卷二十六。

③ 原文见《孟子·告子上》。

本性。他曾指出:“仁义礼智,非由外铄我也,我固有之也,弗思耳矣。故曰:‘求则得之,舍则失之。’”在他看来,对于人内在的仁义礼智善性,发挥人特有的“心之官则思”的能力,努力思考和探求,就会得到它;反之,就会失掉它。这种内在善性的得失,决定于人主观努力的求舍。因此,孟子称其是“有益于得”的探求和“求在我者”。而对外在的声色臭味和富贵利禄的追求,则必须遵循仁义等道德观念。换言之,能否得到它们,要受仁义礼智等道德规范的限制和制约,即孟子所说“求之有道,得之有命”。这样,此“命”字就是指仁义礼智等道德规范对外在的声色臭味和富贵利禄的限制。此外,孟子言“命”还指对富贵利禄的追求要受他人的限制和制约,如他所说“赵孟之所贵,赵孟能贱之”①。正是在对仁义礼智善的本性与声色臭味、富贵利禄进行比较的意义上,孟子将对后者的追求称为“是求无益于得也,求在外者也”②。

孟子强调探求、保持仁义礼智善性,这就高扬了个体内在的主体意识和人自觉的理性精神。在他看来,对外部富贵利禄的探求,既要受仁义礼智道德规范的制约,又要受他人的限制。他曾指出:“别人给予的尊贵,不是真正值得尊贵的。赵孟能给予富贵利禄而使你尊贵,也能剥夺富贵利禄而使你贫贱。”③只有人内在的仁义礼智善性才是最尊贵的。孟子强调以仁义礼智制约富贵利禄,这与他以仁义忠信之“天爵”制约公卿大夫之“人爵”的主张是一致的。

13.4 孟子曰:“万物皆备于我矣。反身而诚,乐莫大焉。强恕而行,求仁莫近焉。”

**【品读】**

本章阐述反省自身、推己及人的道德修养方法。

学术界有人将这段话视为孟子坚持主观唯心主义的典型例证,把它解释为世界上的万事万物都是由“我”的心产生的。这是对孟子本意的曲解。孟子所说的“万物”,不是指世界上存在的客观事物,而是指人内在的仁义礼智善性。他曾说:“居于仁,遵循义,道德高尚的人该做的事就齐备了”④;“仁义礼智,并不是由外部授予我的,而是我本身具有的”⑤。因此,在孟子看来,

① 《孟子·告子上》。
② 《孟子·尽心上》。
③ 原文见《孟子·告子上》。
④ 原文见《孟子·尽心上》。
⑤ 原文见《孟子·告子上》。

仁义礼智"我"都具备了。反躬自省,自己忠诚踏实地实践这些美德,便是最大的快乐。努力按照推己及人的恕道去做,便是达到仁德的境界的捷径。

孟子认为反躬自省、推己及人是达到仁德境界的根本方法,这就突出强调了道德的价值作用,高扬了个体内在的仁义礼智主体精神,充分肯定了个体具有实现善的伟大的力量,在中国古代思想史上占有重要的地位,对后世产生了重要影响。

13.5　孟子曰:"行之而不著焉,习矣而不察焉,终身由之而不知其道者,众也。"

**【品读】**

本章告诫人们不断提高践行仁义礼智的自觉性。

在道德修养问题上,孟子主张人们只有不断提高居仁由义的自觉性,才能达到高尚的道德精神境界。他批评对自己的行为缺乏理性认识的人,指出:正在实行却不明白它的合理性,习惯了却不深知它的必然性,一辈子都照着做却不明白其中的道理,这是普通的人。

孟子告诫人们要增强对事物的理性认识,提高实行仁义礼智的自觉性,从一个侧面表现了孟子的认识论。显然,孟子主张实行了要明白它的合理性,习惯了要深知它的必然性,终生实行要知道它的深刻道理。这样,从实行到习惯,再到终身实行的过程,就是使认识由浅入深的过程。

13.6　孟子曰:"人不可以无耻。无耻之耻,无耻矣!"

**【品读】**

本章强调具有羞耻之心,才能免遭羞耻。

孟子认为,人人都有羞耻心,没有羞耻心就不能称之为人。他又说:人不可以没有羞耻心。如果把没有羞耻心看作羞耻,那就没有可羞耻的事了。这表明,只有把没有羞耻心看作耻辱,才能奋发向上,努力使自己的言行符合仁义礼智,才能免遭羞耻。

13.7　孟子曰:"耻之于人大矣,为机变之巧者,无所用耻焉。不耻不若人,何若人有?"

**【品读】**

孟子认为,羞耻心对人关系重大,保存它,就能奋发进取而达到圣贤的境界；失去它，就会与禽兽无异。那些玩弄机谋巧诈手段的人，是没有什么地方用得着羞耻的。不以赶不上别人为羞耻，怎能赶得上别人呢？在这里，孟子告诫人们，只要以赶不上圣贤为羞耻，加强修养，身体力行，就能达到圣贤的境界。

13.8 孟子曰："古之贤王好善而忘势，古之贤士何独不然？乐其道而忘人之势，故王公不致敬尽礼，则不得亟见之。见且由不得亟，而况得而臣之乎？"

【品读】

孟子在宣传政治主张时，多次借鉴历史经验教训以告诫世人。他说：古代的贤君喜好善言善行而忘记自己的权势地位。古代的贤士也乐于遵循仁义之道而忘记别人的富贵权势。所以，如果王公贵族不恭敬尽礼，就不能经常与贤士相见。经常相见尚且不可，何况要把他当作臣下呢？在这里，贤君"好善而忘势"与贤士"乐其道而忘人之势"是相辅相成的。国君礼贤下士，任贤使能，士人就能尽心竭力服侍国君，从而保持和谐的君臣关系。

孟子赞扬古代的贤君和贤士，一方面是告诫诸侯要效法圣贤，礼贤下士，另一方面是抒发自己反对屈辱节操而追求富贵利禄的情怀和志向。

13.9 孟子谓宋勾践[1]曰："子好游乎？吾语子游。人知之，亦嚣嚣[2]；人不知，亦嚣嚣。"

曰："何如斯可以嚣嚣矣？"

曰："尊德乐义，则可以嚣嚣矣。故士穷不失义，达不离道。穷不失义，故士得己焉；达不离道，故民不失望焉。古之人，得志，泽加于民；不得志，修身见于世。穷则独善其身，达则兼善天下。"

【注释】

[1]宋勾践：人名，姓宋，名勾践。

[2]嚣嚣：自得其乐、安详自若的样子。

【品读】

本章阐述游说的态度和尊德乐义而自得其乐的原则，抒发了作者济世救民、修养自身的情怀。

在战国中期的士阶层崛起中，许多士人为了实现自己"治国、平天下"的抱负，纷纷游说诸侯，抨击时弊，陈述政见，与时君世主合则留之，不合则去之，表现出了坚定志向、崇高气节和不可予夺的独立自主人格。孟子虽受到诸侯的礼遇，但其政治主张未被采纳。这时的孟子，仍能自得其乐。他对宋勾践说："别人理解你，能自得其乐；别人不理解你，仍能自得其乐。"这一游说态度表明，孟子认为不论自己的主张是否得到别人的理解和采纳，都要坚守自己的志向、节操和尊严，从而表现了他对仁政主张的坚定信念。

孟子认为，只有尊崇道德，喜爱仁义，才能自得其乐。就是说，尊崇道德，喜爱仁义，就能保持人内在的主体意识和崇高的人格、节操，身处艰难时不失掉仁义，显达得志时不背弃原则，做到不为贫贱所移和富贵所淫。孟子进而阐明了尊德乐义的功效：处境艰难时不失掉仁义，士人就能心安理得，自得其乐；显达得志时，济世救民以利天下，百姓就不会失望。孟子还借鉴古代的经验说：古代的贤人，得志时就将恩泽施与百姓；不得志时，就加强修养，以立身于世。穷困时就修养自身，保持自己的节操；显达时就济世救民，使天下的人同趋于善。

在这里，孟子称赞古代贤人的志向和节操，目的是抒发自己济世救民、修养自身的情怀。在他看来，不论是身居穷困之时，还是通达、显赫之时，都要坚守仁义节操和他人不可予夺的独立自主人格。孟子的"穷则独善其身，达则兼善天下"的珍贵古训，至今对我们仍具有深刻的启示意义。

13.10　孟子曰："待文王而后兴者，凡民也。若夫豪杰之士，虽无文王犹兴。"

**【品读】**

孟子主张，为了实现自己的抱负和主张，人们不论处于什么环境，都要坚守仁义，奋发有为。他指出：等待文王的教化才奋发有为的人，是一般的人；至于那些才智杰出的人，即使没有受到文王的教化，也能奋发有为。孟子强调的奋发进取的精神，体现了中华民族的优良传统，对激励人们奋发有为具有积极的意义。

13.11　孟子曰："附[1]之以韩魏之家[2]，如其自视欿然[3]，则过人远矣。"

**【注释】**

[1]附：增加。

[2]韩魏之家：春秋时期晋国的两大家族。

[3]欿(kǎn)然：不自满的样子。

【品读】

在仁义与富贵利禄的关系上，孟子强调以仁义节制富贵利禄，高扬了人内在的主体意识和道德精神，认为仁义富足就不会羡慕别人的富贵利禄，别人给予的尊贵不是真正的尊贵，只有内在的仁义礼智才是最尊贵的。因此，他指出："给人增加韩、魏两家的财富，如果他并不自满而自知仁义之道不足，那他的见识就远远超出一般的人。"在这里，孟子赞扬不追求富贵利禄而重视内心修养的贤能之士，从一个侧面表现了他重视仁义的主张。

13.12　孟子曰："以佚道使民，虽劳不怨。以生道杀民，虽死不怨杀者。"

【品读】

安民、保民是孟子仁政思想的一项重要内容。孟子强调道德教化，但并不否认必要的刑罚。他指出，采用使百姓安逸的原则去役使他们，百姓即使劳苦，因能安居乐业，所以也不会抱怨；采用使百姓生存的原则杀死罪人而为百姓除害去恶，那人即使被杀，也不会怨恨杀他的人。这表明，使百姓劳苦是为了使他们安逸，诛杀罪人是为了保护百姓的生存。这样，百姓就会产生对仁政的凝聚力和向心力，有利于维持和谐的社会秩序。

13.13　孟子曰："霸者之民欢娱如也，王者之民皞皞[1]如也。杀之而不怨，利之而不庸[2]，民日迁善而不知为之者。夫君子所过者化，所存者神，上下与天地同流，岂曰小补之哉？"

【注释】

[1]皞(hào)皞：心情舒畅的样子。

[2]庸：酬谢功德。

【品读】

孟子曾比较王道与霸道的不同，认为霸道倚仗实力使人服从，百姓不会心悦诚服；王道运用道德教化使人服从，百姓心悦诚服。孟子在本章指出：称霸诸侯的功业显著，百姓易知，所以感到欢喜愉快；圣王的功德浩荡，百姓沐浴道德教化，所以感到心情舒畅。圣王先施行教化而后诛杀犯罪的人，所以被杀的罪人不生怨恨，得到好处也不知感谢；百姓受到潜移默化的教化、熏陶，每天不自觉地向善的方面发展，却不知道谁推动他们这样做。圣人经过的地方，百姓都受到感化；圣人居住的国家，百姓受到的感化更是神妙莫测。圣人的道德教化流行，上下与天地同时运转，哪里像霸者只采用小恩小惠弥补就算了呢？

孟子的上述比较，说明霸者的恩惠是易知的，圣贤的教化是微妙的；前者的功效是暂时的，后者的功效是长久的；前者对百姓的补益是微小有限的，后者对百姓的补益则是浩荡无边的。在这里，圣贤的道德教化具有极大的感染化育力量，对人的感化、影响至大、至高、至妙，如日月之明，江河经地，上下与天地同时运转。这样，道德的化育力量，既能给人以道德上的激励和鼓舞，又能使人得到美的愉悦和享受，从而显示出神妙莫测的功效。

**13.14** 孟子曰："仁言不如仁声之入人深也，善政不如善教之得民也。善政，民畏之；善教，民爱之。善政得民财，善教得民心。"

**【品读】**

本章阐明以道德教化百姓的重要作用，突出强调仁德音乐感人至深的重要功效。

对百姓加强道德教化，是孟子仁政主张的一项重要内容。其中，利用仁德的音乐教化人心是一个重要的方面。在中国美学思想史上，孟子是第一个明确提出音乐比理论形态的言辞更具有感染力的人。他指出：仁德的言辞不如仁德的音乐更能打动人心，良好的行政管理不如良好的教化更能获得民心。良好的政治，百姓敬畏它；良好的教化，百姓喜爱它。前者能获得百姓的财富，后者能得到百姓的衷心拥护。

在孟子看来，仁德的音乐能打动人心，陶冶人的心灵，满足人们精神生活的需要。其潜移默化的教化功能，对实行仁政，争取人心，统一天下，有着重要的作用。这是孟子对当时人们的音乐实践经验的概括和总结。后世荀子和《乐记》提出音乐具有打动人心、教化百姓、移风易俗的社会功能，与孟子的影响是密不可分的。

**13.15** 孟子曰："人之所不学而能者，其良能也；所不虑而知者，其良知也。孩提之童无不知爱其亲者，及其长也，无不知敬其兄也。亲亲，仁也；敬长，义也。无他，达之天下也。"

**【品读】**

本章阐明良知、良能的产生、发展过程及功效。

孟子从人与禽兽的区别出发，认为人具有不同于动物的善的本性。这里的"良知""良能"，并不是指人生而具有善的本性，而是指人心生而具有的感物而知、触物而能的能力。两三岁的婴儿在父母的哺育下产生对父母直观依恋的心理情感。这种“爱其亲”,仅是幼儿较低级的心理情感,不同于成人在一定道德观念的指导下对父母的孝敬、亲爱之心。随着幼儿年龄增长和逐步接受教化,其便产生了敬爱兄长的道德观念。孟子进而得出结论说:“亲爱父母就是仁,尊敬兄长就是义,这是通行于天下的美德。”

在这里,良知、良能这种感物而知、触物而能的能力,为人的发展提供了一定的前提条件,而仁义道德观念的形成和发展,显然离不开后天环境的影响及人的学习和努力。孟子将人先天的感物而知、触物而能的能力与后天的人为结合起来,将个体的亲爱父母的仁与尊敬兄长的义结合起来,高扬了通行于天下的为人们认同、接受的人类同类意识,促进了对人本质认识的深化。



13.16 孟子曰:“舜之居深山之中,与木石居,与鹿豕游,其所以异于深山之野人者几希。及其闻一善言,见一善行,若决江河,沛然莫之能御也。”

**【品读】**

孟子曾多次赞扬舜的高尚品德,目的是以圣人为楷模,不断砥砺自己的高尚人格。他在本章又赞扬舜说:舜在历山耕田的时候,与树木、岩石相处,外出只见鹿和猪,与深山野岭中的一般人几乎没有什么区别。但他一听到善的言语和行为,便立即采用和推行。这种依据仁而向善的精神力量,就像决口的江河一样,浩浩荡荡地流出,谁也阻挡不住。

孟子认为,舜虽然外表上与深山野岭中的一般人差不多,但他具有仁义之心,因而践履仁义的行为无法遏止。这与孟子称赞“舜实行仁义,是习于本性,因其自然”[①]的观点是一致的。

13.17 孟子曰:“无为其所不为,无欲其所不欲,如此而已矣。”

**【品读】**

孟子继承、发展了孔子“己所不欲,勿施于人”[②]的推己及人的思想,认为一个人的言行要受道德观念的制约。不做不该做的事,不要不该要的东西,这就是做人的道理。

① 原文见《孟子·尽心上》。

② 《论语·卫灵公》。

13.18 孟子曰："人之有德慧术知者，恒存乎疢疾[1]。独孤臣孽子[2]，其操心也危，其虑患也深，故达。"

【注释】

[1]疢(chèn)疾：灾患。

[2]孽(niè)子：即庶子，指非嫡妻所生之子女。

【品读】

孟子曾指出：人只有经历艰苦环境的磨炼，才能奋发有为。本章列举孤臣、孽子的事例，说明灾患对人的磨炼作用。人之所以有道德、智慧、本领、才识，是由于生活于忧患的困境之中。那些孤立无权势的臣子和孽子，时常保持危惧之心，深深忧虑灾患，所以才通达事理。孟子阐述的这种人生哲理，至今对我们仍有一定的启示。

13.19 孟子曰："有事君人者，事是君则为容悦者也；有安社稷臣者，以安社稷为悦者也；有天民者，达可行于天下而后行之者也；有大人者，正己而物正者也。"

【品读】

孟子在评论人的道德品质的优劣高下时，往往把君子与小人对举。本章则从政事的角度，将人的品德高下划分为四等：一是服侍国君，采用逢迎谄媚的手段讨取国君欢心的人；二是以安定国家为快乐的人；三是他的主张能通行于天下，然后去实行的人；四是道德高尚，先端正自己而后化育万事万物的圣人。

孟子批评了那种取悦君主的小人，高度赞扬了品德高尚的圣人，目的是激励人们奋发进取，效法圣贤，最终达到高尚的道德境界。

13.20 孟子曰："君子有三乐，而王天下不与存焉。父母俱存，兄弟无故，一乐也；仰不愧于天，俯不怍于人，二乐也；得天下英才而教育之，三乐也。君子有三乐，而王天下不与存焉。"

【品读】

孟子采用前后照应的手法，首先指出君子有三种乐趣，用仁德统一天下并不在其中。这三乐是：一是父母健在、兄弟和睦的天伦之乐；二是上不愧于天、下不愧于人的心正无邪的修养之乐；三是教育天下优秀人才的教育之乐。

为什么用仁德统一天下不在三乐之中呢？我们知道，孟子积极宣传仁政主张，力图实现济世救民的抱负。他认为，用仁德统一天下，就能获得富贵利禄而建立功业。尽管这是君子所希望的，但乐趣不在这里。对外在富贵利禄的期望与三乐相比，毕竟是外在的，因而不在三乐之中。

孟子提出的三乐，与理义道德精神相连。天伦之乐，体现了尊亲敬长的仁义之乐；修养之乐，是一种个体人格完善而引起的精神愉悦，它不仅是一种道德感，而且具有审美愉快的性质；教育之乐，能将自己的仁义主张传给后人，从而使儒家的仁义之道代代流传，使后人接受其熏陶和润泽。所以，孟子提出的三乐，体现了他对仁义主体精神的愉悦，反映了他对仁义道德精神的崇尚。

......................................................

13.21　孟子曰："广土众民，君子欲之，所乐不存焉；中天下而立，定四海之民，君子乐之，所性不存焉。君子所性，虽大行不加焉，虽穷居不损焉，分定故也。君子所性，仁义礼智根于心，其生色也睟然[1]，见于面，盎[2]于背，施于四体，四体不言而喻。"

**【注释】**

[1]睟(suì)然：和悦润泽的样子。

[2]盎(àng)：盈溢、显现。

**【品读】**

孟子在上一章强调君子以理义主体道德精神为乐。本章则通过比较君子的希望、乐趣和本性，强调人内在的道德精神不因富贵、贫贱而转移。他指出：拥有广阔的国土和众多的百姓，这是君子所希望的，但乐趣不在这里；居于天下的中央，安定四海之内的百姓，天下的百姓皆蒙受他的恩惠，这是君子所快乐的，但他的本性不在这里。君子的本性，纵使他的理想通行于天下，也不会增加分毫；纵使陷于穷困，也不会有所减少。这是由于他的本分已经固定。君子的本性，仁、义、礼、智根植在心中，表现在脸色上，非常和悦润泽；盈溢在肩背上，躯体宏伟高大；表现在四肢上，动作合乎礼义，不必用口说，别人就会一目了然。

孟子的阐述告诉我们，君子的希望、乐趣和本性三者相比，善的本性最重要。这种内在的道德精神，能使人超脱利害、贵贱、贫富的得失，不为富贵所淫、贫贱所移、威武所屈，是激励人们奋发向上的精神支柱。

从美学上看，上述主张还表现了孟子个体的人格精神美是内在的道德精神与外在的形体统一的思想。在他看来，人内在的仁义礼智道德精神与形体表现是和谐的统一。就是说，内在的道德精神，表现在颜面上，就能使人和悦润泽；表现在肩背上，就会使躯体宏伟高大；表现在四肢上，就会使人的动作符合礼义的要求。这样，孟子将人内在的善与外在形体的美视为一个紧密相连的统一体，从而深化了对个体人格美的认识。

13.22 孟子曰："伯夷辟纣，居北海之滨，闻文王作，兴曰：'盍归乎来，吾闻西伯善养老者。'太公辟纣，居东海之滨，闻文王作，兴曰：'盍归乎来，吾闻西伯善养老者。'天下有善养老，则仁人以为己归矣。五亩之宅，树墙下以桑，匹妇蚕之，则老者足以衣帛矣。五母鸡，二母彘，无失其时，老者足以无失肉矣。百亩之田，匹夫耕之，八口之家足以无饥矣。所谓西伯善养老者，制其田里，教之树畜，导其妻子使养其老。五十非帛不煖，七十非肉不饱。不煖不饱，谓之冻馁。文王之民无冻馁之老者，此之谓也。"

**【品读】**

本章赞扬周文王善于教化百姓的仁政，勉励诸侯效法文王。

孟子首先采用排比句，说明周文王善于教化百姓而使他们赡养老人所产生的功效。不论是隐居北海之滨的伯夷，还是隐居东海之滨的姜太公，听说文王兴起，便前来投奔、归服。孟子接着阐述了周文王实行仁政的具体措施，即使百姓拥有五亩宅院和百亩田地，种谷植桑，饲养家畜，丰衣足食，安居乐业。最后，孟子指出：因为周文王实行善于奉养老人的仁政措施，所以伯夷、姜太公才前往归服。本章首尾呼应，以善养老人的主旨贯串全文。

尽管孟子对周文王的赞扬具有理想化的色彩，但其用意是劝告诸侯效法圣贤，实行仁政。这既反映了孟子的民本思想，又表现了他对仁政的向往和追求。

13.23 孟子曰："易[1]其田畴，薄其税敛，民可使富也。食之以时，用之以礼，财不可胜用也。民非水火不生活，昏暮叩人之门户求水火，无弗与者，至足矣。圣人治天下，使有菽粟如水火。菽粟如水火，而民焉有不仁者乎？"

**【注释】**

[1]易：治理。

**【品读】**

本章阐明富民、节用和道德教化的仁政主张。

孟子指出，让百姓搞好生产，减轻税收，就能使他们生活富足。同时，教导百姓节俭，按时食用，依礼消费，就能使他们财富充足。生活富足，粮食像水火那样多，百姓怎能做出不仁的事呢？

孟子的富民、节用、道德教化主张，反映了他的民本思想，以及对人类美好社会的向往和追求。

---

13.24　孟子曰："孔子登东山而小鲁，登泰山而小天下。故观于海者难为水，游于圣人之门者难为言。观水有术，必观其澜。日月有明，容光[1]必照焉。流水之为物也，不盈科不行；君子之志于道也，不成章[2]不达。"

**【注释】**

[1]容光：小空隙。

[2]成章：古乐曲终结为一章，引申为获得一定成就。

**【品读】**

本章阐明圣人之道宏大而有根基，告诫人们循序渐进、不懈追求，才能达到圣人的境界。

孟子一口气连举四个事例，说明圣人之道宏大而有根基。他说："孔子登上东山，就感到鲁国小了；登上泰山，便觉得天下小了。所以，对观赏过大海的人，其他的水就很难吸引他了；对曾在圣人门下学习过的人，其他的言论就很难使他觉得绝妙了。观赏水有一定的方法，必定看它的波澜壮阔。日月的光辉，凡是有缝隙的地方都能照到。流水不注满坑洼，就不会往前流动。"最后，孟子得出结论说："君子立志求道，不付出艰辛的努力和获得一定成就，就不会达到圣人的境界。"

本章语调高亢，用笔刚劲奋迅，显示出圣人之道宏大而有根基。孟子告诫人们只有坚持不懈，循序渐进，树立明确的奋斗目标，经过艰苦的努力，才能达到圣人的境界。这对激励人们奋发进取具有积极的意义。

---

13.25　孟子曰："鸡鸣而起，孳孳[1]为善者，舜之徒也；鸡鸣而起，孳孳为利者，跖之徒也。欲知舜与跖之分，无他，利与善之间[2]也。"

**【注释】**

[1]孳(zī)孳：勤勉。

[2]间：不同。

**【品读】**

本章指出舜与跖的区别，勉励人们勤勉为善。

孟子运用对偶句式，突出了勤勉为善与谋求利的不同，认为追求善就是舜一类的人,追求利就是跖一类的人。两种不同的追求,是划分圣贤与盗跖的重要标准。

在这里,孟子所说的勤勉为善,就是指以义制利,以天爵制人爵;所说的"孳孳为利",就是指舍弃仁义而单纯追求利。孟子强调以义制利,努力行善,力求达到圣人的境界,对激励人们奋发向上具有积极的意义。

13.26 孟子曰:"杨子取为我,拔一毛而利天下,不为也。墨子兼爱,摩顶放踵[1]利天下,为之。子莫[2]执中。执中为近之。执中无权,犹执一也。所恶执一者,为其贼道也,举一而废百也。"

【注释】

[1]摩顶放踵:从头顶到脚跟都磨破了,形容辛勤劳苦、舍己为人。

[2]子莫:鲁国人。

【品读】

孟子在《滕文公下》第九章曾激烈地抨击墨家和杨朱。孟子在本章从方法论的角度,评论了墨子、杨朱、子莫的主张。在孟子看来,杨朱主张为我,拔一根汗毛而有利于天下的事都不肯干,这就背离了儒家爱人的主张;墨子主张兼爱,摩顶放踵而有利于天下的事都去做,这就背离了儒家"爱有差等"的原则;子莫主张介于杨朱、墨子之间,这种执中接近儒家的仁义之道。但是执中而没有灵活权变,不懂得变通,也就像固执一端一样。人们之所以厌恶偏执一端,就是因为它损害了仁义之道,只偏执一个方面,而废弃了其他的方面。

上述评论表明,孟子主张坚持仁义之道而又灵活变通。这种执中有权的思想,对后世产生了重要影响。许多思想家继承、发展了孟子的思想,以执中有权作为认识世界、处理社会问题的方法,强调灵活变通,不固执一偏,具有一定的辩证法因素。但他们的权变不能超脱统治阶级道德规范的限制,因而又具有一定的局限。

13.27 孟子曰:"饥者甘食,渴者甘饮,是未得饮食之正也,饥渴害之也。岂惟口腹有饥渴之害?人心亦皆有害。人能无以饥渴之害为心害,则不及人不为忧矣。"

【品读】

孟子运用一个生动、贴切的比喻,指出饥渴的人对任何饮食都感到甜美，而无法辨别它们的真正滋味，这是因为受饥渴危害而判断失常。人的心也会受到像饥渴那样的危害。如果一个人的心为贫贱所害，不辨别是否符合仁义而去追求富贵，就会失去自己的节操和志向。如果人们加强修养，培养自己的节操，不因贫贱而改变操守，就会达到圣贤的境界。

在这里，孟子强调了保持内在节操的重要性，告诫人们不要因贫贱而改变自己的志向，这与他所阐述的不为贫贱所移的大丈夫气概是一致和相通的，从而高扬了个体人格精神美，激励人们保持节操而达到圣贤的境界。

13.28　孟子曰："柳下惠不以三公易其介[1]。"

**【注释】**

[1]介：操守。

**【品读】**

孟子曾多次赞扬柳下惠的高尚节操。在孟子看来，柳下惠是圣人中最随和的人，他不因高官厚禄而改变自己的节操。

13.29　孟子曰："有为者辟若[1]掘井，掘井九轫[2]而不及泉，犹为弃井也。"

**【注释】**

[1]辟若：譬如。

[2]轫(rèn)：同"仞"，古代七尺称"一仞"。

**【品读】**

孟子以掘井为譬喻，指出"做事就像掘井一样，掘到六七丈深还不见井水，就此停止，这仍是一口废井"。在这里，孟子勉励人们做事要坚持不懈，不达目的决不罢休。如果半途而废，就会前功尽弃。这种主张对激励人们坚持不懈、奋发有为，具有积极的意义。

13.30　孟子曰："尧舜，性之也；汤武，身之也；五霸，假之也。久假而不归，恶知其非有也。"

**【品读】**

孟子十分重视借鉴历史经验教训，告诫诸侯要效法圣贤，自觉实行仁义。他指出：尧、舜实行仁义是纯乎天性自然，商汤王、周武王实行仁义是身体力行，春秋五霸是假借仁义称霸诸侯。如果长久地假借仁义而不归还，仁义也能施及百姓，人们怎能知道他不是真有仁义呢？

孟子赞赏尧、舜、商汤、武王自觉实行仁义的高尚品质，并不赞赏五霸假借仁义的行为，但他又认为假借仁义毕竟不同于当时诸侯的不行仁义。在天下混乱、诸侯肆无忌惮的战国时代，五霸的假借仁义亦显得可贵。因此，孟子说："如果长久地假借仁义而不归还，怎能知道他不是真有仁义呢？"孟子的用意在于告诫当时的诸侯要效法圣贤，自觉实行仁义，造福于百姓，表现了他同情、爱护百姓的思想情感。

13.31　公孙丑曰："伊尹曰：'予不狎[1]于不顺，放太甲于桐，民大悦。太甲贤，又反之，民大悦。'贤者之为人臣也，其君不贤，则固可放与？"

孟子曰："有伊尹之志，则可；无伊尹之志，则篡也。"

**【注释】**

[1]狎（xiá）：亲近。

**【品读】**

孟子曾赞扬伊尹促使太甲改正错误的行为。公孙丑对伊尹的行为不理解，便请教孟子："伊尹说：'我不愿亲近违背礼义的人，因此把太甲放逐到桐，百姓非常高兴。太甲悔过自新，又将他迎回都城就位，百姓又非常高兴。'贤德的人做臣下，对不好的国君就可以放逐吗？"孟子回答说："具有伊尹那样的忠诚公心，就可以；否则，就是篡夺君位。"

在孟子看来，伊尹具有安定商朝天下的公心，所以将不遵循商汤法制的太甲放逐到桐；待太甲改过之后，又请他返回继承国君之位。如果伊尹没有这种忠心，就会利用机会夺取君位。由此看来，孟子主张臣下要辅佐国君遵循仁义，敦促他摈弃错误，而不能顺从国君为非，更不能因私心而篡夺君位。这一方面表现了孟子的宗法思想，另一方面又表现了他君仁臣义的君臣观。

13.32　公孙丑曰："《诗》曰：'不素餐兮。'[1]君子之不耕而食，何也？"

孟子曰："君子居是国也，其君用之，则安富尊荣；其子弟从之，则孝悌忠信。'不素餐兮'，孰大于是？"

**【注释】**

[1]引自《诗经·魏风·伐檀》。意思是："不是无功受禄。"

**【品读】**

本章说明君子从政是为了治国安邦、教化百姓，不是无功受禄。

公孙丑对《诗经》中所说“不素餐兮”存有疑问，便请教孟子：现在的君子不从事农耕却享受禄米，这是什么原因呢？孟子从社会分工的高度，阐述了君子的重要作用，认为君子从政，对上能使国家安定、富足，使国君尊贵、荣耀；对下能教化百姓，使少年子弟孝敬父母，尊敬兄长，忠诚守信。他们不是无功受禄，还有什么比这些工作更重要呢？

孟子的回答说明，为了维持正常的社会秩序，必须实行社会分工。君子从事政事管理，百姓从事农耕等物质资料的生产，二者相互依存，缺一不可。二者之间存在着精神产品与物质产品的交换。公孙丑只看到君子不直接从事物质产品的生产，而没有看到他们从事精神产品生产的重要作用。孟子的这一主张，与他“无君子，莫治野人；无野人，莫养君子”① 的社会分工论是一致的。



13.33　王子垫[1]问曰：“士何事？”

孟子曰：“尚志。”

曰：“何谓尚志？”

曰：“仁义而已矣。杀一无罪非仁也，非其有而取之非义也。居恶在？仁是也。路恶在？义是也。居仁由义，大人之事备矣。”

**【注释】**

[1]王子垫：齐王的儿子，名垫。

**【品读】**

在战国士阶层的崛起过程中，士人摆脱了奴隶宗法制度的羁绊，以知识、才能、人格、道德活跃于社会舞台，努力追求高尚的独立自主人格。孟子是当时士阶层的突出代表。当王子垫询问士人怎样做才算志向高尚时，孟子认为应以追求仁义为志向。这种志向包括：一方面，当士人得志时，就要辅佐国君实行仁义。杀一个无罪的人，就是不仁；不是自己应该有的而去获取，就是不义。另一方面，当身居穷困不得志之时，应该安于仁，遵循义，加强修养，保持自己的高尚节操和尊严。孟子的尚志主张，反映了他对士人高尚独立人格的执着追求。

13.34　孟子曰：“仲子，不义与之齐国而弗受，人皆信之，是舍箪食豆羹之义也。人莫大焉亡亲戚君臣上下。以其小者信其大者，奚可哉？”

① 《孟子·滕文公上》。

【品读】

孟子在《滕文公下》第十章曾批评陈仲子躲避哥哥、离开母亲的不孝不悌行为。他认为孝悌是尧舜的根本道理，是人的根本和大节；一筐饭和一碗汤，不合乎礼义则不接受。如果不辨别礼义而接受了万钟的俸禄，就是失去了善良的本心。① 孟子在本章指出：陈仲子这个人，如果不合乎义，即使把齐国给予他，他也不会接受，别人都相信他的廉洁。但这只是拒绝一筐饭、一碗汤般的小义罢了。人最大的错误莫过于舍弃父兄、君臣、上下根本的人伦大节。陈仲子既然舍弃了孝悌的根本原则，怎能做到当别人不合理地把齐国给予他时而不接受呢？人们怎能因为他的小义就相信他的大节呢？

在孟子看来，事有轻重之分，人的节操有大小之别，陈仲子违背了孝悌这一根本，因而不是真正的廉洁之士。

13.35 桃应[1]问曰："舜为天子，皋陶为士，瞽瞍杀人，则如之何？"

孟子曰："执之而已矣。"

"然而舜不禁与？"

曰："夫舜恶得而禁之？夫有所受之也。"

"然则舜如之何？"

曰："舜视弃天下犹弃敝屣也。窃负而逃，遵海滨而处，终身欣然，乐而忘天下。"

【注释】

[1]桃应：孟子的学生。

【品读】

本章说明瞽瞍犯杀人之罪，舜虽爱其父，但不能因私害公，只能灵活变通，放弃天子职位，背父而逃。

桃应认为，舜虽爱其父，但不能因私害公；皋陶虽是执法官，但不可处罚天子的父亲。于是设问说："舜是天子，皋陶是执法官。如果瞽瞍犯了杀人之罪，那该怎么办呢？"桃应的提问，目的是想了解圣贤在进退两难的情况下，怎样处理这个棘手的问题。孟子认为，皋陶将依法逮捕瞽瞍，舜不能阻止。桃应又问："舜该怎么办呢？"孟子认为，舜只能维护父子的亲情，像抛弃破草鞋一样抛掉天子的尊位，偷偷地背着父亲逃跑，在海边住下来，一辈子十分快乐，把曾做天子的事情忘得一干二净。

① 参见《孟子·告子上》。

13.36 孟子自范[1]之齐，望见齐王之子，喟然叹曰："居移气，养移体，大哉居乎！夫非尽人之子与？"

孟子曰："王子宫室、车马、衣服多与人同，而王子若彼者，其居使之然也，况居天下之广居者乎？鲁君之宋，呼于垤泽之门[2]。守者曰：'此非吾君也，何其声之似我君也？'此无他，居相似也。"

**【注释】**

[1]范：地名。

[2]垤(dié)泽之门：宋国的城门。

**【品读】**

本章说明环境对人的重要影响，勉励人们应居仁由义。

孟子认为，环境能改变人的性格、气度。他第二次游齐时，从范邑到齐都途中，远远看见齐王的儿子气度不凡，便告诫学生说："环境改变人的气度，奉养改变人的体态，环境真是重要啊"；"他不是也同一般人的儿子一样吗？他的住所、车马、衣服也多与别人相同，而王子的气度、体态却与众不同，这是居住环境影响的结果"。

孟子重视环境对人的重要影响，同时又强调人们自觉居仁由义的主观努力。他认为，在同样的环境影响下，不同的人有不同的行为。在穷困、灾荒年月，少年子弟多半强暴，然而颜回却安贫乐道，自得其乐；舜、傅说等人在艰苦环境中经历磨炼而奋发有为。因此，人们只有自觉居仁由义，保持高尚的节操，才能做到"富贵不能淫，贫贱不能移，威武不能屈"①。孟子既重视环境的影响，又强调居仁由义的主观努力，这一思想包含着唯物论和辩证法的因素，至今对我们仍有着深刻的启示意义。

13.37 孟子曰："食而弗爱，豕交之也；爱而不敬，兽畜之也。恭敬者，币之未将者也。恭敬而无实，君子不可虚拘。"

**【品读】**

孟子认为，国君对待贤士，既要周到地照顾他们的生活，又要真诚而有恭敬之心。只供给饮食而不仁爱，等于养猪；仁爱而不恭敬，等于畜养狗马。恭敬之心，是在送礼物之前就应具备的。如果仅有外表的恭敬而内心没有

① 《孟子·滕文公下》。

诚意，君子是不会被这种虚假的礼仪所迷惑的。

孟子的批评表明，只有国君礼贤下士，任贤使能，士人才能尽心竭力辅佐国君治理好国家。这就反映了孟子要求参与政事、实现济世救民抱负的强烈愿望。

……………………………………

13.38 孟子曰："形色，天性也；惟圣人然后可以践形。"

**【品读】**

在道德修养上，孟子主张内容与形式、内在道德精神之美与外部容貌之美的统一。他认为，人的形体、容貌是自然的本性流露和表现，只有圣人能以内在道德之美充实、体现外部形体之美。圣人的言行符合仁义礼智道德规范，因而成为人们效法的榜样。

孟子"践形"的道德修养方法对后世思想家产生了重要影响。王夫之把"践形"作为人生准则，主张形体与内在仁义之道的统一。颜元也主张形体与仁义道德精神的统一，强调"践形"应与实际活动结合起来。

……………………………………

13.39 齐宣王欲短丧。公孙丑曰："为期[1]之丧，犹愈于已乎？"

孟子曰："是犹或紾其兄之臂，子谓之姑徐徐云尔，亦教之孝悌而已矣。"

王子有其母死者，其傅为之请数月之丧。公孙丑曰："若此者何如也？"

曰："是欲终之而不可得也。虽加一日愈于已，谓夫莫之禁而弗为者也。"

**【注释】**

[1]期：一年。

**【品读】**

齐宣王认为为父母守丧三年时间太长，想缩短守丧时间，便借公孙丑之口询问孟子：既然不能守丧三年，守丧一年总比不守丧要好吧？孟子运用一个生动、贴切的比喻告诫公孙丑说，这就好像是有人在扭哥哥的手臂，你却劝他慢慢地扭，这两种做法都违背礼义。缩短守丧时间，与慢慢扭哥哥的手臂没有本质区别。不久，王子的母亲去世。因她不是国君的嫡妻，王子不能为生母守丧三年，他的师傅替他请求守孝几个月。公孙丑问："像这样的事情怎么看待呢？"孟子说："这是由于王子想守丧三年，但迫于嫡母的压力而无法做到。即使多守一天丧，也比不守丧强。我前几天所批评的，是那些没有人阻止他守丧三年，他却不守丧三年的人。"

孟子三年之丧的主张，既是当时的礼俗规定，又是儒家化民成俗的一项重要内容，反映了子女与父母之间的血缘亲情和子女报答父母养育之恩的思想情感。

13.40　孟子曰："君子之所以教者五：有如时雨化之者，有成德者，有达财者，有答问者，有私淑艾者。此五者，君子之所以教也。"

【品读】

孟子在长期的教学实践中，提出了许多灵活多样的教育方法。因材施教、适应个性就是其中的一项重要内容。

孟子指出，君子的教育方法有五种：对修养好、才能高的学生，及时提醒、点化，像雨露滋润草木那样，使他们成长发育；对德行好的学生，适时教化、熏陶，使他们具有完美的品德；对有才能的学生，善于指导他们，使之成为通达之才；对一般的学生，就他们的疑问而解答；不能登门求教的学生，私自学习前人的流风余韵和嘉言善行。

孟子的教育方法，并不仅仅限于这五种。对不屑请教的学生拒绝教诲，敦促他反省自悟，悔过自新，也是一项不可缺少的教育方法。这些因材施教的教育方法，适应了学生个性的发展，有利于培养学生不同的性格、兴趣和能力。后世许多思想家、教育家继承、发展了因材施教的教育方法，丰富了中国古代的教育思想。

13.41　公孙丑曰："道则高矣，美矣，宜若登天然，似不可及也。何不使彼为可几及而日孳孳也？"

孟子曰："大匠不为拙工改废绳墨，羿不为拙射变其彀率。君子引而不发，跃如也。中道而立，能者从之。"

【品读】

坚持标准、启发诱导是孟子教育方法的一项重要内容。有一次，公孙丑说：仁义之道高超而美妙，但达到仁义之道像登天般困难，似乎可望而不可即。为什么不降低标准而让人们达到呢？孟子以工匠教人技艺和羿教人射箭为喻，指出高明的工匠不因笨拙的徒弟而改变规矩准绳的标准，羿不因拙劣的射手而降低拉弓的标准。君子教育别人，就像教人射箭一样，拉满弓弦却不发箭，做出跃跃欲试的姿态，启发学生坚持标准。君子站立在中正之道上，学生自勉而跟随。

在这里，孟子阐述了一个深刻的道理：无论做什么事情，只有坚持明确的目标和标准,才能奋发有为,取得成功;否则,就学不到高明的本领和知识。

13.42 孟子曰:“天下有道,以道殉身;天下无道,以身殉道。未闻以道殉乎人者也。”

【品读】

孟子突出强调士人要坚守仁义之道,保持高尚节操,不因穷达得失而丧失自己的独立人格。他指出,天下清明,君子得志而实行自己的仁义主张;天下黑暗,君子坚守道义,不惜为道而献身。君子决不能歪曲、破坏仁义之道而逢迎当世王侯。这就高扬了君子的高尚节操和独立人格,对后世产生了重要影响。

13.43 公都子曰:“滕更[1]之在门也,若在所礼,而不答,何也?”

孟子曰:“挟贵而问,挟贤而问,挟长而问,挟有勋劳而问,挟故而问,皆所不答也。滕更有二焉。”

【注释】

[1]滕更:滕国君主的弟弟,曾就学于孟子。

【品读】

孟子在教学活动中,对虚心求教的学生,既严格要求,又循循善诱。而对不虚心求教的学生,他采取拒绝回答的方式。有一次,公都子问:滕更在您门下求学,似乎应以礼相待,但您却拒绝回答他的问题,这是为什么呢?孟子指出:求学的人若倚仗自己的尊贵、才干、年长、功劳和老交情来发问,我都拒绝回答。这五条之中,滕更便占了两条。在孟子看来,求学者不能有所倚仗,必须虚心和专心;教育者虽然应诲人不倦,但对不虚心求教的人要拒不施教,以使他反省自悟。教育者的诲人不倦与受教育者的虚心求教是相辅相成的两个方面。孟子拒绝回答滕更的发问,目的是敦促他反省自悟,改正有所倚仗的错误观念。

13.44 孟子曰:“于不可已而已者,无所不已。于所厚者薄,无所不薄也。其进锐者,其退速。”

【品读】

孟子继承、发展了孔子中正之道的思想,主张做人行事要符合儒家中正的原则。对于不可停止的事情竟然停止了，那就没有什么事情不可以停止了；对于应该厚待的人却去薄待他，那对任何人都可以薄待了；前进太迅猛的人，后退得必然也快。孟子认为这三种弊端都违背了儒家中正之道的原则。尽管它们的表现形式不同，但结果是一样的，即都不能正确处理人际关系，做好事情。

13.45 孟子曰："君子之于物也，爱之而弗仁；于民也，仁之而弗亲。亲亲而仁民，仁民而爱物。"

**【品读】**

孟子主张有仁德的君子爱物、爱民、爱亲人，但这种爱是有差等之爱。在他看来，君子爱惜草木禽兽等万物，却不施与仁德，这是因为它们是没有道德观念的物类；君子对百姓施与仁德，却不把他们当作亲人来爱，这是因为其与百姓之间没有血缘亲情；君子先亲爱自己的亲人，然后推及仁爱百姓，进而推及爱惜万物。

孟子所说的爱，在整体上是一个以亲爱亲人为基础，到爱别人的老幼，再到仁爱百姓、爱惜万物的由近及远、推己及人的过程，其中包括亲爱亲人、仁爱百姓、爱惜万物的不同层次。他认为，仁义的根本是服侍父母，尊敬兄长。父子、兄弟之间的爱，不同于对百姓、万物的爱，这是因为父子、兄弟之间的爱立足于亲切、深厚的天然血缘情感。这种血缘亲情是联结父子、兄弟的精神纽带。中华民族老吾老、幼吾幼再推及他人之老幼的心理情感和传统习俗，与孟子爱有差等、推己及人的原则的影响是密不可分的。

13.46 孟子曰："知者无不知也，当务之为急；仁者无不爱也，急亲贤之为务。尧舜之知而不遍物，急先务也；尧舜之仁不遍爱人，急亲贤也。不能三年之丧，而缌[1]、小功[2]之察；放饭流歠[3]，而问无齿决[4]，是之谓不知务。"

**【注释】**

[1]缌(sī)：古代五种孝服中最轻的一种，服丧三个月。

[2]小功：古代五种孝服中次轻的一种，服丧五个月。

[3]放饭流歠(chuò)：大口吃饭，大口喝汤。

[4]齿决：用牙齿咬断干肉。

**【品读】**

孟子指出："各种事物之间都有差别，这是自然的道理。"[①]事物之间千差万别，所以人们应区分事物的主次、轻重、缓急。如孟子所说：聪明的人无所不知，但务必把当前的紧要事情做完；仁慈的人无所不爱，但把亲爱亲人和贤人看得最重要。尧、舜的智慧不能遍知一切事物，因为他们急于了解首要的事情；尧、舜的仁爱不能遍及一切人，因为他们急于亲近亲人和贤人。有人不坚持为父母守丧三年的根本，却去讲求服丧三个月、五个月的丧礼；在尊长面前吃饭时狼吞虎咽，却讲求不该用牙齿咬断干肉的小节，这就叫作"不知事情的大小、轻重、缓急"。

孟子的上述思想尽管是为了论证爱有差等的原则，但却包含着一定的辩证法因素。它要求人们处理问题要掌握关键，区分主次、轻重、缓急，这是有深刻道理的。



① 原文见《孟子·滕文公上》。

# 尽心章句下

14.1 孟子曰："不仁哉梁惠王也！仁者以其所爱及其所不爱，不仁者以其所不爱及其所爱。"

公孙丑问曰："何谓也？"

"梁惠王以土地之故，糜烂其民而战之，大败，将复之，恐不能胜，故驱其所爱子弟以殉之，是之谓以其所不爱及其所爱也。"

**【品读】**

公元前320年，孟子游历魏国，向梁惠王系统阐述了实行仁政的主张。孟子虽受到礼遇，但其仁政主张始终未被采用。孟子气愤地批评梁惠王暴虐不仁，认为他为争夺土地，驱使百姓作战，使百姓暴尸荒野，骨肉糜烂。

孟子在本章接续上卷末三章所阐述的推己及人的原则，采取正反对比的方法，阐述了仁与不仁的不同，认为仁人由亲爱自己的亲人推及仁爱别人的亲人和百姓，使国内百姓蒙受他的恩泽；不仁的人将百姓遭受的灾祸殃及子弟。这种正反对比，一方面揭示了仁与不仁的根本对立，另一方面又批评了梁惠王的贪得无厌和暴虐无道，表现了孟子同情人民苦难的思想情感。

14.2 孟子曰："春秋无义战。彼善于此，则有之矣。征者，上伐下也，敌国不相征也。"

**【品读】**

本章说明春秋时期没有正义战争。

孟子认为，春秋时期是一个仁义衰落、天下混乱、邪说暴行兴起的混乱时代。西周时期的征讨，是上对下的讨伐，同等级的诸侯国不能互相征讨。对三次不朝见天子的诸侯，天子下令讨伐而不亲自征伐。诸侯奉天子之命攻伐不仁的诸侯，而不出令讨伐。但到了春秋时期，诸侯不奉天子之命，却拉拢一部分诸侯去攻伐另一部分诸侯。所以，孟子认为春秋时期没有正义战争。

14.3　孟子曰："尽信《书》，则不如无《书》。吾于《武成》，取二三策而已矣。仁人无敌于天下，以至仁伐至不仁，而何其血之流杵也？"

**【品读】**

孟子主张对书的记载要采取分析的态度，不能盲从，指出：完全相信《尚书》的记载，还不如没有《尚书》。就自己而言，对于《尚书·武成》的记载，认为可信的只有两三策竹简。仁德的人天下无敌，至仁的周武王讨伐暴虐无道的商纣，怎么会杀人遍野、血流漂杵呢？

孟子极力称赞古代圣王，认为血流漂杵的记载不符合至仁伐至不仁的历史事实，具有一定的美化圣人的倾向。但另一方面，中国古代史书为适应政治需要，确实存在夸张不实之处。孟子的"尽信《书》，则不如无《书》"的观点，对破除教条主义，消除迷信权威的神秘主义，具有积极的意义。

14.4　孟子曰："有人曰：'我善为陈，我善为战。'大罪也。国君好仁，天下无敌焉。南面而征，北狄怨；东面而征，西夷怨。曰：'奚为后我？'武王之伐殷也，革车三百辆，虎贲[1]三千人。王曰：'无畏！宁尔也，非敌百姓也。'若崩厥角稽首。征之为言正也，各欲正己也，焉用战？"

**【注释】**

[1]虎贲(bēn)：勇士。

**【品读】**

孟子指出：有的人认为自己善于摆阵和作战，竭力劝说诸侯从事攻伐，这是莫大的罪恶。国君如果喜好仁德，就会天下无敌。商汤征伐南方和周武王讨伐商纣时，百姓像久旱盼望及时雨那样希望仁者解救他们。武王对商朝的百姓说：你们不要害怕，我是来安抚你们的，不是与你们为敌的。百姓感激得叩头不止。"征"的意思就是正，百姓都欢迎仁德的国君来正自己的国家，何必要用战争呢？

孟子强调仁者天下无敌，这对维护地主阶级的长远利益，具有积极的意义。他反对以战争祸害百姓，表现了对人民苦难的同情。但在当时的条件下，战争是解决诸侯之间争端的不可避免的重要手段。孟子反对战争，又表现了他"迂远而阔于事情"的一面。

14.5　孟子曰："梓匠轮舆能与人规矩，不能使人巧。"

【品读】

孟子以木工、车工授人技艺为喻，认为他们能把规矩标准教给别人，却不能使别人一定具有高超的技艺。学习的人要掌握高超的技艺，必须通过自己的实际努力。孟子的这种主张，对学习任何知识和技艺都具有一定的启示。

14.6 孟子曰："舜之饭糗茹草也，若将终身焉。及其为天子也，被袗衣，鼓琴，二女果，若固有之。"

【品读】

孟子曾多次赞扬圣贤的高尚节操，认为他们不论处在什么条件下，都不因环境而改变善良的本性。其中，舜就是一个典型的代表。孟子认为，舜耕田之时，啃干粮、吃野菜，安于贫贱。他成为天子后，穿着彩服，弹琴自愉，尧的两个女儿在身旁侍奉，这时，又不被富贵扰乱自己的仁义之心。孟子告诫人们，不论处于什么样的环境中，都要保持内在的道德精神。这对激励人们奋发有为，保持高尚节操具有积极的意义。

14.7 孟子曰："吾今而后知杀人亲之重也：杀人之父，人亦杀其父；杀人之兄，人亦杀其兄。然则非自杀之也，一间耳。"

【品读】

孟子认为人们在人格上是平等的，在善恶上也是对等的。仁爱别人的人，也会得到别人的仁爱；恭敬别人的人，也会得到别人的恭敬。[①] 孟子在本章进一步阐述了杀人就会遭到报应。杀害别人的父亲，别人也会杀害你的父亲；杀害别人的哥哥，别人也会杀害你的哥哥。虽然父兄不是被自己杀害的，但与自己杀害父兄没有什么区别。

在这里，孟子阐述的儒家的善恶对等原则，显示了复仇的正义性和不妥协性，强调不要以害人之心对待别人；否则，就会遭受报复而祸及自己的父兄。

14.8 孟子曰："古之为关也，将以御暴；今之为关也，将以为暴。"

---

① 参见《孟子·公孙丑上》。

【品读】

孟子采用正反对比的手法，阐述了古今设置关卡的不同用意。古代设置关卡，是检查行旅，严防强暴；现在设置关卡，却是加重税收，祸害百姓。孟子反对施暴殃民，反映了他的民本思想。

14.9　孟子曰："身不行道，不行于妻子；使人不以道，不能行于妻子。"

【品读】

孟子重视个体的道德修养，强调以身作则的重要作用，认为自身不履行道德，而欲使别人履行道德，即使是自己的妻子也不肯履行；使令别人不遵循正道，自己的妻子都不会顺从，何况使令别人呢？这种严于律己、以身作则的主张，对加强道德修养具有积极的意义。

14.10　孟子曰："周于利者凶年不能杀[1]，周于德者邪世不能乱。"

【注释】

[1]杀：窘困。

【品读】

孟子指出，财富充足能使人在饥荒之年免除窘困，而道德富足则能使人身处乱世也不失去高尚人格和节操。显然，保持高尚人格和节操是主要的、根本的，这反映了孟子对高尚道德精神境界的追求。

14.11　孟子曰："好名之人，能让千乘之国；苟非其人，箪食豆羹见于色。"

【品读】

孟子采用正反对比的手法，揭示了廉洁与贪婪的对立，认为喜好不朽之名的人，能把拥有千辆兵车的国家让给别人；相反，那些不喜好不朽之名而追求利禄的人，就是给予别人一筐饭、一碗汤，脸上也会露出不悦的神色。这说明，前一种人追求不朽的名声，就能化民成俗，使贪得无厌的人变得廉洁；后一种人单纯追求利禄，就会丧失善良的本性而变得与禽兽无异。

14.12　孟子曰："不信仁贤，则国空虚；无礼义，则上下乱；无政事，则财用不足。"

【品读】

孟子认为，国君不任用仁德贤明的人，仁贤就会离去，从而造成国家的空虚；没有礼义以端正尊卑次序，就会使上下关系混乱；不用善政指导人民生产，就会使田野荒芜，无法征税，国家的财政就会不足。只有将亲近仁贤、尊礼明义、推行善政结合起来，才能使国家长治久安。这一主张，反映了孟子以仁政治国的思想。

14.13　孟子曰："不仁而得国者，有之矣；不仁而得天下者，未之有也。"

【品读】

孟子多次借鉴历史经验教训，告诫诸侯只有实行仁政，才能获得民心，获得天下。本章再次申明了这一观点。不仁的人倚仗实力和私智能获得一个诸侯国家，这样的事情是有的；但不实行仁政却能获得民心和一统天下，是从来没有过的事情。在这里，孟子从维护地主阶级的长远利益出发，认为要保持天下的长治久安，必须实行仁政，获得民心，这在中国古代思想史上具有积极的意义。

14.14　孟子曰："民为贵，社稷[1]次之，君为轻。是故得乎丘民而为天子，得乎天子为诸侯，得乎诸侯为大夫。诸侯危社稷，则变置。牺牲既成，粢盛既洁，祭祀以时，然而旱干水溢，则变置社稷。"

【注释】

[1]社稷(jì)：土神和谷神。代指国家政权。

【品读】

孟子在中国古代思想史上第一次明确提出"民贵君轻"的著名主张，认为民心向背关系到国家的兴衰、安危、存亡和天下的得失，把民放在第一位，社稷放在第二位，国君放在第三位。君轻于民，这是因为获得民心，才能成为天子，民是国家的根本。君不仅轻于民，还轻于社稷，这是因为诸侯无道，危害了国家利益，就可以改立贤君。社稷虽重于君，但也轻于民，这是因为土、谷之神有保障国泰民安的责任，如果依礼按时祭祀，土、谷之神不能为民抵御灾患而仍然发生水旱灾害，就要毁掉祭坛，另立土、谷之神。

孟子的"民贵君轻"思想，是先秦民本思想的集中概括，反映了当时社会的进步思潮，对后世产生了重大的积极影响。譬如，唐太宗李世民认识到民众力量的巨大，告诫臣下和太子做事不可违背民意；明末清初的黄宗羲发挥了孟子的上述思想，激烈抨击君主专制，大声疾呼人民为主，国君为客；康有为、梁启超等改铸了孟子的“民贵君轻”论，论证资本主义制度取代封建制度的合理性，用资产阶级观点解释君权的起源和君民关系；孙中山极力赞扬孟子的“民贵君轻”主张，赋予孟子的“民本”思想近代民权的含义；等等。总之，孟子的“民贵君轻”的民本思想是中国古代政治思想史上一份珍贵的遗产，值得我们借鉴和吸取。

……………………

**14.15** 孟子曰：“圣人，百世之师也，伯夷、柳下惠是也。故闻伯夷之风者，顽夫廉，懦夫有立志；闻柳下惠之风者，薄夫敦，鄙夫宽。奋乎百世之上，百世之下，闻者莫不兴起也。非圣人而能若是乎？而况于亲炙之者乎？”

**【品读】**

孟子曾在《万章下》第一章赞扬伊尹、柳下惠的风操感化人至深。本章又重申了这一观点，认为圣人是百代人的楷模，他们的高尚节操能使贪婪的人变得廉洁，怯懦的人变得刚强，刻薄的人变得敦厚，器量狭小的人变得宽宏大量。他们影响深远，百代以后的人们听到圣人的风操，都会受到鼓舞而奋起。

在这里，孟子赞扬圣人风操化民成俗的重要作用，是要激励人们效法圣贤，奋发有为。

……………………

**14.16** 孟子曰：“仁也者，人也。合而言之，道也。”

**【品读】**

孟子认为，人具有仁义礼智等道德精神和主体意识，是区别于禽兽的类存在，人与人之间以一定的道德观念相交往。只有施行仁德的人，才能称之为人。仁与人合并起来，就是人之所以为人的道。

孟子的这段简短的话，阐明了两层含义：其一，仁是人的内在心理情感和自觉道德意识；其二，人与人之间交往不能没有仁的道德，仁是处理人际关系的根本准则。在孟子看来，只有将仁德之道发扬光大，才是仁人。

……………………

**14.17** 孟子曰：“孔子之去鲁，曰：‘迟迟吾行也。去父母国之道也。’去齐，接淅而行，去他国之道也。”

**【品读】**

本章与《孟子·万章下》第一章的记载大体相同，既赞扬了孔子的去就以仁义为准则，又赞扬了孔子对父母之邦鲁国的深厚情感。

14.18 孟子曰："君子之厄于陈蔡之间，无上下之交也。"

**【品读】**

本章说明孔子在陈、蔡两国之间遭受穷困的原因。

孔子游历诸国时，曾在陈、蔡两国间遭受围困，粮食断绝。当时，陈、蔡两国的君臣皆不仁德，孔子为保持高尚节操，不愿与他们交往，以致遭受穷困。本章对孔子崇高人格的追思，表现了孟子对孔子的景仰之情。

14.19 貉稽[1]曰："稽大不理于口。"

孟子曰："无伤也。士憎兹多口。《诗》云：'忧心悄悄，愠于群小。'[2]孔子也。'肆不殄厥愠，亦不殒厥问。'[3]文王也。"

**【注释】**

[1]貉稽：人名。

[2]引自《诗经·邶风·柏舟》。意思是："烦恼重重压心头，一群小人把我恨。"

[3]引自《诗经·大雅·绵》。意思是："虽不能消除别人的怨怒，但也不损害自己的名声。"

**【品读】**

有一天，貉稽对孟子说：我遭到众人的诋毁，怎么办呢？孟子指出：这没有妨碍。士人厌恶七嘴八舌地诋毁别人。孟子接着引证《诗经》上的两段话，说明孔子、周文王亦曾遭受过小人的诽谤。在孟子看来，人们只有加强自身的修养和自觉居仁由义，才能对别人的诋毁泰然处之。

14.20 孟子曰："贤者以其昭昭使人昭昭，今以其昏昏使人昭昭。"

**【品读】**

孟子采用正反对比的手法，阐述了贤人与今人在教育别人问题上的不同做法。贤人教育别人，必定先使自己明白事理，然后再去教育别人明白事理；现在的人本身就不明事理，却要教育别人明白事理。孟子批评了以己之昏责人之明的错误做法，对各级教育者都有深刻的启示意义。

14.21 孟子谓高子曰："山径之蹊[1]，间介然[2]用之而成路；为间不用，则茅塞之矣。今茅塞子之心矣。”

**【注释】**

[1]山径之蹊(xī):山坡上的小道。

[2]间介然:意志专一的样子。

**【品读】**

本章说明修养心性要有恒心,不可中途辍止。

齐国人高子曾向孟子学习仁义之道,但他还未明白事理,就又去学习其他知识。孟子对高子说:“山坡上的小道,经常去走它就变成一条路;隔些时间不走,它就会被茅草堵塞。现在茅草把你的心堵塞了。”

孟子运用这一生动、贴切的比喻,告诫高子学习仁义之道应有恒心,努力实行,不可中途辍止;否则,就会像山路被茅草堵塞一样。在这里,孟子阐明了一个深刻的哲理:有志者事竟成。不论是修养心性,还是学习知识,只有坚持不懈,才能获得成功;否则,半途而废,就会前功尽弃。



14.22 高子曰:“禹之声尚文王之声。”

孟子曰:“何以言之?”

曰:“以追蠡[1]。”

曰:“是奚足哉?城门之轨,两马之力与?”

**【注释】**

[1]追(duī)蠡(lí):钟钮将要断绝的样子。追,钟钮。蠡,要断的样子。

**【品读】**

本章说明禹与周文王崇尚的音乐相同,不能以钟钮将要断绝而妄断圣人。

高子认为,禹传下的乐钟钟钮将要断绝,这是众多的人敲击造成的,而周文王传下的乐钟则不是这样,所以禹的音乐比文王的音乐美妙。孟子认为,高子的评论有失偏颇。就如同城门下的车辙那样,并不仅仅是几匹马拉车所造成的,还是天长日久所经过的车子众多的缘故。禹的钟钮将要断绝,那是年代久远的缘故。在孟子看来,圣贤虽相距久远,但他们一脉相承,都崇尚仁义之音。高子不懂得这一根本,只凭一件事物对圣人妄加评论。

14.23 齐饥。陈臻曰:“国人皆以夫子将复为发棠,殆不可复?”

孟子曰:“是为冯妇也。晋人有冯妇者,善搏虎,卒为善士。则之野,有众逐虎。虎负嵎，莫之敢撄。望见冯妇，趋而迎之。冯妇攘臂下车，众皆悦之，其为士者笑之。”

【品读】

本章记载孟子以“再作冯妇”为喻，表明自己将要离开齐国的心愿。

公元前329年，孟子第一次游齐，被齐威王任为稷下大夫。齐国发生饥荒，孟子曾劝告齐王打开棠地粮仓救济百姓，表现了孟子同情民苦的思想情感。孟子向齐王宣传仁政主张，但未被采纳，孟子便准备离开齐国。约公元前323年，齐国又发生灾荒。陈臻说：“国内的人都以为您会再次劝告齐王打开棠地粮仓救济百姓，您大概不会再这样做了吧？”孟子认为，再这样做就成为冯妇重操旧业了。

冯妇善于与老虎搏斗，后来成为善士，本属于美谈。但由于受到众人的逢迎、恭维，他见猎心喜，苟合世人，重操旧业。众人虽对此感到高兴，但冯妇由于失去了善人的身份，被士人所耻笑。孟子由于自己的仁政主张不被采用，便打算离开齐国。如果再劝齐王开仓救济百姓，就是不在其位而谋其政，这不是他的处世之道，反而会被人误解为追求功名利禄。所以，孟子借此寓言表明自己坚持仁义之道而离开齐国的心志。

14.24 孟子曰：“口之于味也，目之于色也，耳之于声也，鼻之于臭也，四肢之于安佚也，性也，有命焉，君子不谓性也。仁之于父子也，义之于君臣也，礼之于宾主也，知之于贤者也，圣人之于天道也，命也，有性焉，君子不谓命也。”

【品读】

本章高扬了人内在的主体意识，强调以仁义礼智制约声、色、臭、味。

怎样理解这里所说的“命”呢？清代戴震认为“命”是指仁义礼智对声、色、臭、味的限制和制约，这种理解甚为精辟。他指出：“孟子曰‘性也’，继之曰‘有命焉’。命者，限制之名，如命之东则不得而西，言性之欲之不可无节也。”[①]

在这里，孟子前后两处所说“性”的含义并不相同。“性也”之“性”，指人生而具有的自然生理欲望；“君子不谓性也”和“有性焉”之“性”，则是指人之所以为人的本性。因此，在孟子看来，耳、目、口、鼻、四肢对声、色、臭、味、“安佚”的追求，是人生而具有的自然生理欲望，但能否得到则要受仁义礼智

① (清)戴震：《孟子字义疏证》卷上《理》。

道德观念的限制和制约，君子并不认为它们是人的自然欲望而恣情纵欲，所以它们不是人的本性；仁义礼智是调节父子、君臣、宾主等人际关系的道德规范，但同时它们又是人内在的主体意识和道德精神，君子不能只看到它们对声、色、臭、味的限制作用而放弃人的主观努力。这样，孟子已看到仁义礼智的二重性。就是说，其既具有调节人际关系的道德规范的限制性，又是人内在的主体意识而具有能动性。孟子的这种观点，既与他将声、色、臭、味等自然欲望排除在人的本性之外，强调仁义礼智是人善的本性的观点相一致，又与他以仁义礼智制约声、色、臭、味的主张相一致。孟子的主张，不仅与告子的"生之谓性""食色，性也"的观点划清了界限，而且深化了对人本性的认识，在中国古代思想史上具有积极的意义。

**14.25** 浩生不害[1]问曰："乐正子何人也？"

孟子曰："善人也，信人也。"

"何谓善？何谓信？"

曰："可欲之谓善，有诸己之谓信，充实之谓美，充实而有光辉之谓大，大而化之之谓圣，圣而不可知之之谓神。乐正子，二之中、四之下也。"

**【注释】**

[1]浩生不害：人名，姓浩生，名不害。

**【品读】**

本章阐明道德境界的六个层次，勉励人们修德向善而达到圣贤的境界。

《孟子·告子下》第十二章记载：鲁国欲使乐正子主持国政，孟子听到这一喜讯高兴得夜不能寐。有一天，浩生不害询问说，乐正子是什么样的人？孟子称赞他是善人、信人，接着阐述了道德境界的六个层次，认为乐正子是居于善、信两个层次之中和美、大、圣、神四个层次之下的人。

孟子指出：人的言行符合仁义礼智道德规范而值得别人喜欢称作"善"；善这种品德操行真实地存在于其本身叫作"信"；以善、信为充实内容，以"茂好于外"①为表现形式就是"美"；善、信、美充盈真实又有光辉称为"大"；崇高伟大的道德品质和境界使天下的人受到熏陶、教化称为"圣"；圣德至大、至极、至妙、神妙而不可测度称为"神"。

孟子阐述的这六个层次是紧密相连而又互相区别的。善是孟子道德评价的最基本的标准，亦是道德理想境界的基础，以后每一较高层次的境界都

① （清）焦循撰：《孟子正义》卷二十八。

是对前一境界的深化和发展。如果说孟子将人的客观的言行作为善、信境界的基本内容,美、大为其外在表现形式,那么,圣则是善、信、美、大境界感化、教化他人的重要表现,神则是这一表现的至极效果。这样,上述道德境界就是由内容、形式、作用、功效构成的,由低级向高级发展的和谐统一的有机整体。它不仅在道德上是善的,在认识上是信的或真的,而且在美学上是崇高的、伟大的、至妙的,既给人道德上的激励和鼓舞,又使人得到美的愉悦和享受,因而又是真、善、美和谐统一的境界。

孟子在中国古代美学史上,第一次区分了美的形态、等级,丰富了中国美学对美的各个范畴、形态的认识,对后世产生了重要的影响。



14.26 孟子曰:“逃墨必归于杨,逃杨必归于儒。归,斯受之而已矣。今之与杨、墨辩者,如追放豚,既入其苙[1],又从而招[2]之。”

**【注释】**

[1]苙(lì):畜养牲畜的栏杆。

[2]招:捆绑牲畜的脚。

**【品读】**

孟子认为,墨家的爱人没有亲疏、厚薄的差别,杨朱的为我只强调珍爱自身而不爱别人,二者都违背了儒家爱有差等的原则。但墨家的爱人与儒家的仁民爱物又有相通之处;杨朱的为我与儒家的爱护自身的主张亦有相通之处。所以,孟子认为离开墨家学派的人,一定会归向杨朱学派;离开杨朱学派的人,一定会归顺儒家学派。既然归顺,就应该接受他们。现在和杨、墨两家辩论的人,就像追赶逃跑的猪一样,已经把它赶回栏里,却还要把它的脚捆绑起来。

在孟子看来,杨、墨两家的学说不符合儒家爱有差等的原则,理应受到严厉批驳,这表现了孟子捍卫儒家学说的鲜明立场;同时,孟子主张对从其他学派来归服儒家的人,应采取宽恕的原则,既往不咎,这表现了孟子待人的宽容性。

14.27 孟子曰:“有布缕之征,粟米之征,力役之征。君子用其一,缓其二。用其二而民有殍,用其三而父子离。”

**【品读】**

孟子强调国君要实行仁政,爱民、富民、安民、保民,减轻赋税,取得民心，进而以仁政统一天下；主张赋敛有度，对布帛、粮食和人力应征取其中之一，缓征其他两项。如果同时征收两项，百姓无力承受便会饿死；如果同时征收三项，就会使百姓父子离散而舍弃礼义。孟子的主张，表现了他的民本思想，反映了他同情民苦的思想情感，具有一定的进步意义。

14.28　孟子曰："诸侯之宝三：土地，人民，政事。宝珠玉者，殃必及身。"

**【品读】**

孟子认为，诸侯的宝贝有三件：土地、人民和政事。就是说，土地是守国之基业，人民是治国之根本，政事为经国之纪纲。如果诸侯以珍珠美玉为宝，必定招致祸殃。

孟子的三宝说，是对历史经验教训的概括和总结。特别是他把人民作为治国的三宝之一，在中国古代政治思想史上占有光辉的一页。这一名言，已被后世无数历史事实所证明。每当治国者认识到三宝的重要作用，实行有利民生的措施时，社会就会稳定和发展；相反，治国者追求珍珠美玉，沉溺于声色犬马时，社会往往就会陷于动乱，亡国杀身之祸也会随之而来。

14.29　盆成括[1]仕于齐，孟子曰："死矣盆成括！"

盆成括见杀，门人问曰："夫子何以知其将见杀？"

曰："其为人也小有才，未闻君子之大道也，则足以杀其躯而已矣。"

**【注释】**

[1]盆成括：人名。

**【品读】**

本章告诫人们不可恃才妄作，违背仁义；否则，将招致杀身之祸。

盆成括曾在齐国做官。孟子曾预言说：他将招致杀身之祸。后来，盆成括果然被杀。孟子向学生解释自己的预见时指出：这个人不懂得君子立身处世的仁义之道，只会倚仗小聪明，这就足以招致杀身之祸。

孟子是在强调，仁义之道不仅是治国为政的根本，而且是君子立身处世的根本。人们只有加强修养，自觉居仁由义，才能免遭祸殃。

14.30　孟子之滕，馆于上宫。有业屦[1]于牖上，馆人求之弗得。或问之曰："若是乎从者之廋也？"

曰："子以是为窃屦来与？"

曰："殆非也。夫子之设科也，往者不追，来者不拒。苟以是心至，斯受之而已矣。"

**【注释】**

[1]业屦(jù)：未编成的草鞋。

**【品读】**

本章阐述"往者不追，来者不拒"的教育原则。

公元前322年，孟子游滕，住在上等的旅舍中。一双放在窗台上未编成的草鞋不见了，旅舍人员寻找好久也没有找到。有人便问孟子说："是不是跟随您来的学生把鞋藏起来了呢？"孟子驳斥道："你以为他们是为偷草鞋而来的吗？"孟子接着说："大概不会吧！我开设课程教育学生，目的是培养他们具有高尚的道德，离开的不去追问，前来求学的也不拒绝。如果他们怀着学习仁义之道的诚心前来求学，我便收留下。"

孔子强调，无论贵贱、贫富、贤愚，不分地区、"国别"、年龄，一切人都享有受教育的权利。孟子的"往者不追，来者不拒"的思想，正是对孔子"有教无类"思想的继承和发展，对推动我国古代教育的发展产生了积极的作用。

14.31 孟子曰："人皆有所不忍，达之于其所忍，仁也；人皆有所不为，达之于其所为，义也。人能充无欲害人之心，而仁不可胜用也；人能充无穿逾之心，而义不可胜用也；人能充无受尔汝之实，无所往而不为义也。士未可以言而言，是以言餂[1]之也；可以言而不言，是以不言餂之也，是皆穿逾之类也。"

**【注释】**

[1]餂(tiǎn)：诱骗。

**【品读】**

孟子指出：每个人都有不忍心做的事，把这种不忍之心扩充、推广到所忍心做的事上，就是仁；人都有不肯做的事，把不肯做的事扩充、推广到肯做的事上，就是义。换句话说，人能把不想害人的心扩充、推广开来，仁就用不尽了；人能把不做挖洞跳墙这样的事的心扩充、推广开来，义就用不尽了。人能把不被别人轻贱的实际言行扩充、推广开来，就不会做出不义的事。一个士人，不该跟别人说话却要说，这是用言语诱骗别人来取利；应该跟别人说话而不说，这是用沉默诱骗别人来取利，这些都属于挖洞跳墙之类的盗窃行为。

在这里，孟子所说的不忍之心和不想害人之心，就是仁爱之心；不愿受到别人轻贱之心，就是羞耻之心。把这种仁爱之心和羞耻之心扩充、推广开来，就能使自己的言行符合仁义。那种以言语诱骗别人来取利的人，丧失了羞耻之心。孟子阐述推己及人的原则，意在告诫人们加强修养，自觉扩充善良的本性，从而使自己的言行符合仁义的要求。

**14.32　孟子曰："言近而指远者，善言也；守约而施博者，善道也。君子之言也，不下带而道存焉；君子之守，修其身而天下平。人病舍其田而芸人之田，所求于人者重，而所以自任者轻。"**

**【品读】**

孟子将自身修养视为"齐家、治国、平天下"的根本。他指出："言语浅近但意义深远的，是善言；操守简约但影响博大的，是善道。君子的言语，讲的虽是常见的事情，但蕴含深远的仁义之道；君子的操守，从修养自身开始，进而影响别人，就能使天下太平。"孟子接着运用了一个比喻，说明有些人放弃自身的修养而去责怪别人的修养，就像舍弃耕耘自己的田地而去耕耘别人的田地一样，是宽以待己而严以责人。

孟子关于加强修养、严己宽人、约守仁义、普施仁德于天下的主张，丰富了中华民族优良传统的宝库，对后世产生了重要的影响。

**14.33　孟子曰："尧舜，性者也；汤武，反之也。动容周旋中礼者，盛德之至也。哭死而哀，非为生者也。经德不回，非以干禄也。言语必信，非以正行也。君子行法，以俟命而已矣。"**

**【品读】**

本章赞扬圣贤保持善良的本性，勉励人们践履仁义而达到圣贤的境界。

孟子指出："尧、舜实行仁德是出于善的本性，汤、武经过修养返回善良的本性而行事。举止容貌无不合乎礼，是最高美德的表现。哭泣死者而悲哀，并不是给活着的人看的。遵循道德，不违礼义，不是为了谋求富贵利禄。言语真实，并不是追求自己行为端正的好名声。君子依据法度而行，结果如何则看是否符合事物的发展趋势。"

孟子赞扬圣贤，勉励人们践履仁义，表明了他对圣贤高尚道德境界的追求。他在长期的游说、教育生涯中，追求仁德，坚守信念，抨击时弊，向往美好的社会，与圣贤的熏陶、影响是密不可分的。

14.34 孟子曰："说大人，则藐之，勿视其巍巍然。堂高数仞，榱题数尺，我得志，弗为也。食前方丈，侍妾数百人，我得志，弗为也。般乐饮酒，驱骋田猎，后车千乘，我得志，弗为也。在彼者，皆我所不为也；在我者，皆古之制也，吾何畏彼哉？"

【品读】

本章说明游说诸侯应坚守仁义之道，不为权势所屈。

孟子在近二十年的游说生涯中，胸怀以天下为己任的自觉的历史责任感和济世救民的宏大志向，慷慨陈词，宣传仁政。他会见了大、小国诸侯，又接触了各国卿相贵戚，激烈抨击诸侯权贵不行仁政、喜好财货、追求声色的不义行径，对劳动人民的苦难表示深切同情。在总结个人的游说生涯时，孟子指出：劝说诸侯权贵，就要藐视他们，不要把他们的富贵、权势、显耀放在眼里。诸侯权贵极尽骄逸之事，殿堂高大宏伟，屋檐宽达数尺，佳肴满桌，姬妾数百，饮酒作乐，跑马打猎，车子多至千余辆，我如果得志行道，决不这样做。他们所做的骄逸之事，都是我所不做的；我依循的准则，是古代圣王的仁义恭俭，为什么要畏惧他们呢？

本章运用了排比句式，气势慷慨激昂，文辞警切遒劲，洋溢着作者炽烈的情感，既猛烈抨击了诸侯权贵奢侈淫靡的生活，又抒发了作者自己济世救民、兼善天下的宏大志向。孟子坚守先王的仁义之道，视诸侯权贵的富贵、权势、显耀如敝屣。上述言辞使孟子高洁自守、刚正不阿、藐视权贵、兼善天下的形象跃然纸上，展现了孟子为实现仁义而无所畏惧、奋发进取的精神风貌。孟子的这种胸怀仁义、藐视权贵的凛然不可侵犯的气概，与他强调的"富贵不能淫，贫贱不能移，威武不能屈"①的大丈夫精神是一致的，显示了个体的巍然屹立的人格的伟大与坚强，在很大程度上突破了孔子"畏大人"的保守方面，强调了个体人格意志的无所畏惧的强大力量，对后世产生了深远的影响。

14.35 孟子曰："养心莫善于寡欲。其为人也寡欲，虽有不存焉者，寡矣；其为人也多欲，虽有存焉者，寡矣。"

【品读】

本章阐明修养身心要善于节制欲望。

① 《孟子·滕文公上》。

孟子承认人的声色臭味自然生理欲望的必要性及合理性，但更强调保持仁义礼智善的本性和追求高尚的道德精神境界。在他那里，人的物质生活需要与精神生活需要是一个有主次之分、先后之别的和谐统一的整体。就是说，以心官制约耳目感官，以仁义忠信“天爵”制约富贵利禄“人爵”，以精神生活需要制约物质生活需要，就能保持人各种需要之间的协调发展。正是在这种意义上，孟子提出了“寡欲”的主张，指出修养身心最好的办法是节制欲望。如能节制欲望，即使失去了某些仁义礼智善性，那也是很少的；如果欲望很多，即使保持某些仁义礼智善性，也是很少的。

孟子所说的“寡欲”，并不是去欲和绝欲，而是以仁义礼智高级精神生活需要制约声色臭味自然生理需要。如果单纯追求自然生理需要而舍弃对精神生活需要的追求，人就会丧失善良本性而把自己降低到动物的水平。孟子的这一主张，对后世产生了重要影响。荀子、朱熹、戴震等思想家都反对纵欲，主张节欲。即使在现代生活中，这一观点对人们正确处理各种需要之间的关系，仍有深刻的启示意义。

**14.36** 曾皙嗜羊枣，而曾子不忍食羊枣。公孙丑问曰：“脍炙与羊枣孰美？”

孟子曰：“脍炙哉！”

公孙丑曰：“然则曾子何为食脍炙而不食羊枣？”

曰：“脍炙所同也，羊枣所独也。讳名不讳姓，姓所同也，名所独也。”

**【品读】**

本章赞扬曾子思念父亲的至孝品质。

孟子在《离娄上》第十九章曾赞扬曾子孝顺父亲的高尚品质，认为曾子是孝顺父母的榜样。孟子在本章又赞扬了曾子对父亲的思念之情。曾皙生前喜欢吃羊枣，他去世后，曾子不忍心再吃羊枣。公孙丑颇为疑惑，便请教说：“细肉、烤肉与羊枣相比，哪样味道美？”孟子认为当然细肉和烤肉味美。孟子接着回答了公孙丑又提出的曾子为什么喜欢吃细肉和烤肉而不吃羊枣的疑问，指出：“细肉、烤肉是大家共同喜欢吃的，羊枣是曾皙个人喜欢吃的。好比人们避讳尊者的名，而不避讳他的姓。因为姓是大家相同的，名只是个别人独有的。”

在孟子看来，曾子不忍心再吃父亲生前喜欢吃的东西，这表现了他缅怀父亲的至孝心理情感。在这里，孟子告诫人们要像曾子那样时刻不忘父亲的恩德，这样才能称为孝子。

14.37 万章问曰："孔子在陈曰：'盍归乎来！吾党之小子狂简，进取，不忘其初。'孔子在陈，何思鲁之狂士？"

孟子曰："孔子'不得中道而与之，必也狂狷[1]乎！狂者进取，狷者有所不为也'。孔子岂不欲中道哉？不可必得，故思其次也。"

"敢问何如斯可谓狂矣？"

曰："如琴张、曾皙、牧皮[2]者，孔子之所谓狂矣。"

"何以谓之狂也？"

曰："其志嘐嘐[3]然，曰：'古之人，古之人。'夷考[4]其行而不掩焉者也。狂者又不可得，欲得不屑不洁之士而与之，是狷也，是又其次也。孔子曰：'过我门而不入我室，我不憾焉者，其惟乡原[5]乎！乡原，德之贼也。'"

曰："何如斯可谓之乡原矣？"

曰："'何以是嘐嘐也？言不顾行，行不顾言，则曰：古之人，古之人。行何为踽踽凉凉[6]？生斯世也，为斯世也，善斯可矣。'阉然[7]媚于世也者，是乡原也。"

万子曰："一乡皆称原人焉，无所往而不为原人，孔子以为德之贼，何哉？"

曰："非之无举也，刺之无刺也，同乎流俗，合乎污世，居之似忠信，行之似廉洁，众皆悦之，自以为是，而不可与入尧舜之道，故曰'德之贼也'。孔子曰：'恶似而非者：恶莠，恐其乱苗也；恶佞，恐其乱义也；恶利口，恐其乱信也；恶郑声，恐其乱乐也；恶紫，恐其乱朱也；恶乡原，恐其乱德也。'君子反经[8]而已矣。经正，则庶民兴；庶民兴，斯无邪慝矣。"

**【注释】**

[1]狂狷：狂，志向高大而激进的人。狷，性情正直而洁身自好的人。

[2]琴张、牧皮：孔子的学生。

[3]嘐(xiāo)嘐：志向高大、言语夸张的样子。

[4]夷考：分析考察。

[5]乡原：貌似忠厚善良，实与污世同流的欺世盗名之人。

[6]踽(jǔ)踽凉凉：踽踽，独行不进的样子。凉凉，薄待别人。

[7]阉(yān)然：不露声色。

[8]反经：返回中正常道。

**【品读】**

本章评论了中道、狂、狷、乡愿四种人的人品，赞扬中道之士的高尚品质，揭露乡愿的卑鄙和虚伪。

第一，中道和狂、狷。万章问："孔子在陈国时，曾经感叹地说：'为什么不回鲁国呢！我家乡的不少学生都志大而狂放，进取而不忘本。'孔子在陈国为什么思念鲁国狂放激进的人呢？"孟子认为，一个人的出处进退、所作所为都符合仁义之道的要求，既不激进，又不保守，这样的人便是中道之士。这种中道之士，属于儒家理想人格的较高的层次，是人们的努力方向，不经过艰苦的努力和自我修养是达不到的。

次于中道之士的是狂、狷两种人。对中道之士而言，狂是超过了"中道"，狷是没有达到"中道"。在孟子看来，狂者志气高大，言语夸张，开口闭口仰慕古人，考察他们的行为，却不能掩盖他们的言辞。狂者虽超过中道，但他们有进取心，经过教育和培养，可以符合中道。狷者又次于狂者，他们洁身自好，不屑于做污秽的事。所以，经过教育和培养，也可以达到中道。孟子认为，孔子想与中道之士交往，但因为不一定能找到，所以就想念次一等的狂、狷之士了。

第二，乡愿。孔子极力反对貌似中道而实际违背中道的乡愿。孟子引用孔子的话说："经过我家门口却不走进屋里来，我并不感到遗憾的，只有那些貌似忠厚而内藏私心的乡愿吧！乡愿是贼害道德的人。"孟子在回答万章所问什么样的人是乡愿时指出："要知道乡愿，只要听听他们批评狂、狷之士的话，就可以一目了然。他们批评狂者说：'为什么这样志大言夸呢？所言不顾自己的所为，所为不顾自己的所言，嘴上总是说"古人呀！古人呀！"'又指责狷者说：'为什么这样清高孤僻呢？既然生在这个世上，就得依照流俗来做，只要让大家称赞就行了。'这种八面玲珑、四方讨好的人，就是乡愿。"在孟子看来，对于乡愿，要批评他们却找不到具体的证据，要指责他们却没有具体的把柄。他们顺从流俗，迎合污世；为人貌似忠厚，行为貌似廉洁，受到世人的称赞，自己也自以为是，但他们完全违背了尧舜之道，所以称他们是"贼害道德的人"。孟子又引用孔子的话说："我最憎恨那些似是而非的东西：厌恶莠草，是怕它混乱了禾苗；厌恶不正当的才智，是怕它扰乱了义；厌恶夸夸其谈，是怕它搞乱了诚信；厌恶郑国的乐曲，是怕它搞乱了雅乐；厌恶紫色，是怕它混淆了大红；厌恶乡愿，是怕它扰乱了道德。"孟子最后得出结论说：君子治理国家，就要回复到仁义之道。大道端正了，百姓受到教化自然会感动奋发；百姓奋发而遵循仁义，就不会发生邪恶的行为。

孟子的上述评论，目的是激励人们加强修养，克服狂、狷之士偏离中道的行为，遵循仁义礼智道德规范，努力成为中道之士。他揭露了乡愿貌似忠厚善良实则违背尧舜之道的本质，告诫人们提高对乡愿的辨别能力，强调以儒家的仁义之道教化百姓、制止邪恶，表现了对美好理想人格的追求。

14.38 孟子曰:“由尧舜至于汤,五百有余岁,若禹、皋陶,则见而知之;若汤,则闻而知之。由汤至于文王,五百有余岁,若伊尹、莱朱[1],则见而知之;若文王,则闻而知之。由文王至于孔子,五百有余岁,若太公望、散宜生[2],则见而知之;若孔子,则闻而知之。由孔子而来至于今,百有余岁。去圣人之世若此其未远也,近圣人之居若此其甚也,然而无有乎尔,则亦无有乎尔。”

**【注释】**

[1]莱朱:商汤的贤臣。

[2]散宜生:周文王的贤臣。

**【品读】**

本章阐明尧舜之道历代相传,一脉相承,抒发了孟子“治国、平天下”“当今之世,舍我其谁”的感慨。

这是《孟子》的最后一章。孟子历经近二十年的游说生涯,宣扬仁政,济世救民,但其主张不为诸侯所用,便回归邹国,聚徒讲学,著书立说。孟子极力崇尚尧、舜等古圣先贤,认为尧舜之道历代相传,一脉相承。他指出:“从尧舜到商汤,经历五百多年,像禹、皋陶那些人,是亲眼看到而直接认识尧舜之道的;像商汤,则是通过耳闻而间接认识尧舜之道的。从商汤到文王,又经历五百多年,像伊尹、莱朱那些人,是亲眼看见而直接了解商汤治天下之道的;像文王,则是通过传闻而间接了解商汤治天下之道的。从文王到孔子,又经历五百多年,像太公望、散宜生那些人,是亲眼看见而直接认识文王治天下之道的;像孔子,则是通过传闻而间接了解文王治天下之道的。从孔子到现在,只有一百多年,离圣人的时代是这样的近,距圣人的家乡是这样的近,然而现在没有亲眼看见而直接了解孔子之道的人了;那么五百年之后,通过传闻而继承孔子之道的人也没有了!”

在孟子看来,尧舜之道历代相传,一脉相承。圣贤实行仁政,其善良习俗、先民遗风、仁德惠教、道德观念等流传后世,因而具有一定的继承性和流传性。尧舜之道之所以历代相传,一脉相承,就是由于禹、皋陶、商汤王、伊尹、莱朱、周文王、太公望、散宜生、孔子等古圣先贤的继承和传播。孟子曾说:五百年必有圣君兴起,德高望重的辅佐贤才必定产生。从周武王到现在,已经七百多年。论年数,超过了五百年;论时势,现在正是圣君贤臣产生之时。如想“治国、平天下”,当今之世,舍我其谁?孟子以学习孔子为志向,以捍卫古代圣贤的学说为己任。所说“无有乎尔”,实际上是以孔子传道者自命，既说明了自己的学说与尧舜之道的一脉相承性，又抒发了继承、捍卫尧舜之道而济世救民的情怀。在孟子看来，尧舜之道是“修身、齐家、治国、平天下”的根本准则，经历代圣贤的继承，它将流传不绝。因此，孟子的慨叹，又反映了他对尧舜之道流传不绝的坚定信念。

孟子的阐述，实开了儒家道统说的端绪，对后世产生了重要影响。汉代的董仲舒认为先王的仁义之道代代相传。唐代的韩愈为进一步确立孔孟儒学的正宗地位，对抗佛、道的传法世系，认为孟子是孔子死后的儒家正统学派的继承人，并进一步完善了儒家的道统说。他指出：“尧以是传之舜，舜以是传之禹，禹以是传之汤，汤以是传之文、武、周公，文、武、周公传之孔子，孔子传之孟轲。轲之死，不得其传焉。”[①]他自认是孟子之后道统的继承者。韩愈的道统说，尽管具有排斥其他学派的倾向，但其明确树立起孔孟的旗帜，使儒学有了正统的权威性和理论根据，不仅对当时的儒学复兴、传播产生了积极的作用，而且对保存、发扬以孔孟思想为主干的民族传统文化产生了积极影响。后代的二程、朱熹等又发挥了儒家的道统说，在一定程度上反映了儒家思想的源流脉络。

① 《韩昌黎文集·原道》，三秦出版社 2004 年版。

# 主要参考书目


(汉)赵岐注,(宋)孙奭疏:《孟子注疏》,(清)阮元校刻:《十三经注疏》本,中华书局1980年影印。

(清)焦循撰,沈文倬点校:《孟子正义》,中华书局1987年版。

(清)康有为著,楼宇烈整理:《孟子微》,中华书局1987年版。

温晋城:《孟子会笺》,正中书局1944年版。

杨伯峻译注:《孟子译注》,中华书局1960年版。

许维遹撰,梁运华整理:《吕氏春秋集释》,《新编诸子集成》本,中华书局2009年版。

(汉)司马迁:《史记》,中华书局1959年点校本。

(汉)班固:《汉书》,中华书局1983年点校本。

(南朝宋)范晔:《后汉书》,中华书局1982年点校本。

(唐)韩愈:《韩昌黎全集》,中国书店1991年版。

(宋)张载撰,章锡琛点校:《张载集》,中华书局1978年版。

(宋)程颢、程颐:《二程集》,中华书局1981年版。

(宋)朱熹:《四书集注》,岳麓书社1982年版。

(宋)陆九渊:《陆九渊集》,中华书局1980年版。

(宋)张栻:《癸巳孟子说》,《丛书集成》本。

(宋)王应麟著,(清)阎若璩、何焯、全祖望注,栾保群、田松青校点:《困学纪闻》,上海古籍出版社2015年版。

(明)王阳明:《王阳明全集》,上海古籍出版社1992年版。

(明)李贽:《四书评》,上海人民出版社1975年版。

(明)孙奇逢:《四书近指》,《四库全书》本。

(清)顾炎武撰,(清)黄汝成集释:《日知录集释》,上海古籍出版社1985年版。

(清)黄宗羲:《黄宗羲全集》,浙江古籍出版社1985年版。

(清)李颙:《四书反身录》,《李二曲先生全集》本。

(清)王夫之:《读四书大全说》,中华书局 1975 年版。

(清)朱彝尊:《经义考》,(台北)商务印书馆《景印文渊阁四库全书》本。

(清)戴震撰,汤志钧校点:《戴震集》,上海古籍出版社 1980 年版。

(清)崔述撰,顾颉刚编订:《崔东壁遗书》,上海古籍出版社 1983 年版。

(清)周广业:《孟子四考》,《续修四库全书》本。

(清)毛奇龄:《四书賸言》,(台北)商务印书馆《景印文渊阁四库全书》本。

中华书局编辑部编:《魏源集》,中华书局 1976 年版。

梁启超:《饮冰室合集》,中华书局 1930 年版。

梁漱溟:《东西文化及其哲学》,上海商务印书馆 1900 年版。

罗根泽:《孟子评传》,商务印书馆 1932 年版。

王治心:《孟子研究》,上海群学社 1933 年版。

陈鼎忠:《孟子概要》,民生印书馆 1934 年版。

胡毓寰:《孟子事迹考略》,正中书局 1936 年版。

杨大膺编:《孟子学说研究》,中华书局 1937 年版。

张启祚:《孟子哲学》,和平印书局 1937 年版。

钱穆:《国史大纲》,商务印书馆 1940 年版。

钱穆:《孟子研究》,开明书店 1948 年版。

钱穆:《中国文化史导论》,正中书局 1951 年版。

郭沫若:《十批判书》,人民出版社 1954 年版。

钱穆:《先秦诸子系年》,香港大学出版社 1956 年版。

陈大齐:《孟子名理思想及其辩说实况》,(台北)正中书局 1974 年版。

杨宽:《战国史》,上海人民出版社 1980 年版。

胡念贻:《先秦文学论集》,中国社会科学出版社 1981 年版。

庞朴:《儒家辩证法研究》,中华书局 1984 年版。

公木:《先秦寓言概论》,齐鲁书社 1984 年版。

李泽厚、刘纲纪主编:《中国美学史》第 1 卷,中国社会科学出版社 1984 年版。

钱穆:《学术通义》,台湾学生书局 1984 年版。

王兴业编:《孟子研究论文集》,山东大学出版社 1984 年版。

陈立夫:《孟子之道德伦理思想》,(台北)正中书局 1986 年版。

李泽厚:《中国古代思想史论》,人民出版社 1985 年版。

林毓生:《中国传统的创造性转化》,三联书店 1988 年版。

杨伯峻:《孟子导读》,巴蜀书社 1987 年版。

王其俊:《孟学新探》,济南出版社1989年版。

南怀瑾:《孟子旁通》,国际文化出版公司1991年版。

黄俊杰:《孟学思想史论》,(台北)东大图书股份有限公司1991年版。

翟廷晋:《孟子思想评析与探源》,上海社会科学院出版社1992年版。

黄俊杰:《孟子》,(台北)东大图书股份有限公司1993年版。

黄俊杰主编:《孟子思想的历史发展》,(台北)"中央研究院"中国文哲研究所筹备处1995年版。

李明辉主编:《孟子思想的哲学探讨》,(台北)"中央研究院"中国文哲研究所筹备处1995年版。

王其俊:《亚圣智慧——孟子新论》,山东人民出版社1996年版。

刘蔚华、赵宗正主编:《中国儒家学术思想史》,山东教育出版社1996年版。

王其俊主编:《批而不倒的儒》,国际文化出版公司1997年版。

黄俊杰:《孟学思想史论》卷二,(台北)"中央研究院"中国文哲研究所筹备处1997年版。

刘鄂培:《孟子大传》,清华大学出版社1998年版。

山东邹城市孟子学术研究会编:《孟学研究》,山东人民出版社1998年版。

杨海文:《心灵之邀——中国古典哲学漫笔》,安徽文艺出版社2000年版。

王其俊主编:《民本·概论篇》,齐鲁书社2000年版。

王其俊主编:《民本·为民篇》,齐鲁书社2001年版。

# 后记

承蒙马新教授邀我加入《齐鲁文化经典品读》课题组，撰写《孟子品读》。在此深表谢意！

笔者曾于2004年由泰山出版社出版《孟子解读》一书。十几年来，学术界对孟子思想进行了更加深入的探讨和研究，并取得了丰硕的成果，孟子研究呈现出繁荣的局面。为弘扬中华民族优秀传统文化，帮助读者读懂《孟子》，全面了解十几年来孟子思想研究的概况，笔者对原书作了全面的修订和补充，增加了十几年来学术界探讨、研究孟子思想的有关学术信息。在此基础上，完成了《孟子品读》。

本书对《孟子》全书逐章作了品读、评析。在品读过程中，借鉴、吸取了赵岐、朱熹、焦循、杨伯峻等历代孟子思想研究名家的有关成果。本书中，译文部分主要参考了杨伯峻先生的《孟子译注》(中华书局1960年版)，各章文学特色的评析主要参考了胡念贻先生的《〈孟子〉的文学价值》(《先秦文学论集》，中国社会科学出版社1981年版)、王基伦先生的《孟子散文研究》(《台湾师范大学国文研究所集刊》第29号，1985年)，等等。在此特向他们致谢！对《孟子》书中存有争论的问题，笔者依循客观公正、百家争鸣的原则，实事求是地提出了自己的观点。这些观点的是非得失，恳请方家、同仁、读者予以评判。

课题组组长、山东大学出版社总编辑马新教授对本书进行了认真审订，提出了许多宝贵的修订意见。责任编辑王立强老师认真负责，精益求精，为本书付出了辛勤劳动。在此谨向他们和山东大学出版社表示真诚的感谢！

光阴荏苒，我毕业离校已四十余载，导师的谆谆教导激励着学子耕耘不辍。在此，深切怀念、感谢母校——山东大学导师、贤达对学子的教诲！

王其俊

2015年9月于山东省社会科学院